UNDEAD
UNLUCK
14
Andy
Yoshifumi
Tozuka

UNDEAD UNLUCK

CHARAKTERE

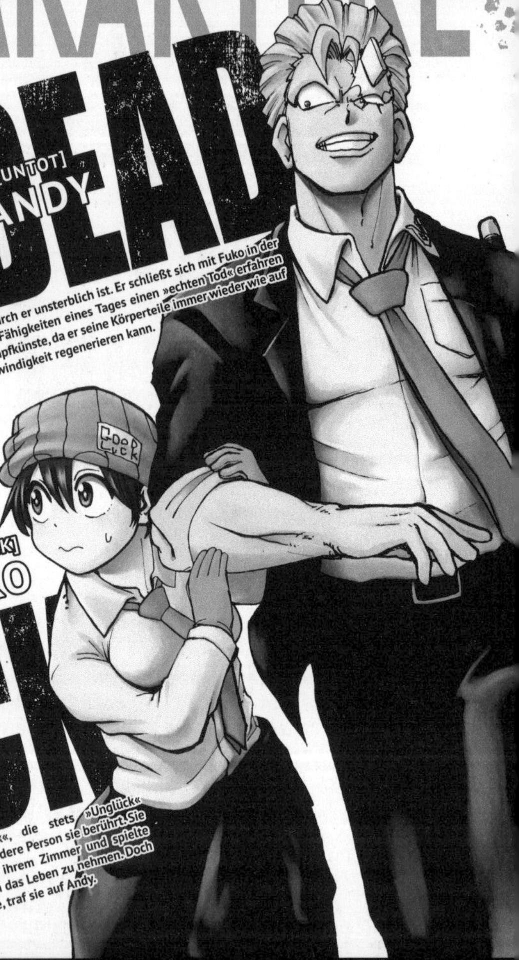

UNDEAD

[UNTOT] ANDY

Besitzt die Fähigkeit »Undead«, wodurch er unsterblich ist. Er schließt sich mit Fuko in der Hoffnung zusammen, mithilfe ihrer Fähigkeiten eines Tages einen »echten Tod« erfahren zu können. Besitzt erstaunliche Kampfkünste, da er seine Körperteile immer wieder wie auf Knopfdruck und in rasender Geschwindigkeit regenerieren kann.

UNLUCK

[UNGLÜCK] FUKO

Besitzt die Fähigkeit »Unluck«, die stets »Unglück« heraufbeschwört, sobald eine andere Person sie berührt. Sie lebte lange zurückgezogen in ihrem Zimmer und spielte bereits mit dem Gedanken, sich das Leben zu nehmen. Doch bevor es dazu kommen konnte, traf sie auf Andy.

STORY

Da sie anderen Menschen mit ihrem »Unglück« ungewollt Pech beschert, hatte sich Fuko eigentlich vorgenommen, ihrem Leben ein Ende zu setzen. Doch nach der kuriosen Begegnung mit Andy, einem mysteriösen Kerl mit einem unsterblichen Körper, gewinnt sie ihren Lebenswillen zurück und schöpft neuen Mut. In der Zwischenzeit erfahren die beiden von der Existenz einer Organisation, der Union, welche sogenannte UMA (unidentifizierte, mysteriöse Arten) und andere unbekannte Phänomene aufspürt und in Gewahrsam nimmt. In der Union gibt es einen runden Tisch, der auf zehn Mitglieder begrenzt ist und an dem sich die Negatoren versammeln. Andy und Fuko beschließen, der Union beizutreten, und besiegen dafür zwei der bisherigen Mitglieder, um sich einen Platz am besagten Tisch zu sichern. Dort erfahren sie auch den Grund für die Existenz der Union: Es gilt, die vom Schöpfer auferlegten Quests zu lösen und gegen ihn zu rebellieren. Nico hat die Union verraten, weil er hofft, die Seele seiner verstorbenen Frau Ichiko zurückzuerlangen. Es geht für alle darum, einen geliebten Menschen zurückzugewinnen, und so kommt es zwischen Nico und Andy zum Kampf. Wird es Andy gelingen, Nico zu besiegen, obwohl er sich bereits mit UMA Ghost verbündet hat?!

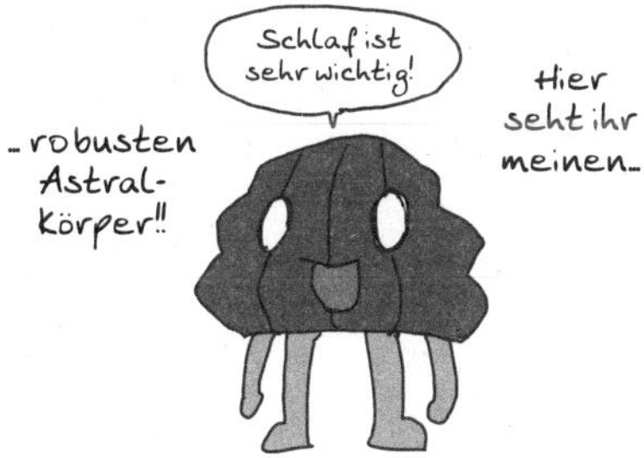

戸塚慶文

Yoshifumi Tozuka

Sieht so aus, als ob »Undead Unluck« bald seinen dritten Jahrestag feiern wird. Abgesehen von einer kleinen Grippe zu Beginn der Serie, als ich gerade am vierten Kapitel gearbeitet habe, bin ich relativ gut und ohne größere gesundheitliche Probleme durchgekommen. Ich schätze, es war die richtige Entscheidung, dass ich meinen Schlaf aufs absolute Minimum reduziert habe. (Sorry, Ichiko.) Vor Beginn der Serie war ich mir sicher, dass die Arbeit auch körperlich ihren Tribut zollen würde. Ich darf meiner Mutter also dankbar sein, dass sie mir so einen starken Körper mit auf den Weg gegeben hat. Einzig vor den Feiertagen bekomme ich immer mal wieder eine leichte Erkältung, weil dann all die Anspannung von einem abfällt. Also, gebt gut auf euch acht, damit ihr vor den Feiertagen nicht noch krank werdet.

Wir produzieren nachhaltig

- Klimaneutrales Produkt
- Papiere aus nachhaltigen und kontrollierten Quellen
- Hergestellt in Europa

FSC
www.fsc.org
MIX
Papier | Fördert gute Waldnutzung
FSC® C083411

CARLSEN MANGA

Aus dem Japanischen von Martin Gericke

First published in Japan in 2020 by SHUEISHA Inc., Tokyo.
German translation rights in Germany, Austria, Luxembourg and German-speaking Switzerland arranged by SHUEISHA Inc. through VME PLB SAS, France.

Redaktion: Anne Berling
Textbearbeitung: Karen Eifler
Produktionsmanagement: Björn Liebchen

ISBN: 978-3-551-78279-3

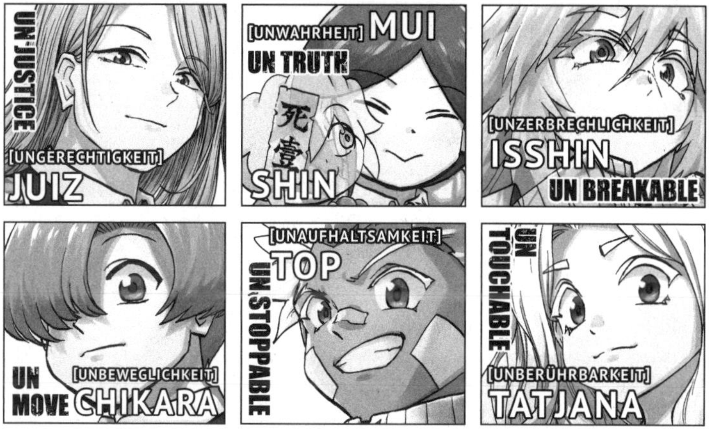

UNION

ORGANISATION ZUR KONTROLLE UND ÜBERWACHUNG DER UNBESTÄTIGTEN UND UNIDENTIFIZIERTEN ARTEN

Die Organisation, welche UMA, sogenannte unidentifizierte, mysteriöse Arten aufspürt, in Gewahrsam nimmt, kontrolliert und verwaltet. Insgesamt zehn Negatoren bilden die Union. Andy und Fuko schlossen sich einem speziellen Einsatzteam an, das aus den folgenden Personen besteht. Ihr Ziel ist es, Gott, den Erschaffer der Regeln, zu vernichten.

TRAITOR

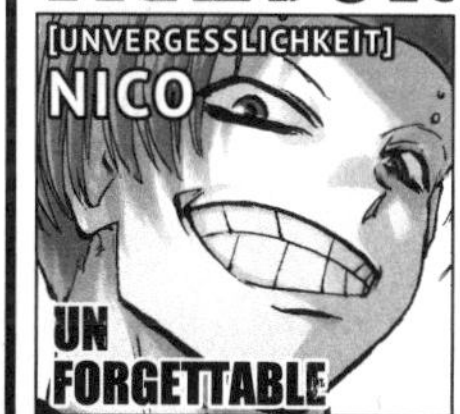

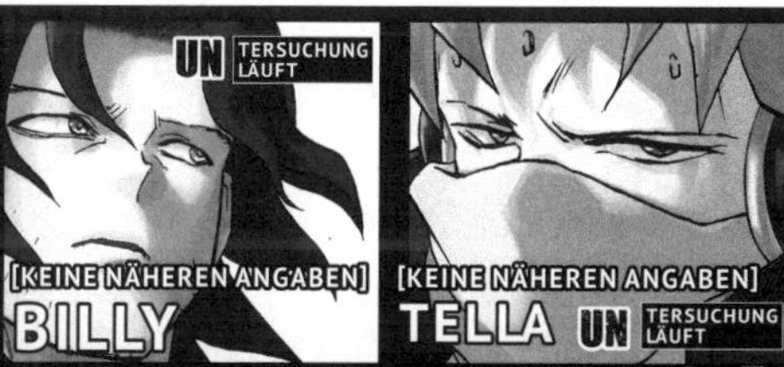

UNDER

Eine Organisation, in der jedes Mitglied seine ganz eigenen Interessen verfolgt und die dennoch durch ein gemeinsames Ziel zusammengehalten wird. Sie vereint sowohl Negatoren als auch Artefakte unter sich.

OTHER

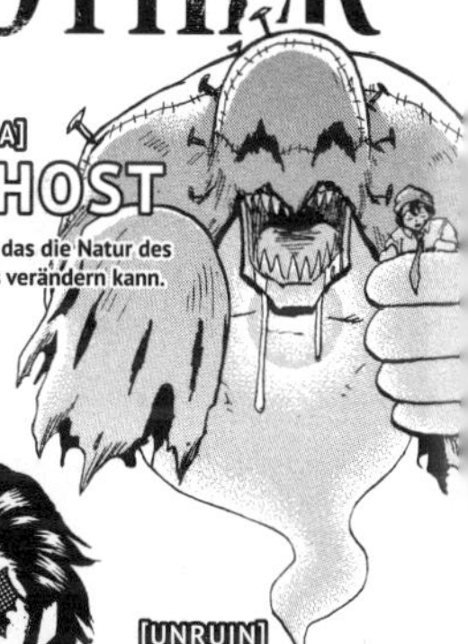

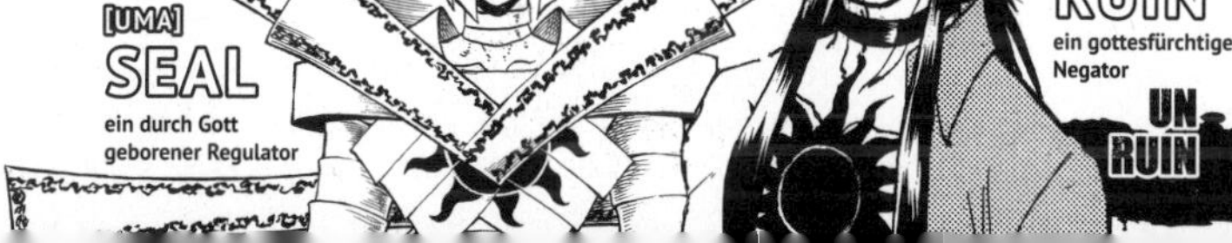

UNDEAD UNLUCK

アンデッドアンラック

INHALT

14

Andy

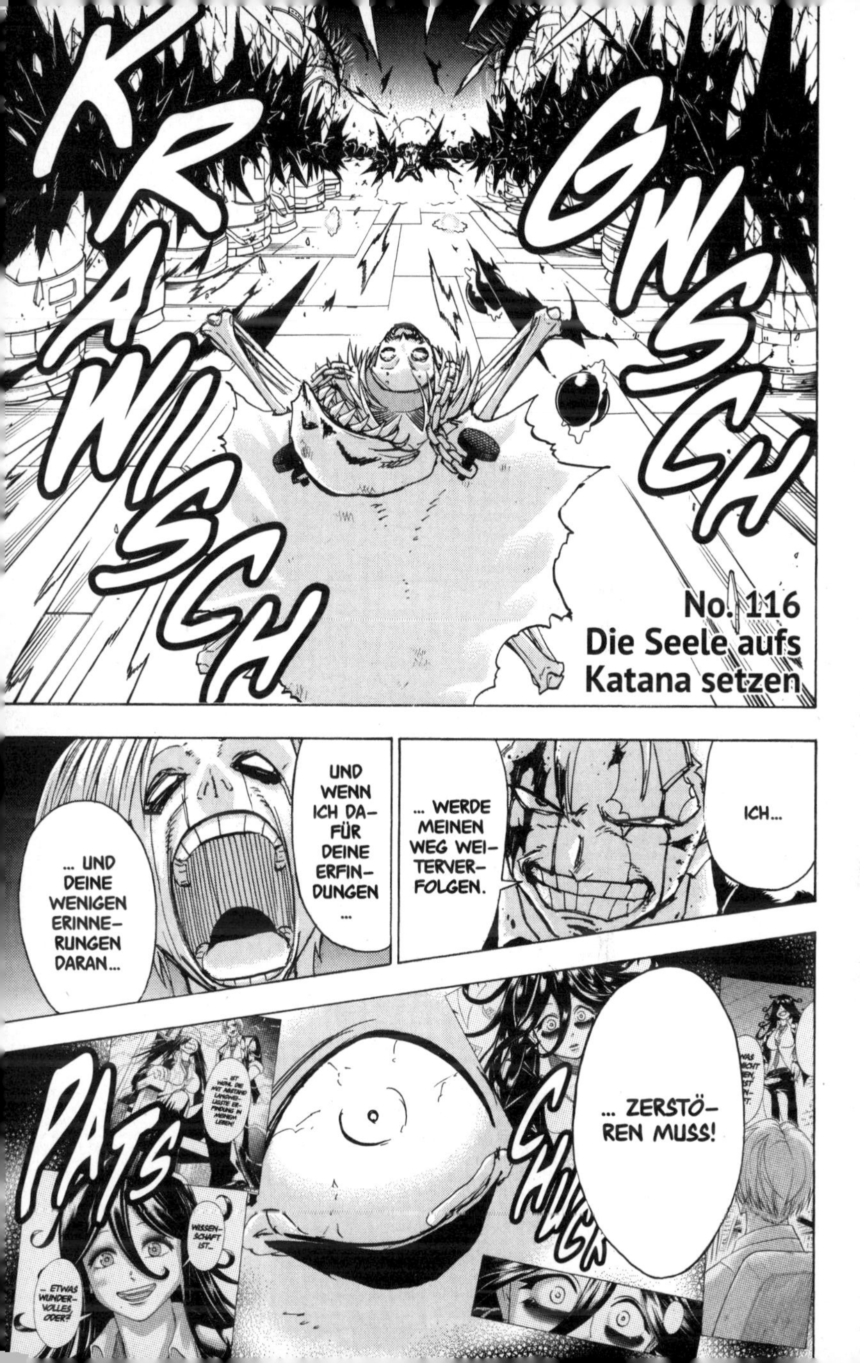
GWSCH
No. 116
Die Seele aufs
Katana setzen
ICH...
... WERDE MEINEN WEG WEI-TERVER-FOLGEN.
UND WENN ICH DA-FÜR DEINE ERFIN-DUNGEN ...
... UND DEINE WENIGEN ERINNE-RUNGEN DARAN...
... ZERSTÖ-REN MUSS!
PATS
... IST WOHL DIE MIT ABSTAND LANGWEI-LIGSTE ER-FINDUNG IN MEINEM LEBEN!
WISSEN-SCHAFT IST...
... ETWAS WUNDER-VOLLES, ODER?

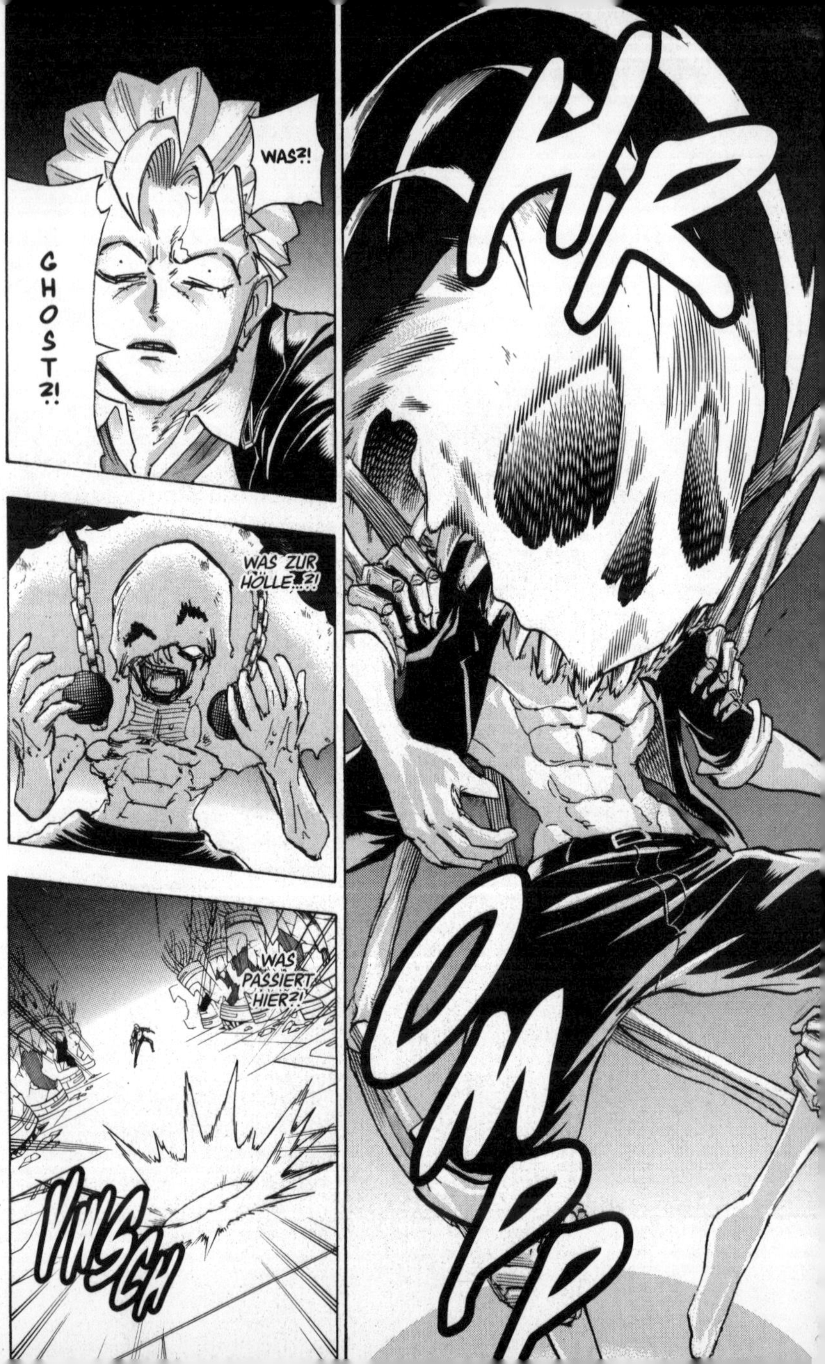
WAS?!
GHOST?!
WAS ZUR HÖLLE...?!
WAS PASSIERT HIER?!

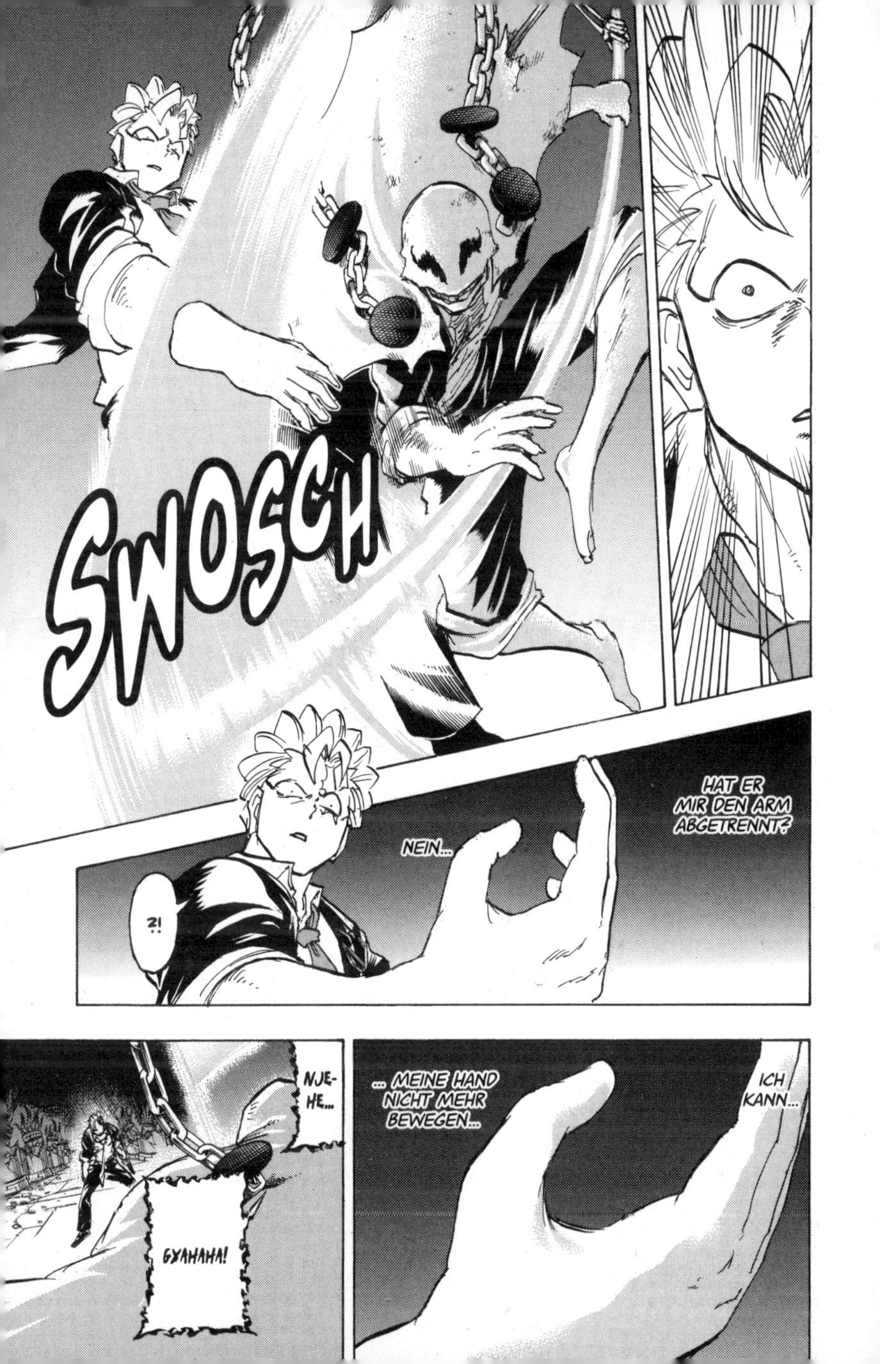
SWOSCH
HAT ER MIR DEN ARM ABGETRENNT?
NEIN...
?!
ICH KANN...
... MEINE HAND NICHT MEHR BEWEGEN...
NJE-HE...
GYAHAHA!

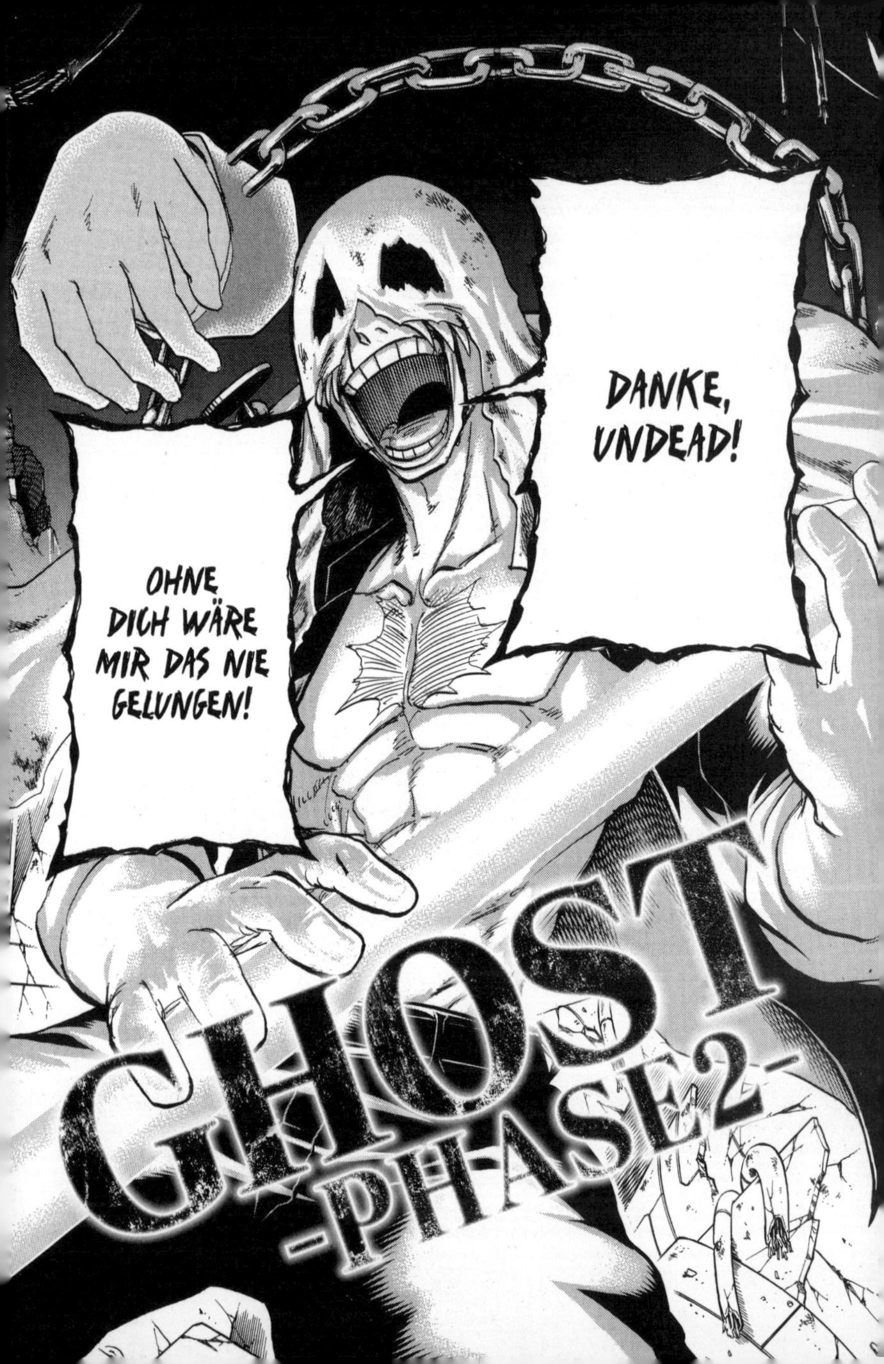
DANKE, UNDEAD!
OHNE DICH WÄRE MIR DAS NIE GELUNGEN!
GHOST
-PHASE 2-

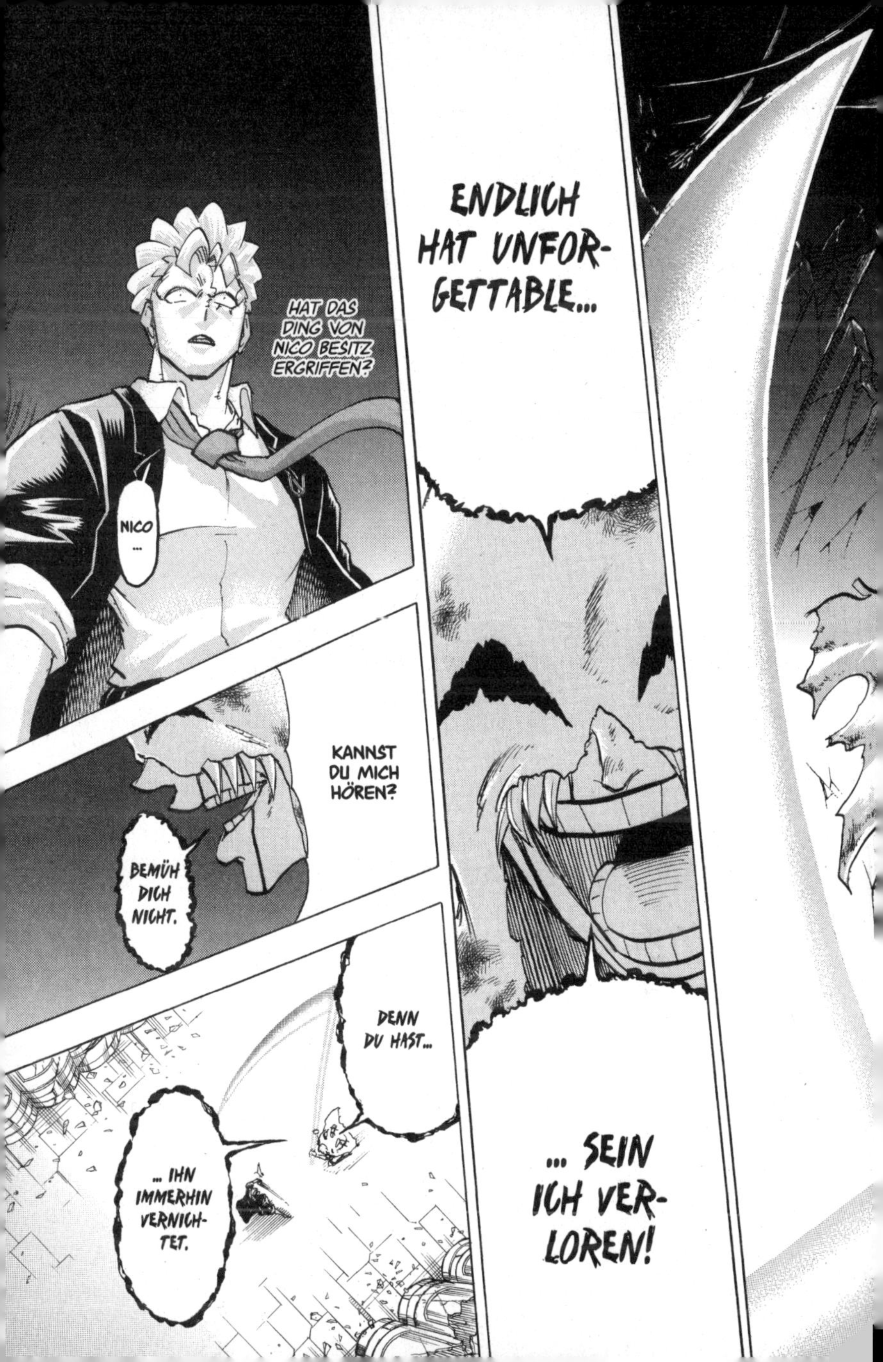
ENDLICH HAT UNFOR-GETTABLE...
HAT DAS DING VON NICO BESITZ ERGRIFFEN?
NICO ...
KANNST DU MICH HÖREN?
BEMÜH DICH NICHT.
DENN DU HAST...
... IHN IMMERHIN VERNICH-TET.
... SEIN ICH VER-LOREN!

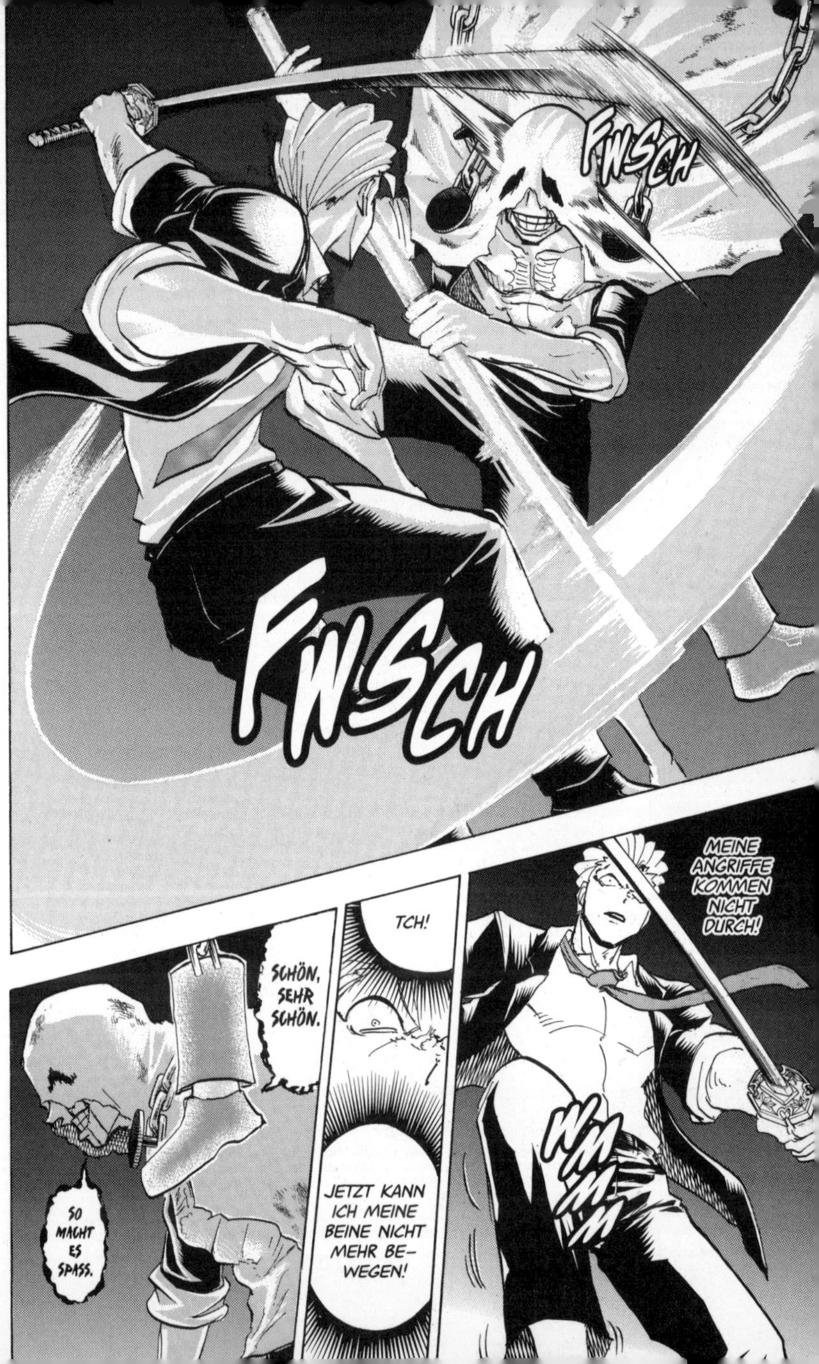
FWSCH
FWSCH
MEINE ANGRIFFE KOMMEN NICHT DURCH!
TCH!
JETZT KANN ICH MEINE BEINE NICHT MEHR BE-WEGEN!
SCHÖN, SEHR SCHÖN.
SO MACHT ES SPASS.

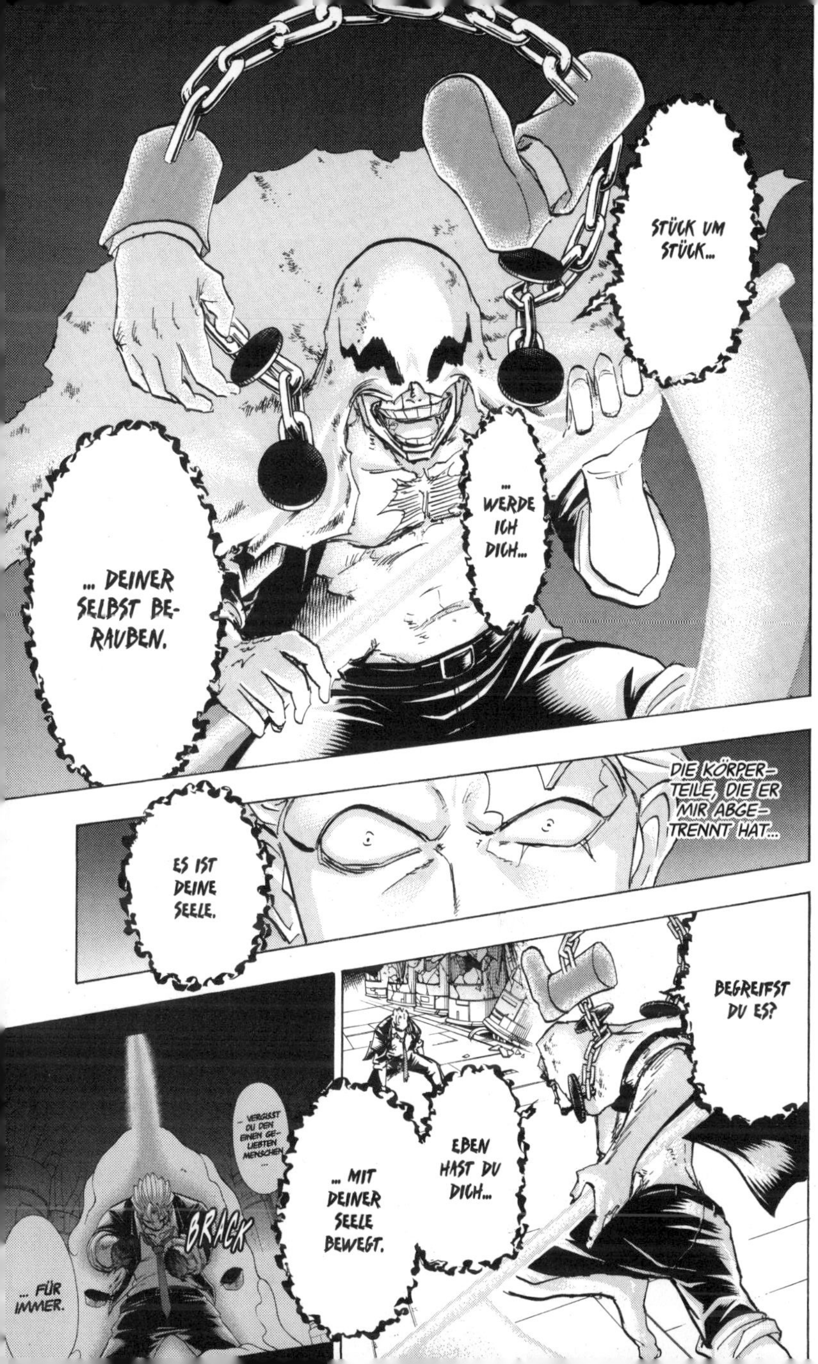
STÜCK UM STÜCK...
... WERDE ICH DICH...
... DEINER SELBST BE-RAUBEN.
DIE KÖRPER-TEILE, DIE ER MIR ABGE-TRENNT HAT...
ES IST DEINE SEELE.
BEGREIFST DU ES?
EBEN HAST DU DICH...
... MIT DEINER SEELE BEWEGT.
... VERGISST DU DEN EINEN GE-LIEBTEN MENSCHEN ...
BRACK
... FÜR IMMER.

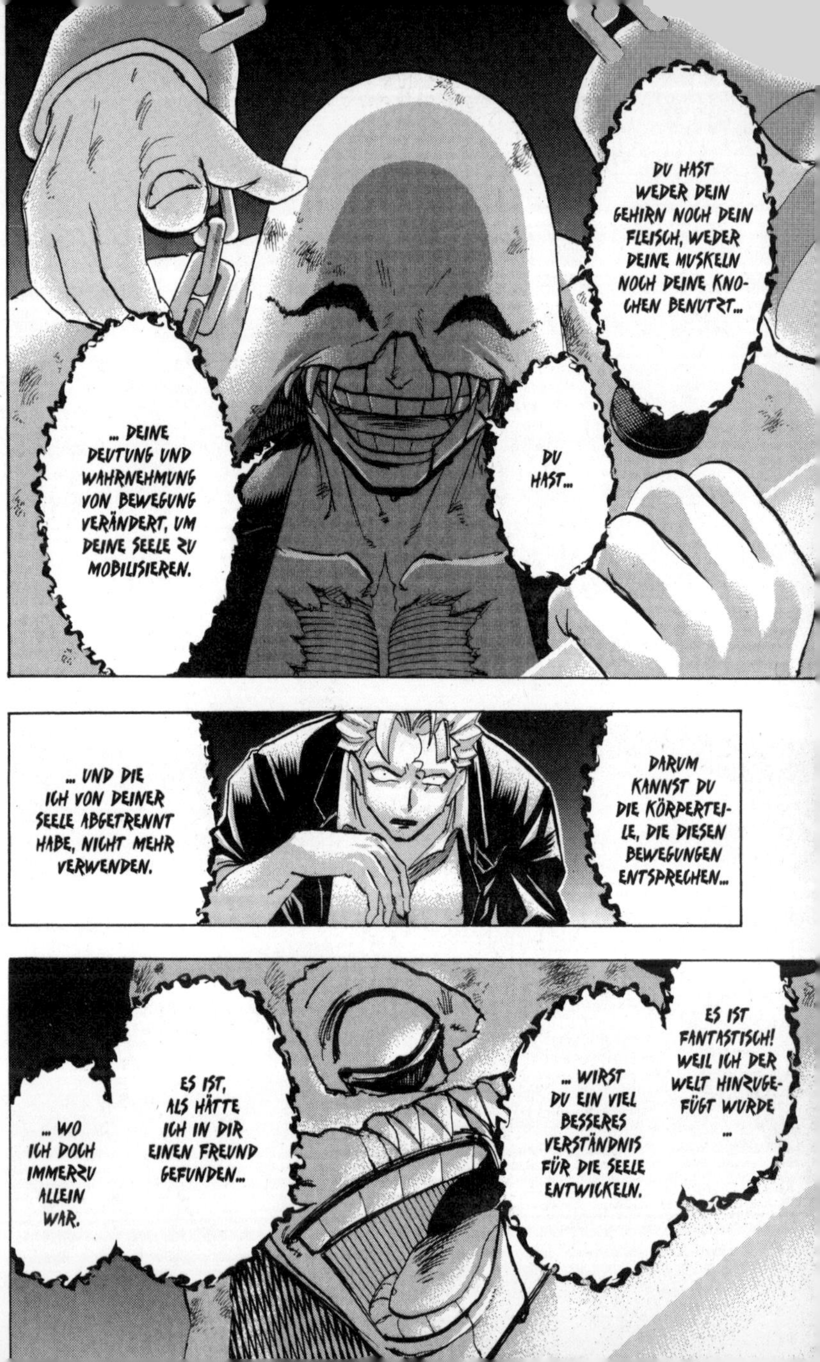
DU HAST WEDER DEIN GEHIRN NOCH DEIN FLEISCH, WEDER DEINE MUSKELN NOCH DEINE KNOCHEN BENUTZT...
DU HAST...
... DEINE DEUTUNG UND WAHRNEHMUNG VON BEWEGUNG VERÄNDERT, UM DEINE SEELE ZU MOBILISIEREN.
DARUM KANNST DU DIE KÖRPERTEILE, DIE DIESEN BEWEGUNGEN ENTSPRECHEN...
... UND DIE ICH VON DEINER SEELE ABGETRENNT HABE, NICHT MEHR VERWENDEN.
ES IST FANTASTISCH! WEIL ICH DER WELT HINZUGEFÜGT WURDE ...
... WIRST DU EIN VIEL BESSERES VERSTÄNDNIS FÜR DIE SEELE ENTWICKELN.
ES IST, ALS HÄTTE ICH IN DIR EINEN FREUND GEFUNDEN...
... WO ICH DOCH IMMERZU ALLEIN WAR.

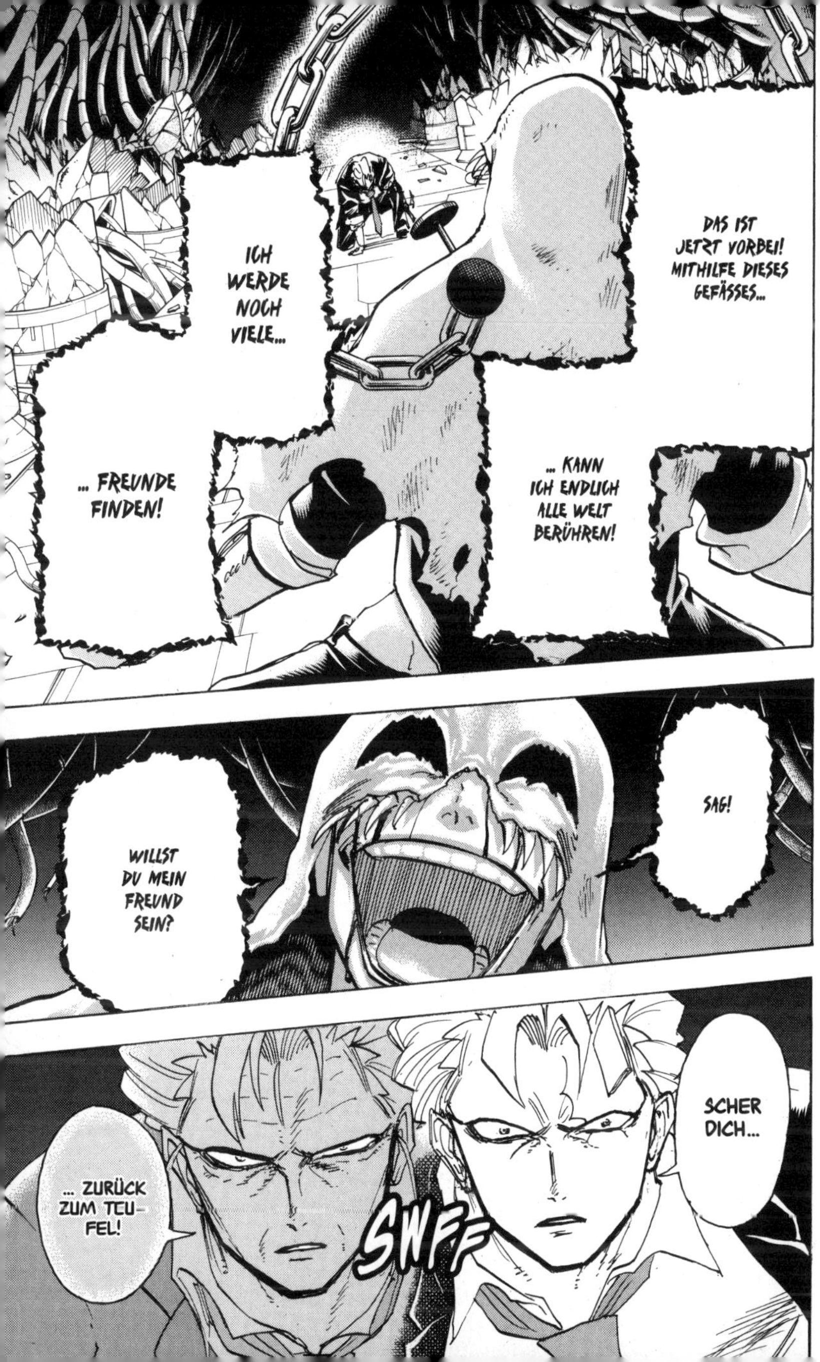
DAS IST JETZT VORBEI! MITHILFE DIESES GEFÄSSES...
ICH WERDE NOCH VIELE...
... KANN ICH ENDLICH ALLE WELT BERÜHREN!
... FREUNDE FINDEN!
SAG!
WILLST DU MEIN FREUND SEIN?
SCHER DICH...
SWFF
... ZURÜCK ZUM TEU-FEL!

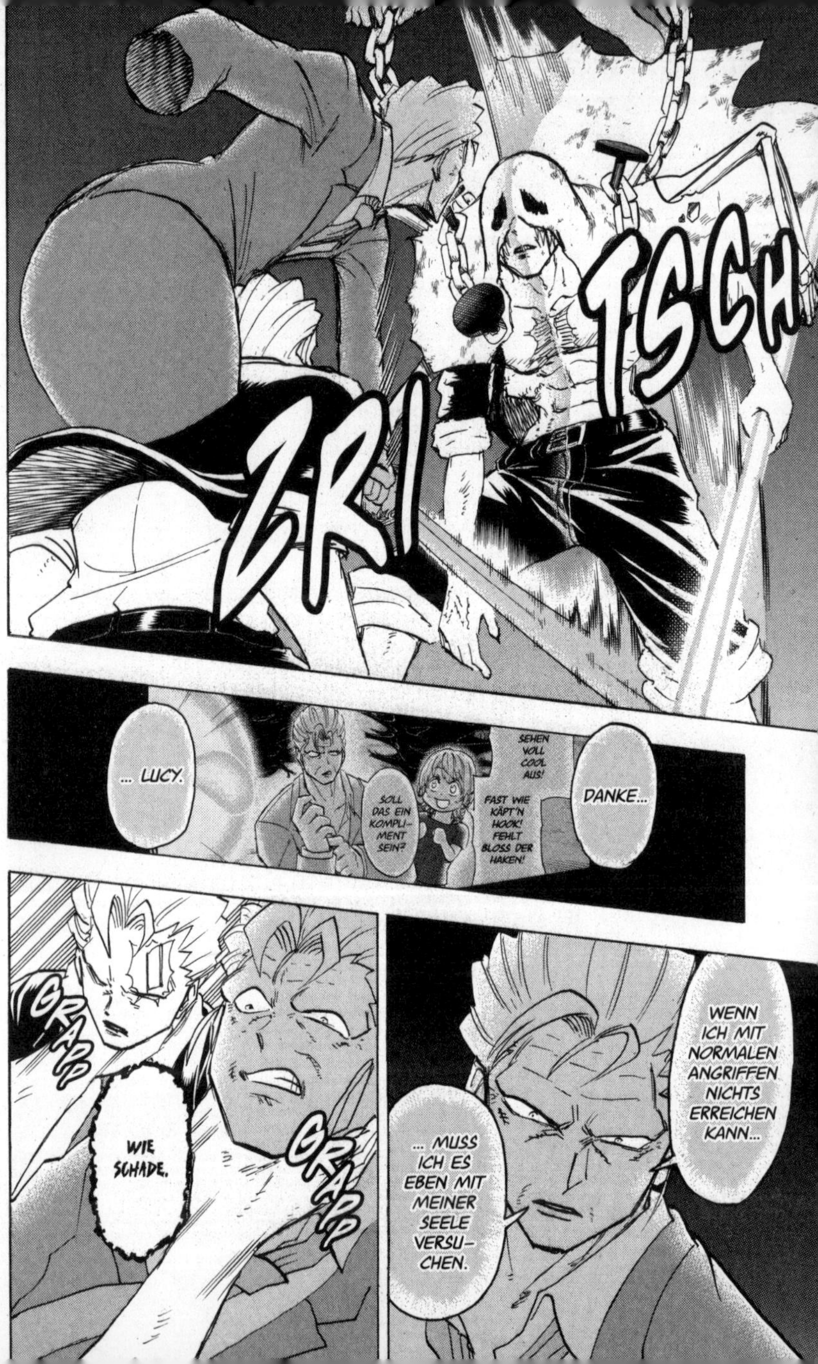
TSCH
ZRI
DANKE...
SEHEN VOLL COOL AUS!
FAST WIE KÄPT'N HOOK! FEHLT BLOSS DER HAKEN!
SOLL DAS EIN KOMPLI-MENT SEIN?
... LUCY.
WENN ICH MIT NORMALEN ANGRIFFEN NICHTS ERREICHEN KANN...
... MUSS ICH ES EBEN MIT MEINER SEELE VERSU-CHEN.
GRAPP
GRAPP
WIE SCHADE.

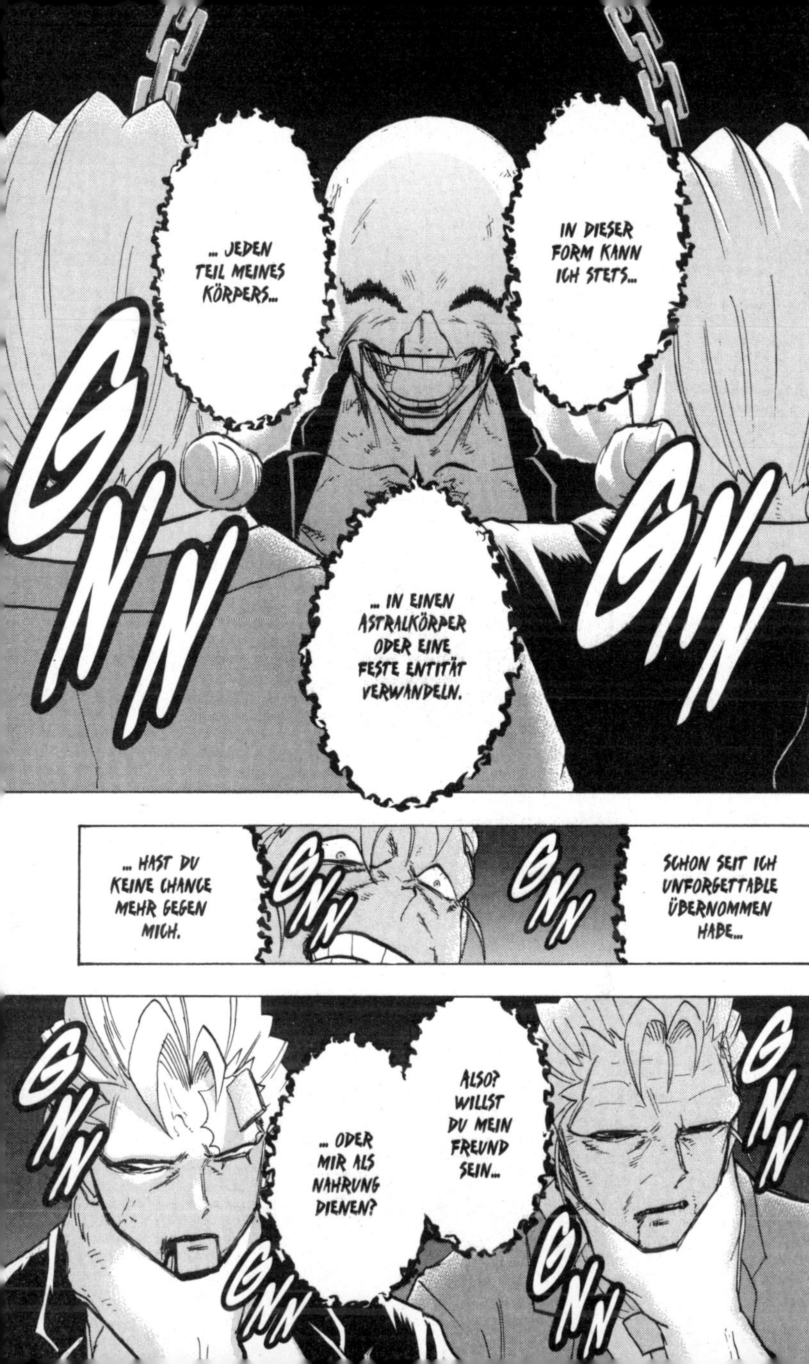
IN DIESER FORM KANN ICH STETS...
... JEDEN TEIL MEINES KÖRPERS...
... IN EINEN ASTRALKÖRPER ODER EINE FESTE ENTITÄT VERWANDELN.
GONN
GONN
SCHON SEIT ICH UNFORGETTABLE ÜBERNOMMEN HABE...
GONN
GONN
... HAST DU KEINE CHANCE MEHR GEGEN MICH.
GONN
GONN
ALSO? WILLST DU MEIN FREUND SEIN...
... ODER MIR ALS NAHRUNG DIENEN?
GONN
GONN

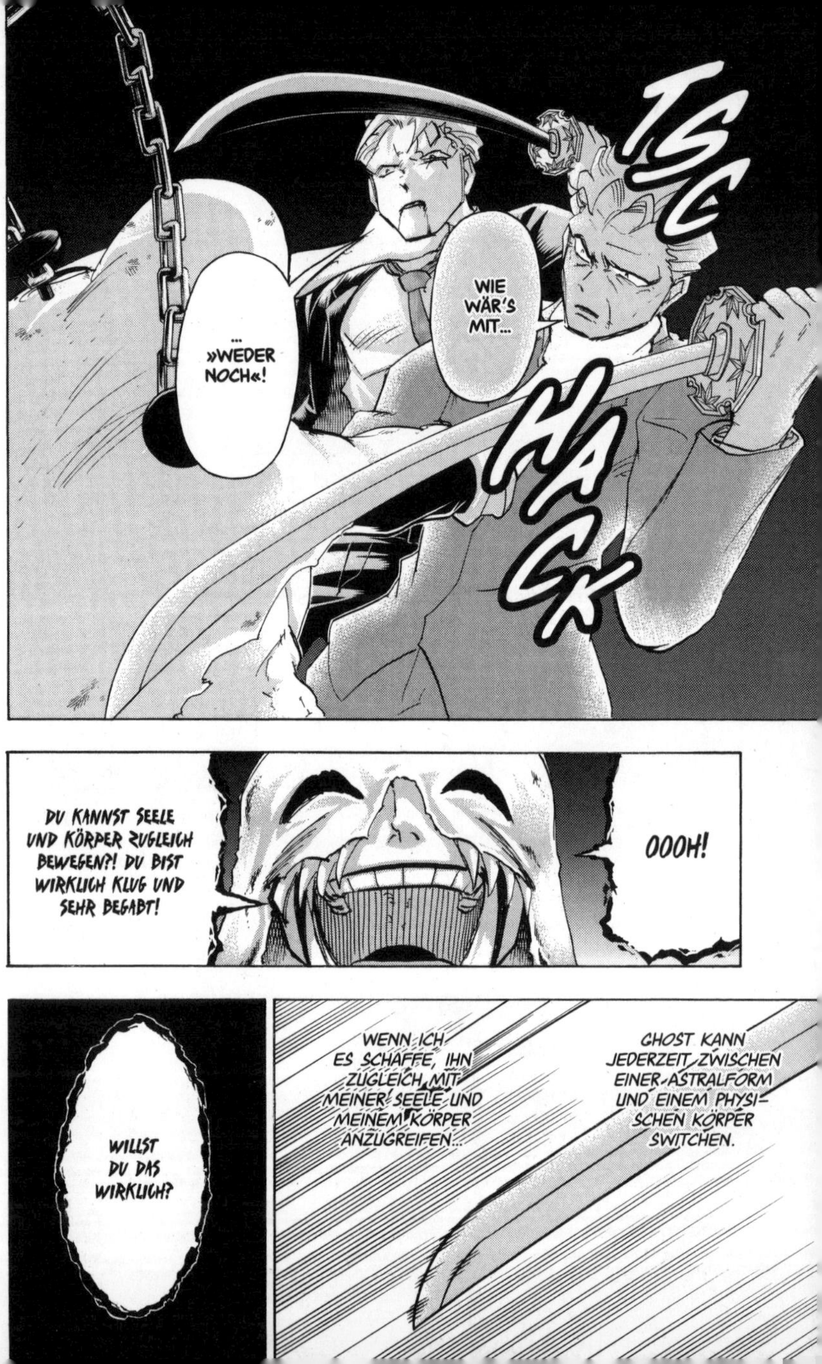

TSC
WIE WÄR'S MIT...
HACK
... »WEDER NOCH«!
OOOH!
DU KANNST SEELE UND KÖRPER ZUGLEICH BEWEGEN?! DU BIST WIRKLICH KLUG UND SEHR BEGABT!
GHOST KANN JEDERZEIT ZWISCHEN EINER ASTRALFORM UND EINEM PHYSISCHEN KÖRPER SWITCHEN.
WENN ICH ES SCHAFFE, IHN ZUGLEICH MIT MEINER SEELE UND MEINEM KÖRPER ANZUGREIFEN...
WILLST DU DAS WIRKLICH?

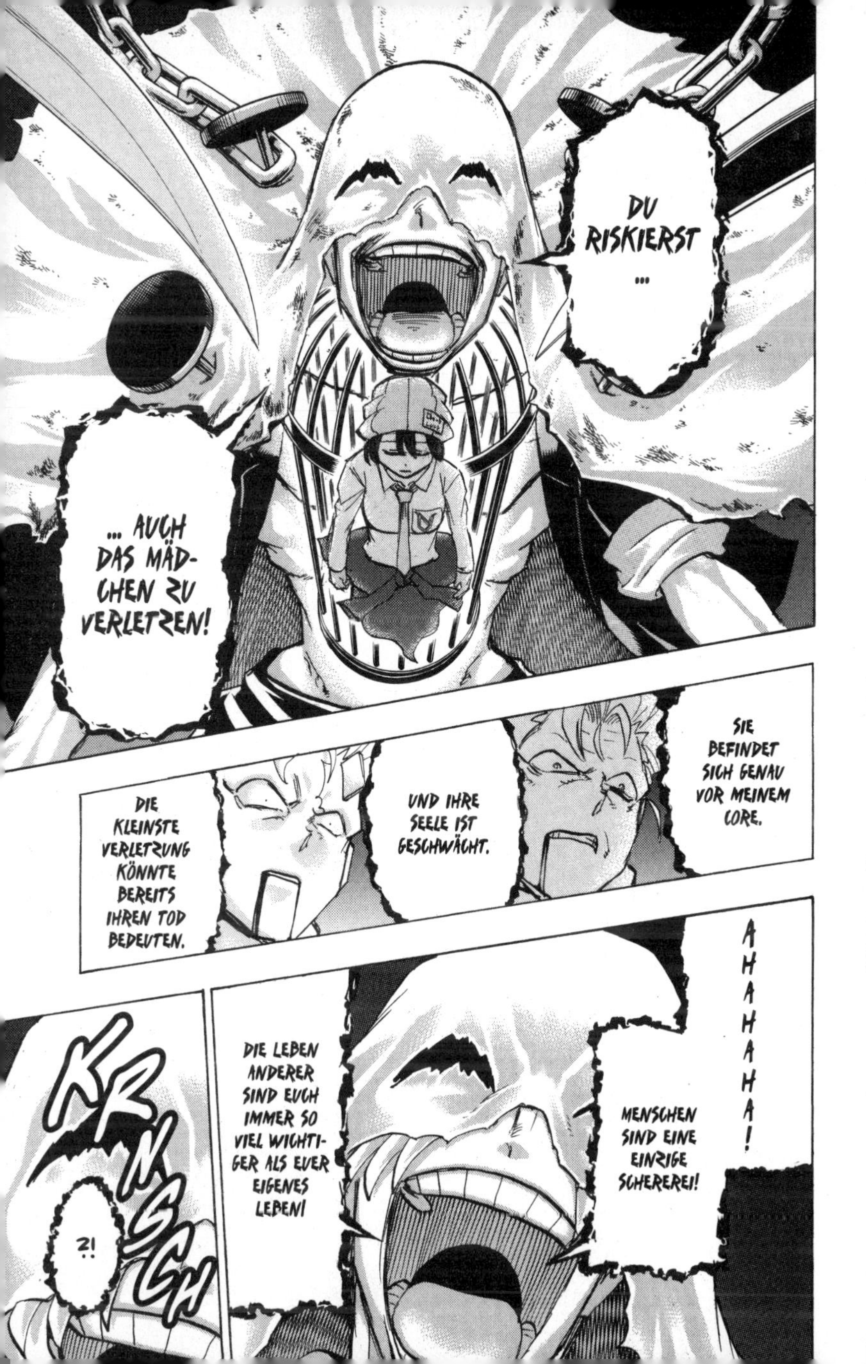
DU RISKIERST ...
... AUCH DAS MÄD-CHEN ZU VERLETZEN!
SIE BEFINDET SICH GENAU VOR MEINEM CORE.
UND IHRE SEELE IST GESCHWÄCHT.
DIE KLEINSTE VERLETZUNG KÖNNTE BEREITS IHREN TOD BEDEUTEN.
AHAHAHAHA!
MENSCHEN SIND EINE EINZIGE SCHEREREI!
DIE LEBEN ANDERER SIND EUCH IMMER SO VIEL WICHTI-GER ALS EUER EIGENES LEBEN!
KRNSCH
?!

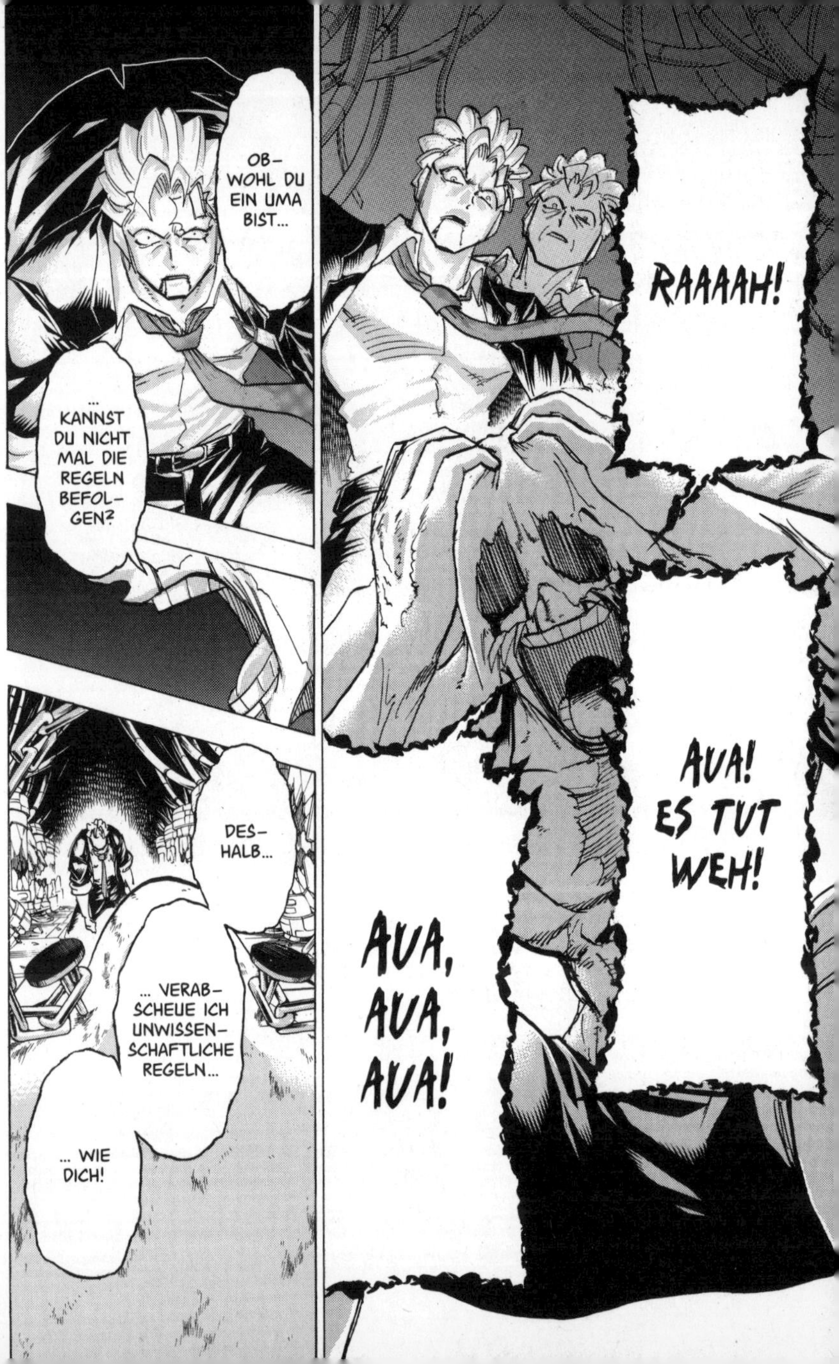

RAAAAH!
AUA! ES TUT WEH!
AUA, AUA, AUA!
OB-WOHL DU EIN UMA BIST...
... KANNST DU NICHT MAL DIE REGELN BEFOL-GEN?
DES-HALB...
... VERAB-SCHEUE ICH UNWISSEN-SCHAFTLICHE REGELN...
... WIE DICH!

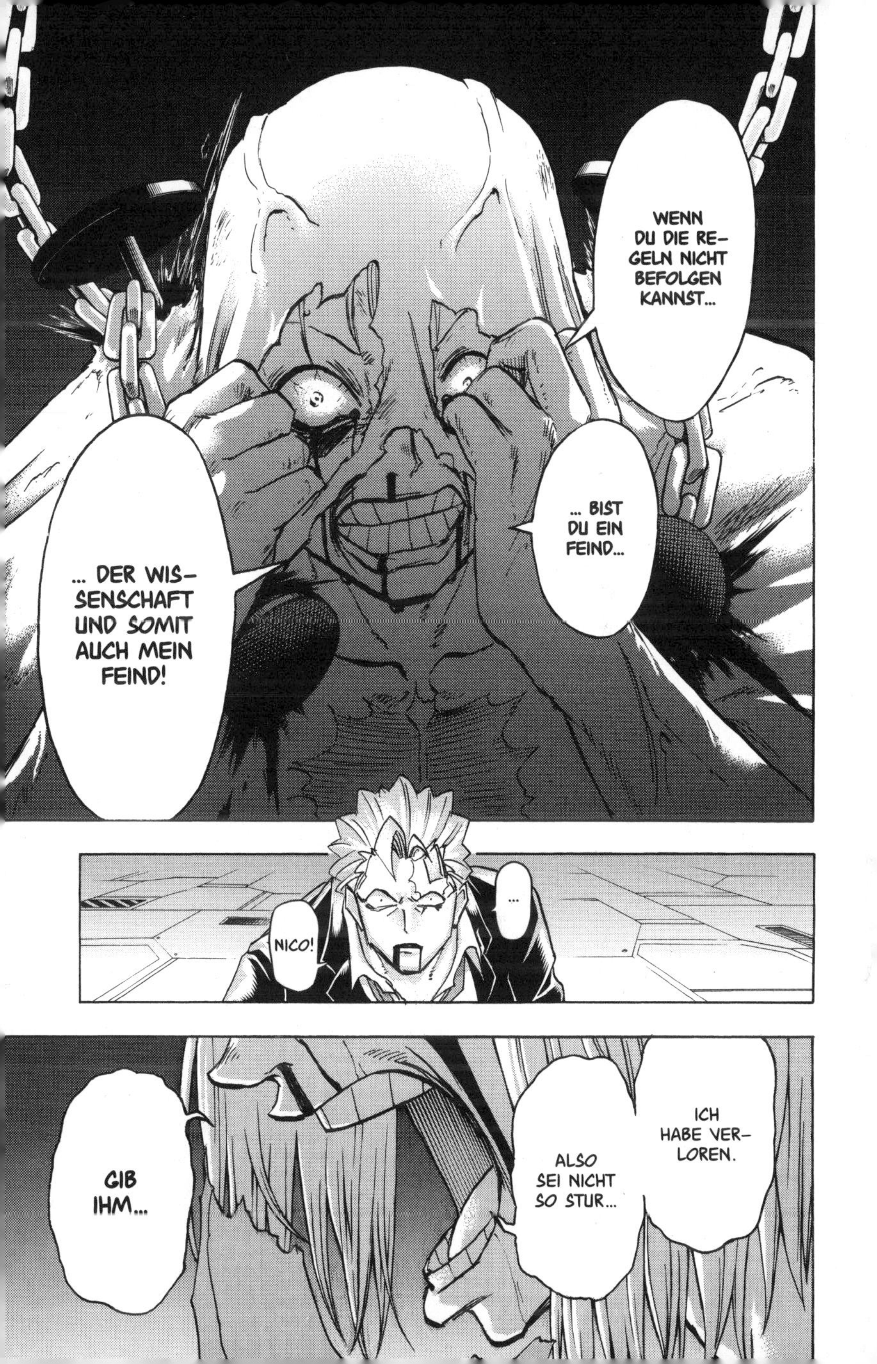
WENN DU DIE RE-GELN NICHT BEFOLGEN KANNST...
... BIST DU EIN FEIND...
... DER WIS-SENSCHAFT UND SOMIT AUCH MEIN FEIND!
...
NICO!
ICH HABE VER-LOREN.
ALSO SEI NICHT SO STUR...
GIB IHM...

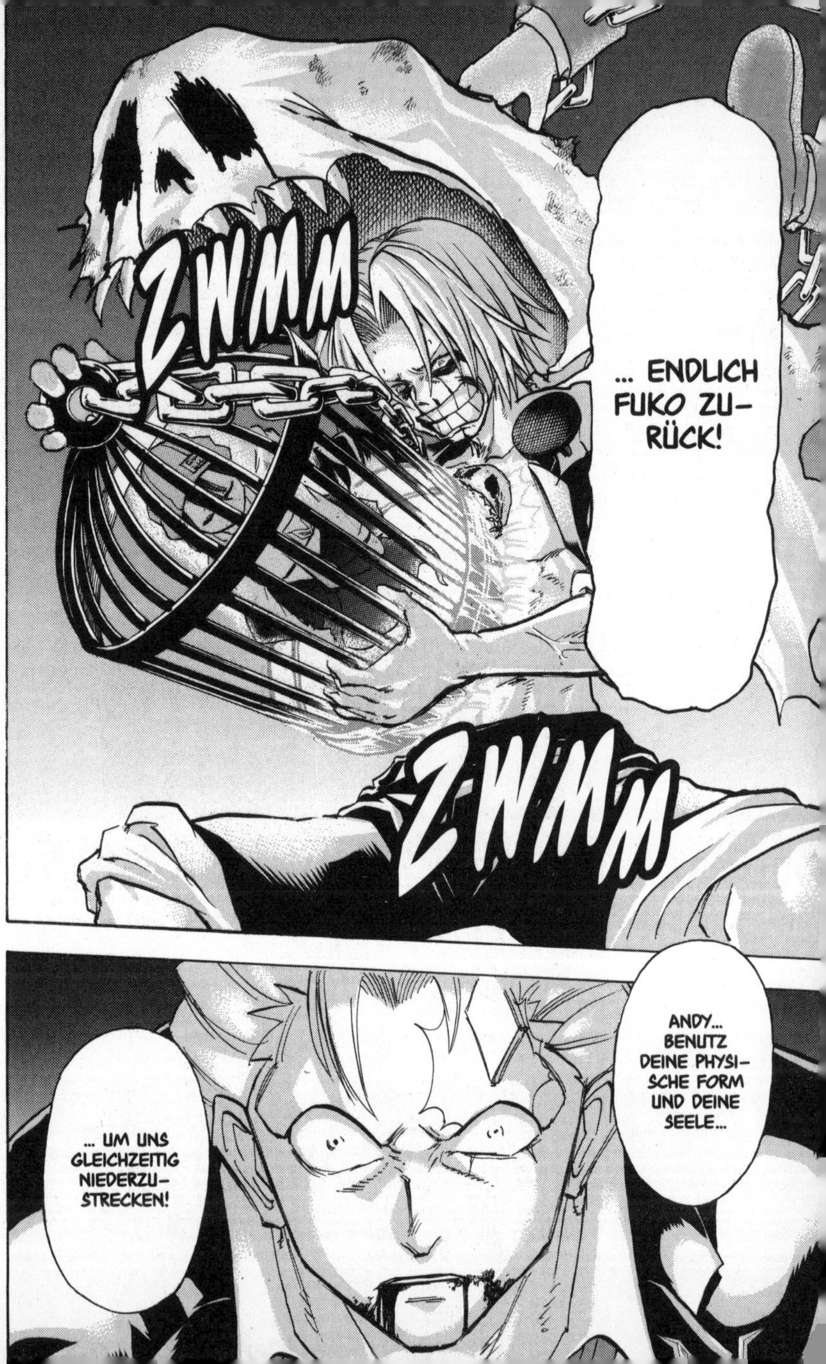
ZWMM
... ENDLICH FUKO ZU-RÜCK!
ZWMM
ANDY... BENUTZ DEINE PHYSI-SCHE FORM UND DEINE SEELE...
... UM UNS GLEICHZEITIG NIEDERZU-STRECKEN!

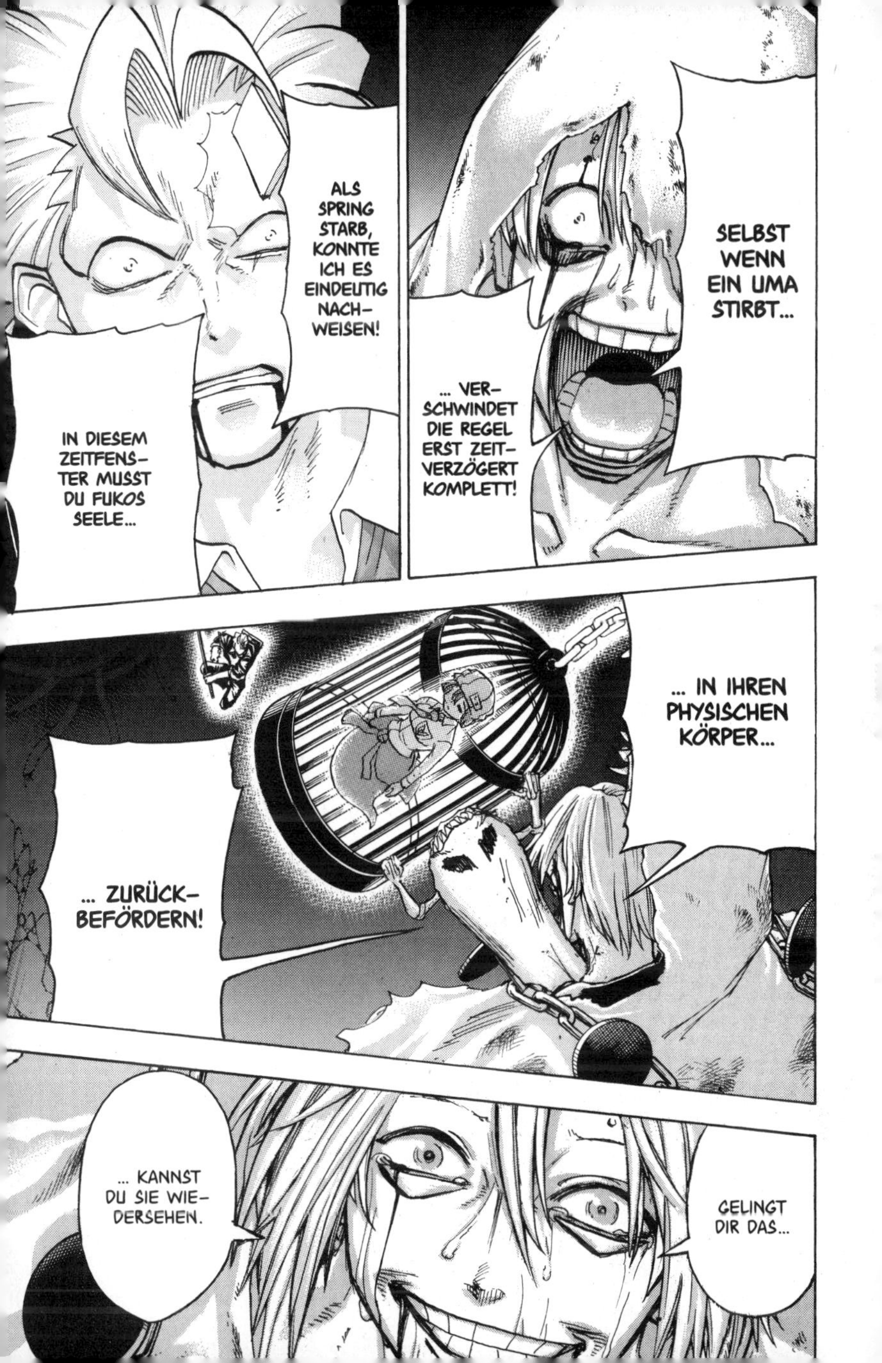
SELBST WENN EIN UMA STIRBT...
... VERSCHWINDET DIE REGEL ERST ZEITVERZÖGERT KOMPLETT!
ALS SPRING STARB, KONNTE ICH ES EINDEUTIG NACHWEISEN!
IN DIESEM ZEITFENSTER MUSST DU FUKOS SEELE...
... IN IHREN PHYSISCHEN KÖRPER...
... ZURÜCKBEFÖRDERN!
GELINGT DIR DAS...
... KANNST DU SIE WIEDERSEHEN.

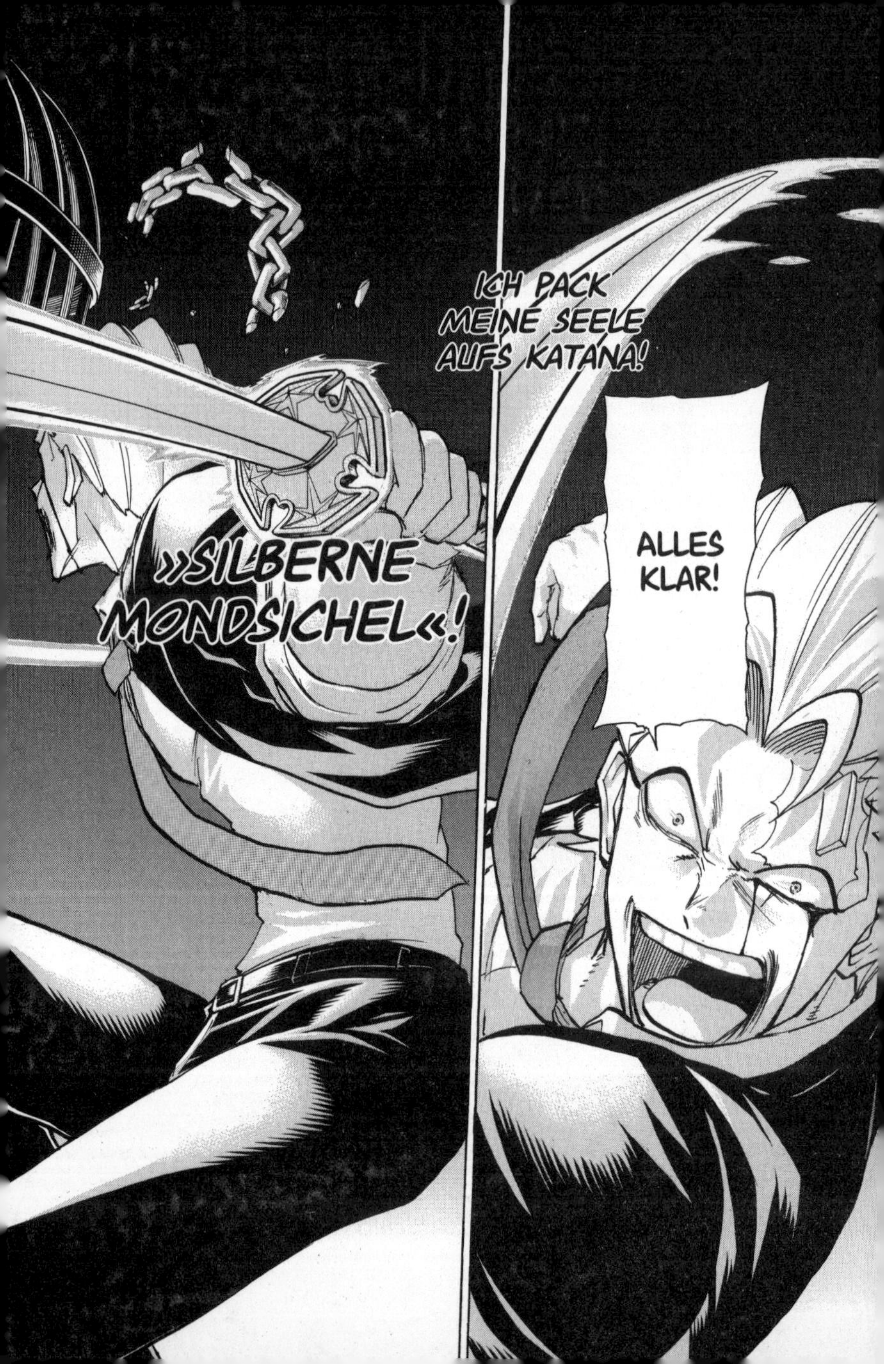
ICH PACK MEINE SEELE AUFS KATANA!
ALLES KLAR!
»SILBERNE MONDSICHEL«!

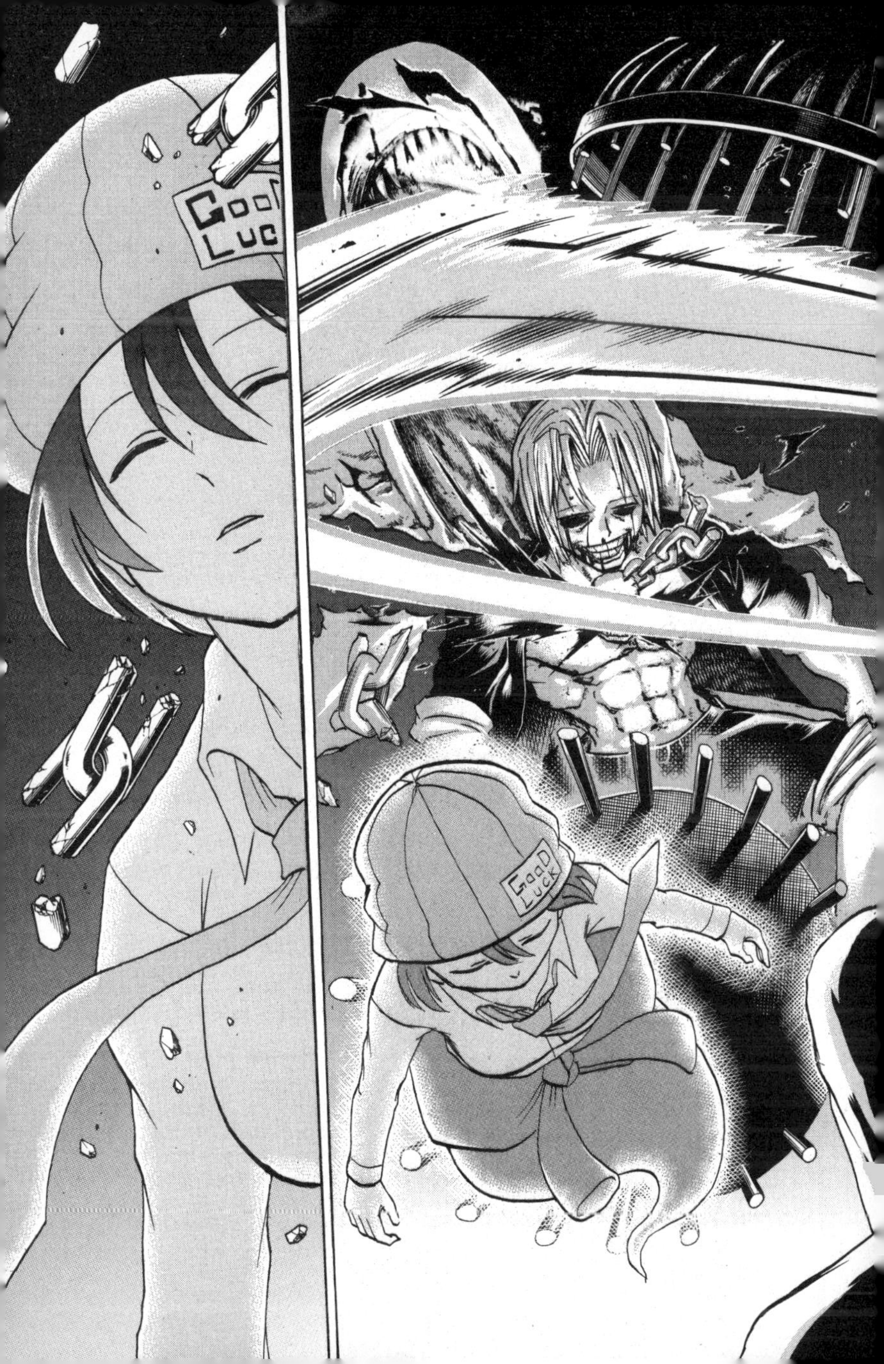
GooD Luck

UMA GHOST

ALTER: NOCH IMMER NULL

GRÖSSE: KANN BELIEBIG VERÄNDERT WERDEN

GEWICHT: KEINE AHNUNG

HOBBYS: LIEBT ES, WENN DIE SEELEN REIFEN (DIESMAL WAR FUKO DRAN)

BESITZT EIN KLEINES EGO UND ERSCHRECKT DESHALB GERN MENSCHEN

BESONDERE FÄHIGKEITEN: KANN LEICHT VON JEMANDEM BESITZ ERGREIFEN, EIN ECHTER MENSCHENKENNER

WAS ES MAG: SEELEN

LIEBLINGSMENSCHEN: JENE, VON DENEN ES LEICHT BESITZ ERGREIFEN KANN; RUIN (WEIL ER GHOST VIELE SEELEN GESCHENKT HAT)

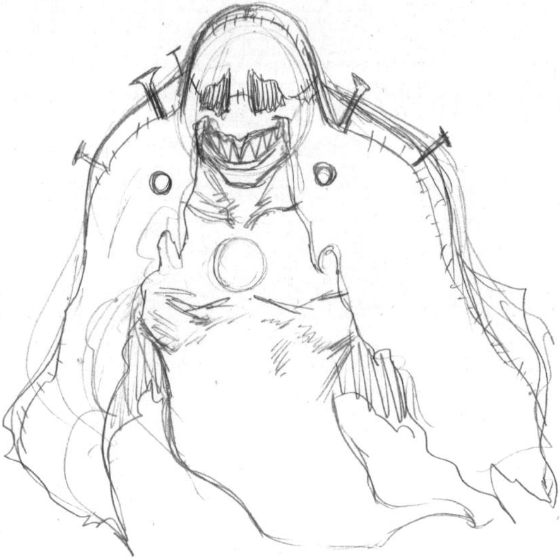

PHASE 1

IM GRUNDE KANN ES GENAUSO WIE IN DER KERNFORM NICHT AN DER REALEN WELT TEILHABEN. DAFÜR IST GHOST IN DIESER PHASE FÄHIG, VON MENSCHEN BESITZ ZU ERGREIFEN, DEREN EGO BEREITS ERSCHÜTTERT WURDE UND INSTABIL IST. INDEM ES DIE PSYCHE EINES MENSCHEN ALLMÄHLICH AUSHÖHLT UND NACH UND NACH DIE KONTROLLE ÜBERNIMMT, KANN ES IN PHASE 2 ÜBERGEHEN.

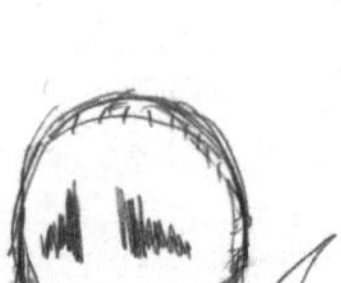

KERNFORM

KANN VON MENSCHLICHEN SEELEN NOCH NICHT BESITZ ERGREIFEN. ERNÄHRT SICH IN GERINGEN MENGEN VON DEN GEISTERN VERSTORBENER. KANN AN DER REALEN WELT NICHT TEILHABEN.

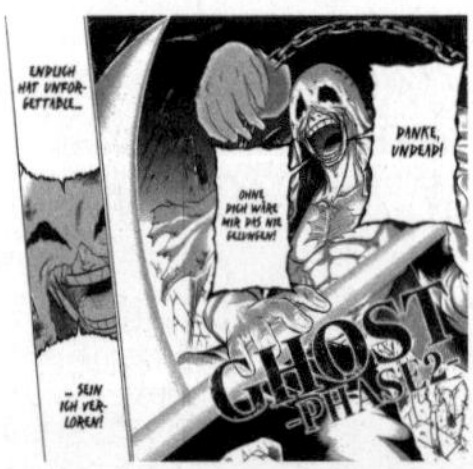

GHOST PHASE 2

ÜBERNIMMT DIE FORM EINES MENSCHEN, DESSEN EGO ZUSAMMENGEBROCHEN IST. NUR IN DIESEM ZUSTAND KANN ES ERSTMALS AKTIV AUF DIE REALITÄT EINWIRKEN. BENUTZT EINE SENSE, UM MENSCHLICHE SEELEN ZU ERNTEN. GHOST MUSS ZUERST IN DIESE PHASE ÜBERWECHSELN, DA ES ANSONSTEN AKTUELL KEINE MÖGLICHKEIT GIBT, DAS UMA ZU BESIEGEN.

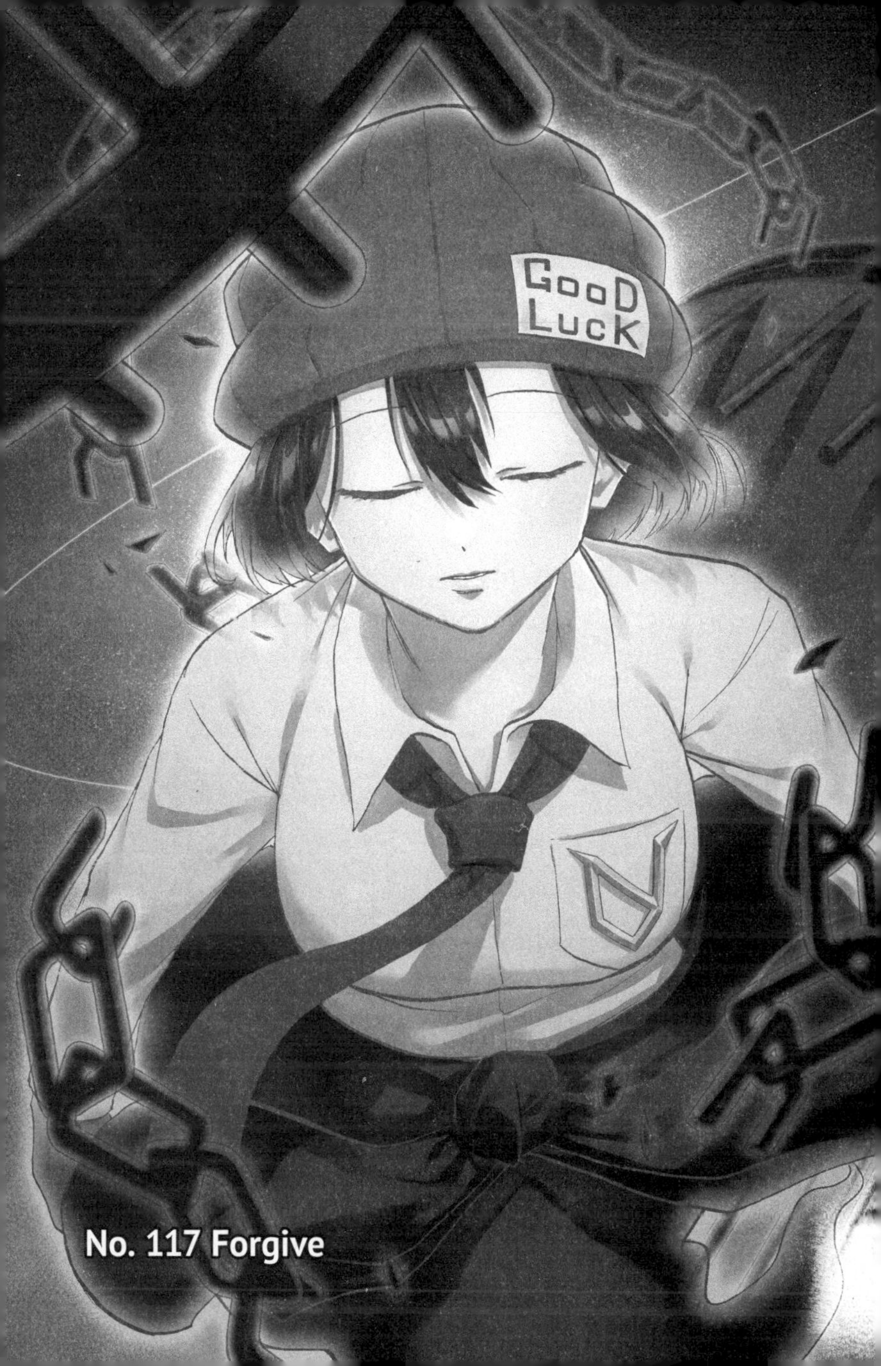
GooD LucK
No. 117 Forgive

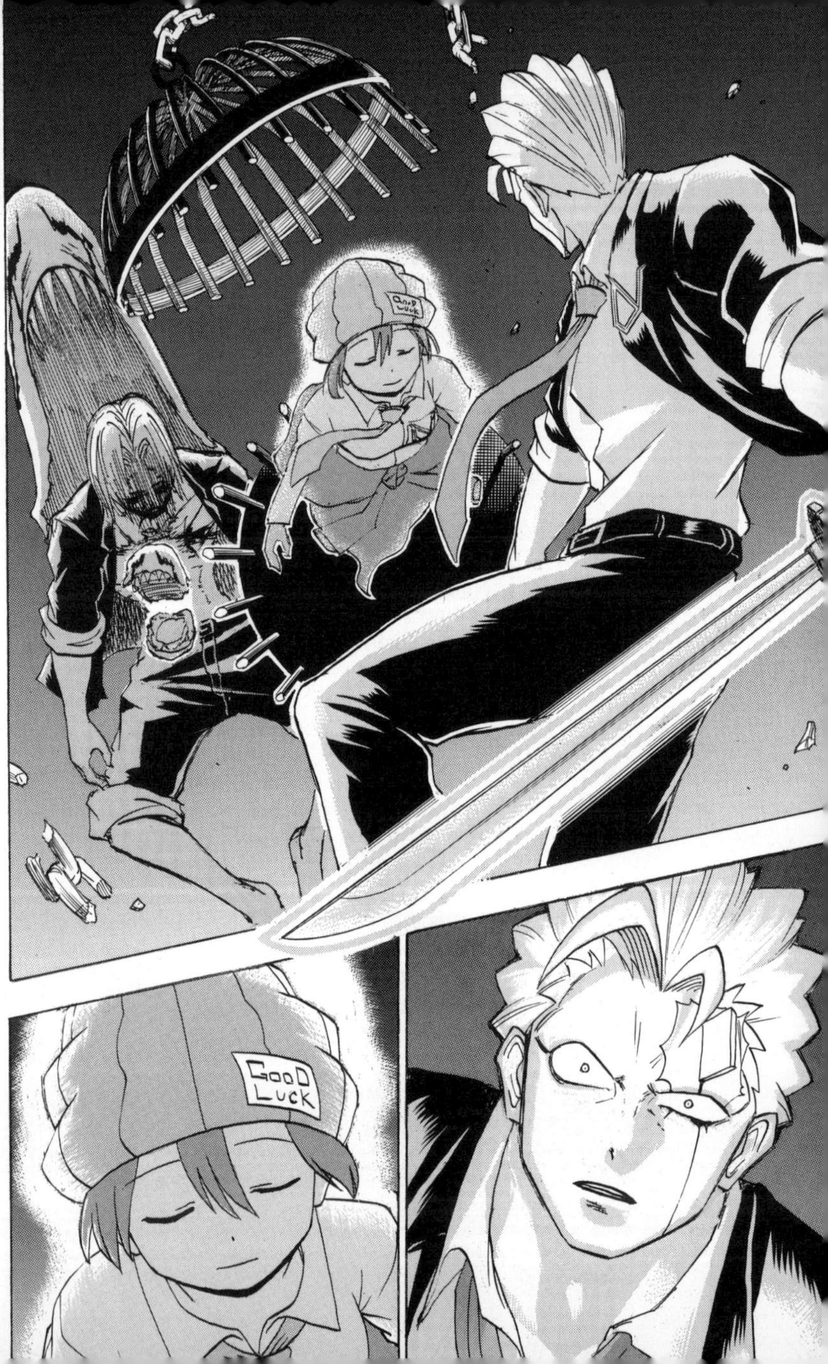
GOOD LUCK

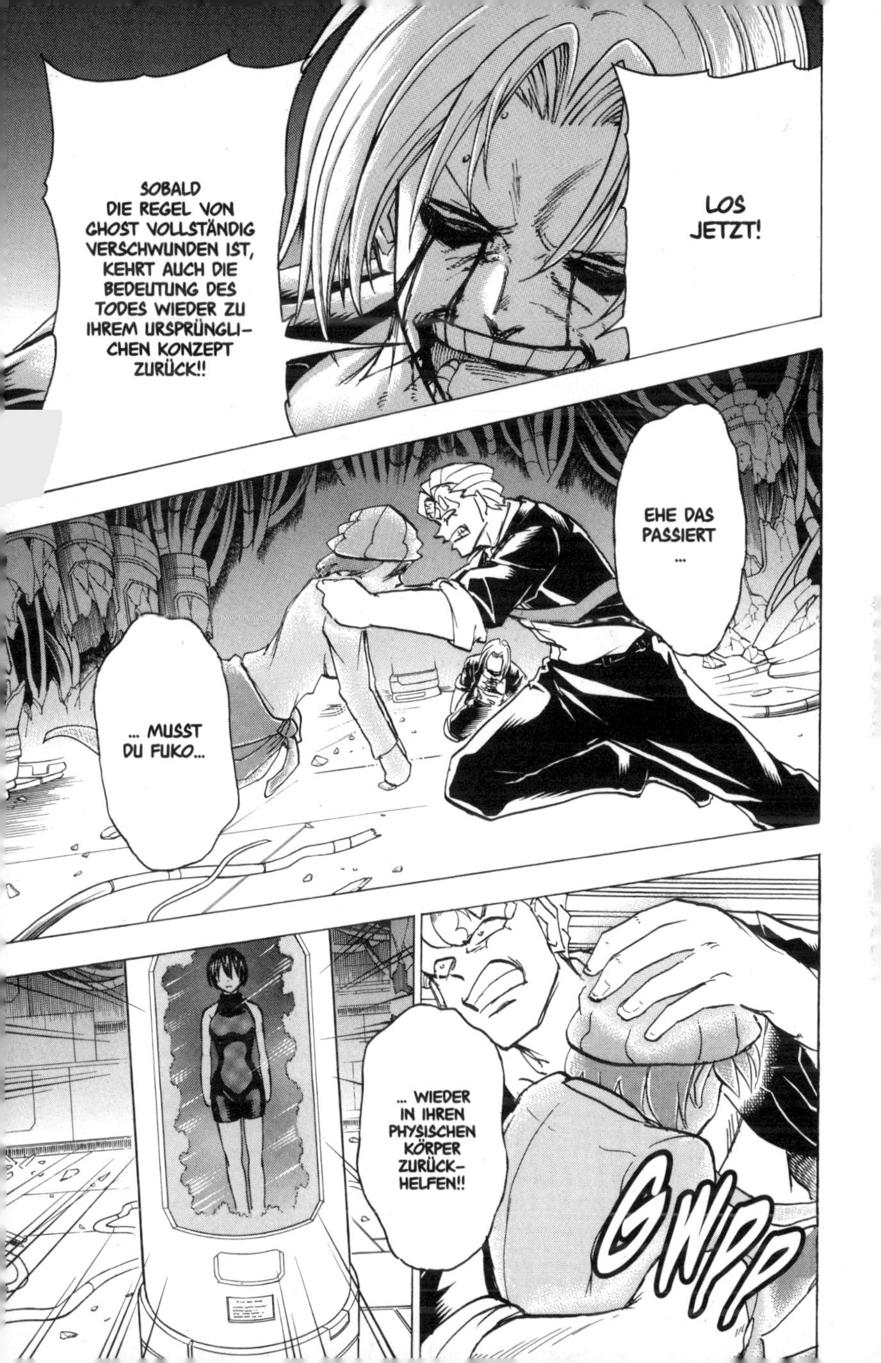
LOS JETZT!
SOBALD DIE REGEL VON GHOST VOLLSTÄNDIG VERSCHWUNDEN IST, KEHRT AUCH DIE BEDEUTUNG DES TODES WIEDER ZU IHREM URSPRÜNGLICHEN KONZEPT ZURÜCK!!
EHE DAS PASSIERT ...
... MUSST DU FUKO...
... WIEDER IN IHREN PHYSISCHEN KÖRPER ZURÜCKHELFEN!!
GNPP

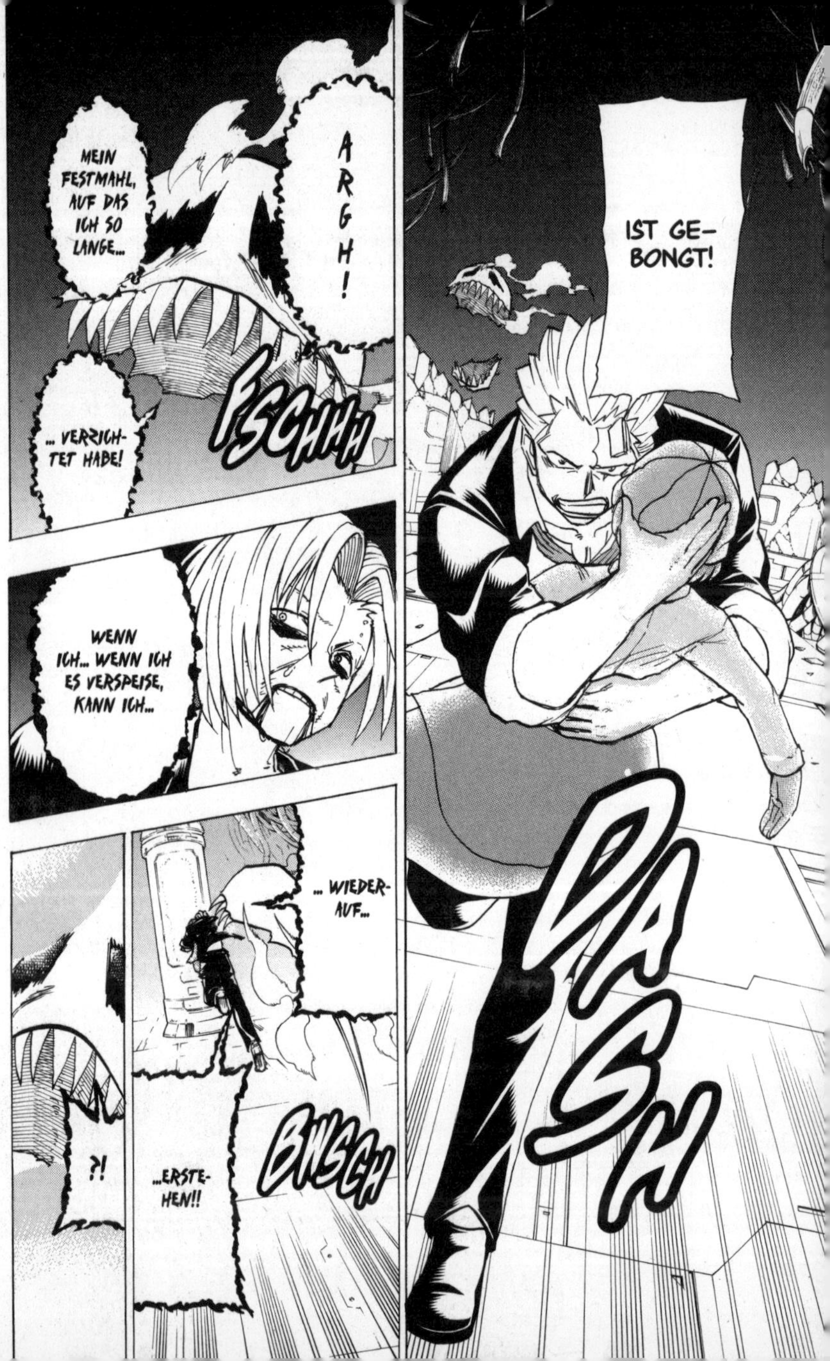
IST GE-
BONGT!
DASH
ARGH!
MEIN
FESTMAHL,
AUF DAS
ICH SO
LANGE...
FSCHHH
... VERZICH-
TET HABE!
WENN
ICH... WENN ICH
ES VERSPEISE,
KANN ICH...
... WIEDER-
AUF...
BWSCH
...ERSTE-
HEN!!
?!

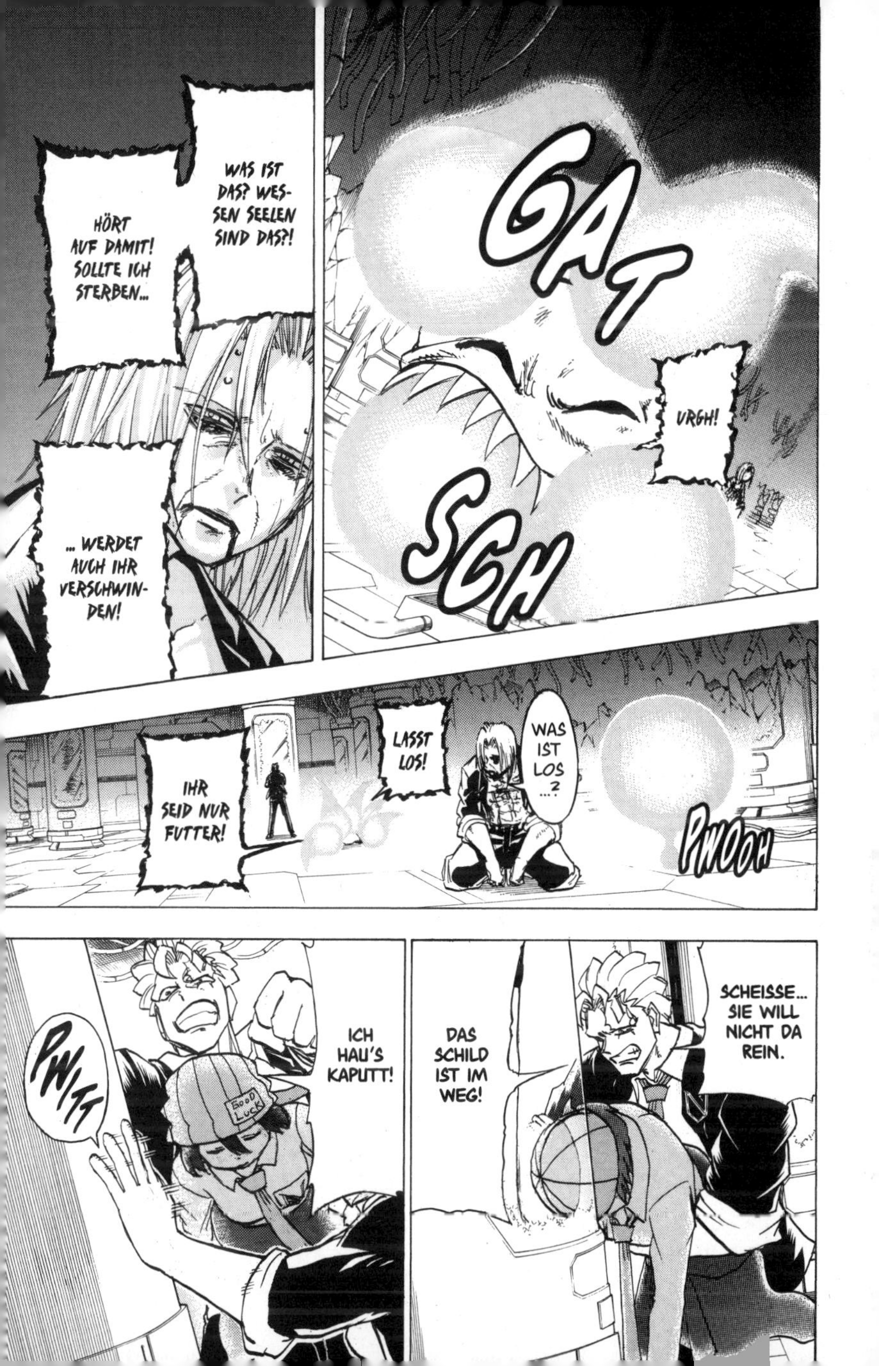
GATSCH
URGH!
WAS IST DAS? WESSEN SEELEN SIND DAS?!
HÖRT AUF DAMIT! SOLLTE ICH STERBEN...
... WERDET AUCH IHR VERSCHWINDEN!
PWOOH
WAS IST LOS ...?
LASST LOS!
IHR SEID NUR FUTTER!
SCHEISSE... SIE WILL NICHT DA REIN.
DAS SCHILD IST IM WEG!
ICH HAU'S KAPUTT!
PWITT
GOOD LUCK

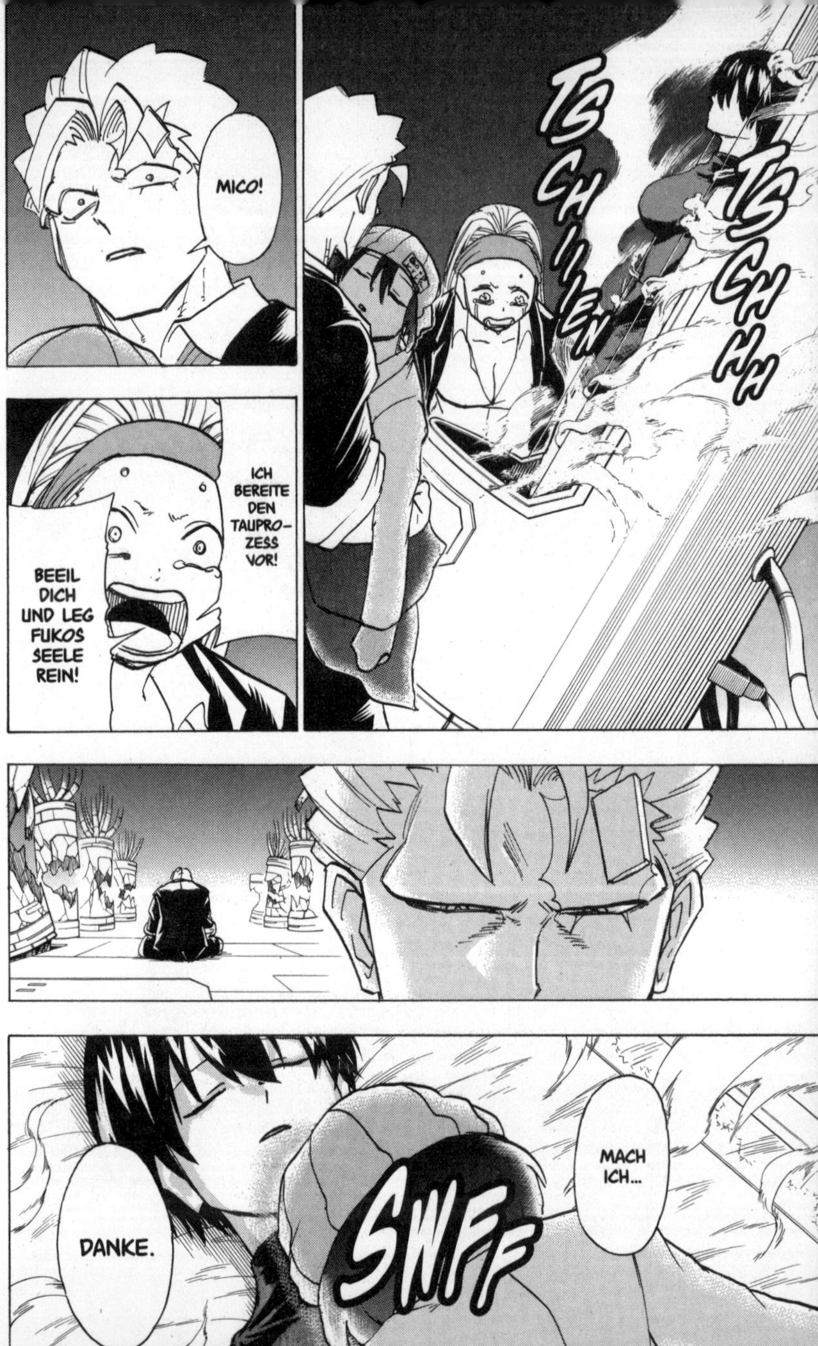
TSCHHHH
TSCHIIIIEN
MICO!
ICH BEREITE DEN TAUPRO-ZESS VOR!
BEEIL DICH UND LEG FUKOS SEELE REIN!
MACH ICH...
SNIFF
DANKE.

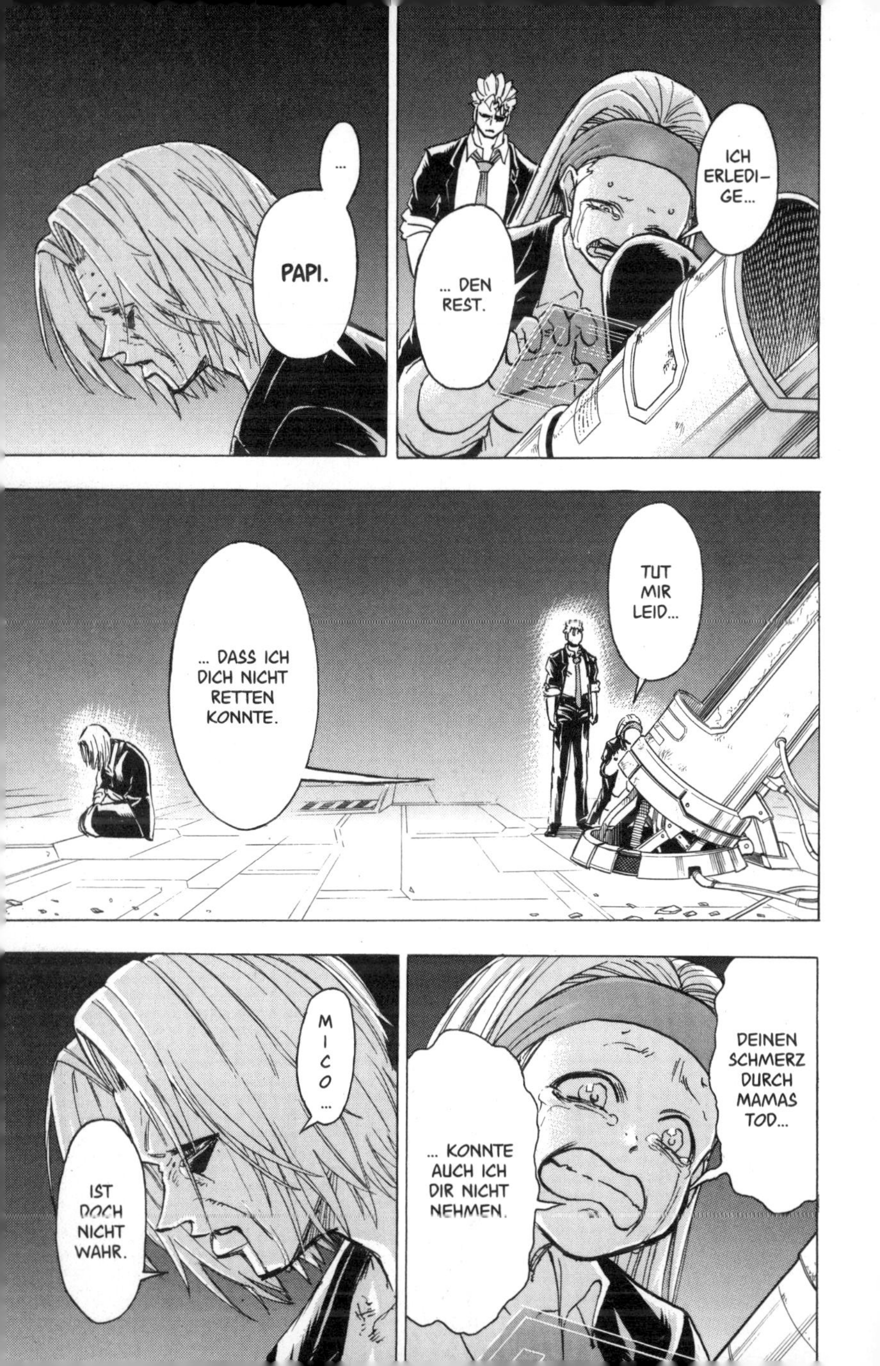
ICH ERLEDIGE...
... DEN REST.
...
PAPI.
TUT MIR LEID...
... DASS ICH DICH NICHT RETTEN KONNTE.
DEINEN SCHMERZ DURCH MAMAS TOD...
... KONNTE AUCH ICH DIR NICHT NEHMEN.
MICO ...
IST DOCH NICHT WAHR.

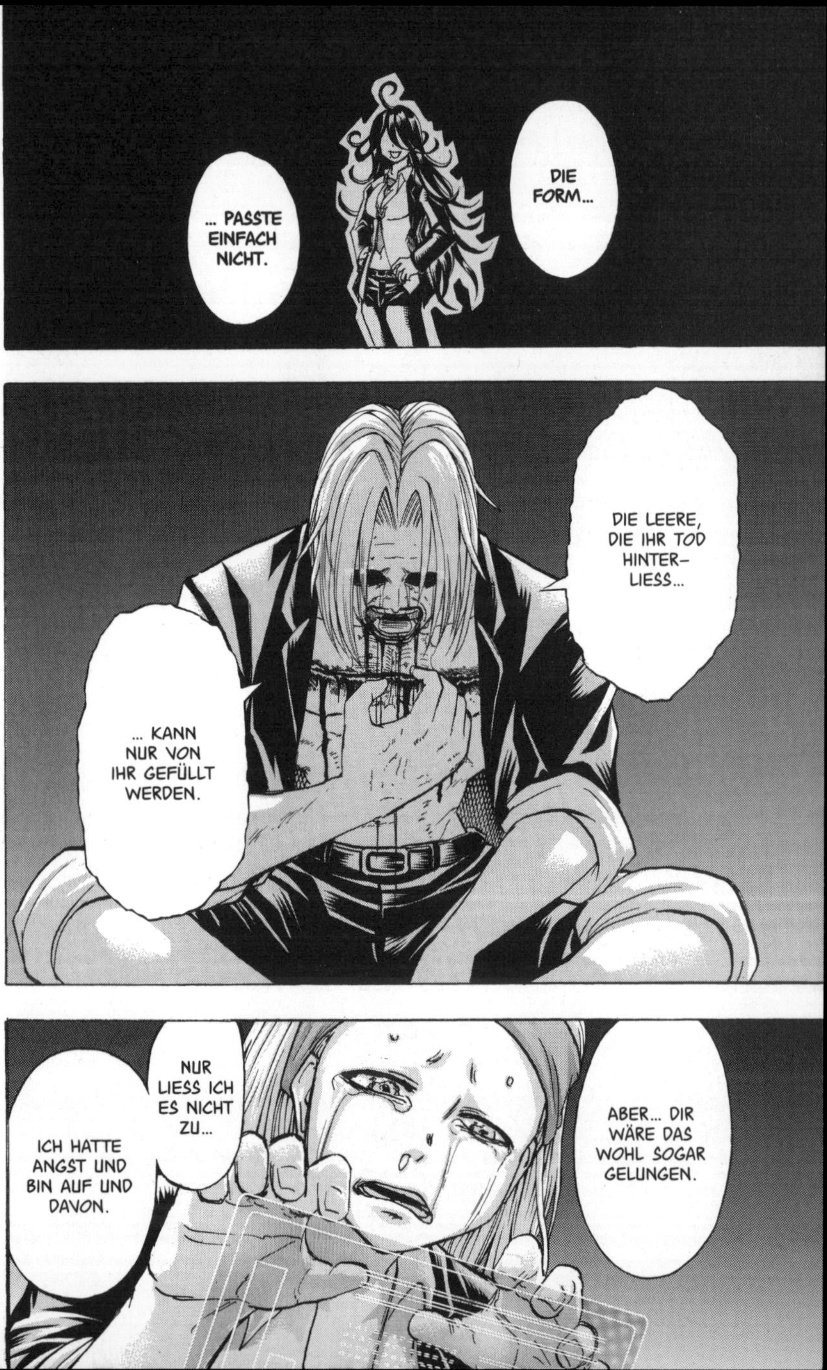
DIE FORM...
... PASSTE EINFACH NICHT.
DIE LEERE, DIE IHR TOD HINTER-LIESS...
... KANN NUR VON IHR GEFÜLLT WERDEN.
ABER... DIR WÄRE DAS WOHL SOGAR GELUNGEN.
NUR LIESS ICH ES NICHT ZU...
ICH HATTE ANGST UND BIN AUF UND DAVON.

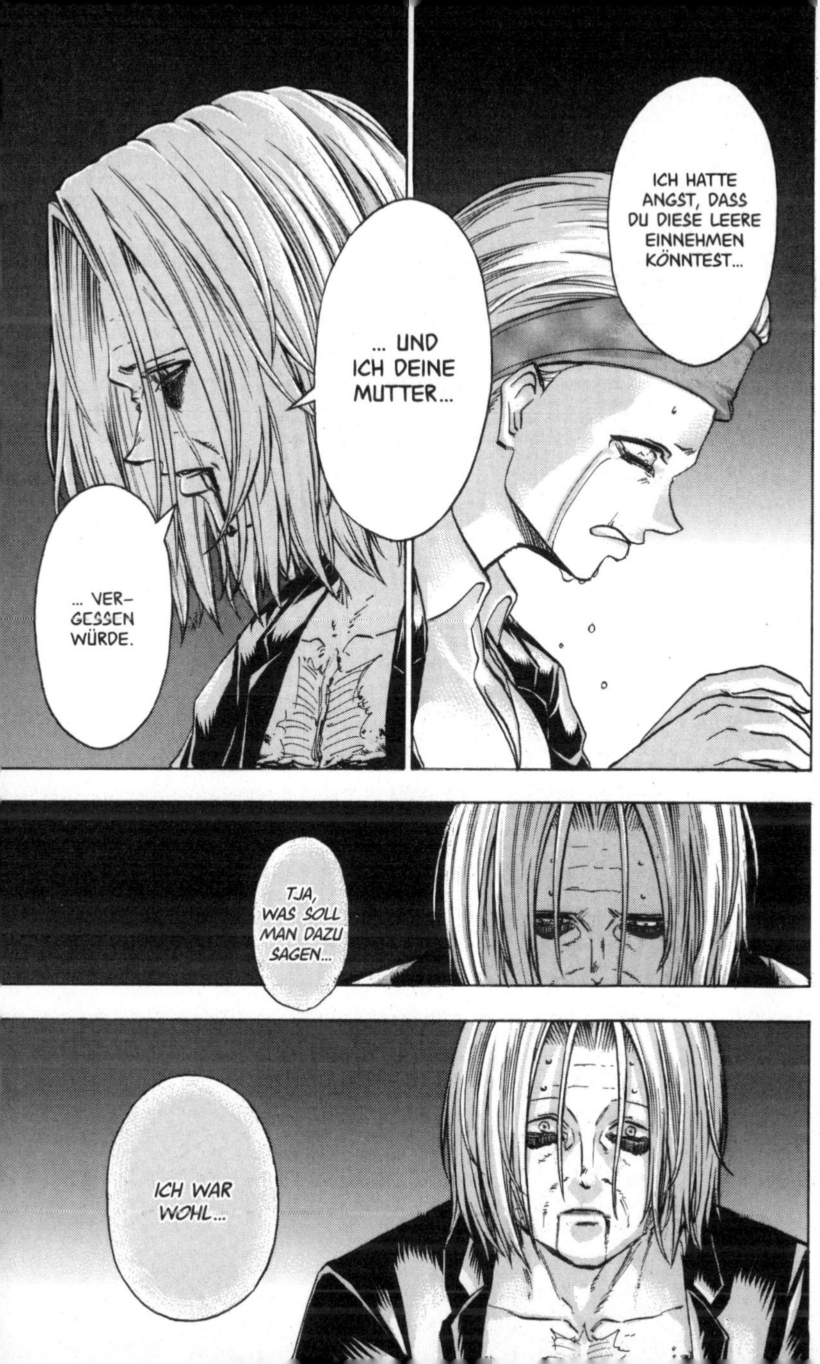
ICH HATTE ANGST, DASS DU DIESE LEERE EINNEHMEN KÖNNTEST...
... UND ICH DEINE MUTTER...
... VER-GESSEN WÜRDE.
TJA, WAS SOLL MAN DAZU SAGEN...
ICH WAR WOHL...

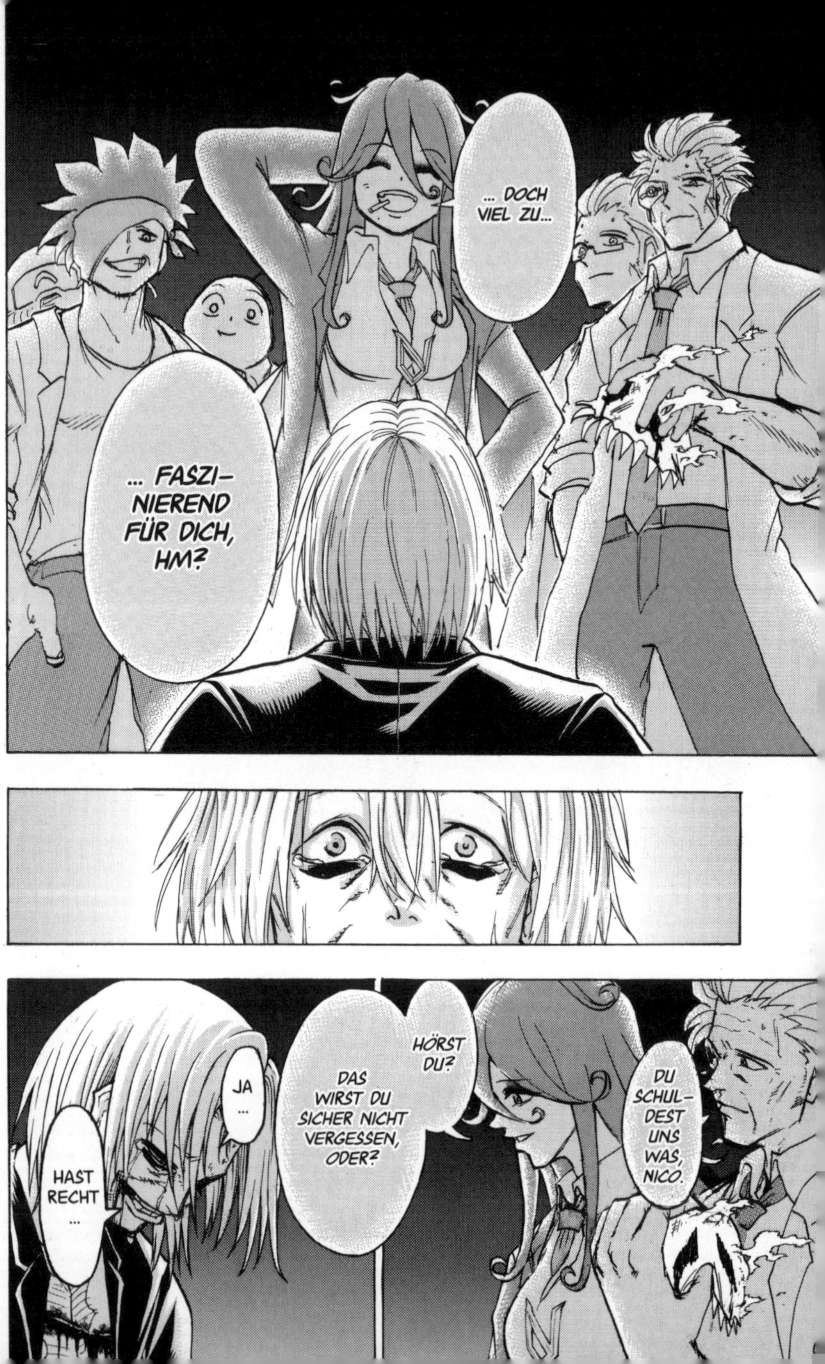
... DOCH VIEL ZU...
... FASZI-NIEREND FÜR DICH, HM?
DU SCHUL-DEST UNS WAS, NICO.
HÖRST DU?
DAS WIRST DU SICHER NICHT VERGESSEN, ODER?
JA ...
HAST RECHT ...

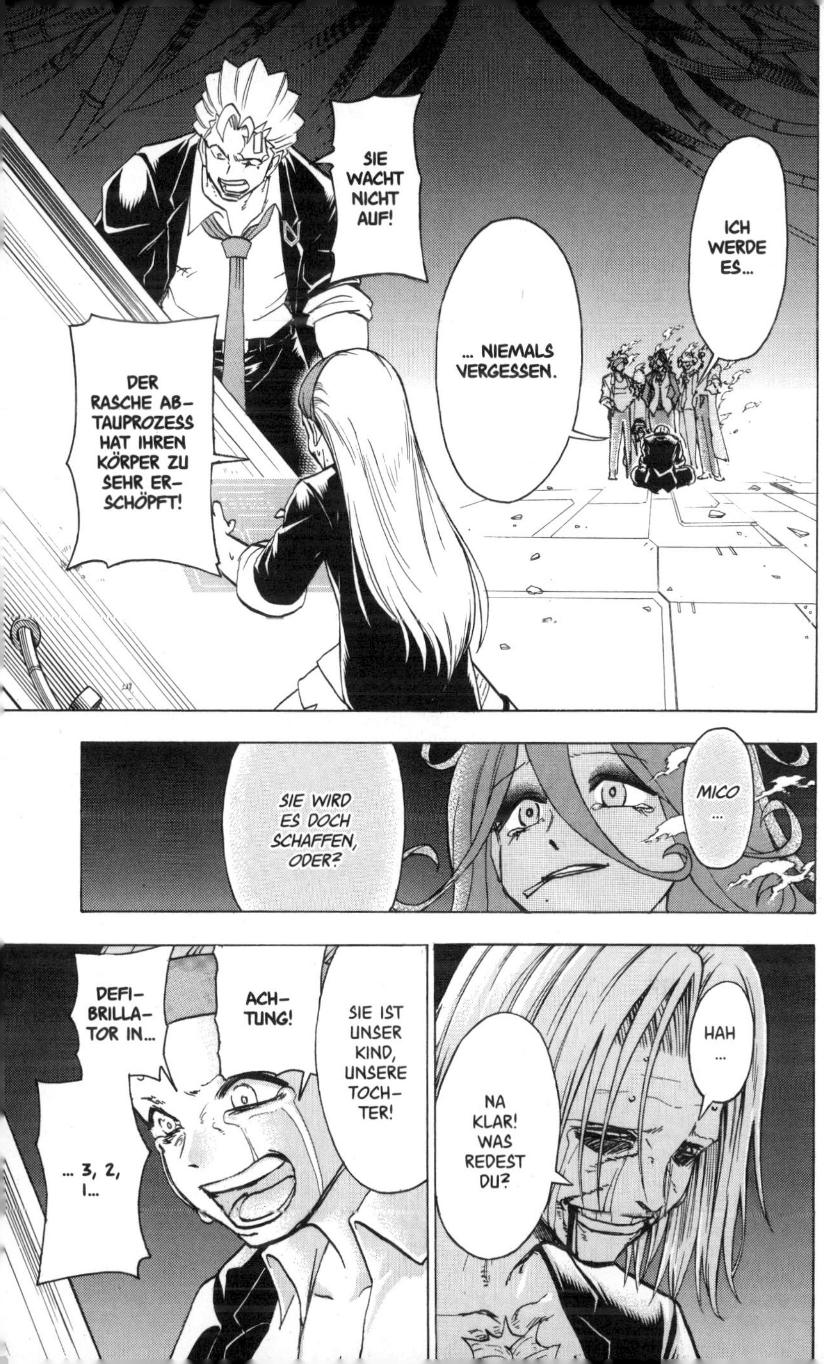
ICH WERDE ES...
... NIEMALS VERGESSEN.
SIE WACHT NICHT AUF!
DER RASCHE AB-TAUPROZESS HAT IHREN KÖRPER ZU SEHR ER-SCHÖPFT!
MICO ...
SIE WIRD ES DOCH SCHAFFEN, ODER?
HAH ...
NA KLAR! WAS REDEST DU?
SIE IST UNSER KIND, UNSERE TOCH-TER!
ACH-TUNG!
DEFI-BRILLA-TOR IN...
... 3, 2, 1...

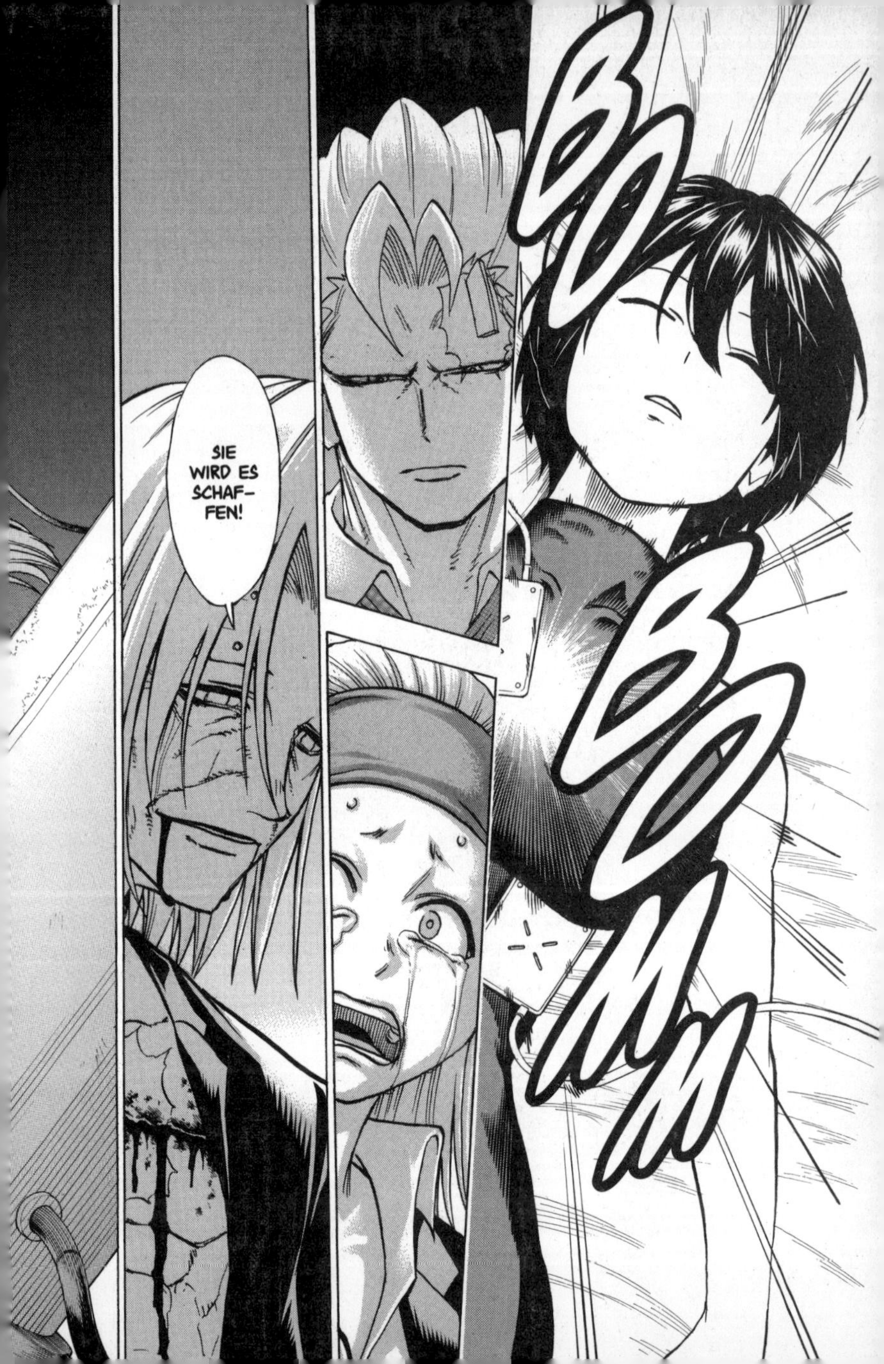
SIE WIRD ES SCHAF-FEN!

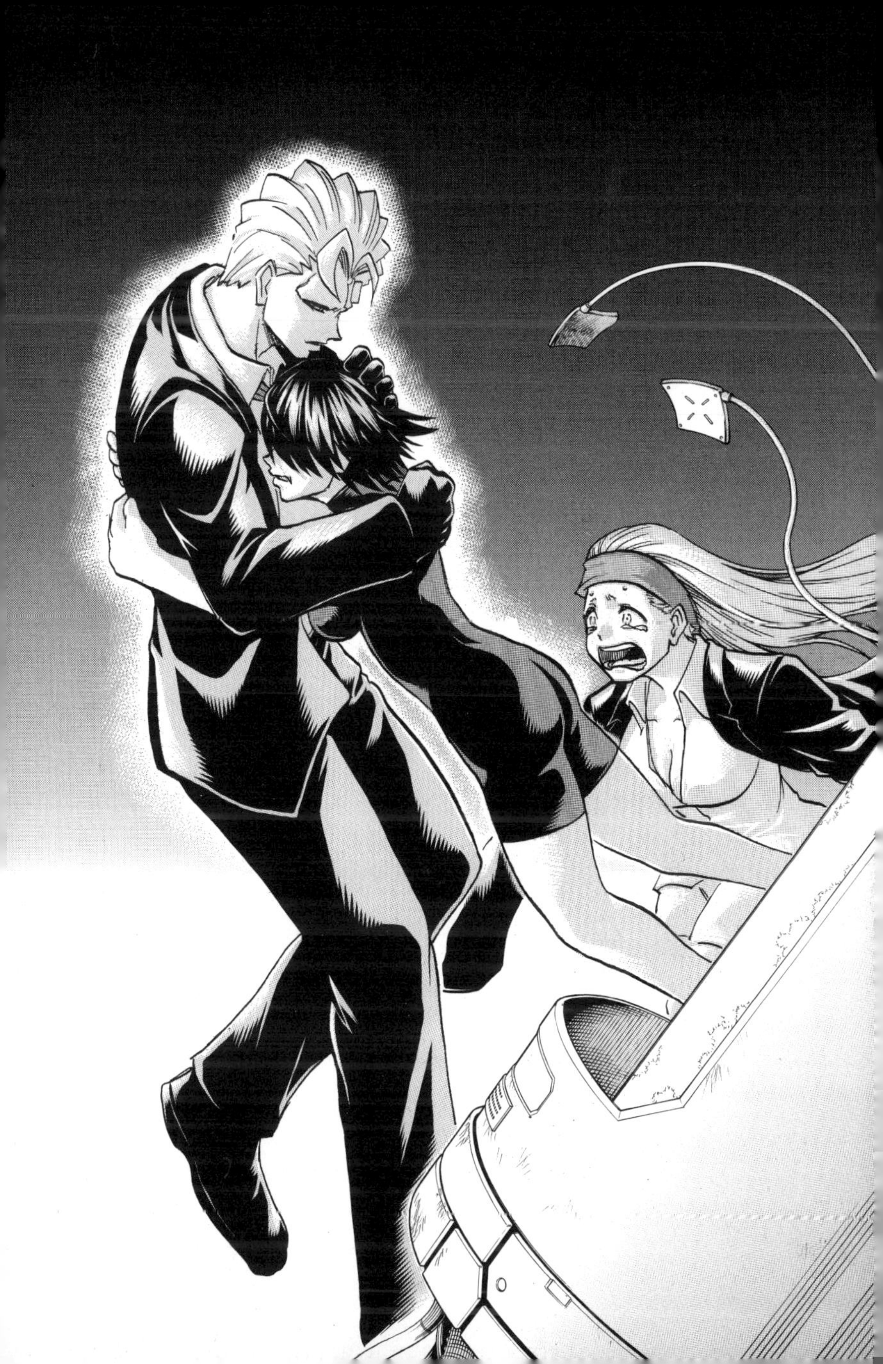

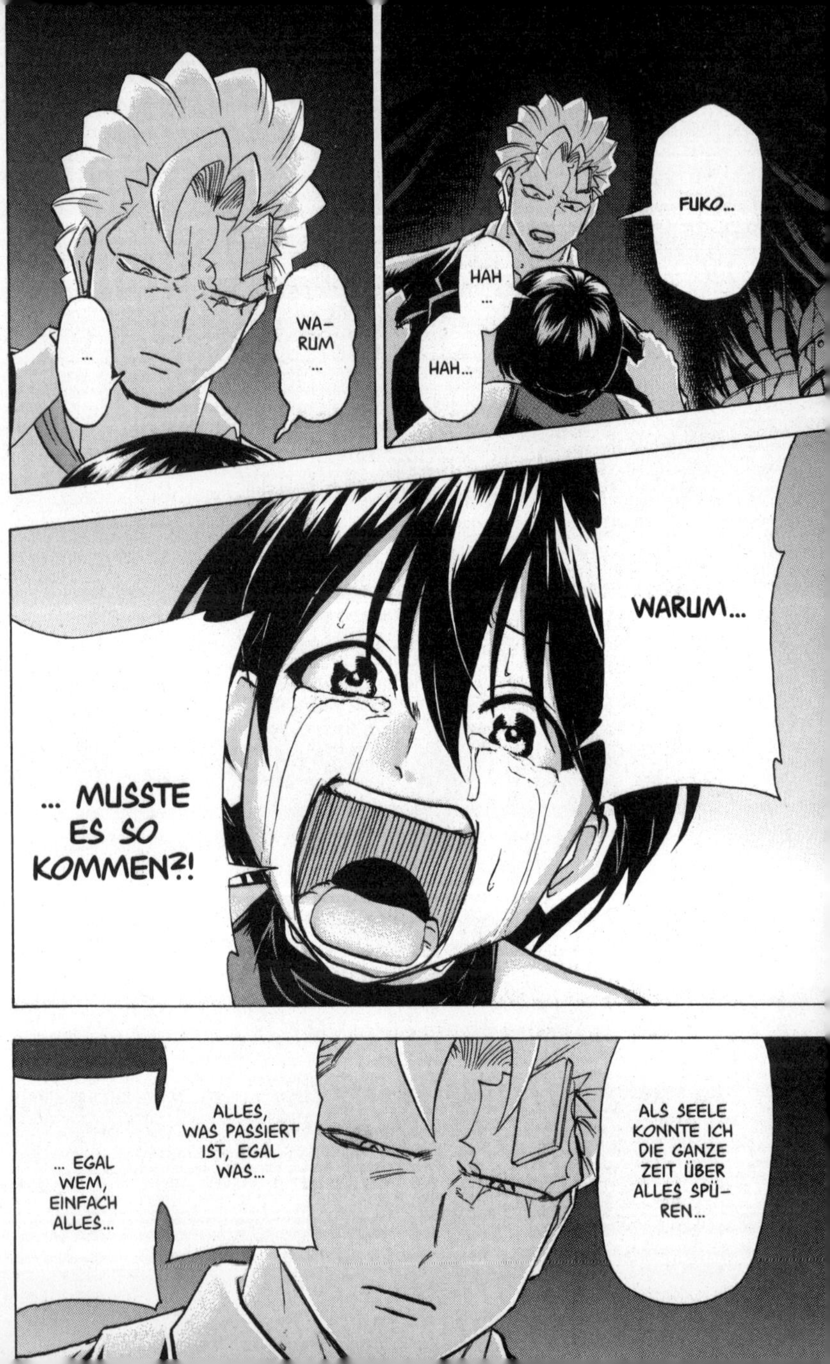
FUKO...
HAH
...
HAH...
WA-
RUM
...
...
WARUM...
... MUSSTE
ES SO
KOMMEN?!
ALS SEELE
KONNTE ICH
DIE GANZE
ZEIT ÜBER
ALLES SPÜ-
REN...
ALLES,
WAS PASSIERT
IST, EGAL
WAS...
... EGAL
WEM,
EINFACH
ALLES...

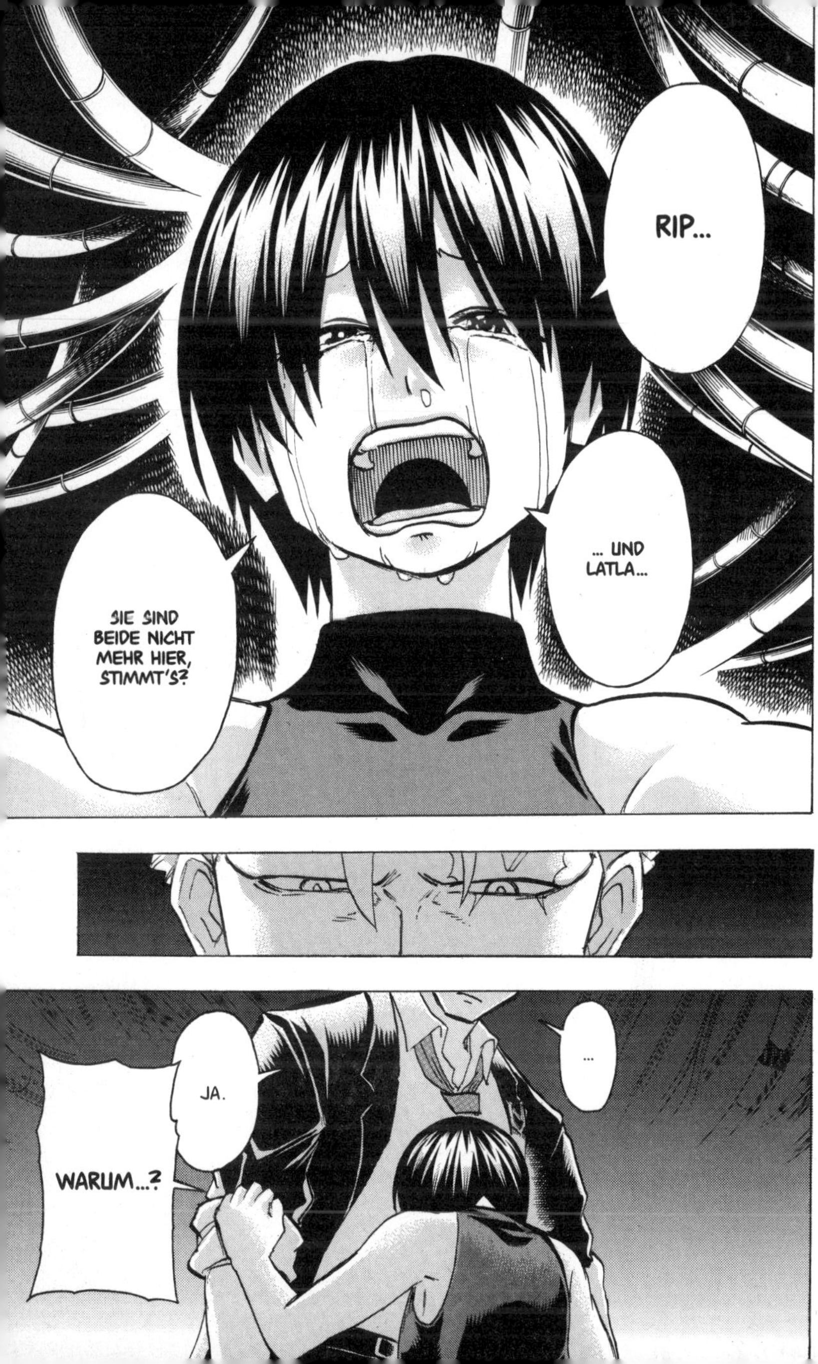
RIP...
... UND LATLA...
SIE SIND BEIDE NICHT MEHR HIER, STIMMT'S?
...
JA.
WARUM...?

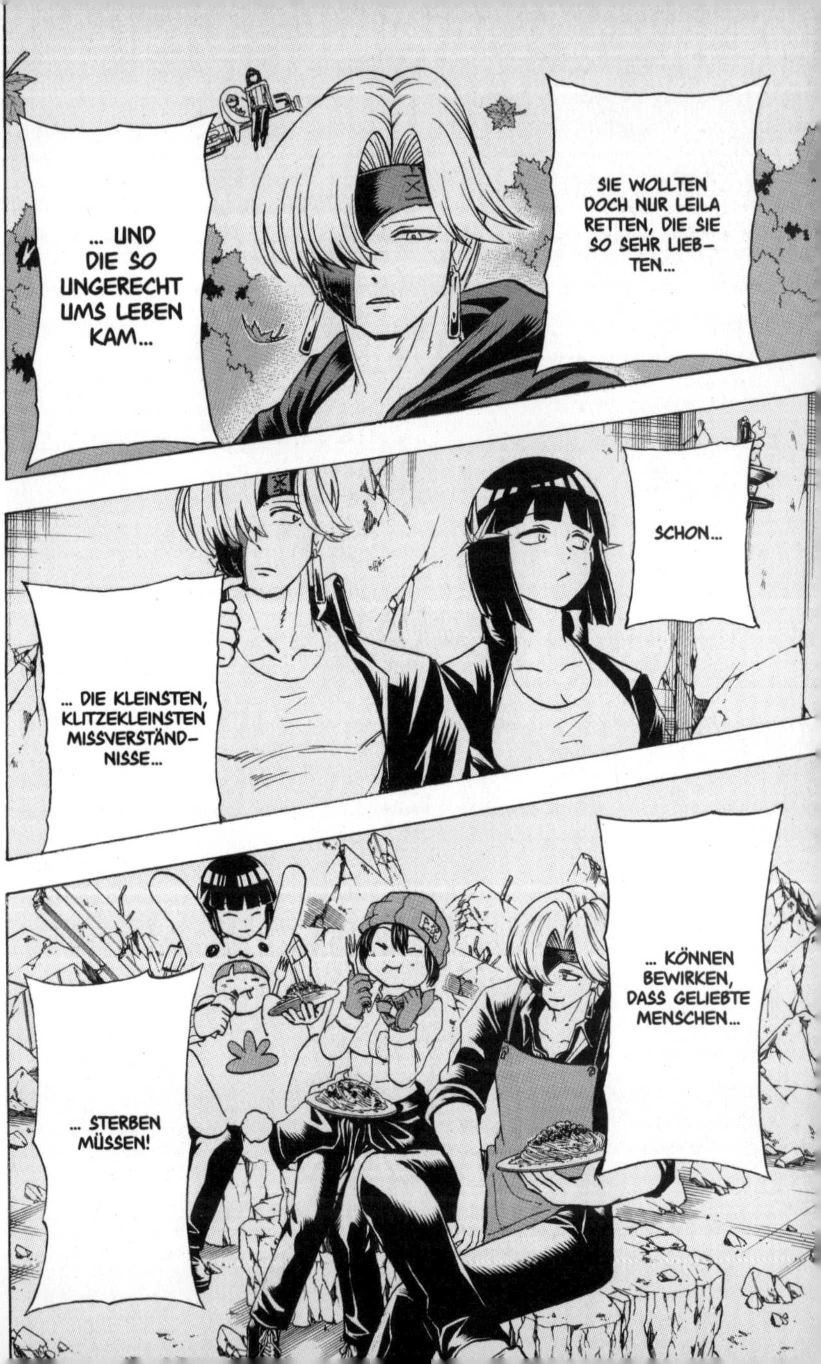
SIE WOLLTEN DOCH NUR LEILA RETTEN, DIE SIE SO SEHR LIEB-TEN…
… UND DIE SO UNGERECHT UMS LEBEN KAM…
SCHON…
… DIE KLEINSTEN, KLITZEKLEINSTEN MISSVERSTÄND-NISSE…
… KÖNNEN BEWIRKEN, DASS GELIEBTE MENSCHEN…
… STERBEN MÜSSEN!

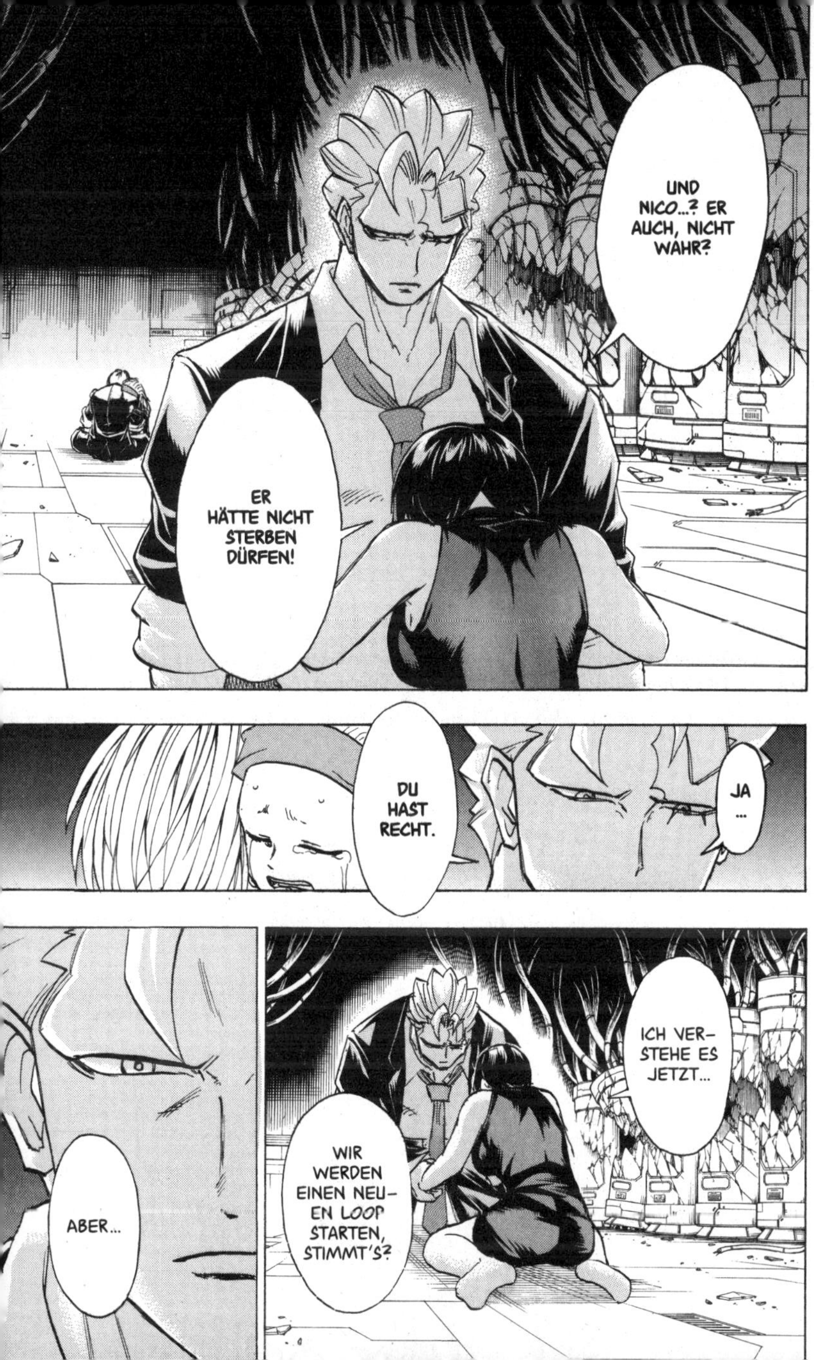
UND NICO...? ER AUCH, NICHT WAHR?
ER HÄTTE NICHT STERBEN DÜRFEN!
JA ...
DU HAST RECHT.
ICH VER-STEHE ES JETZT...
WIR WERDEN EINEN NEU-EN LOOP STARTEN, STIMMT'S?
ABER...

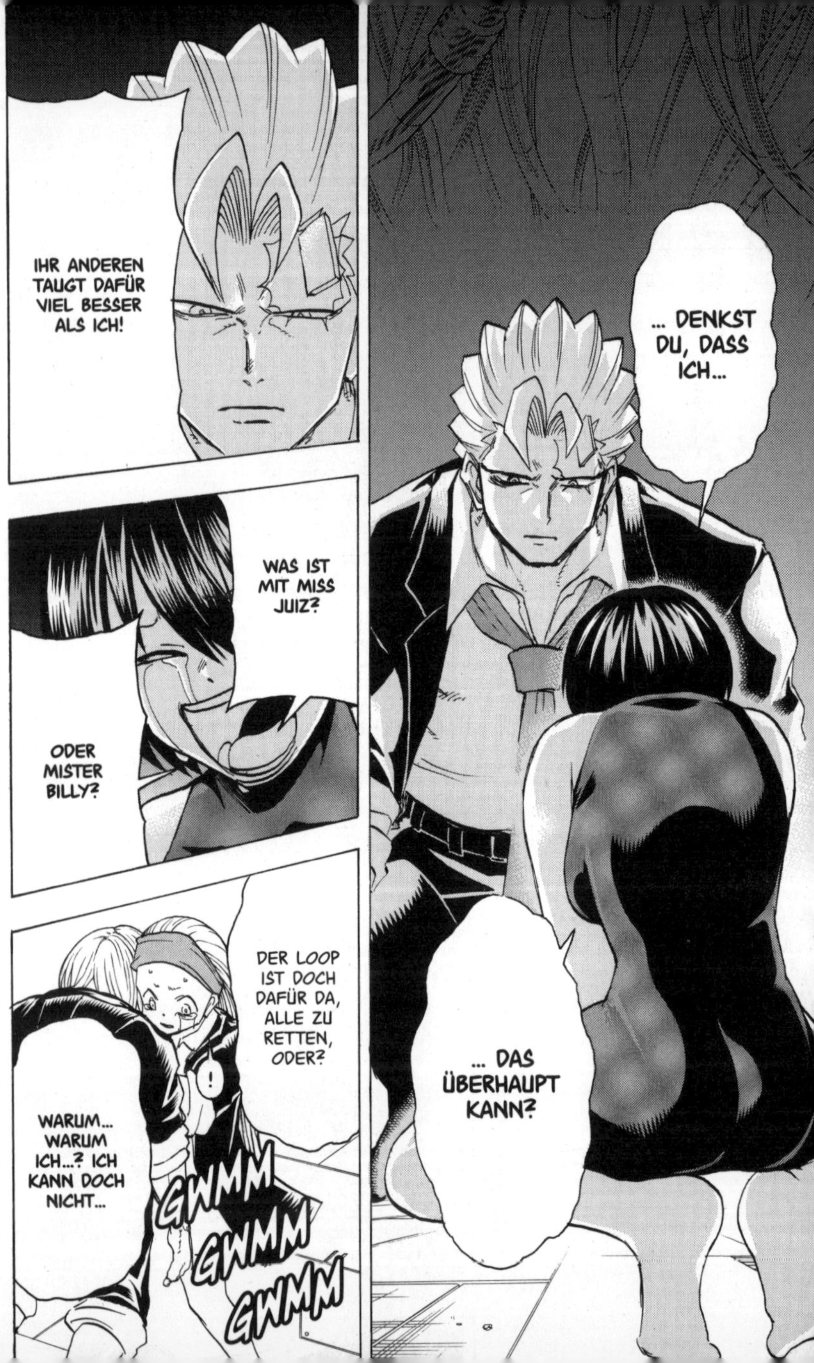
... DENKST DU, DASS ICH...
... DAS ÜBERHAUPT KANN?
IHR ANDEREN TAUGT DAFÜR VIEL BESSER ALS ICH!
WAS IST MIT MISS JUIZ?
ODER MISTER BILLY?
DER LOOP IST DOCH DAFÜR DA, ALLE ZU RETTEN, ODER?
WARUM... WARUM ICH...? ICH KANN DOCH NICHT...
GWMM GWMM GWMM

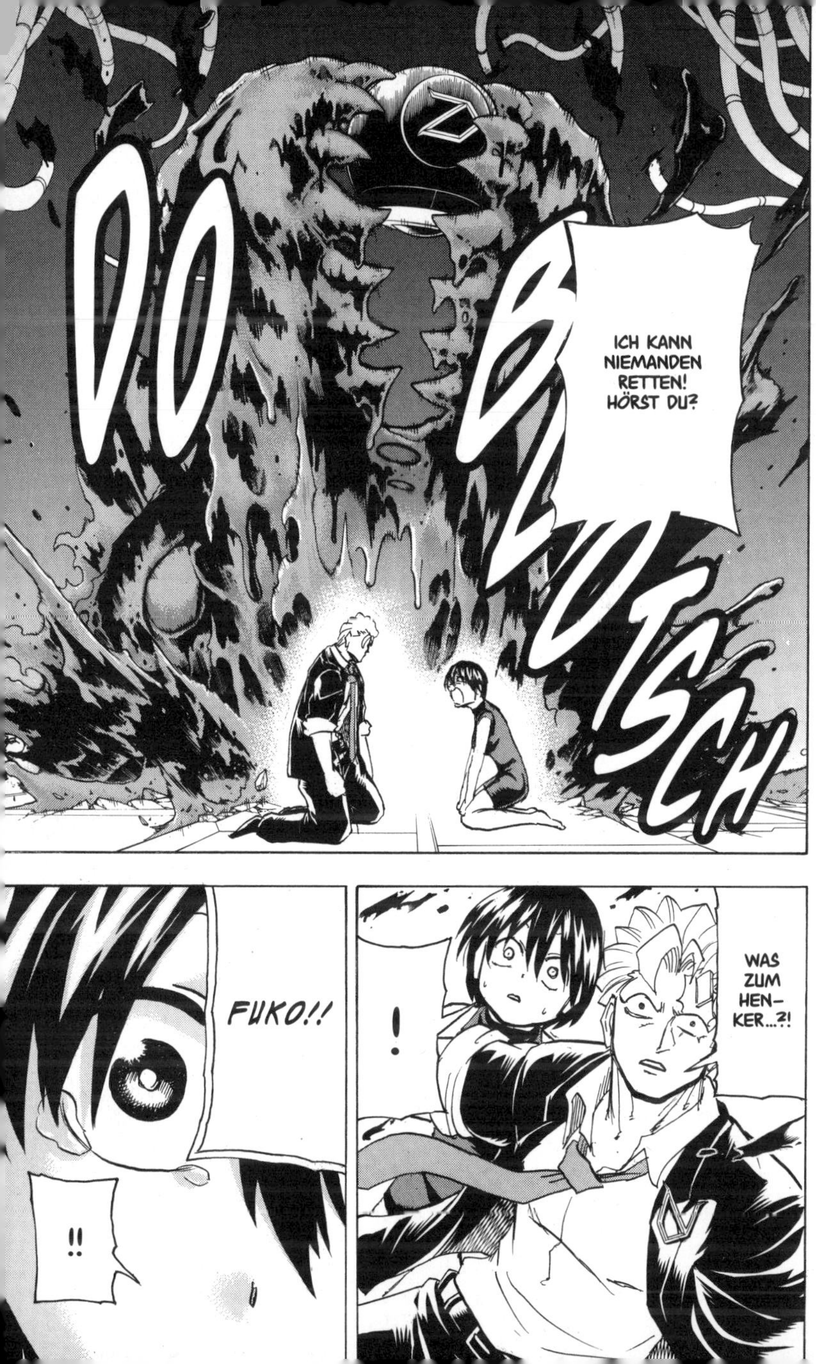

DOBUTSCH
ICH KANN NIEMANDEN RETTEN! HÖRST DU?
WAS ZUM HEN-KER...?!
!
FUKO!!
!!

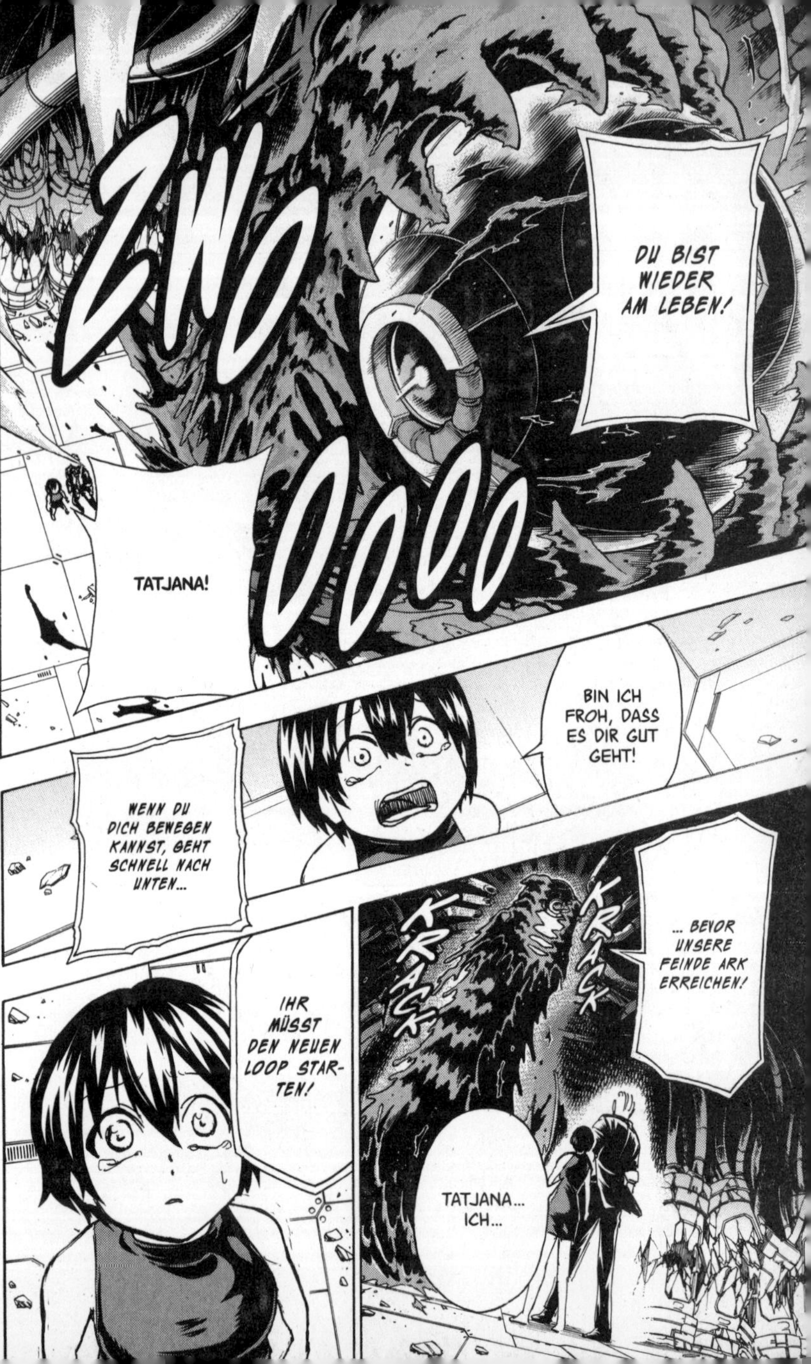
ZWOOOOOO
DU BIST WIEDER AM LEBEN!
TATJANA!
BIN ICH FROH, DASS ES DIR GUT GEHT!
WENN DU DICH BEWEGEN KANNST, GEHT SCHNELL NACH UNTEN...
... BEVOR UNSERE FEINDE ARK ERREICHEN!
KRACK
KRACK
IHR MÜSST DEN NEUEN LOOP STARTEN!
TATJANA... ICH...

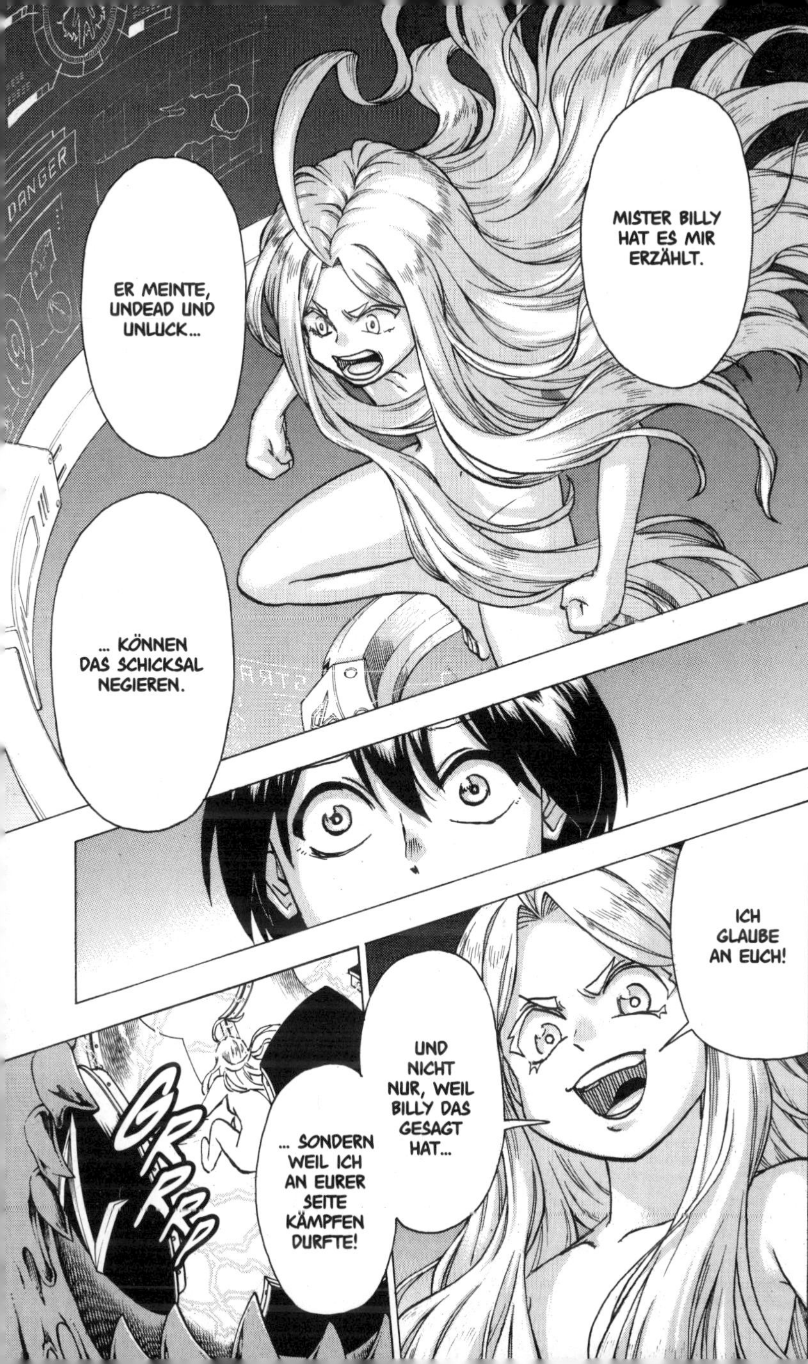
DANGER
MISTER BILLY HAT ES MIR ERZÄHLT.
ER MEINTE, UNDEAD UND UNLUCK...
... KÖNNEN DAS SCHICKSAL NEGIEREN.
ICH GLAUBE AN EUCH!
UND NICHT NUR, WEIL BILLY DAS GESAGT HAT...
... SONDERN WEIL ICH AN EURER SEITE KÄMPFEN DURFTE!

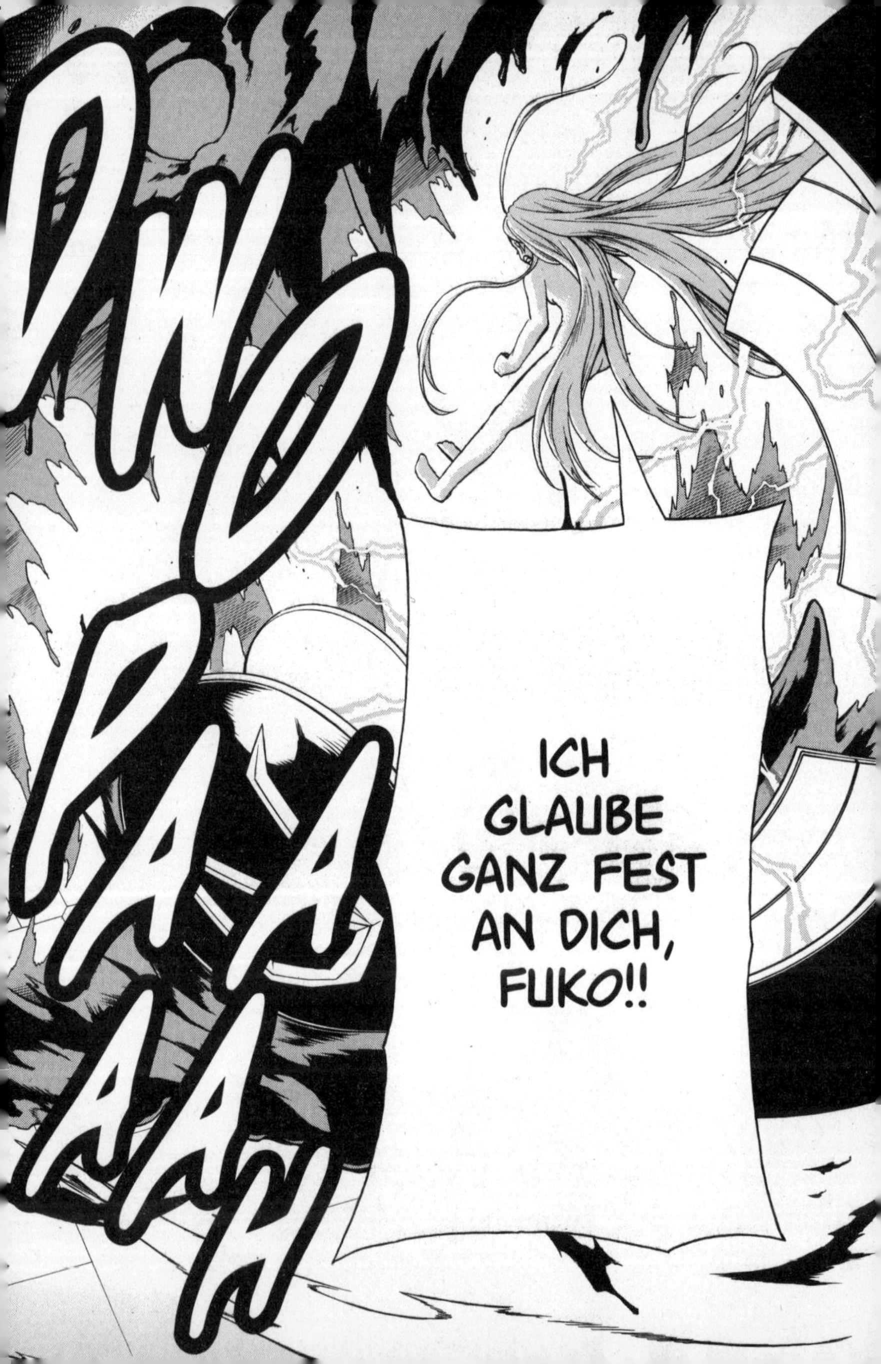
ICH GLAUBE GANZ FEST AN DICH, FUKO!!

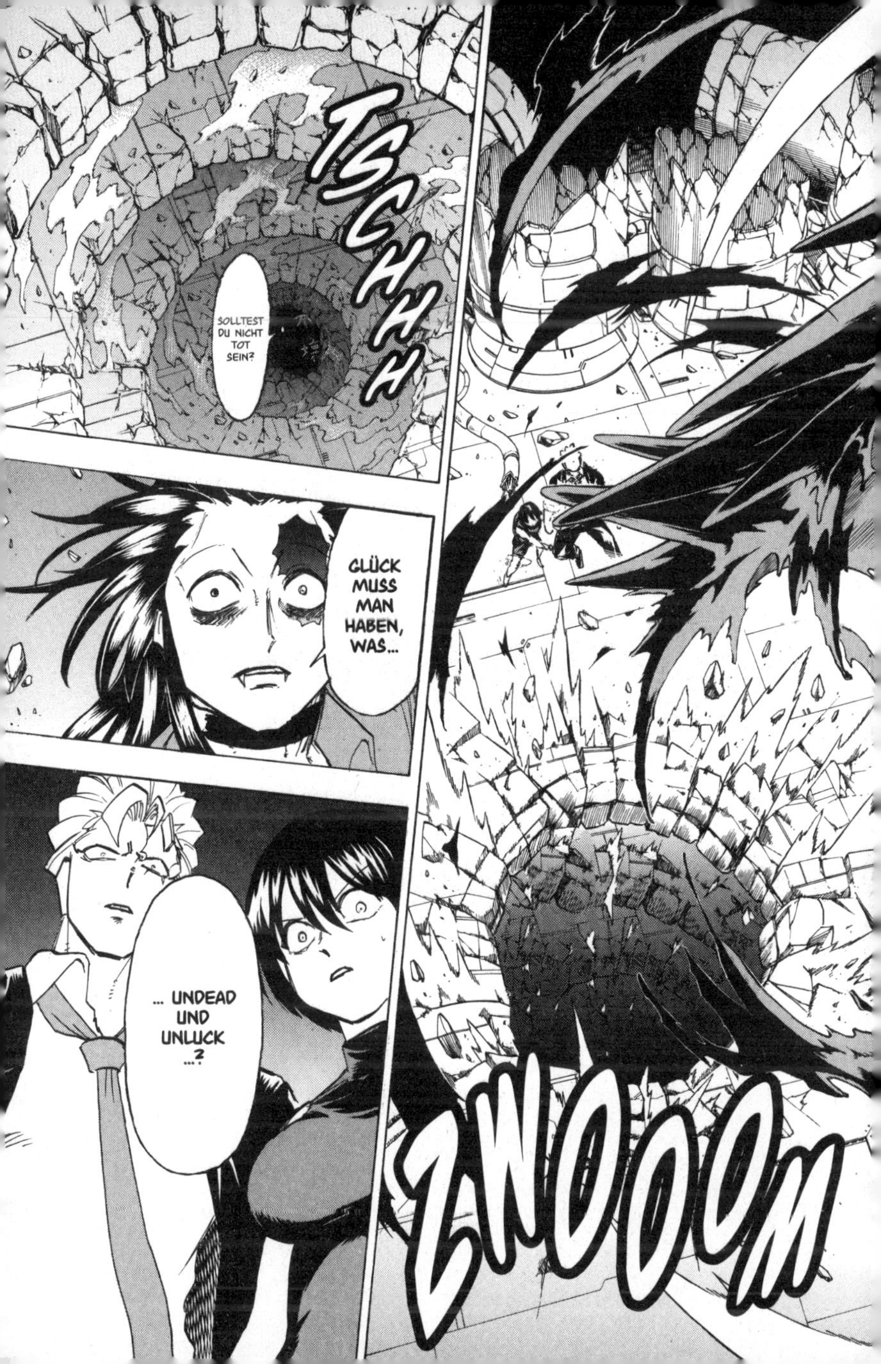
TSCHHH
SOLLTEST DU NICHT TOT SEIN?
GLÜCK MUSS MAN HABEN, WAS...
... UNDEAD UND UNLUCK ...?
ZWOOOM

NICO VORGEIL

ALTER: EIGENTLICH EIN OPI. ABER DANK DER ANTI-AGING-TECHNOLOGIE MACHT ER NOCH ZIEMLICH WAS HER.

GRÖSSE: BEVOR ES MIT RÜCKEN UND HÜFTE LOSGING, NOCH UM DIE 1,80 M

GEWICHT: NIE GEWOGEN, SPIELT AUCH KEINE ROLLE

HOBBYS: ALS JUNGSPUND STAND ER WOHL ZIEMLICH AUF ROCKMUCKE. UND SONST? NA, KAFFEE. DAS LIEGT ABER HAUPTSÄCHLICH AN ICHIKOS EINFLUSS.

WAS ER MAG: KOCHT GERN JAPANISCHES OKONOMIYAKI, SICHER AUCH WEGEN ICHIKOS EINFLUSS. BEREITET GERN RESTE AUS DEM KÜHLSCHRANK ZU.

LIEBLINGSGERUCH: ZIGARETTENRAUCH
ICH SELBST RAUCH JA NICHT, ABER DER GERUCH! MMMM, NICHT ZU VERACHTEN!

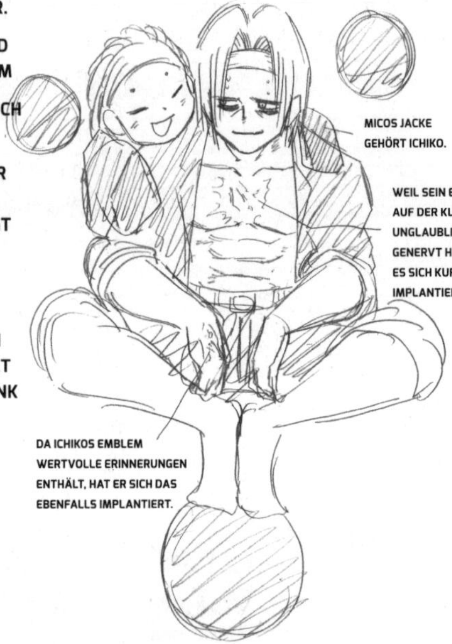

GABE: UNFORGETTABLE
TYPUS DER GEZIELTEN ZWANGSAKTIVIERUNG
SOBALD SICH DIESE FÄHIGKEIT ZUM ERSTEN MAL ZEIGT, IST ES DER BETREFFENDEN PERSON NICHT MEHR MÖGLICH, INFORMATIONEN UND GESCHEHNISSE ZU VERGESSEN. NICOS ERINNERUNGEN VOR DEM AUFTRETEN SEINER FÄHIGKEIT SIND DAVON ZWAR AUSGESCHLOSSEN, DOCH SOWOHL ERINNERUNGEN AN DIE EIGENE GEBURT ALS AUCH KINDHEITSERLEBNISSE WERDEN MOMENTAN DURCH DEN ZU STARKEN EINFLUSS UNFORGETTABLES ÜBERSCHATTET. NICO ERINNERT SICH SOMIT AN REIN GAR NICHTS MEHR, WAS VOR DEM AUFTRETEN SEINER FÄHIGKEIT GESCHEHEN IST. NACHDEM ER DER UNION BEIGETRETEN WAR, GELANG ES IHM, EINIGE ERINNERUNGEN AUFRECHTZUERHALTEN, INDEM ER OBJEKTE (WIE EMBLEME ODER ERFINDUNGEN), DIE MIT DIESEN ERINNERUNGEN VERBUNDEN SIND, BEI SICH TRÄGT ODER IN SEINER NÄHE HAT. NICO IST EINS DER ÄLTESTEN MITGLIEDER DER UNION, ABER SEIN RANG IST NACH WIE VOR NIEDRIG, DA ER DIE MEISTE ZEIT IM LABOR VERBRINGEN WILL. UNTER ANDEREM DESHALB LÄSST JUIZ IHN SO SELTEN WIE MÖGLICH AN DEN QUESTS TEILNEHMEN.

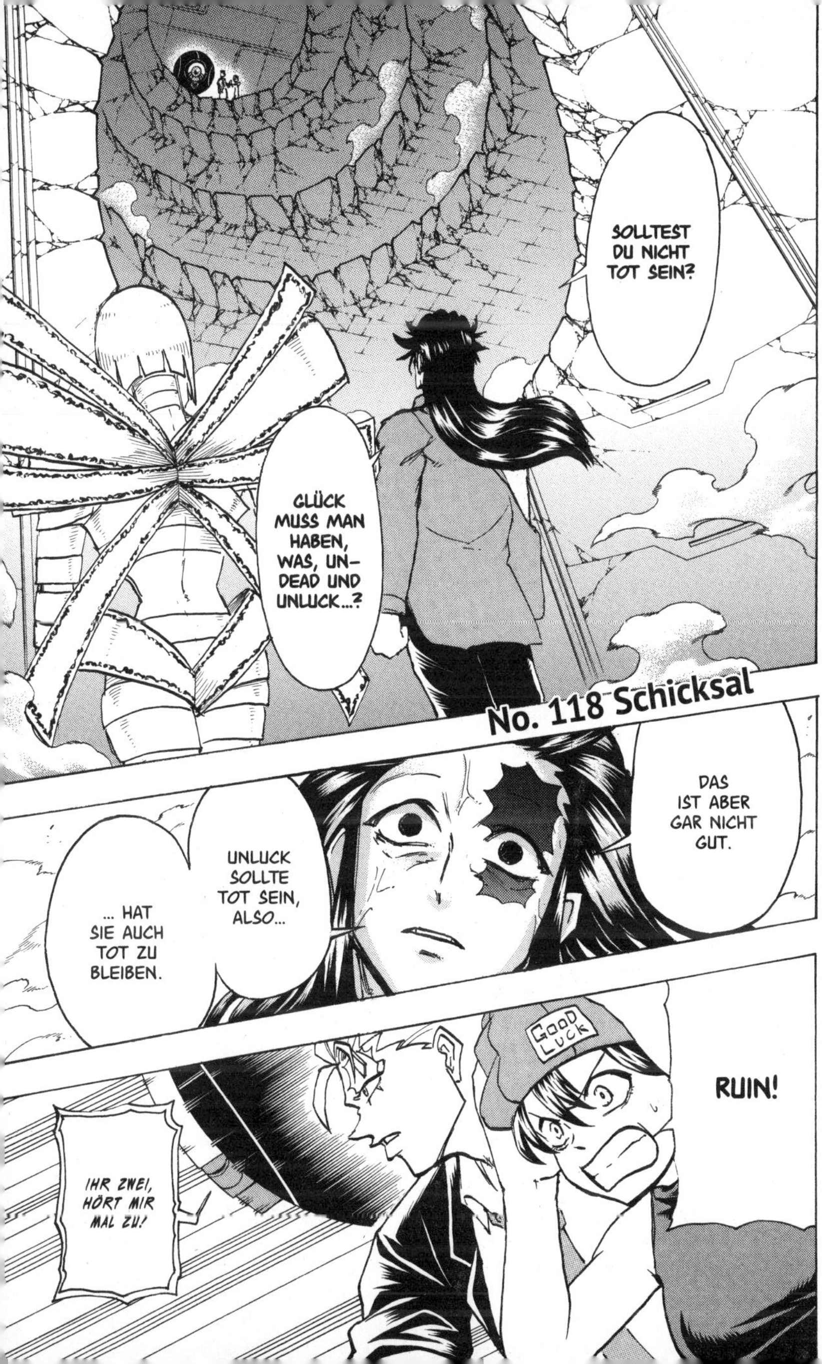
SOLLTEST DU NICHT TOT SEIN?
GLÜCK MUSS MAN HABEN, WAS, UN-DEAD UND UNLUCK...?
No. 118 Schicksal
DAS IST ABER GAR NICHT GUT.
UNLUCK SOLLTE TOT SEIN, ALSO...
... HAT SIE AUCH TOT ZU BLEIBEN.
RUIN!
GOOD LUCK
IHR ZWEI, HÖRT MIR MAL ZU!

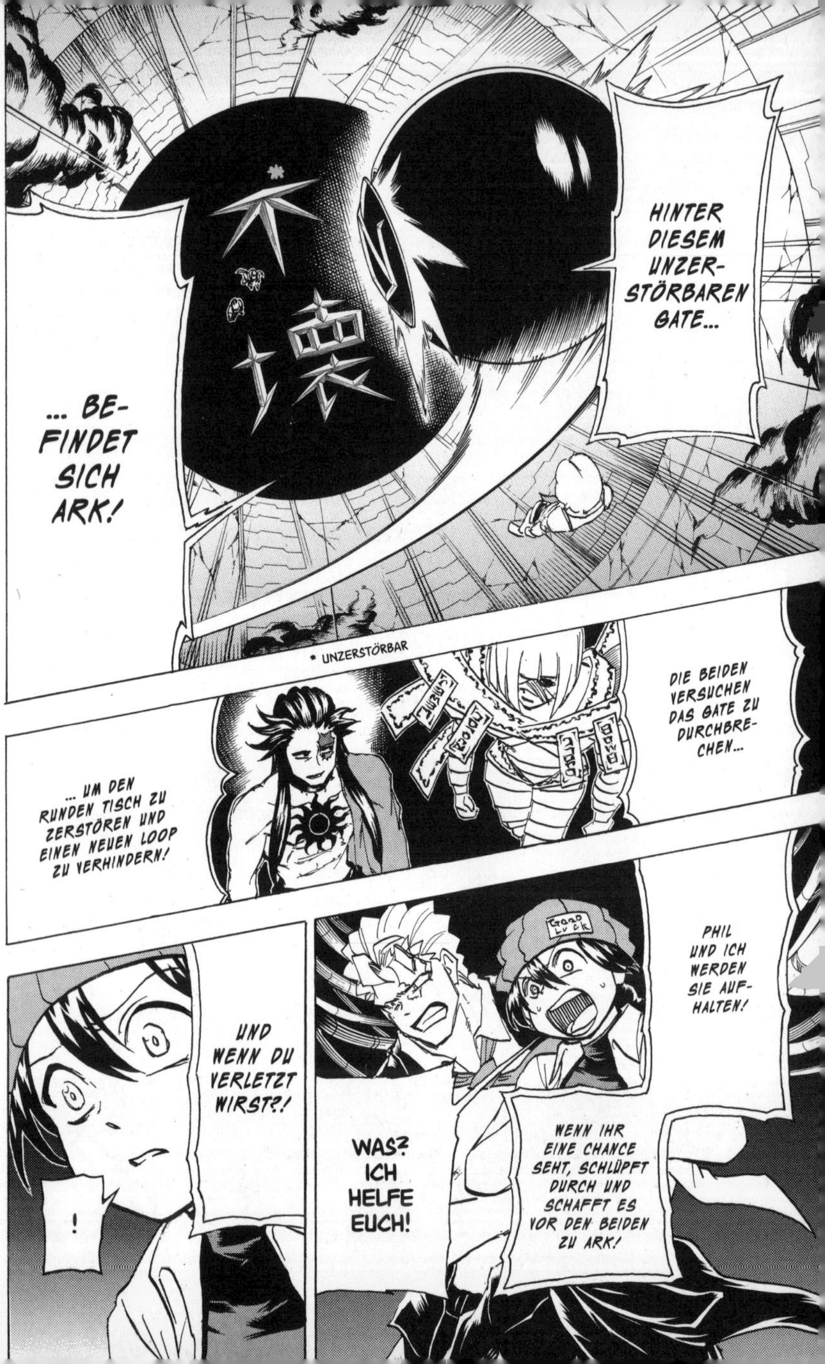
HINTER DIESEM UNZER-STÖRBAREN GATE...
... BE-FINDET SICH ARK!
* UNZERSTÖRBAR
DIE BEIDEN VERSUCHEN DAS GATE ZU DURCHBRE-CHEN...
... UM DEN RUNDEN TISCH ZU ZERSTÖREN UND EINEN NEUEN LOOP ZU VERHINDERN!
PHIL UND ICH WERDEN SIE AUF-HALTEN!
WENN IHR EINE CHANCE SEHT, SCHLÜPFT DURCH UND SCHAFFT ES VOR DEN BEIDEN ZU ARK!
WAS? ICH HELFE EUCH!
UND WENN DU VERLETZT WIRST?!
!

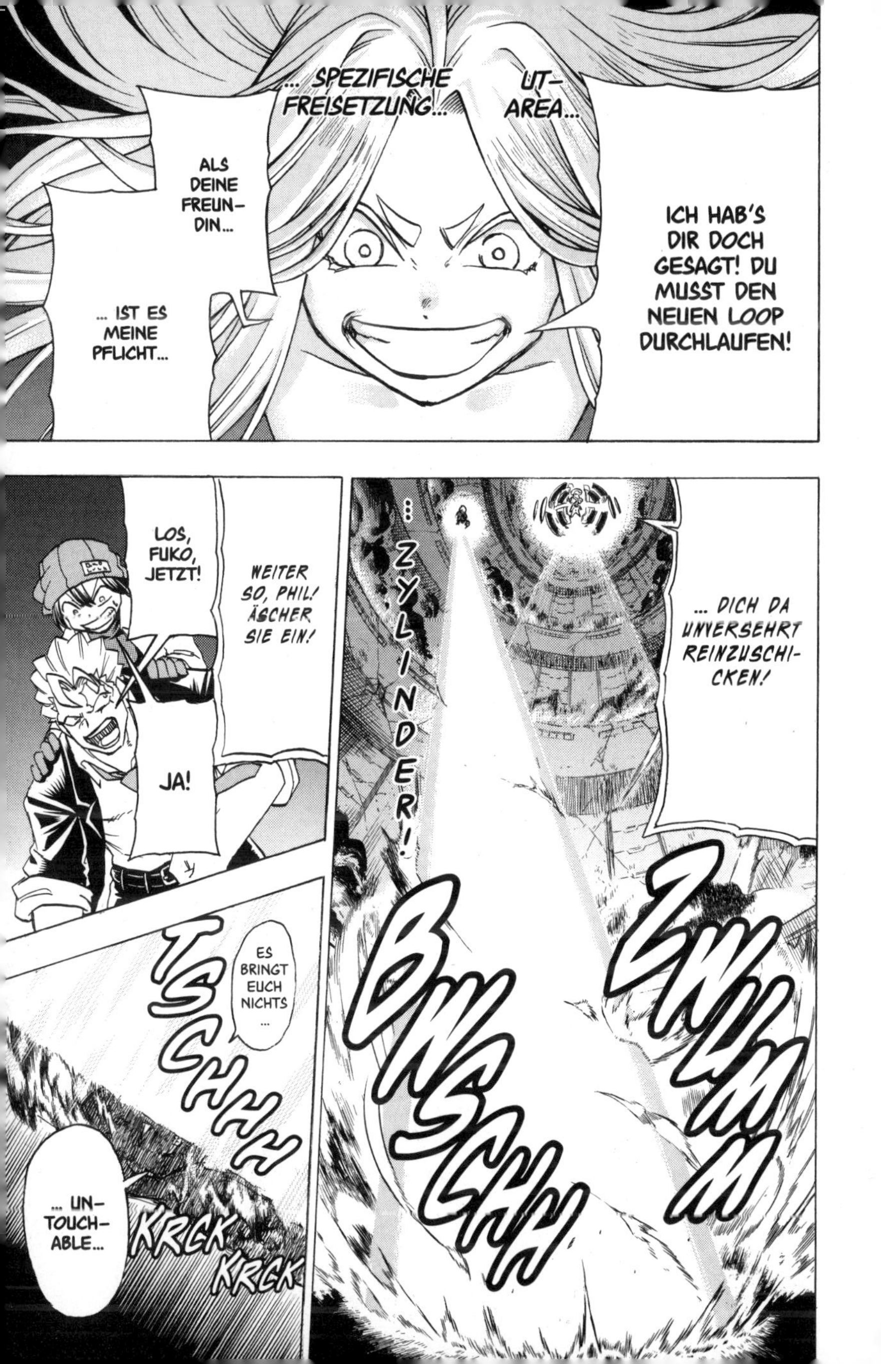
... SPEZIFISCHE FREISETZUNG...
UT-AREA...
ICH HAB'S DIR DOCH GESAGT! DU MUSST DEN NEUEN LOOP DURCHLAUFEN!
ALS DEINE FREUN-DIN...
... IST ES MEINE PFLICHT...
... DICH DA UNVERSEHRT REINZUSCHI-CKEN!
... ZYLINDER!
LOS, FUKO, JETZT!
WEITER SO, PHIL! ÄSCHER SIE EIN!
JA!
ZWUMM
BWUSCH!
TSCHHH
ES BRINGT EUCH NICHTS ...
... UN-TOUCH-ABLE...
KRCK KRCK

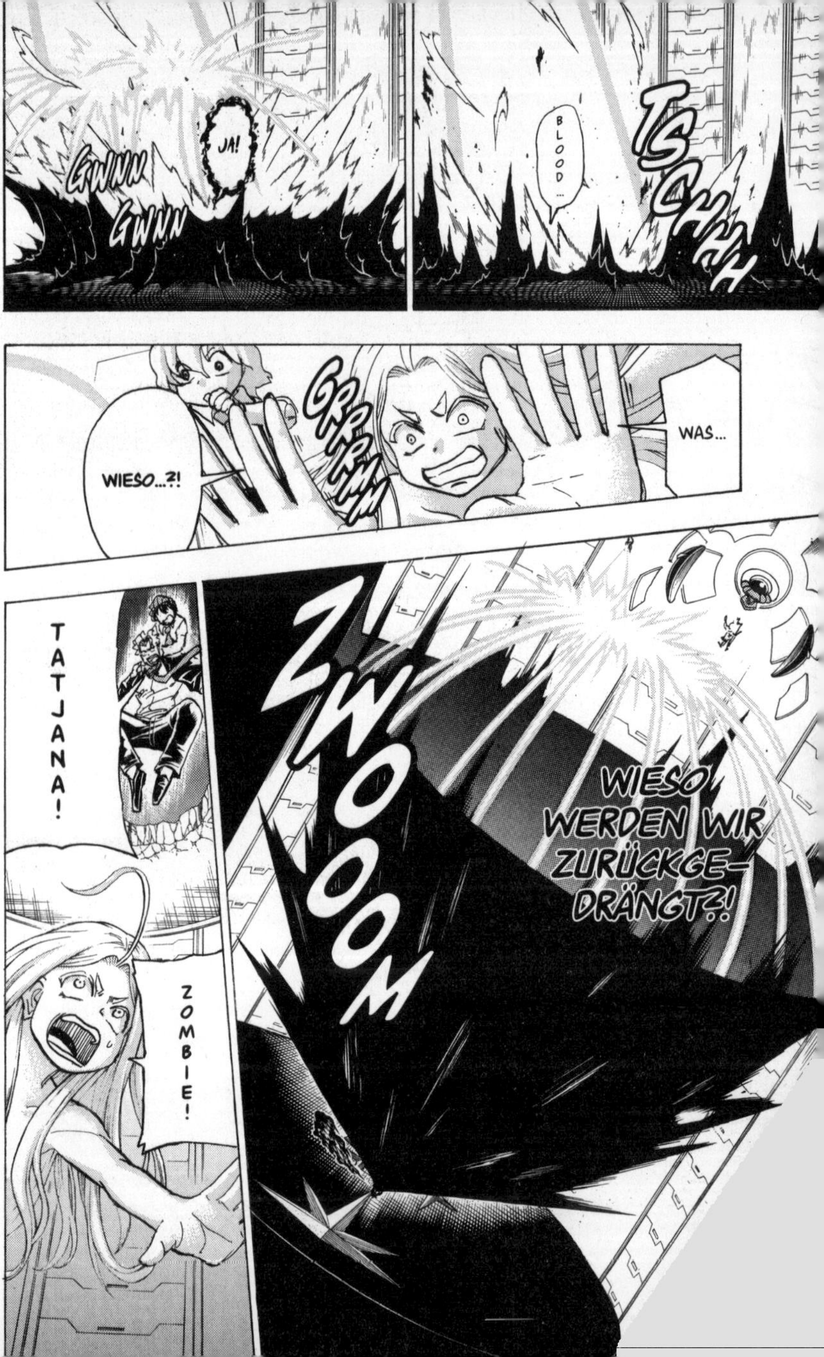
TSCHHHH
BLOOD ...
JA!
GWNN GWNN
WAS...
GRRRMM
WIESO...?!
ZWOOOOM
WIESO WERDEN WIR ZURÜCKGE-DRÄNGT?!
TATJANA!
ZOMBIE!

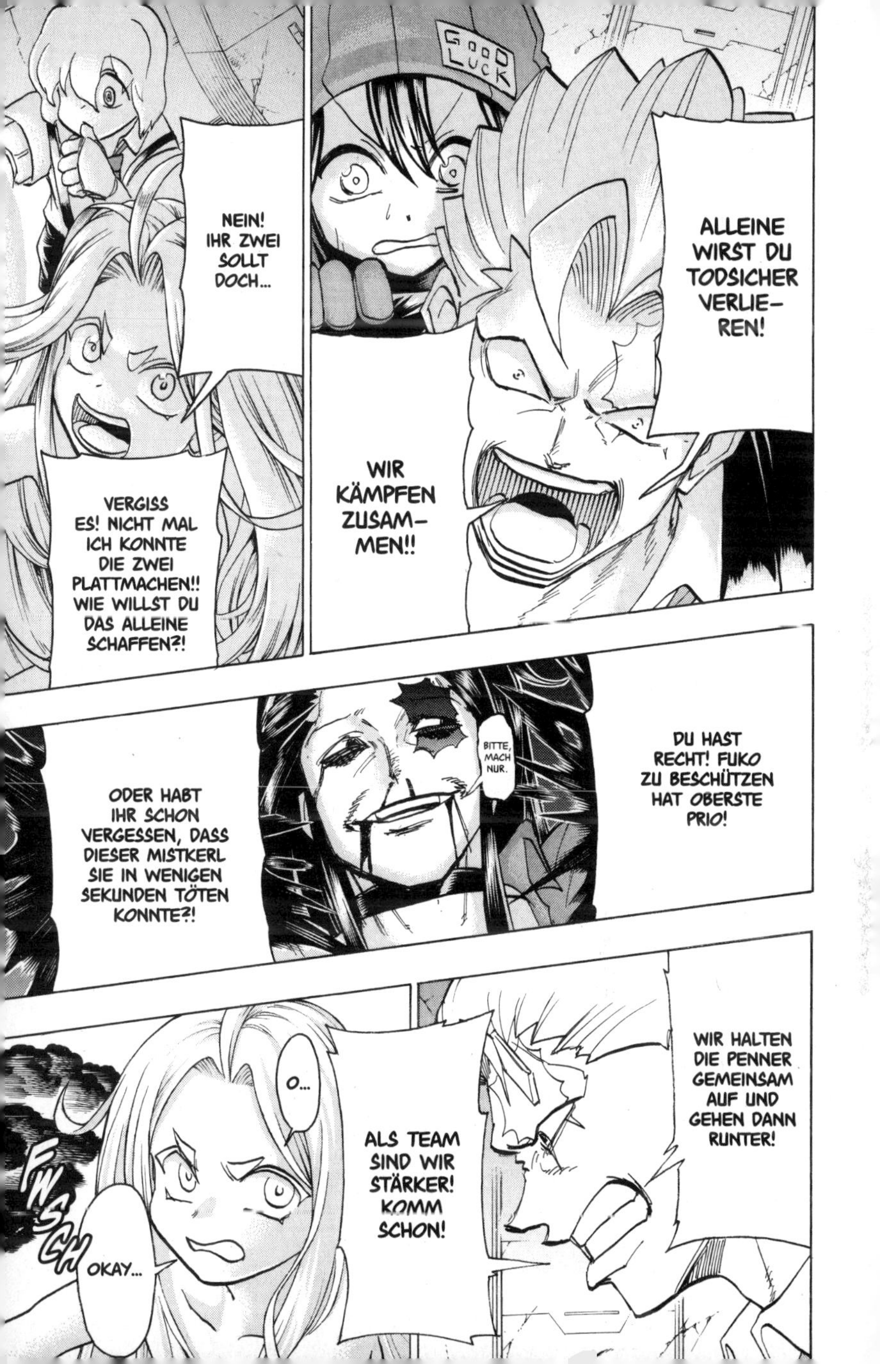
ALLEINE WIRST DU TODSICHER VERLIE-REN!
WIR KÄMPFEN ZUSAM-MEN!!
NEIN! IHR ZWEI SOLLT DOCH...
VERGISS ES! NICHT MAL ICH KONNTE DIE ZWEI PLATTMACHEN!! WIE WILLST DU DAS ALLEINE SCHAFFEN?!
DU HAST RECHT! FUKO ZU BESCHÜTZEN HAT OBERSTE PRIO!
BITTE, MACH NUR.
ODER HABT IHR SCHON VERGESSEN, DASS DIESER MISTKERL SIE IN WENIGEN SEKUNDEN TÖTEN KONNTE?!
WIR HALTEN DIE PENNER GEMEINSAM AUF UND GEHEN DANN RUNTER!
ALS TEAM SIND WIR STÄRKER! KOMM SCHON!
O...
FWSCH
OKAY...

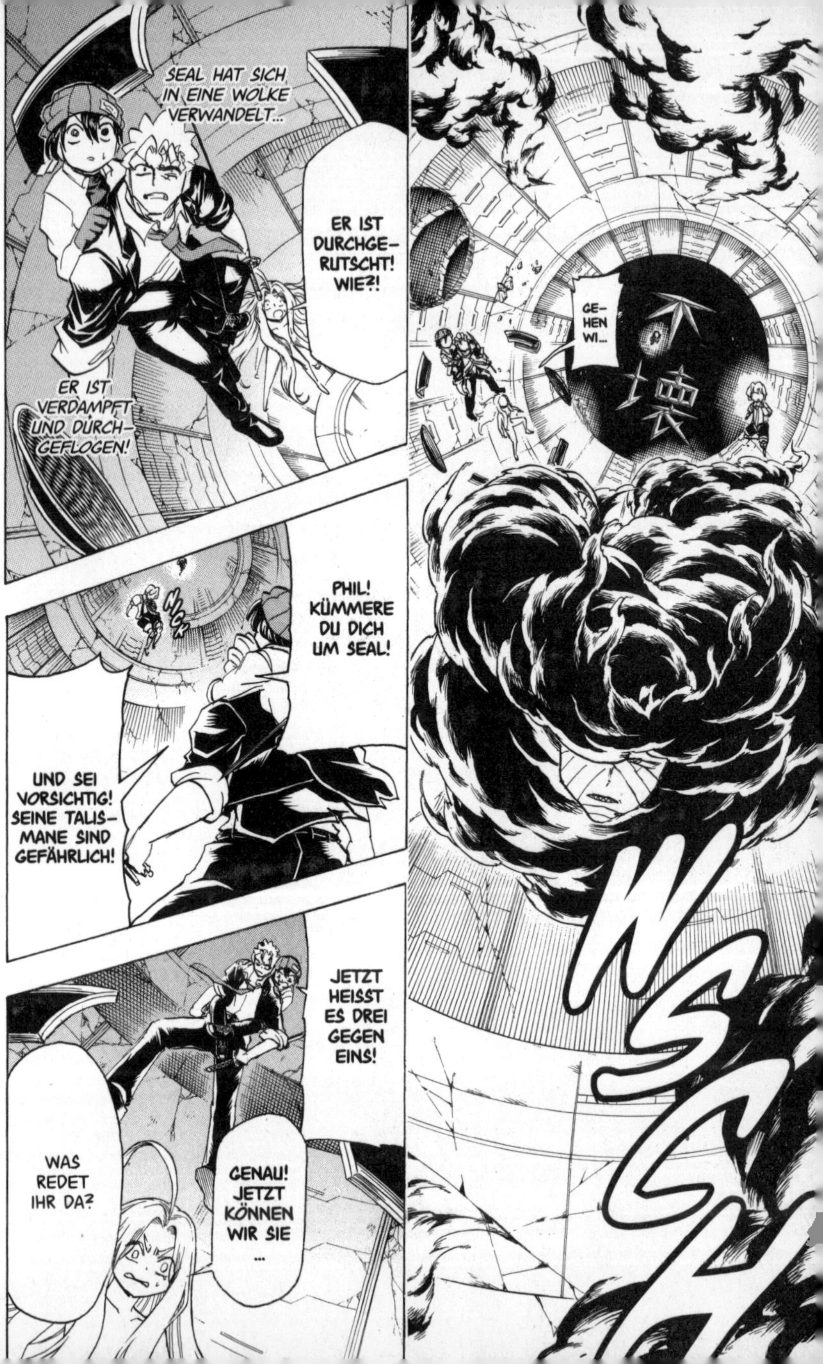

GE-HEN WI…
ER IST DURCHGE-RUTSCHT! WIE?!
SEAL HAT SICH IN EINE WOLKE VERWANDELT…
ER IST VERDAMPFT UND DURCH-GEFLOGEN!
PHIL! KÜMMERE DU DICH UM SEAL!
UND SEI VORSICHTIG! SEINE TALIS-MANE SIND GEFÄHRLICH!
JETZT HEISST ES DREI GEGEN EINS!
GENAU! JETZT KÖNNEN WIR SIE …
WAS REDET IHR DA?

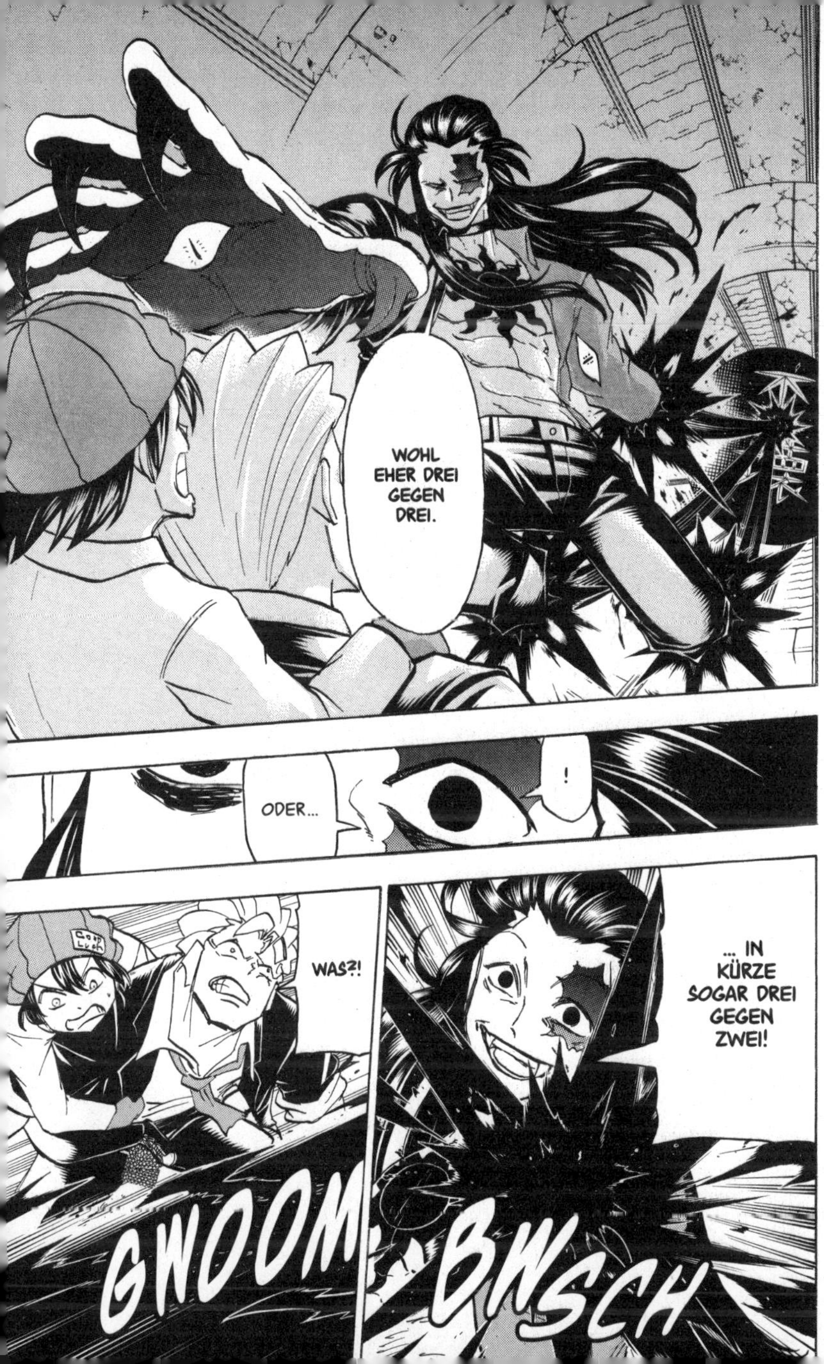
WOHL EHER DREI GEGEN DREI.
!
ODER...
... IN KÜRZE SOGAR DREI GEGEN ZWEI!
WAS?!
GWOOM
BWSCH

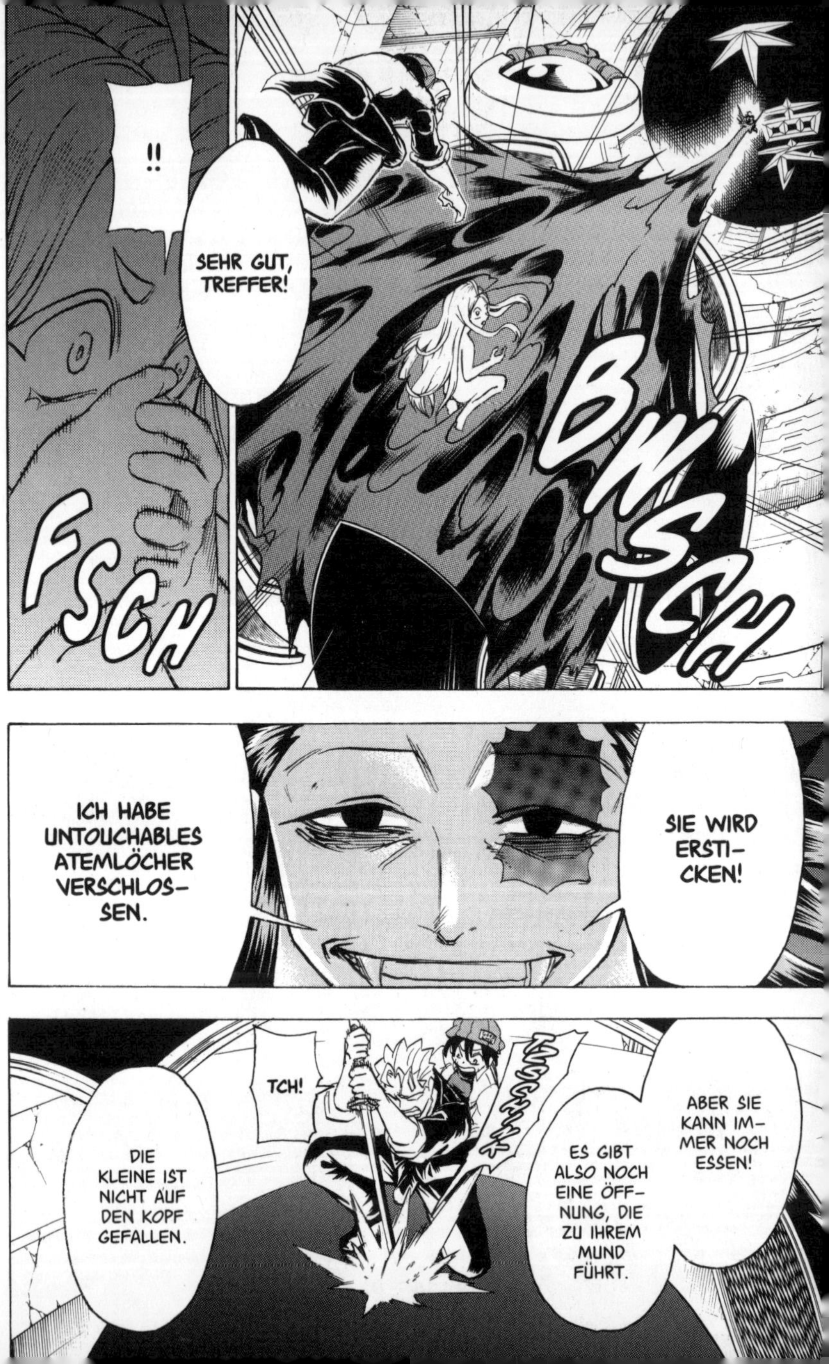
SEHR GUT, TREFFER!
BWSCH
!!
FSCH
SIE WIRD ERSTI-CKEN!
ICH HABE UNTOUCHABLES ATEMLÖCHER VERSCHLOS-SEN.
ABER SIE KANN IM-MER NOCH ESSEN!
ES GIBT ALSO NOCH EINE ÖFF-NUNG, DIE ZU IHREM MUND FÜHRT.
TCH!
DIE KLEINE IST NICHT AUF DEN KOPF GEFALLEN.

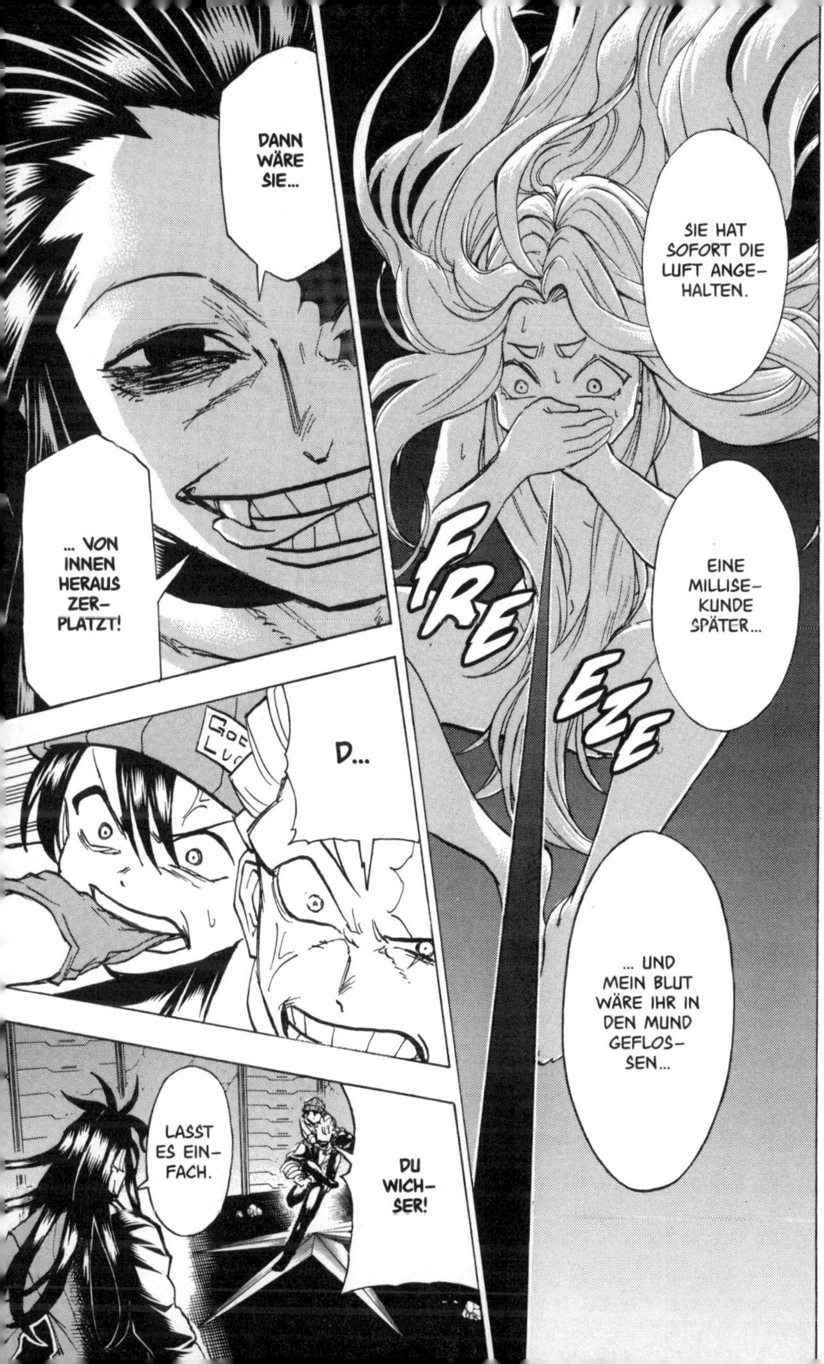
SIE HAT SOFORT DIE LUFT ANGE-HALTEN.
EINE MILLISE-KUNDE SPÄTER...
FREEZE
... UND MEIN BLUT WÄRE IHR IN DEN MUND GEFLOS-SEN...
DANN WÄRE SIE...
... VON INNEN HERAUS ZER-PLATZT!
D...
DU WICH-SER!
LASST ES EIN-FACH.

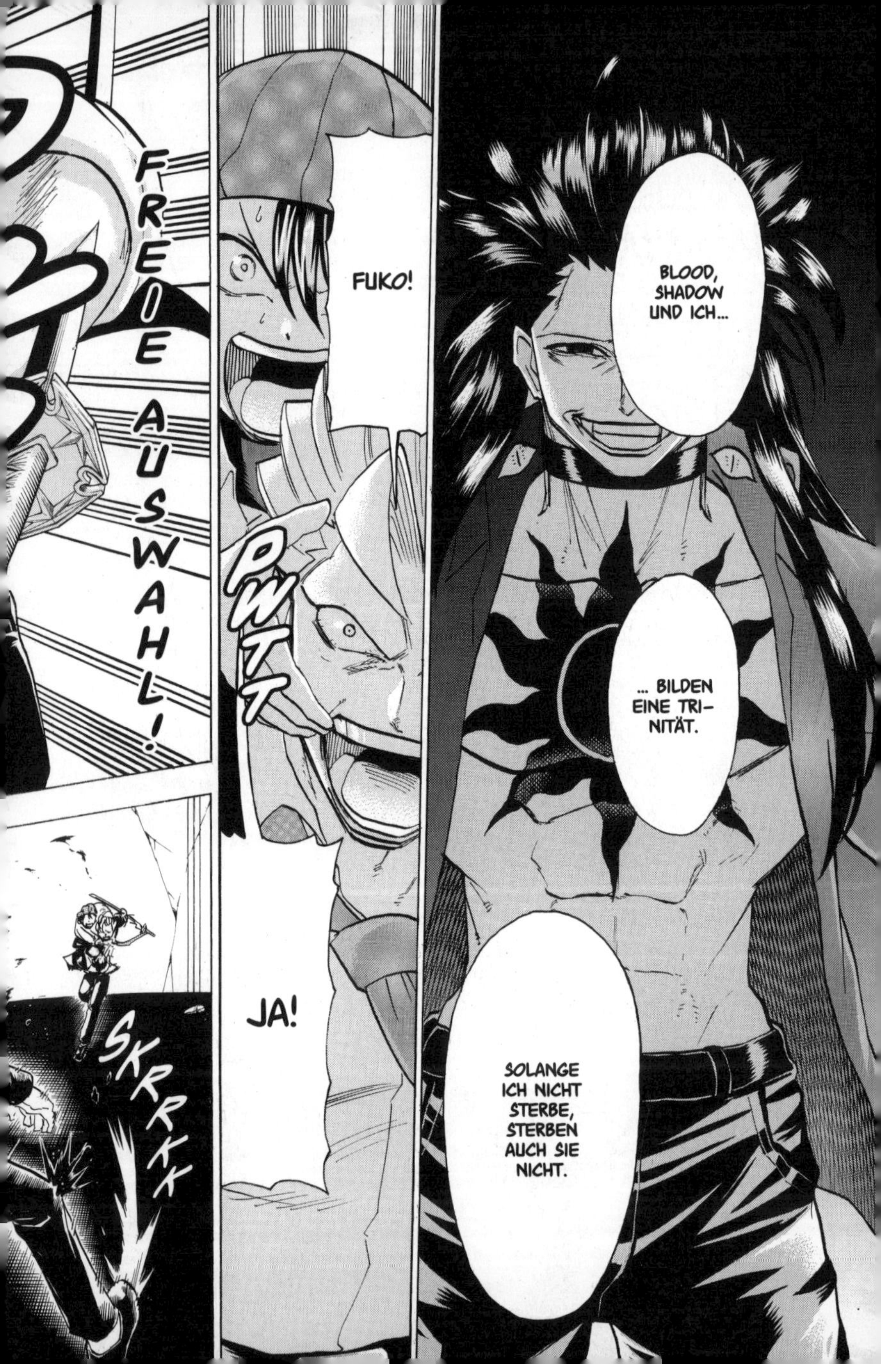
BLOOD, SHADOW UND ICH...
... BILDEN EINE TRINITÄT.
SOLANGE ICH NICHT STERBE, STERBEN AUCH SIE NICHT.
FUKO!
PWTT
JA!
FREIE AUSWAHL!
SKRRKK

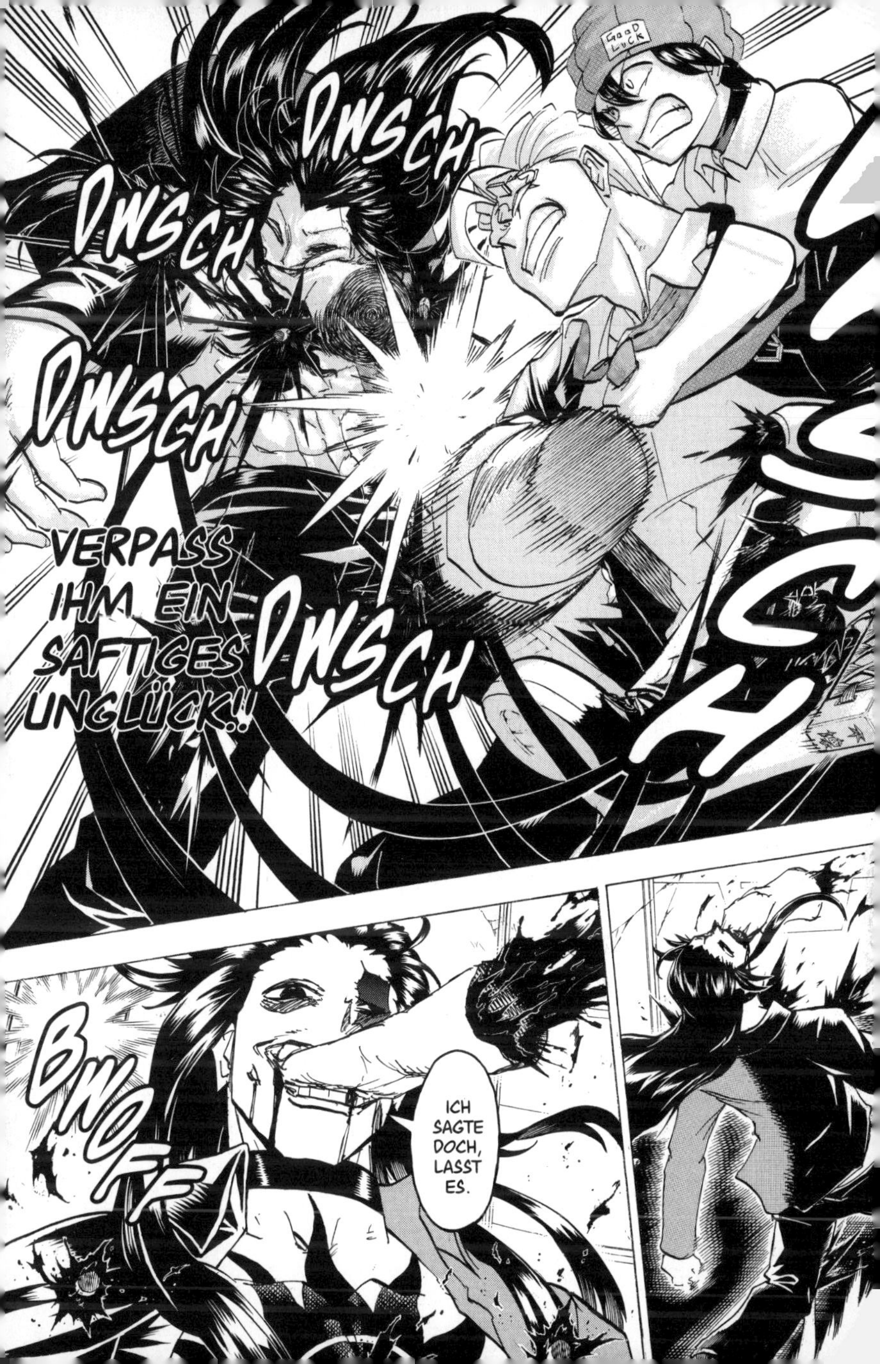
DWSCH
DWSCH
DWSCH
DWSCH
VERPASS IHM EIN SAFTIGES UNGLÜCK!!
ICH SAGTE DOCH, LASST ES.
BWOFF

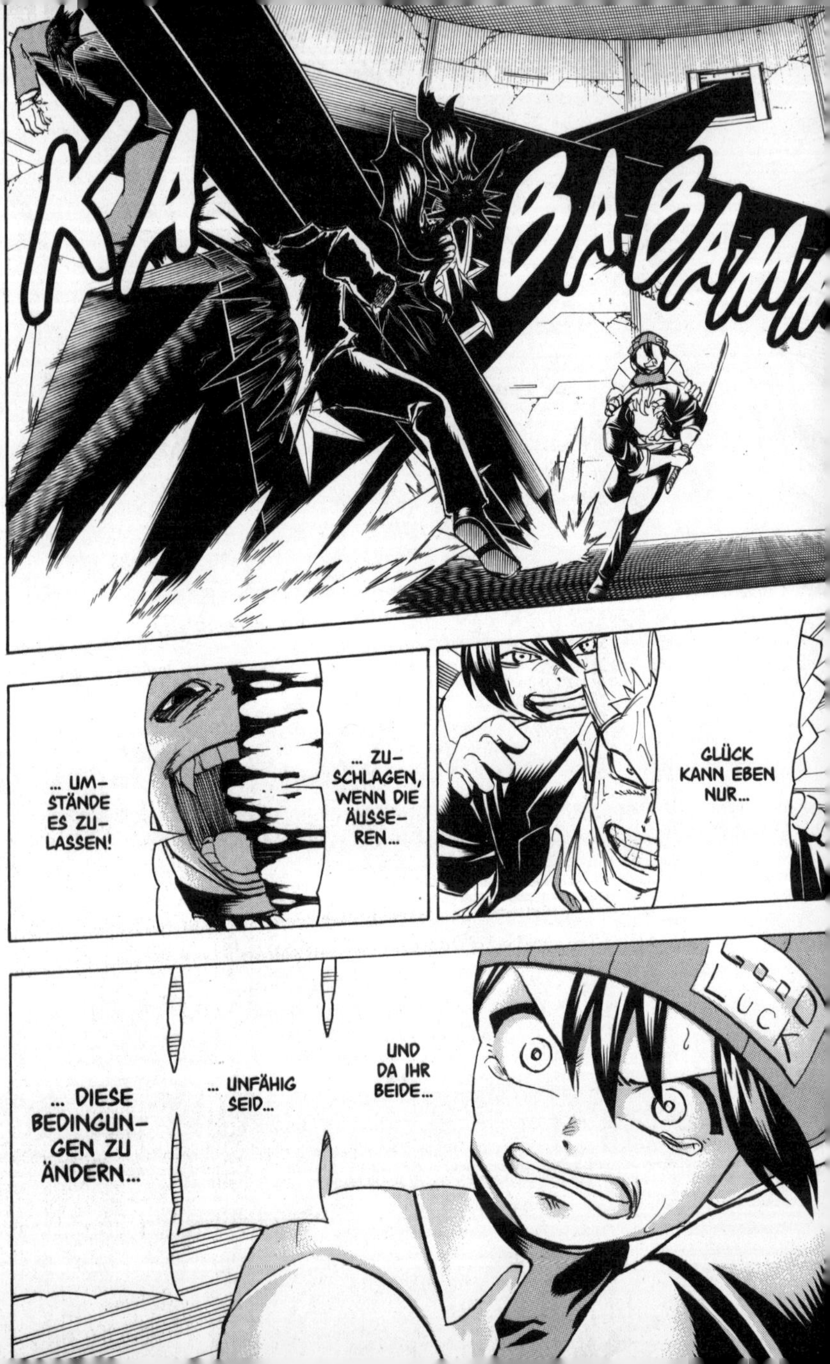
KA BA BAM
GLÜCK KANN EBEN NUR...
... ZU-SCHLAGEN, WENN DIE ÄUSSE-REN...
... UM-STÄNDE ES ZU-LASSEN!
GOOD LUCK
UND DA IHR BEIDE...
... UNFÄHIG SEID...
... DIESE BEDINGUN-GEN ZU ÄNDERN...

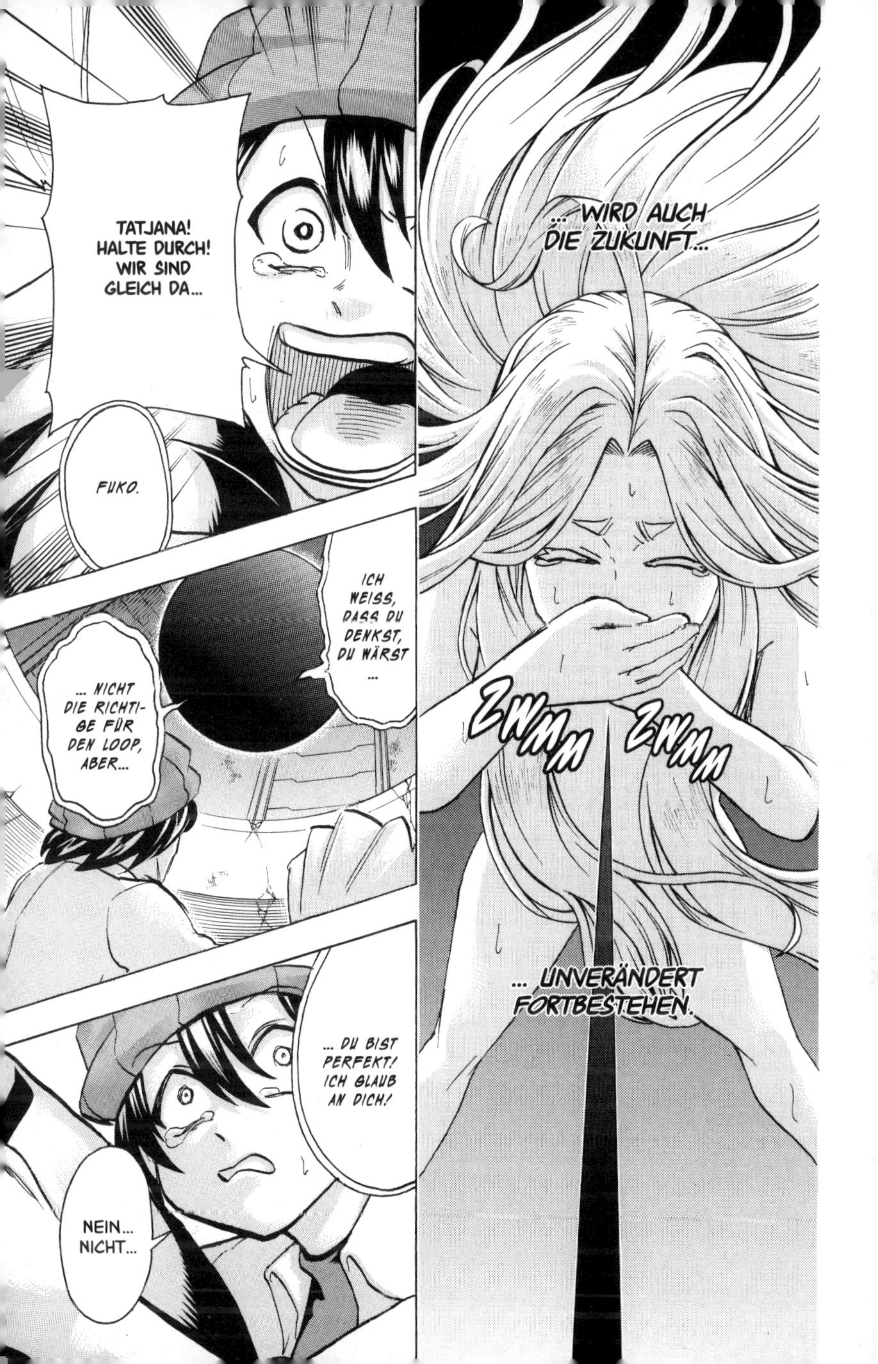
... WIRD AUCH DIE ZUKUNFT ...
... UNVERÄNDERT FORTBESTEHEN.
ZWMM ZWMM
TATJANA! HALTE DURCH! WIR SIND GLEICH DA ...
FUKO.
ICH WEISS, DASS DU DENKST, DU WÄRST ...
... NICHT DIE RICHTIGE FÜR DEN LOOP, ABER ...
... DU BIST PERFEKT! ICH GLAUB AN DICH!
NEIN ... NICHT ...

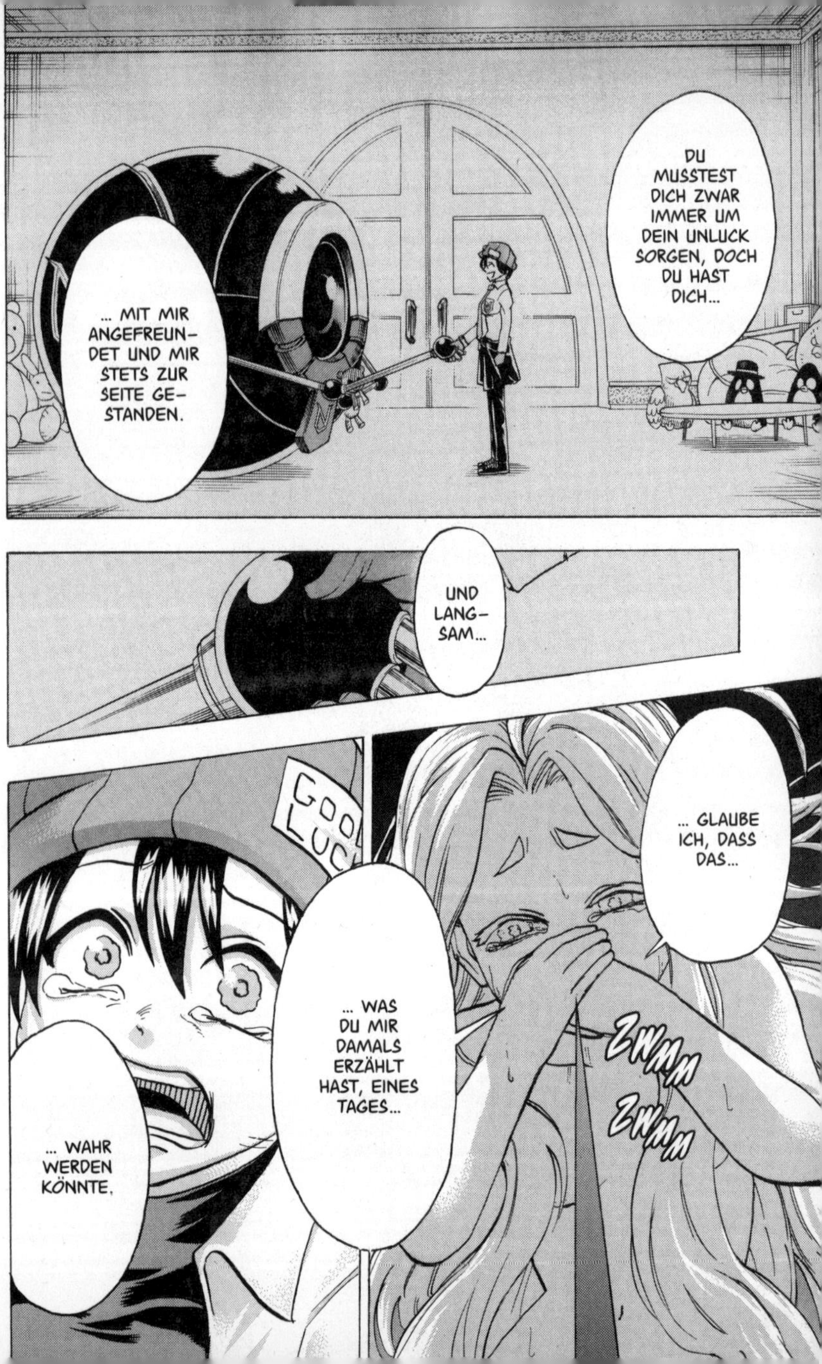
DU MUSSTEST DICH ZWAR IMMER UM DEIN UNLUCK SORGEN, DOCH DU HAST DICH...
... MIT MIR ANGEFREUNDET UND MIR STETS ZUR SEITE GESTANDEN.
UND LANGSAM...
... GLAUBE ICH, DASS DAS...
ZWMM
ZWMM
... WAS DU MIR DAMALS ERZÄHLT HAST, EINES TAGES...
... WAHR WERDEN KÖNNTE.

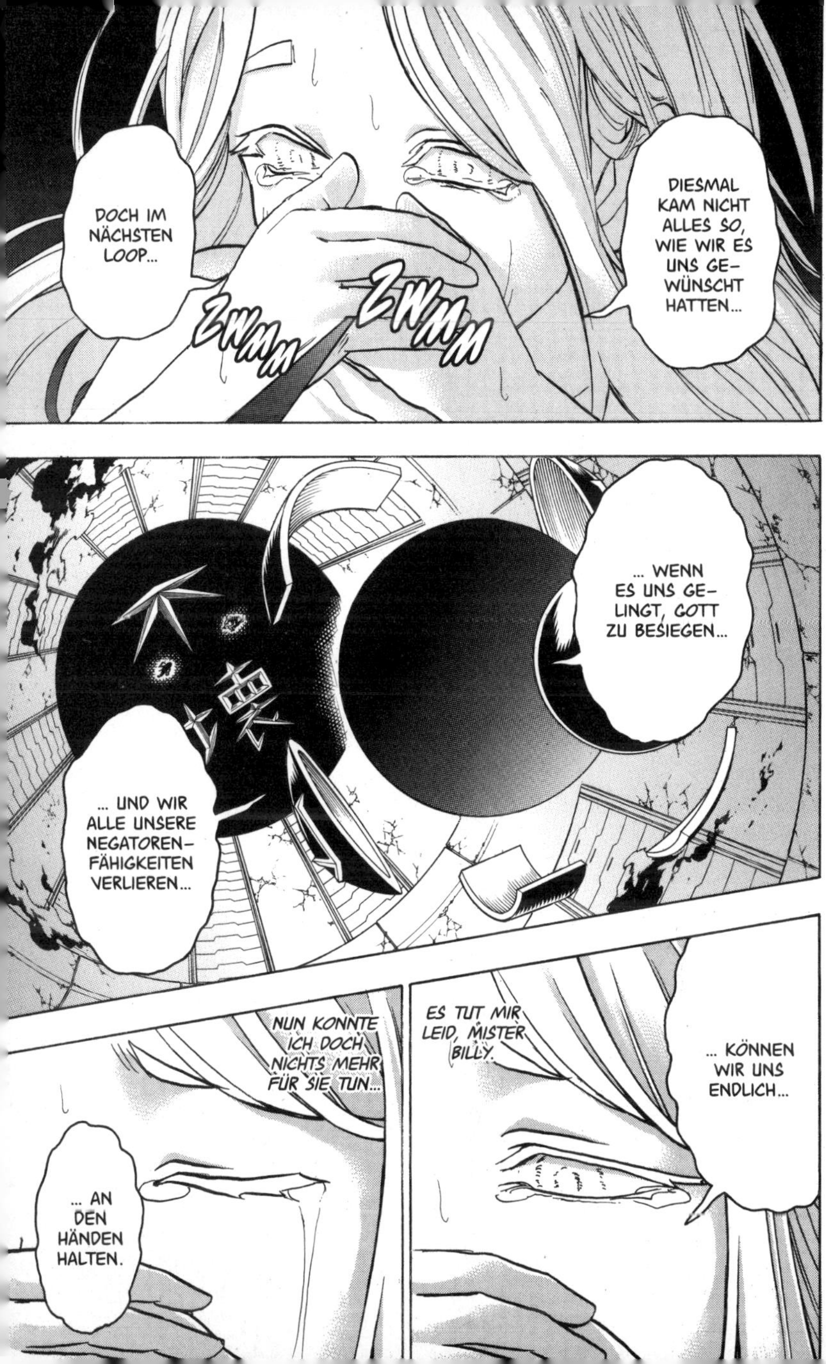
DIESMAL KAM NICHT ALLES SO, WIE WIR ES UNS GEWÜNSCHT HATTEN...
DOCH IM NÄCHSTEN LOOP...
... WENN ES UNS GELINGT, GOTT ZU BESIEGEN...
... UND WIR ALLE UNSERE NEGATOREN-FÄHIGKEITEN VERLIEREN...
... KÖNNEN WIR UNS ENDLICH...
ES TUT MIR LEID, MISTER BILLY.
NUN KONNTE ICH DOCH NICHTS MEHR FÜR SIE TUN...
... AN DEN HÄNDEN HALTEN.

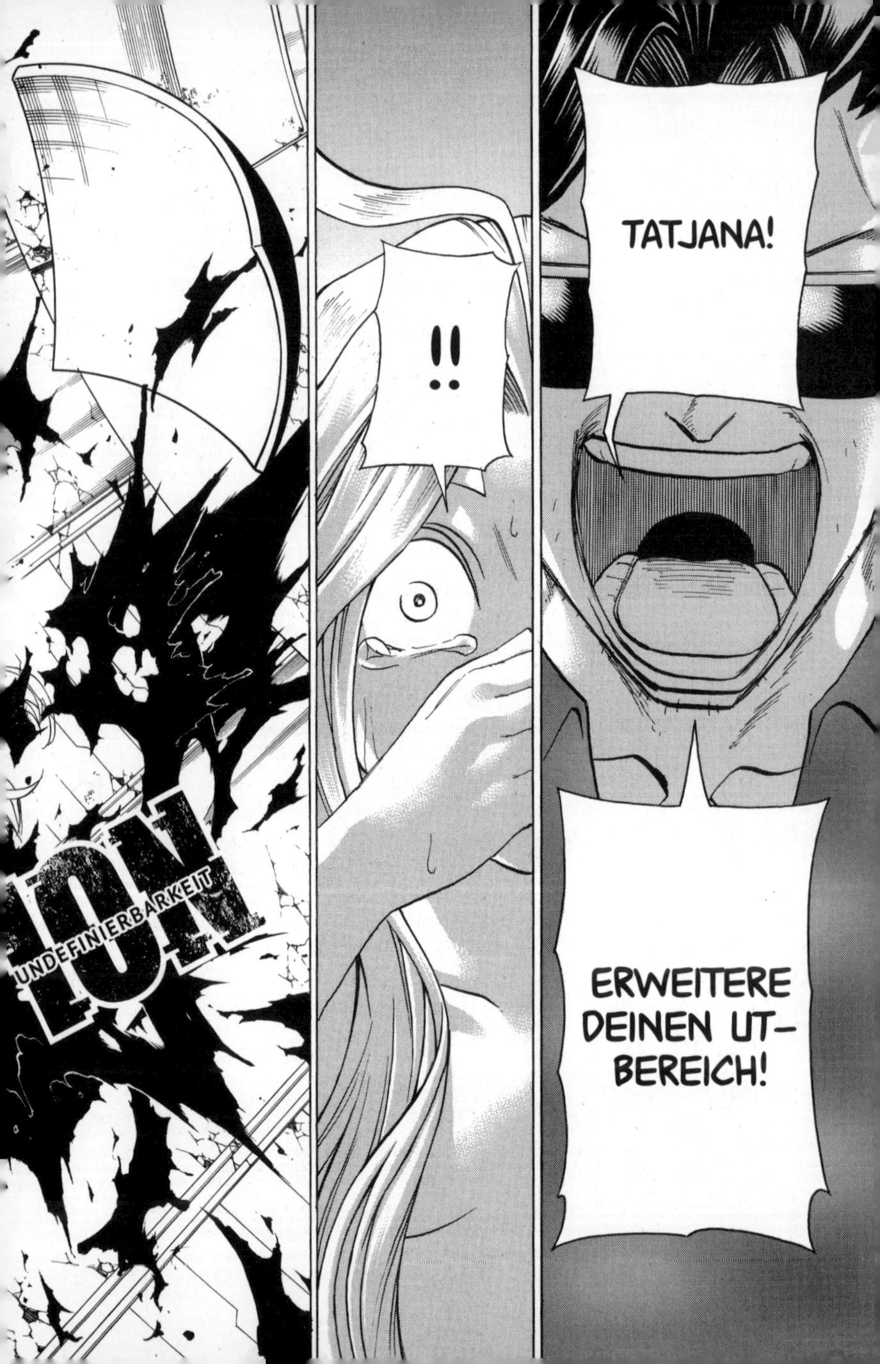
TATJANA!
ERWEITERE DEINEN UT-BEREICH!
!!
UNDEFINIERBARKEIT

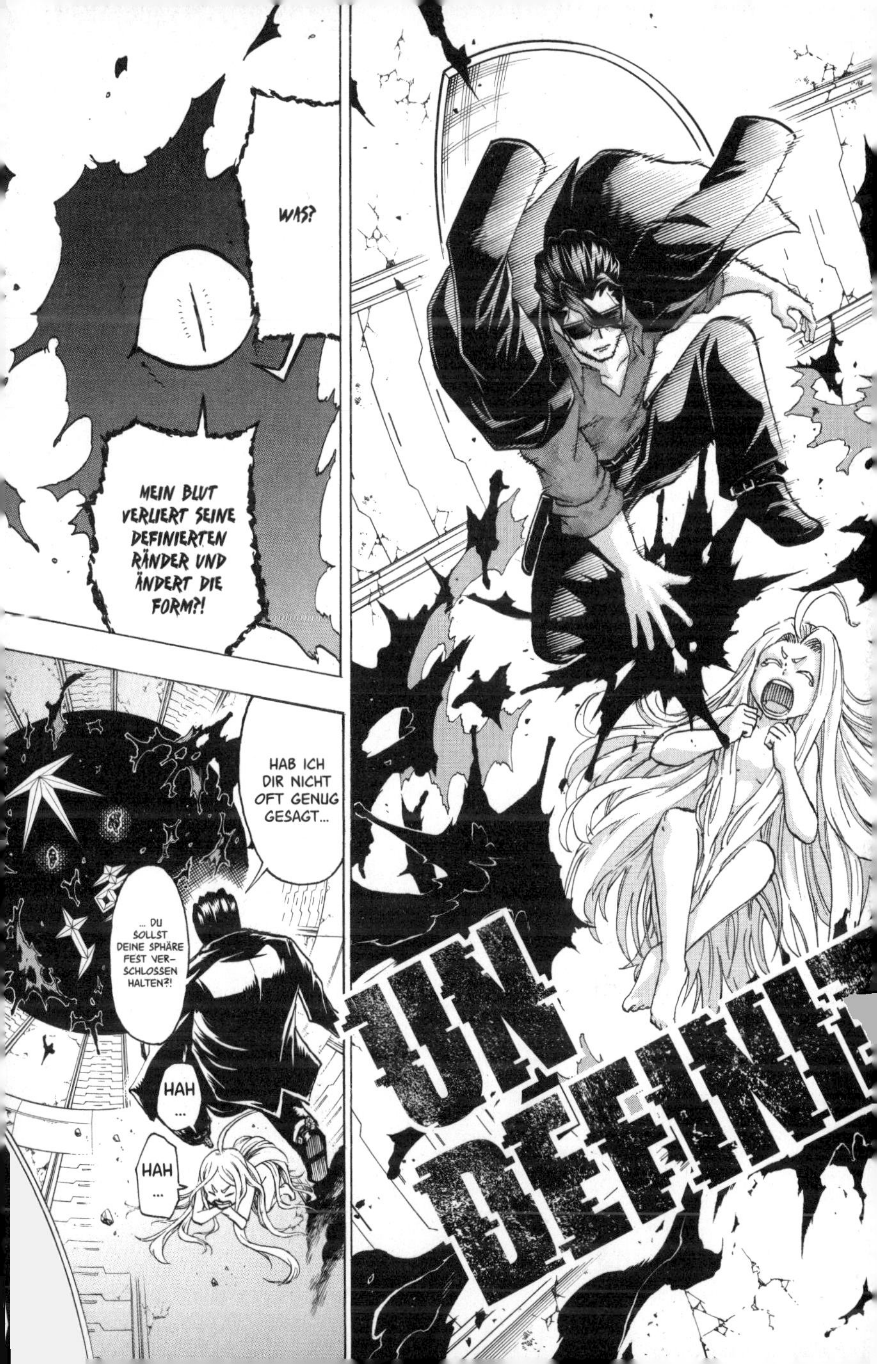
WAS?
MEIN BLUT VERLIERT SEINE DEFINIERTEN RÄNDER UND ÄNDERT DIE FORM?!
HAB ICH DIR NICHT OFT GENUG GESAGT...
... DU SOLLST DEINE SPHÄRE FEST VER-SCHLOSSEN HALTEN?!
HAH ...
HAH ...
UN DEFINE

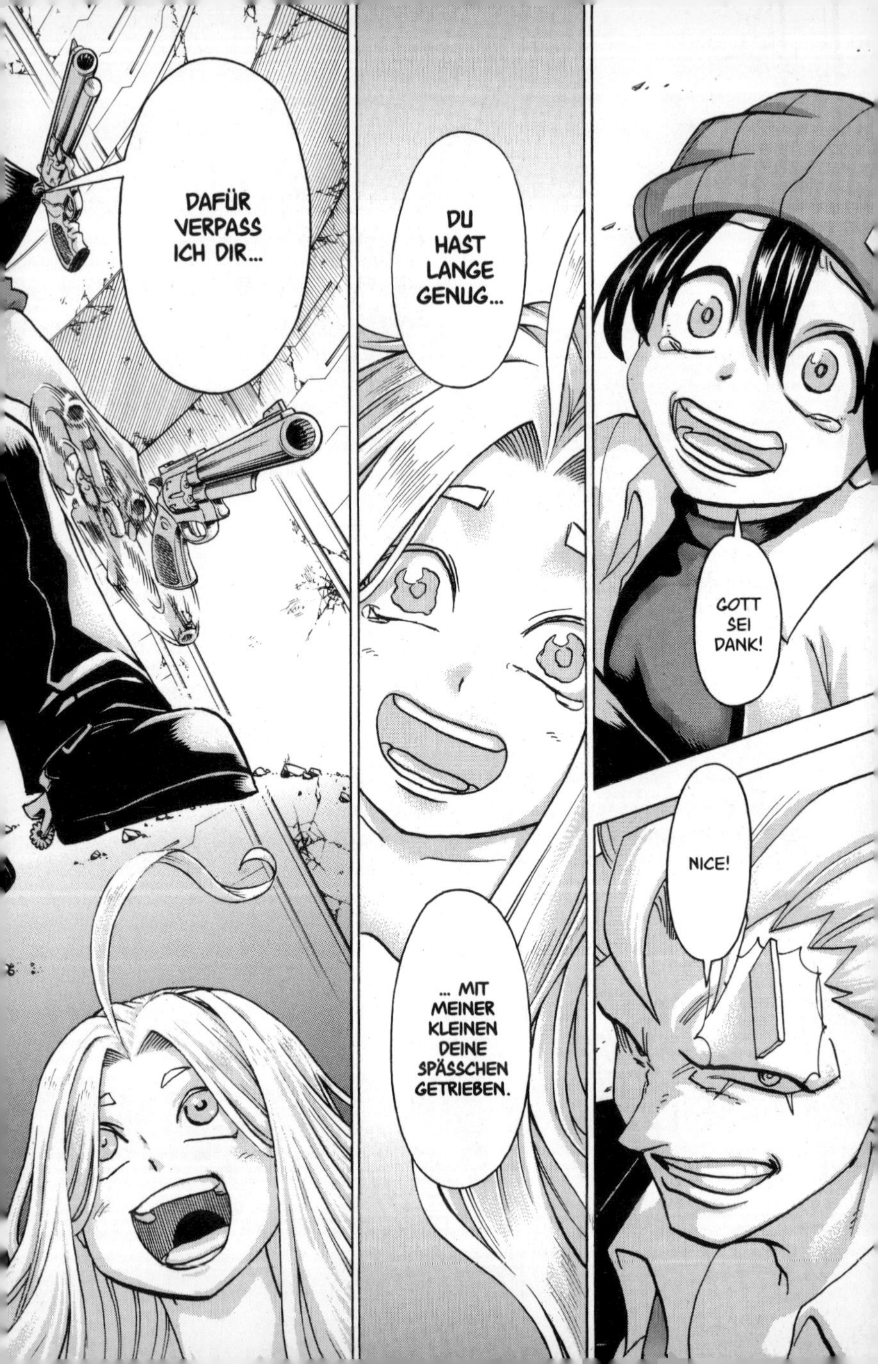
GOTT SEI DANK!
NICE!
DU HAST LANGE GENUG...
... MIT MEINER KLEINEN DEINE SPÄSSCHEN GETRIEBEN.
DAFÜR VERPASS ICH DIR...

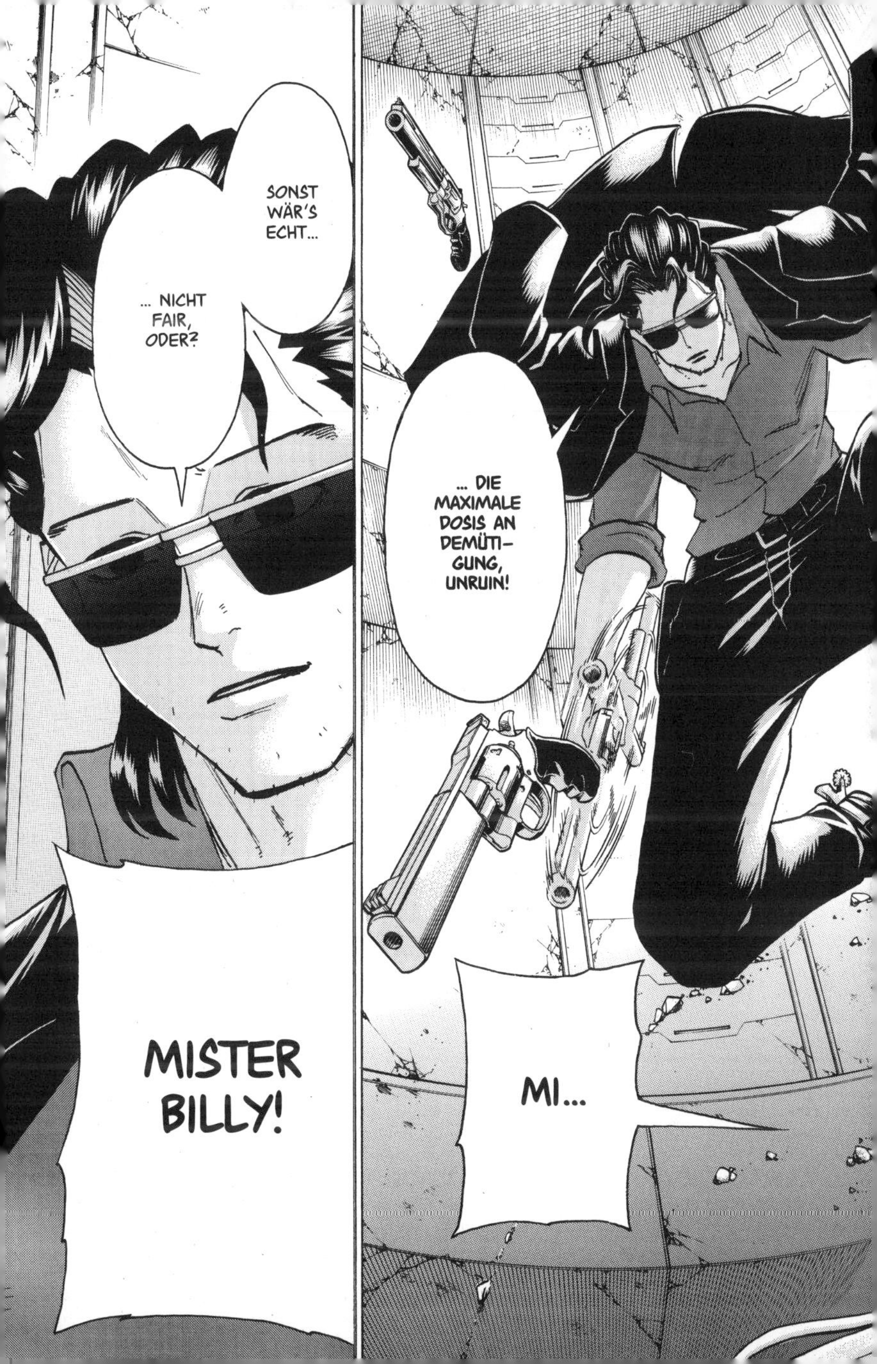
… DIE MAXIMALE DOSIS AN DEMÜTIGUNG, UNRUIN!
MI…
SONST WÄR'S ECHT…
… NICHT FAIR, ODER?
MISTER BILLY!

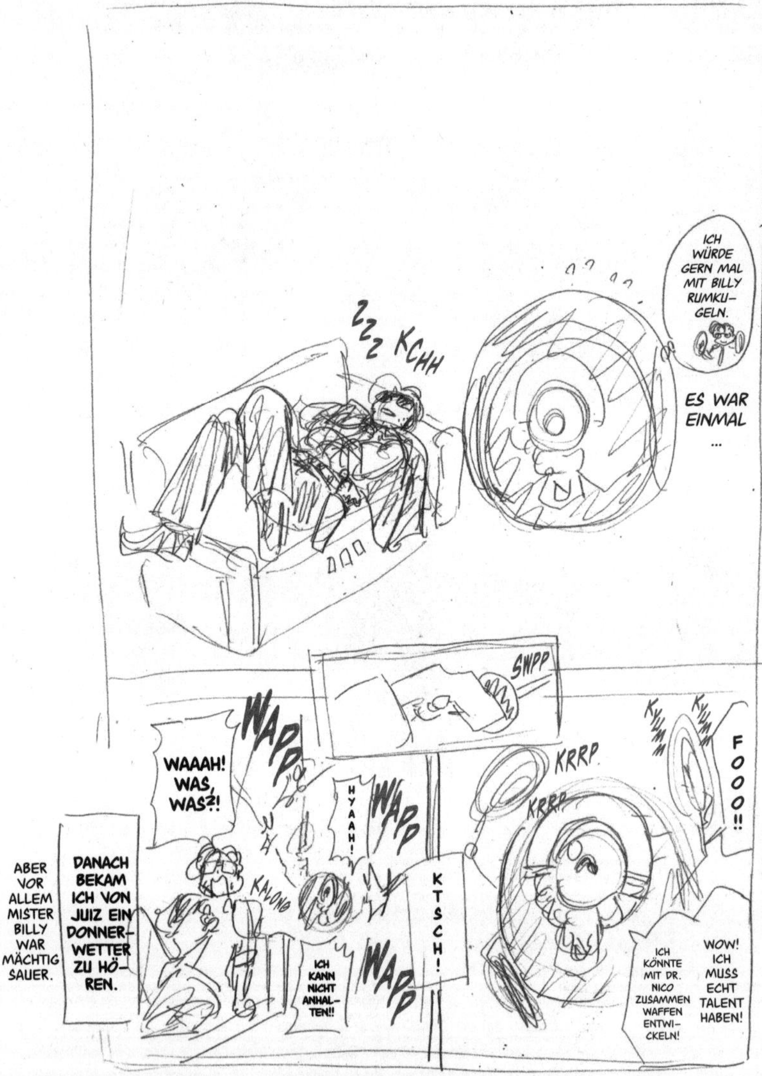
ES WAR EINMAL ...
ICH WÜRDE GERN MAL MIT BILLY RUMKUGELN.
ZZZ KCHH
SWPP
WOW! ICH MUSS ECHT TALENT HABEN!
ICH KÖNNTE MIT DR. NICO ZUSAMMEN WAFFEN ENTWICKELN!
FOOOO!!
KYUMM
KYUMM
KRRP
KRRP
KTSCH!
WAPP
HYAAAH!
WAPP
ICH KANN NICHT ANHALTEN!!
WAPP
WAAAH! WAS, WAS?!
KALONG
DANACH BEKAM ICH VON JUIZ EIN DONNERWETTER ZU HÖREN.
ABER VOR ALLEM MISTER BILLY WAR MÄCHTIG SAUER.

POST AUF X

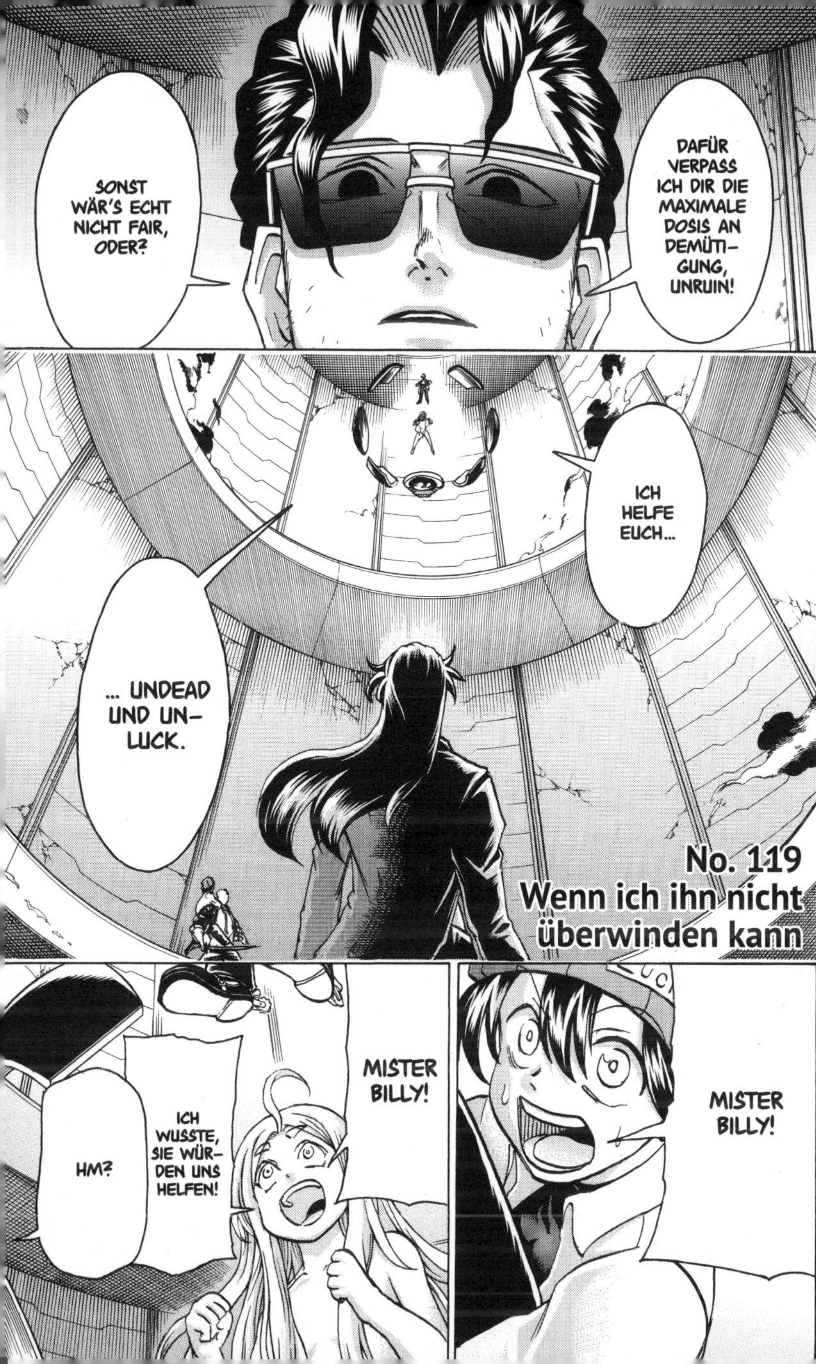

DAFÜR VERPASS ICH DIR DIE MAXIMALE DOSIS AN DEMÜTI-GUNG, UNRUIN!
SONST WÄR'S ECHT NICHT FAIR, ODER?
ICH HELFE EUCH...
... UNDEAD UND UN-LUCK.
No. 119
Wenn ich ihn nicht überwinden kann
MISTER BILLY!
MISTER BILLY!
ICH WUSSTE, SIE WÜR-DEN UNS HELFEN!
HM?

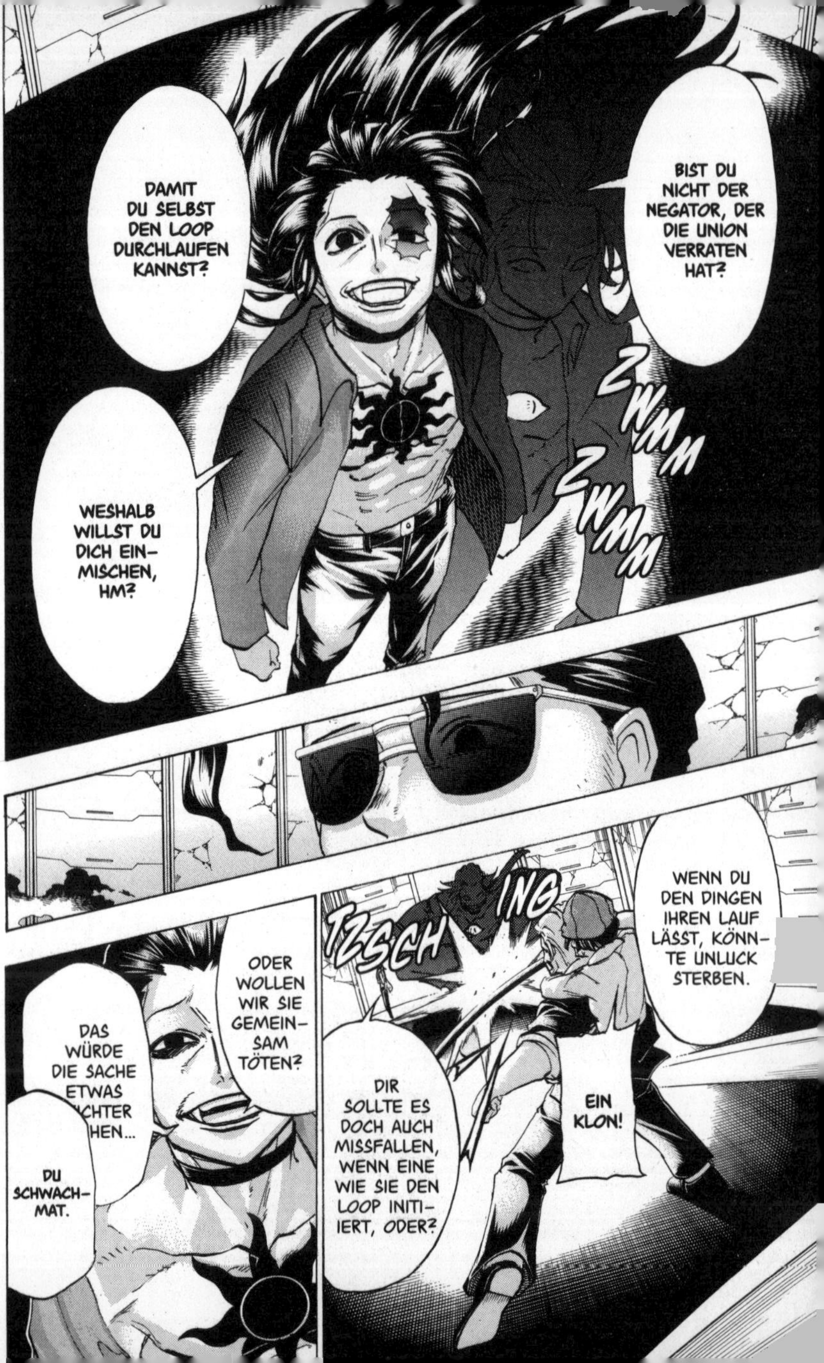
BIST DU NICHT DER NEGATOR, DER DIE UNION VERRATEN HAT?
DAMIT DU SELBST DEN LOOP DURCHLAUFEN KANNST?
ZWMM
ZWMM
WESHALB WILLST DU DICH EINMISCHEN, HM?
WENN DU DEN DINGEN IHREN LAUF LÄSST, KÖNNTE UNLUCK STERBEN.
TZSCHING
EIN KLON!
DIR SOLLTE ES DOCH AUCH MISSFALLEN, WENN EINE WIE SIE DEN LOOP INITIIERT, ODER?
ODER WOLLEN WIR SIE GEMEINSAM TÖTEN?
DAS WÜRDE DIE SACHE ETWAS
DU SCHWACHMAT.

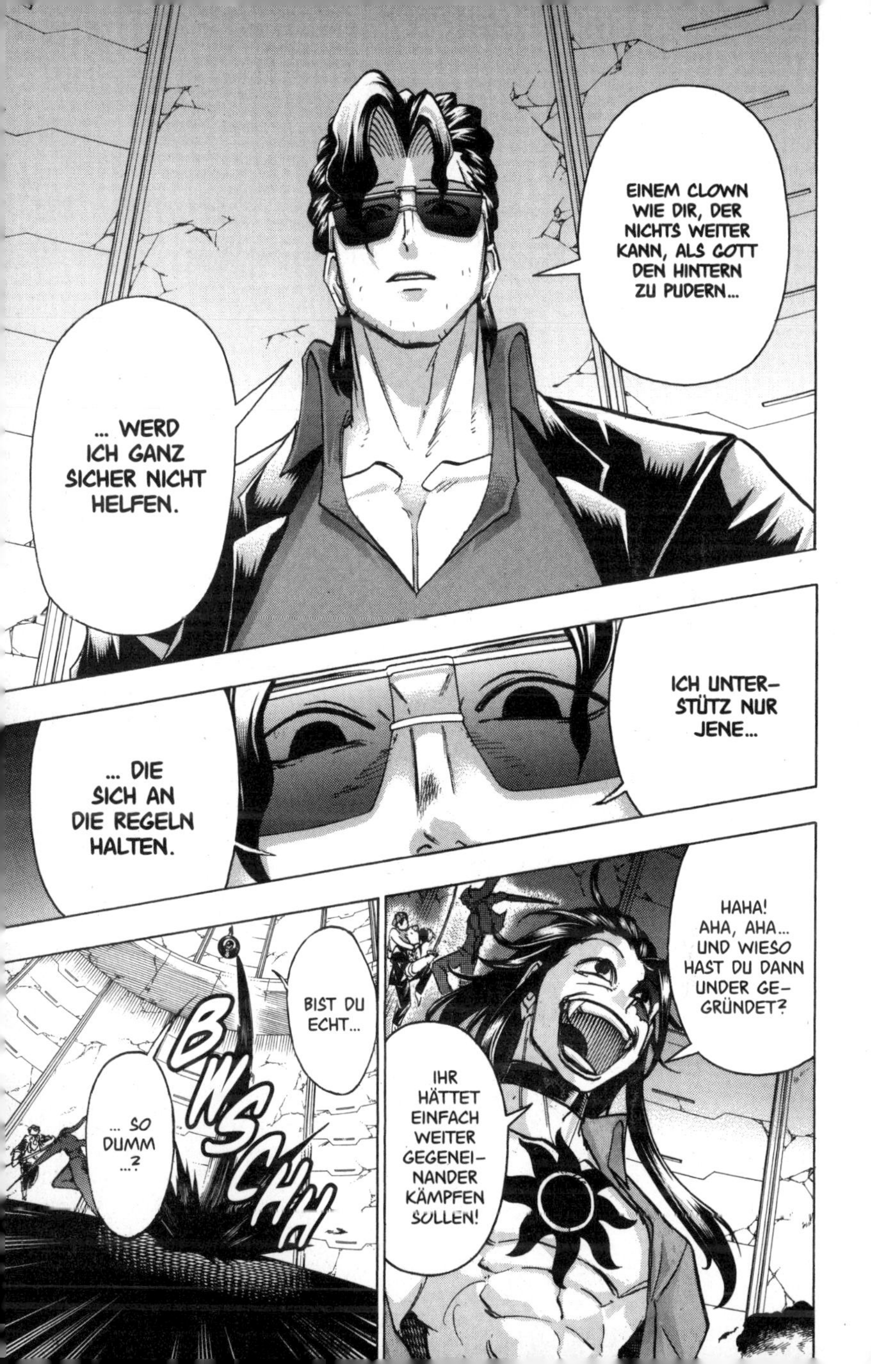
EINEM CLOWN WIE DIR, DER NICHTS WEITER KANN, ALS GOTT DEN HINTERN ZU PUDERN...
... WERD ICH GANZ SICHER NICHT HELFEN.
ICH UNTER-STÜTZ NUR JENE...
... DIE SICH AN DIE REGELN HALTEN.
HAHA! AHA, AHA... UND WIESO HAST DU DANN UNDER GE-GRÜNDET?
IHR HÄTTET EINFACH WEITER GEGENEI-NANDER KÄMPFEN SOLLEN!
BIST DU ECHT...
... SO DUMM ...?
BWSCHH

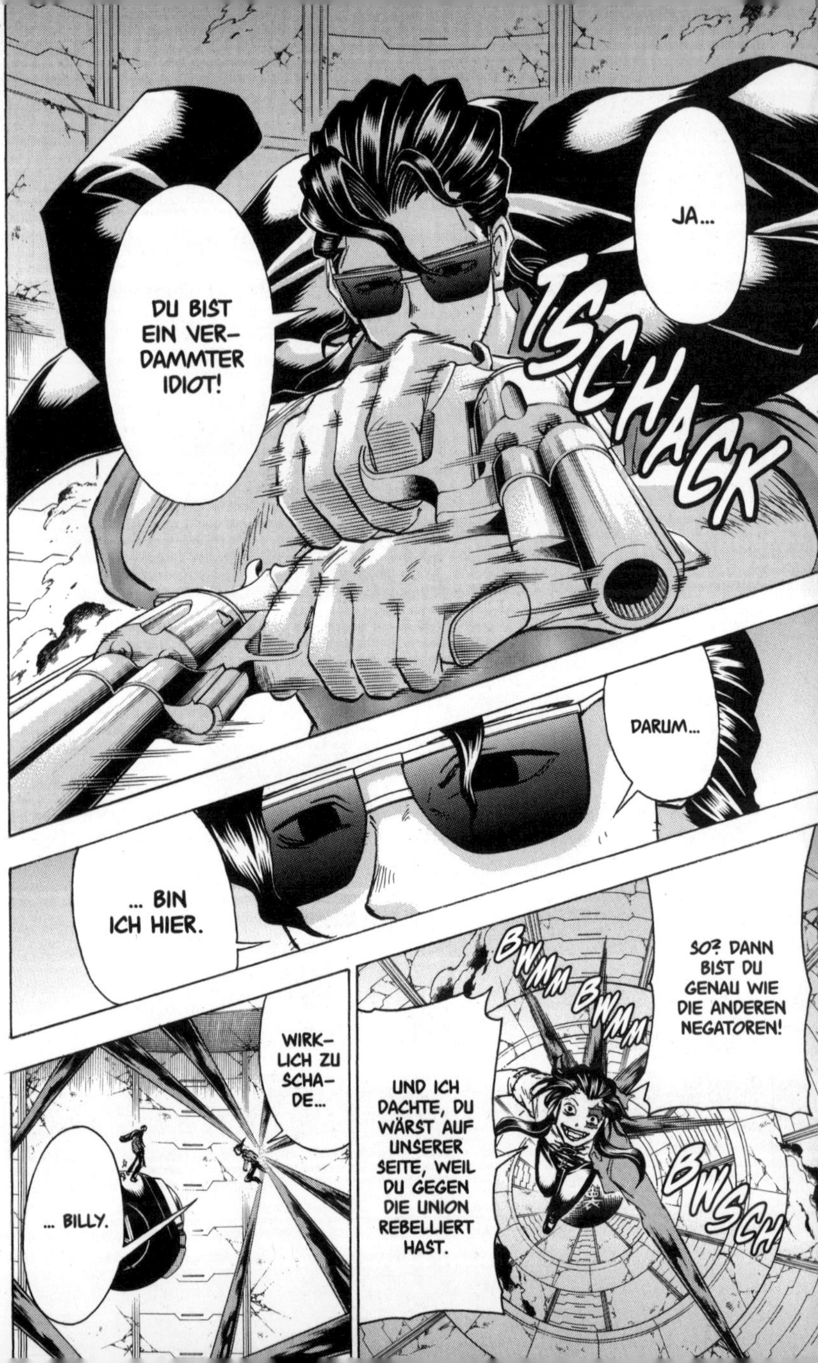
JA...
TSCHACK
DU BIST EIN VER-DAMMTER IDIOT!
DARUM...
... BIN ICH HIER.
SO? DANN BIST DU GENAU WIE DIE ANDEREN NEGATOREN!
BWMM BWMM
BWSCH
UND ICH DACHTE, DU WÄRST AUF UNSERER SEITE, WEIL DU GEGEN DIE UNION REBELLIERT HAST.
WIRK-LICH ZU SCHA-DE...
... BILLY.

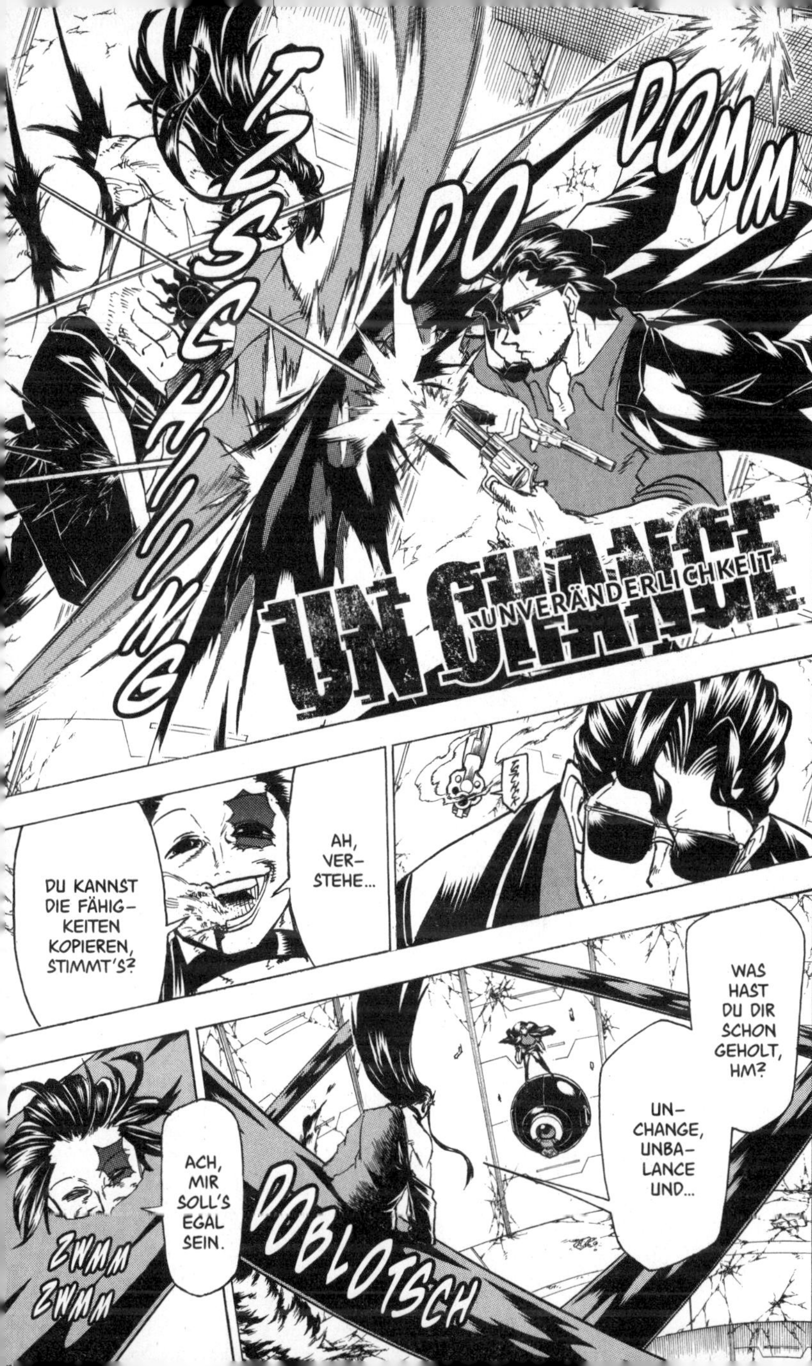
DOMM
DO
TSSCHIIING
UNCHANGE
UNVERÄNDERLICHKEIT
AH, VER-
STEHE...
DU KANNST DIE FÄHIG-
KEITEN KOPIEREN, STIMMT'S?
WAS HAST DU DIR SCHON GEHOLT, HM?
UN-
CHANGE, UNBA-
LANCE UND...
DOBLOTSCH
ACH, MIR SOLL'S EGAL SEIN.
ZWMM ZWMM

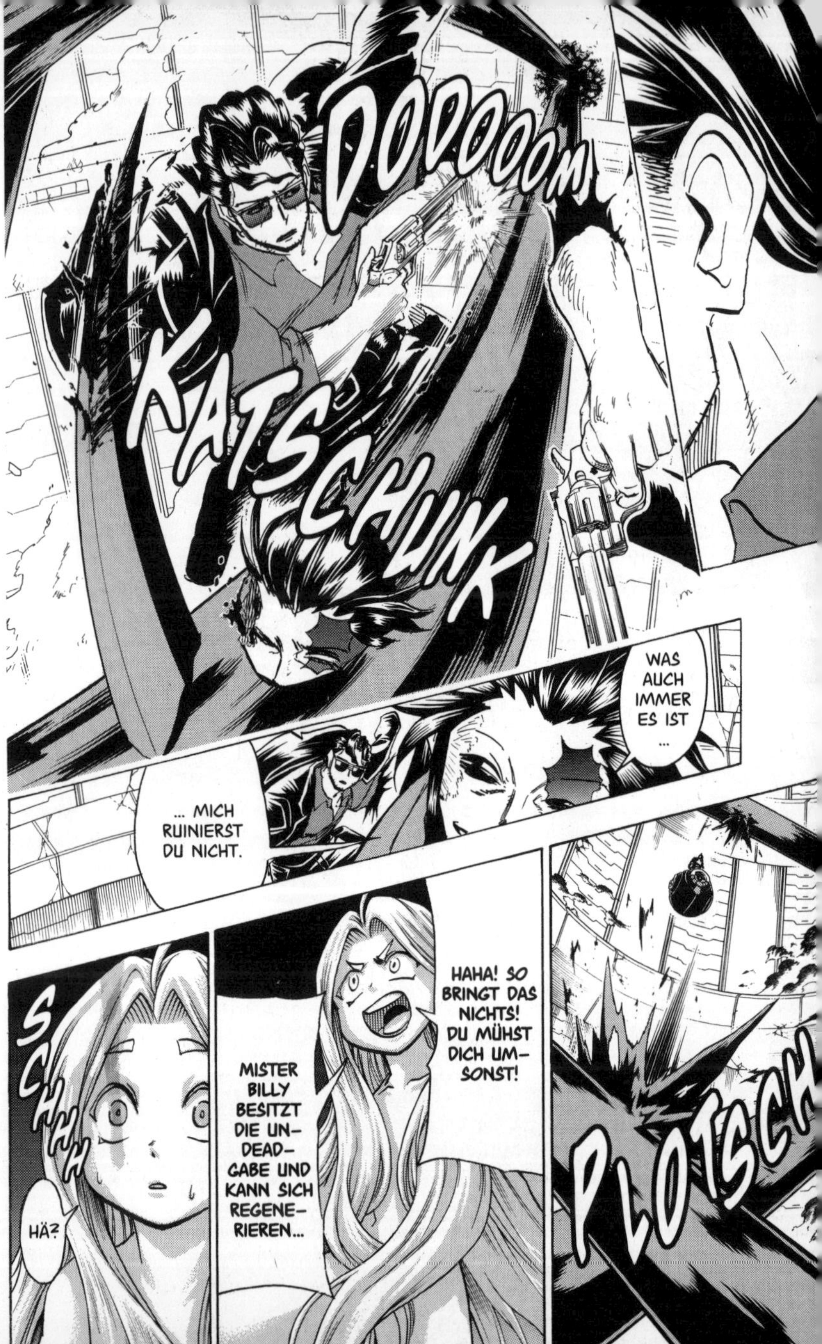
DODOOOM
KATSCHUNK
WAS AUCH IMMER ES IST ...
... MICH RUINIERST DU NICHT.
PLOTSCH
HAHA! SO BRINGT DAS NICHTS! DU MÜHST DICH UMSONST!
MISTER BILLY BESITZT DIE UNDEAD-GABE UND KANN SICH REGENERIEREN...
SCHHH
HÄ?

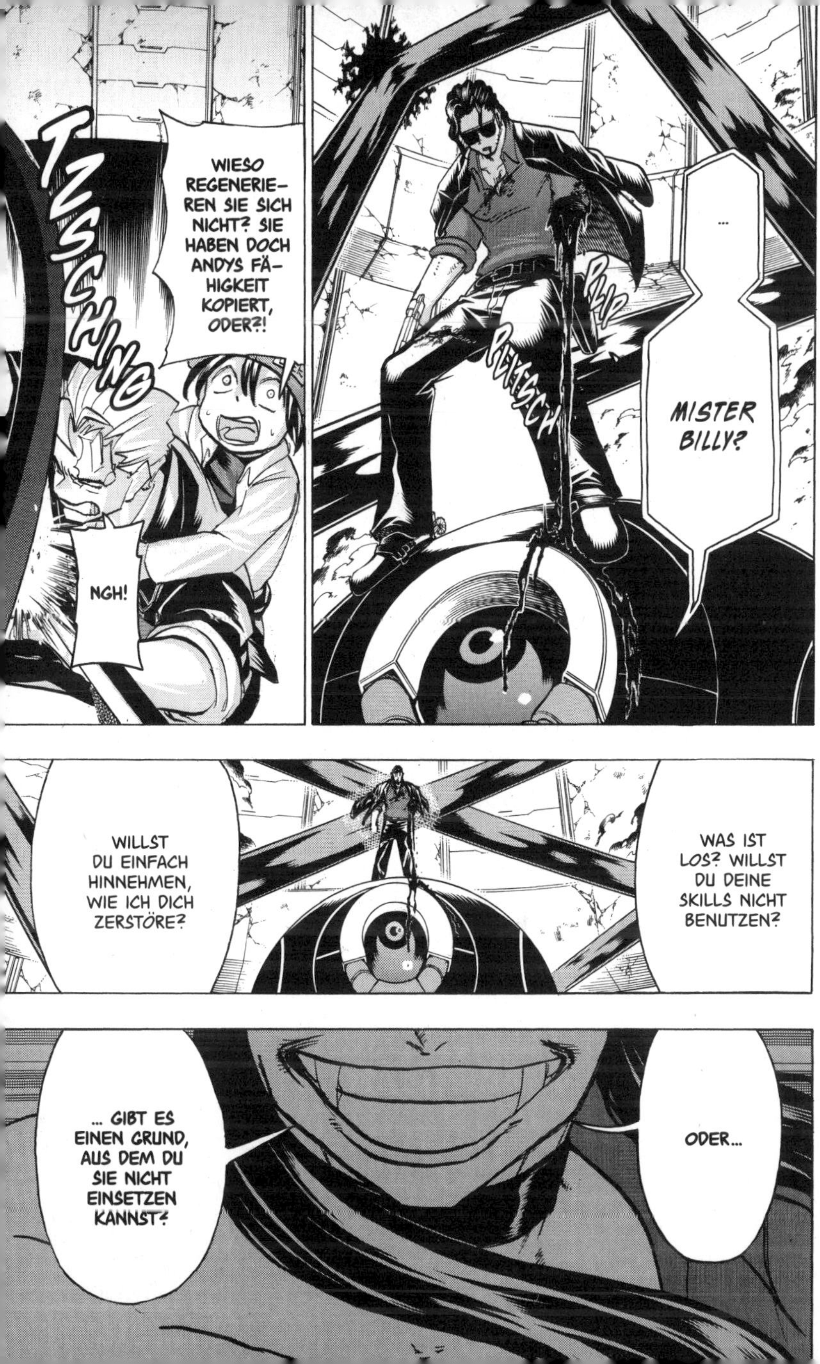
...
MISTER BILLY?
PLIP
PLITSCH
WIESO REGENERIEREN SIE SICH NICHT? SIE HABEN DOCH ANDYS FÄHIGKEIT KOPIERT, ODER?!
TZSCHING
NGH!
WAS IST LOS? WILLST DU DEINE SKILLS NICHT BENUTZEN?
WILLST DU EINFACH HINNEHMEN, WIE ICH DICH ZERSTÖRE?
ODER...
... GIBT ES EINEN GRUND, AUS DEM DU SIE NICHT EINSETZEN KANNST?

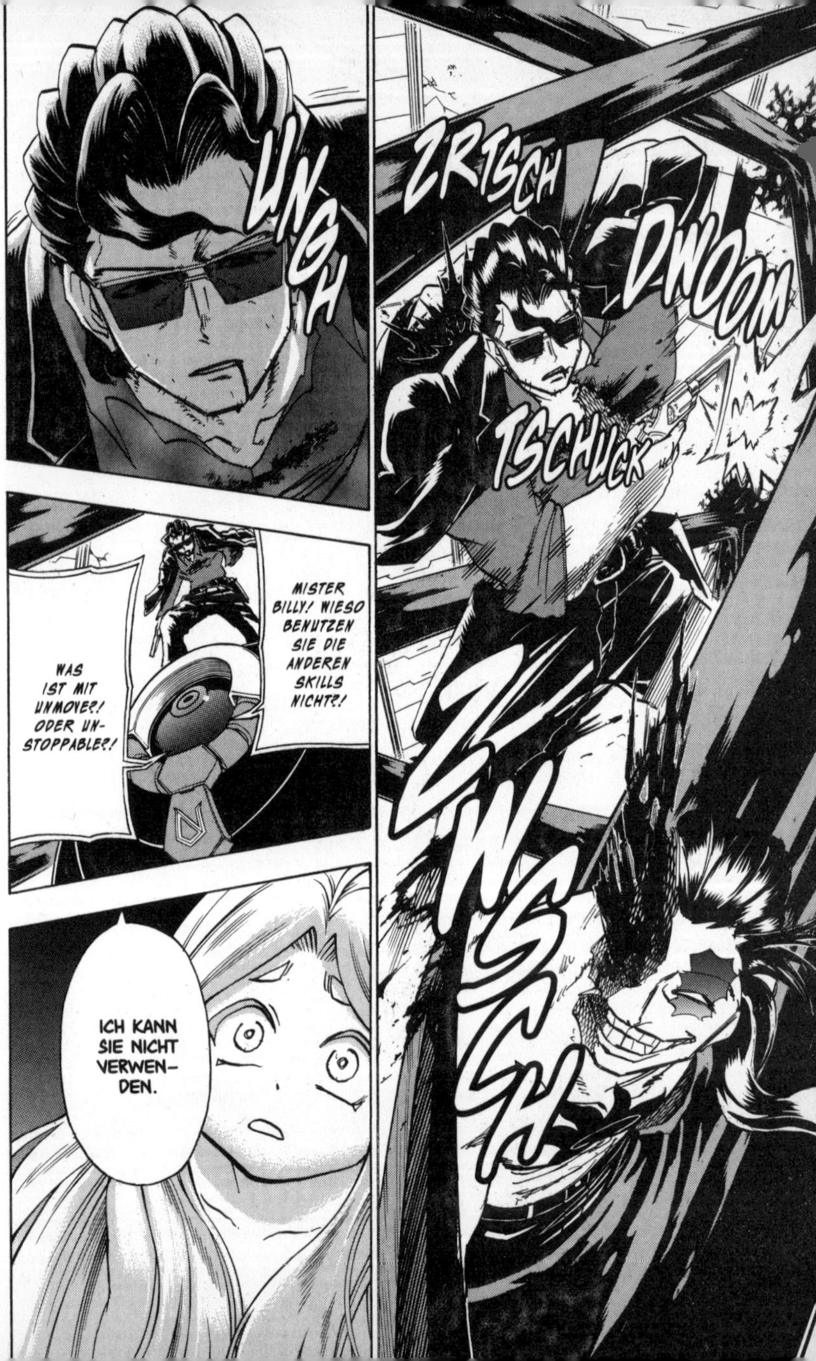
ZRISCH
DWOOM
TSCHUCK
ZWSCH
UNGH
MISTER BILLY! WIESO BENUTZEN SIE DIE ANDEREN SKILLS NICHT?!
WAS IST MIT UNMOVE?! ODER UN-STOPPABLE?!
ICH KANN SIE NICHT VERWEN-DEN.

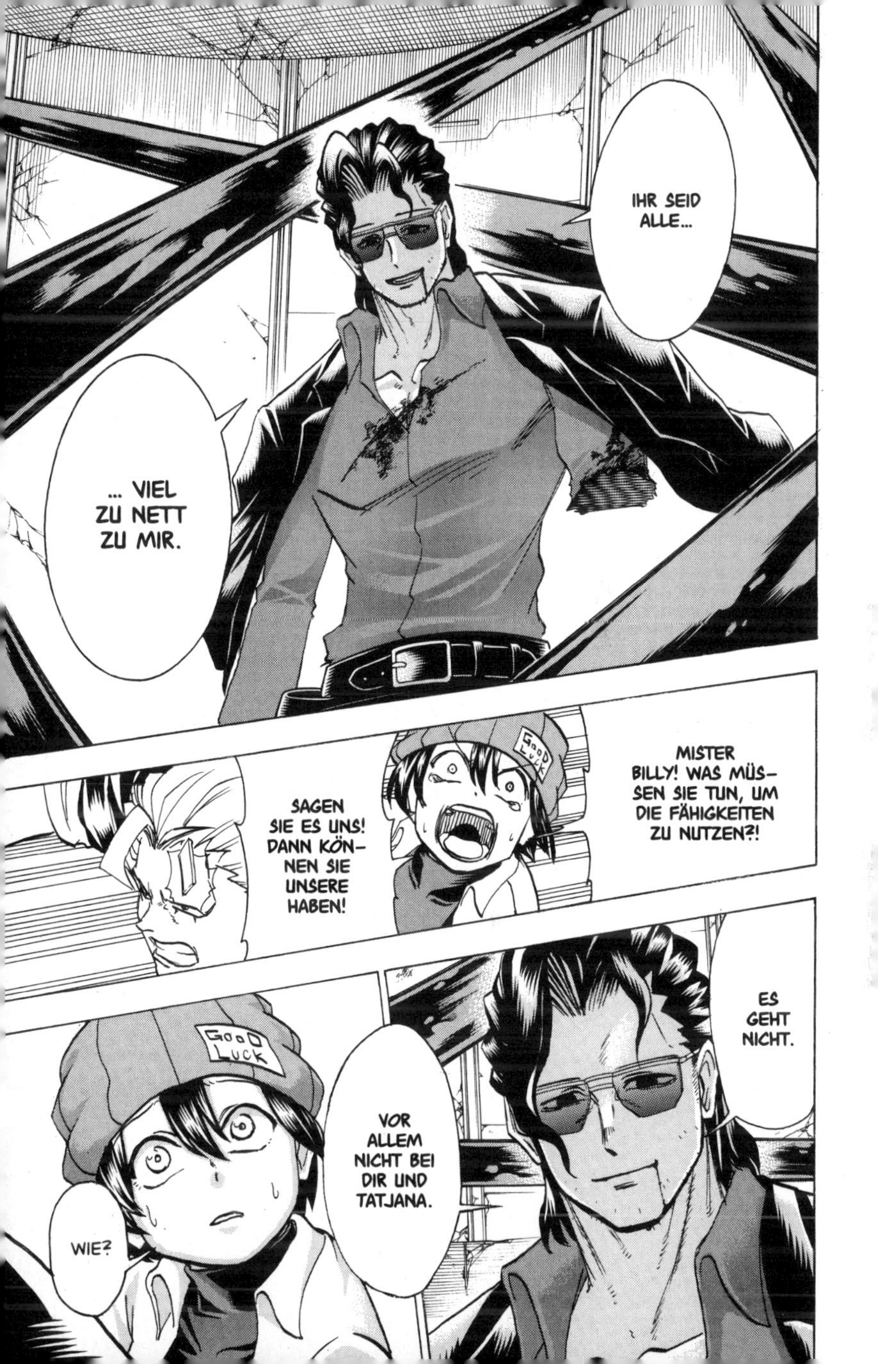
IHR SEID ALLE...
... VIEL ZU NETT ZU MIR.
MISTER BILLY! WAS MÜS-SEN SIE TUN, UM DIE FÄHIGKEITEN ZU NUTZEN?!
SAGEN SIE ES UNS! DANN KÖN-NEN SIE UNSERE HABEN!
GOOD LUCK
ES GEHT NICHT.
VOR ALLEM NICHT BEI DIR UND TATJANA.
WIE?
GOOD LUCK

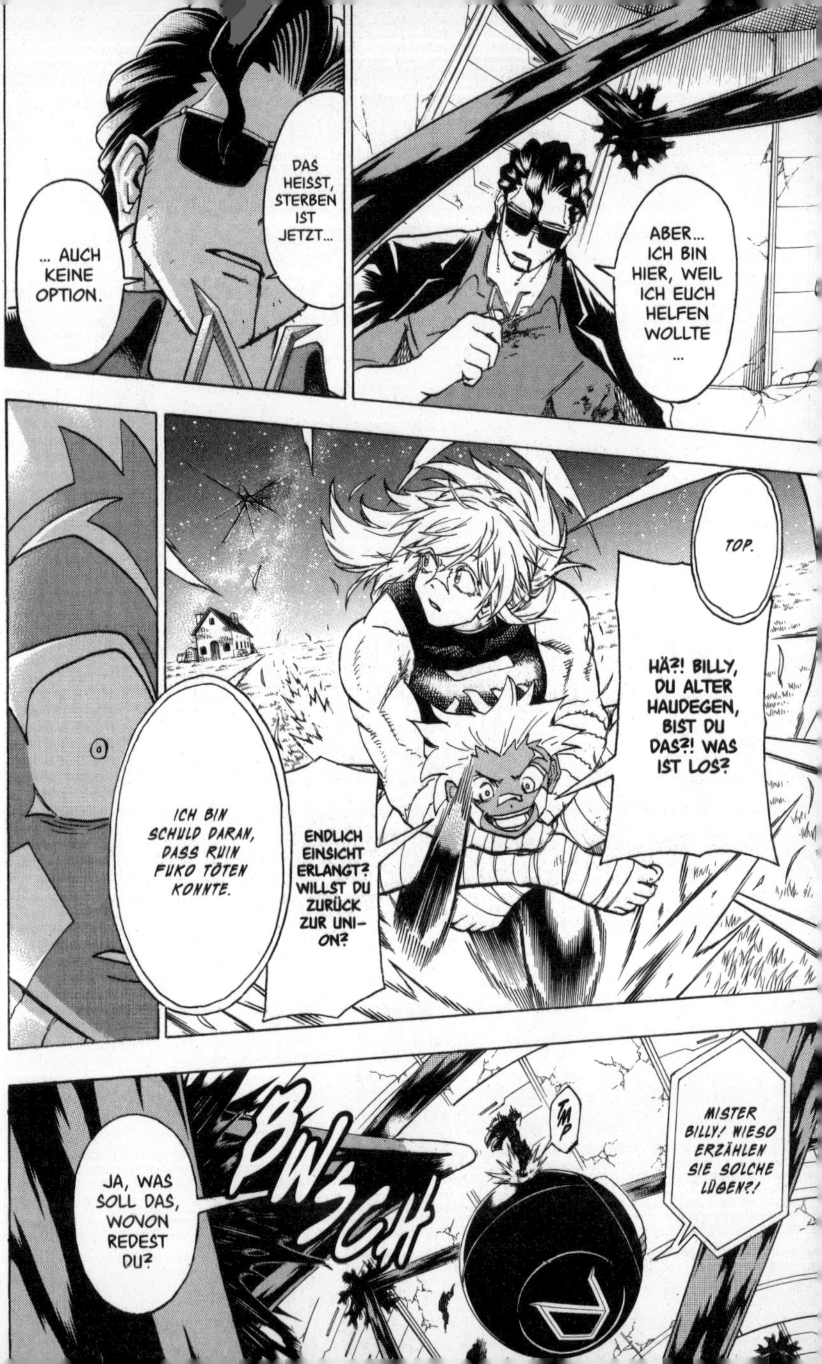

ABER... ICH BIN HIER, WEIL ICH EUCH HELFEN WOLLTE ...
DAS HEISST, STERBEN IST JETZT...
... AUCH KEINE OPTION.
TOP.
HÄ?! BILLY, DU ALTER HAUDEGEN, BIST DU DAS?! WAS IST LOS?
ENDLICH EINSICHT ERLANGT? WILLST DU ZURÜCK ZUR UNION?
ICH BIN SCHULD DARAN, DASS RUIN FUKO TÖTEN KONNTE.
MISTER BILLY! WIESO ERZÄHLEN SIE SOLCHE LÜGEN?!
TMP
BWSCH
JA, WAS SOLL DAS, WOVON REDEST DU?

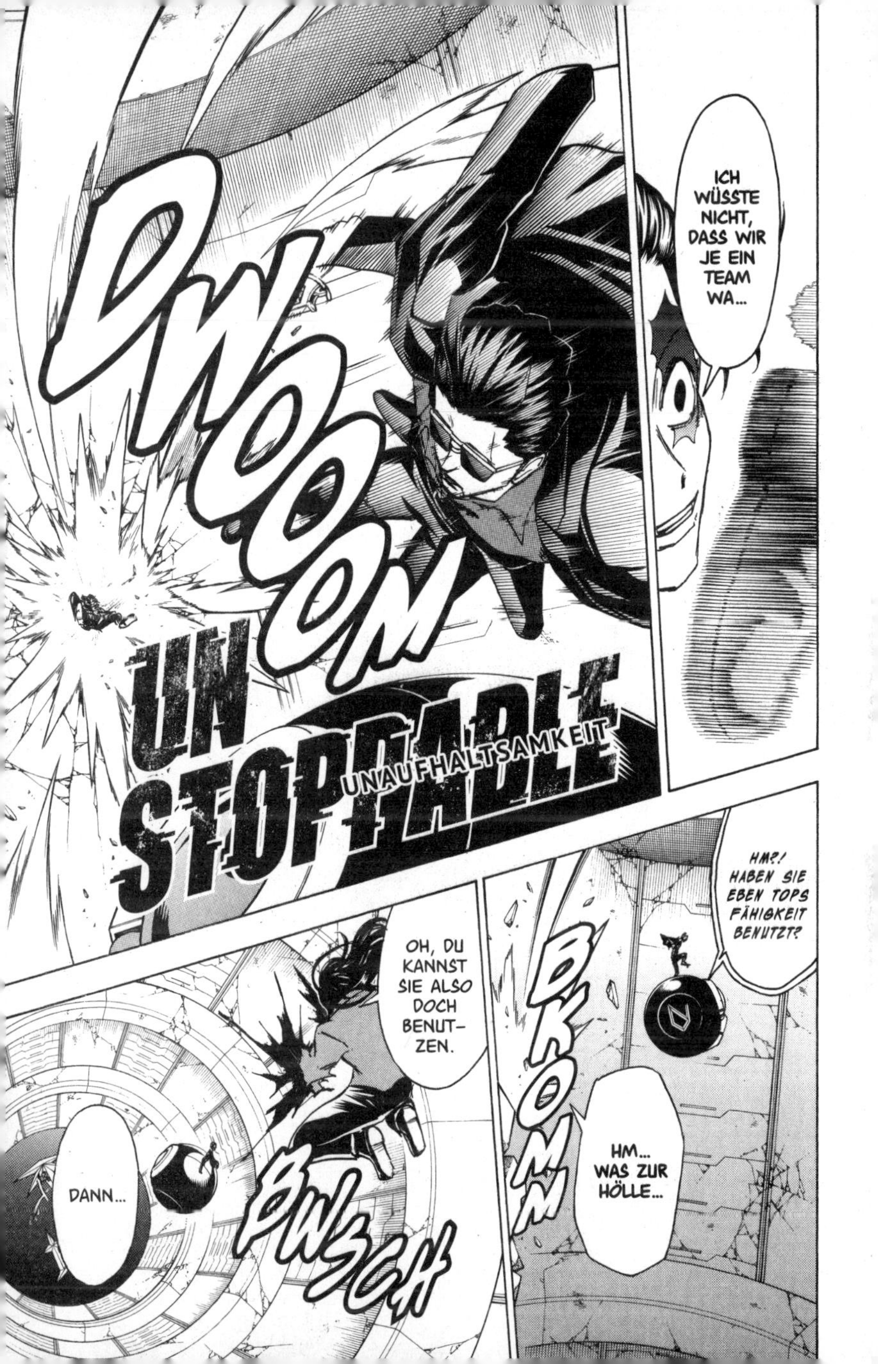

ICH WÜSSTE NICHT, DASS WIR JE EIN TEAM WA...
DWOOOOM
UNSTOPPABLE
UNAUFHALTSAMKEIT
HM?! HABEN SIE EBEN TOPS FÄHIGKEIT BENUTZT?
BROOM
OH, DU KANNST SIE ALSO DOCH BENUT-ZEN.
HM... WAS ZUR HÖLLE...
DWUSCH
DANN...

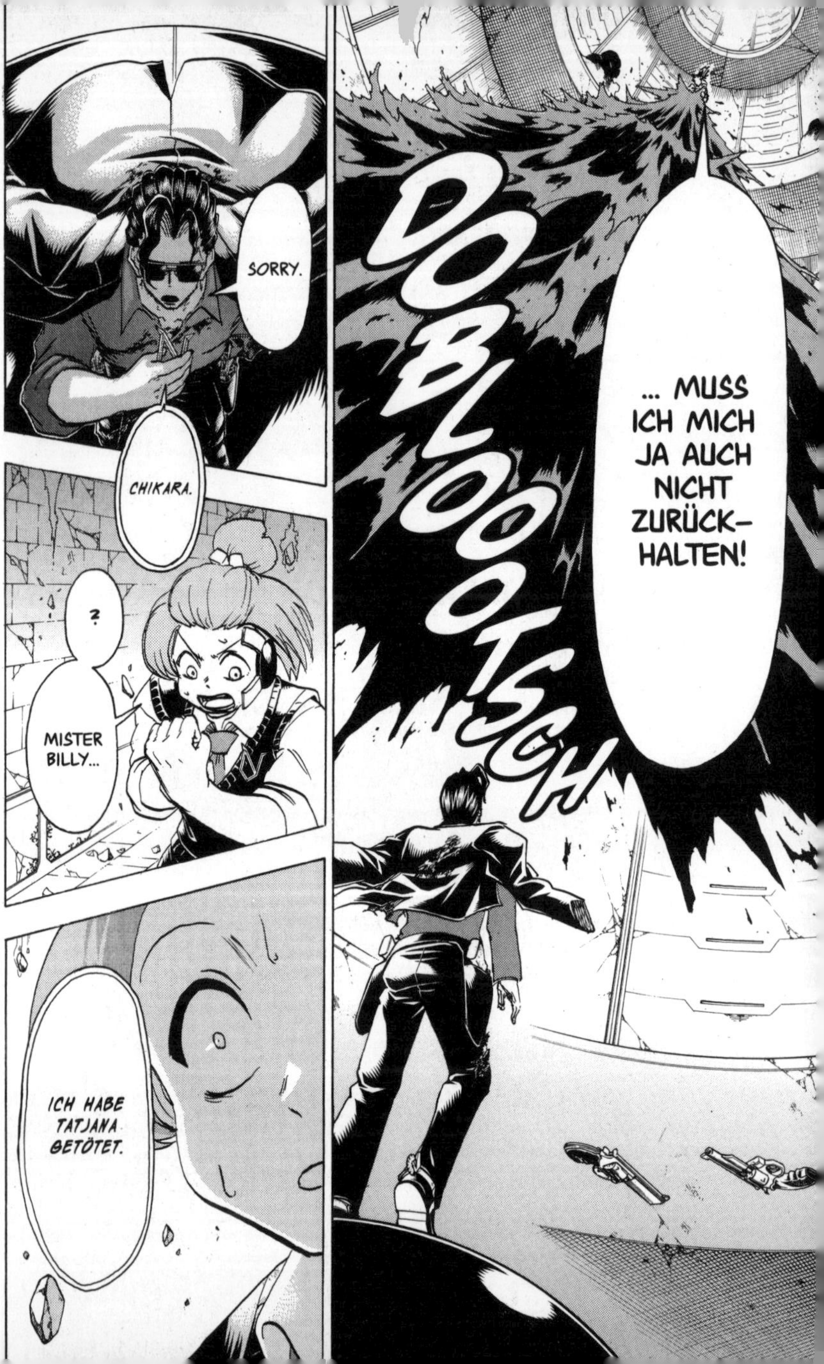

... MUSS ICH MICH JA AUCH NICHT ZURÜCK-HALTEN!
DOBLOOOOTSCH
SORRY.
CHIKARA.
?
MISTER BILLY...
ICH HABE TATJANA GETÖTET.

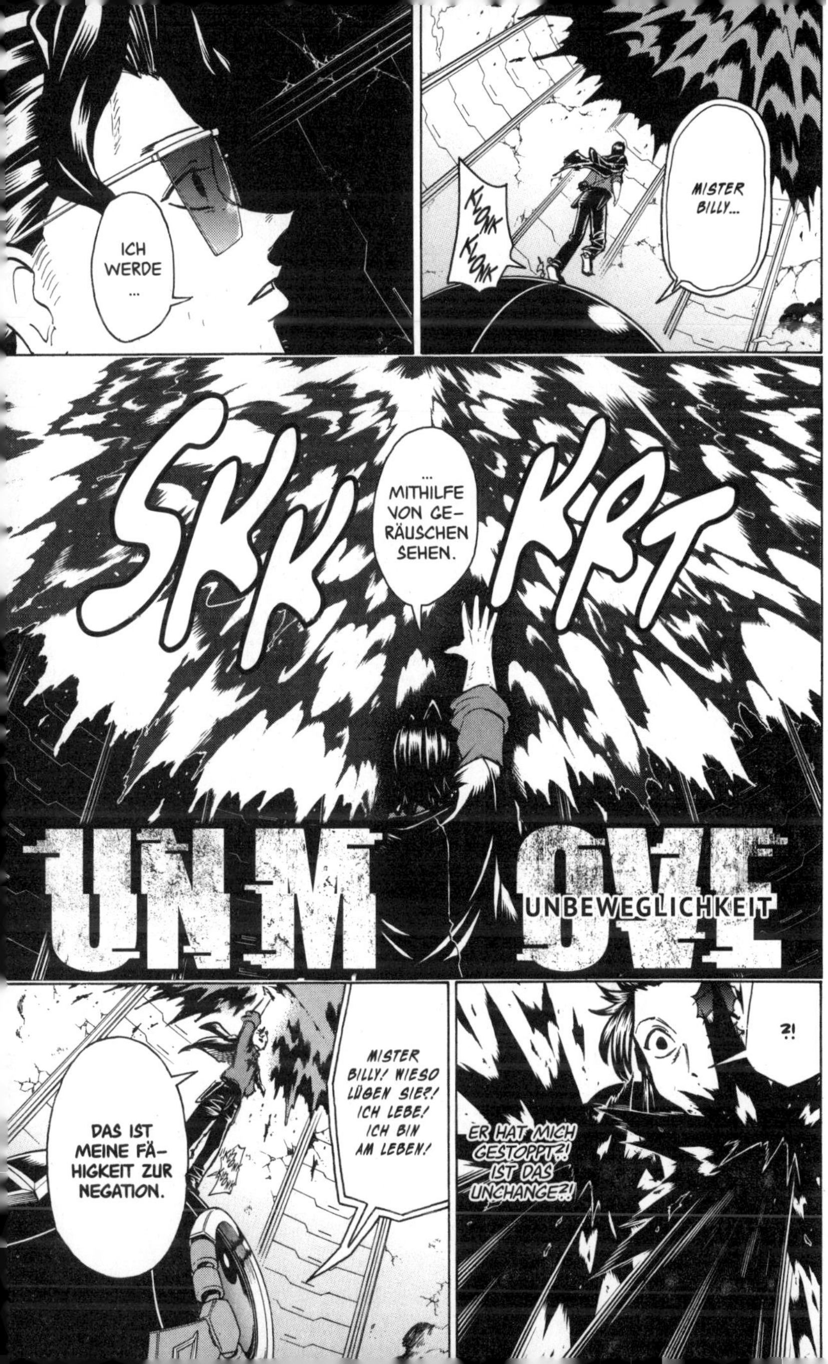
MISTER BILLY...
KLONK KLONK
ICH WERDE ...
SKK KRT
... MITHILFE VON GERÄUSCHEN SEHEN.
UNM OVE
UNBEWEGLICHKEIT
?!
ER HAT MICH GESTOPPT?! IST DAS UNCHANGE?!
MISTER BILLY! WIESO LÜGEN SIE?! ICH LEBE! ICH BIN AM LEBEN!
DAS IST MEINE FÄHIGKEIT ZUR NEGATION.

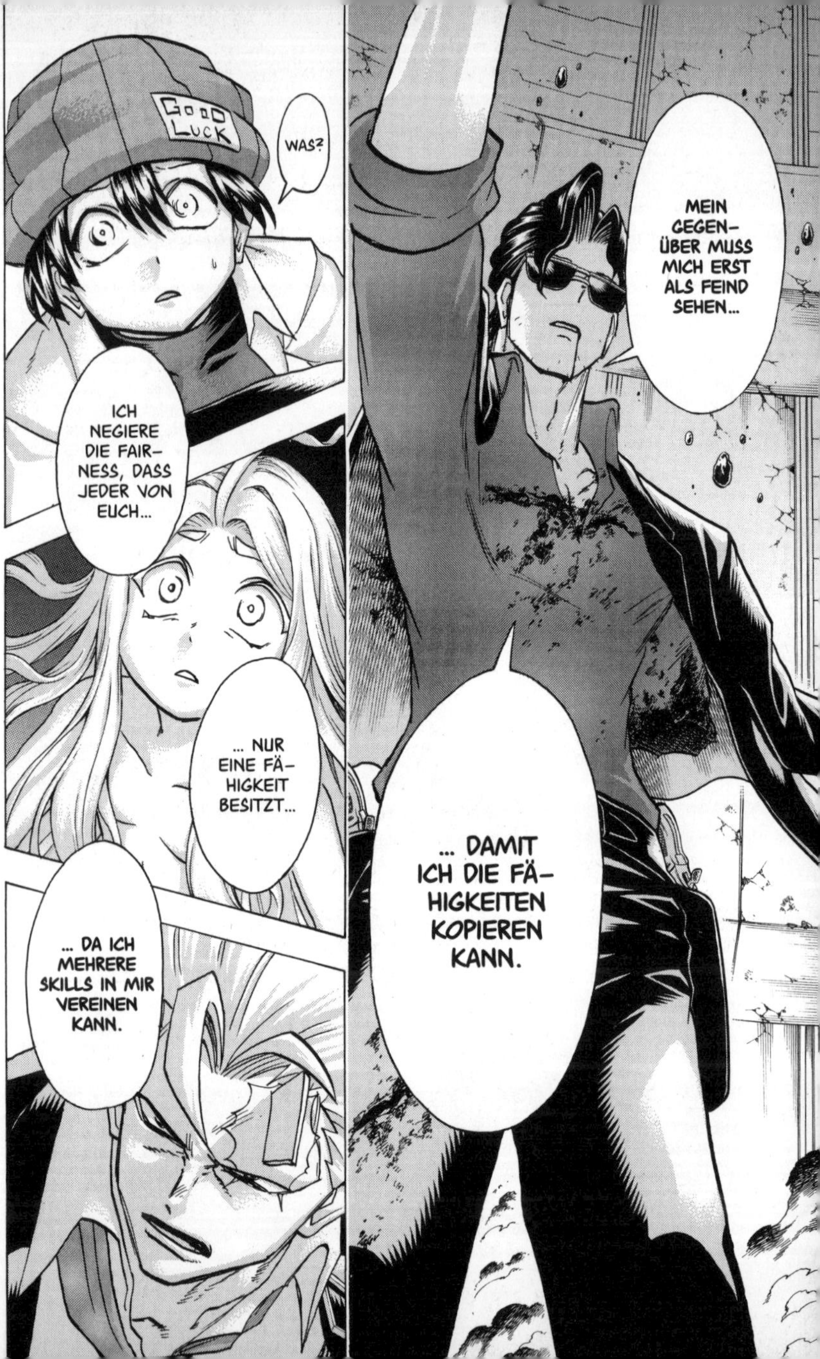
MEIN GEGENÜBER MUSS MICH ERST ALS FEIND SEHEN...
... DAMIT ICH DIE FÄHIGKEITEN KOPIEREN KANN.
WAS?
ICH NEGIERE DIE FAIRNESS, DASS JEDER VON EUCH...
... NUR EINE FÄHIGKEIT BESITZT...
... DA ICH MEHRERE SKILLS IN MIR VEREINEN KANN.
GOOD LUCK

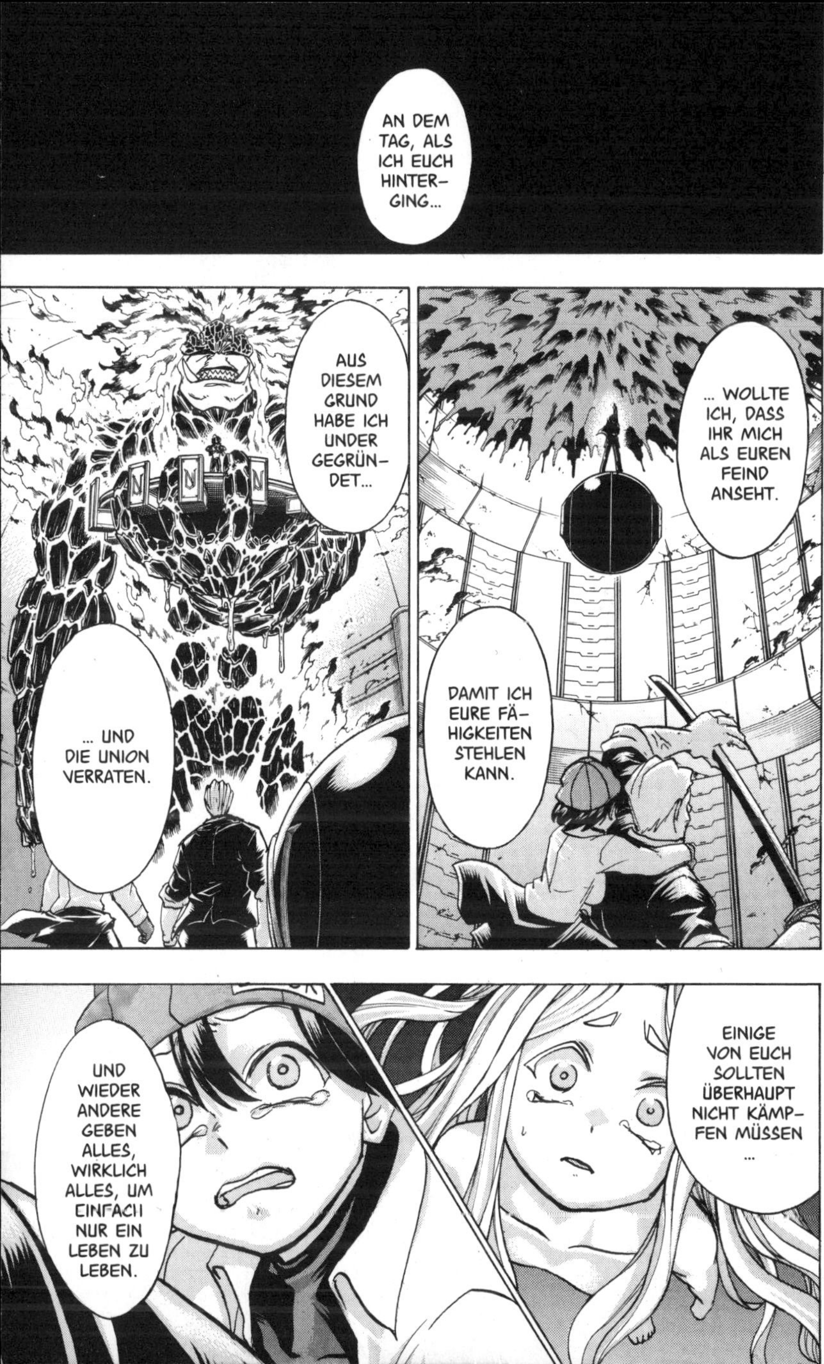
AN DEM TAG, ALS ICH EUCH HINTER-GING...
AUS DIESEM GRUND HABE ICH UNDER GEGRÜN-DET...
... WOLLTE ICH, DASS IHR MICH ALS EUREN FEIND ANSEHT.
... UND DIE UNION VERRATEN.
DAMIT ICH EURE FÄ-HIGKEITEN STEHLEN KANN.
EINIGE VON EUCH SOLLTEN ÜBERHAUPT NICHT KÄMP-FEN MÜSSEN ...
UND WIEDER ANDERE GEBEN ALLES, WIRKLICH ALLES, UM EINFACH NUR EIN LEBEN ZU LEBEN.

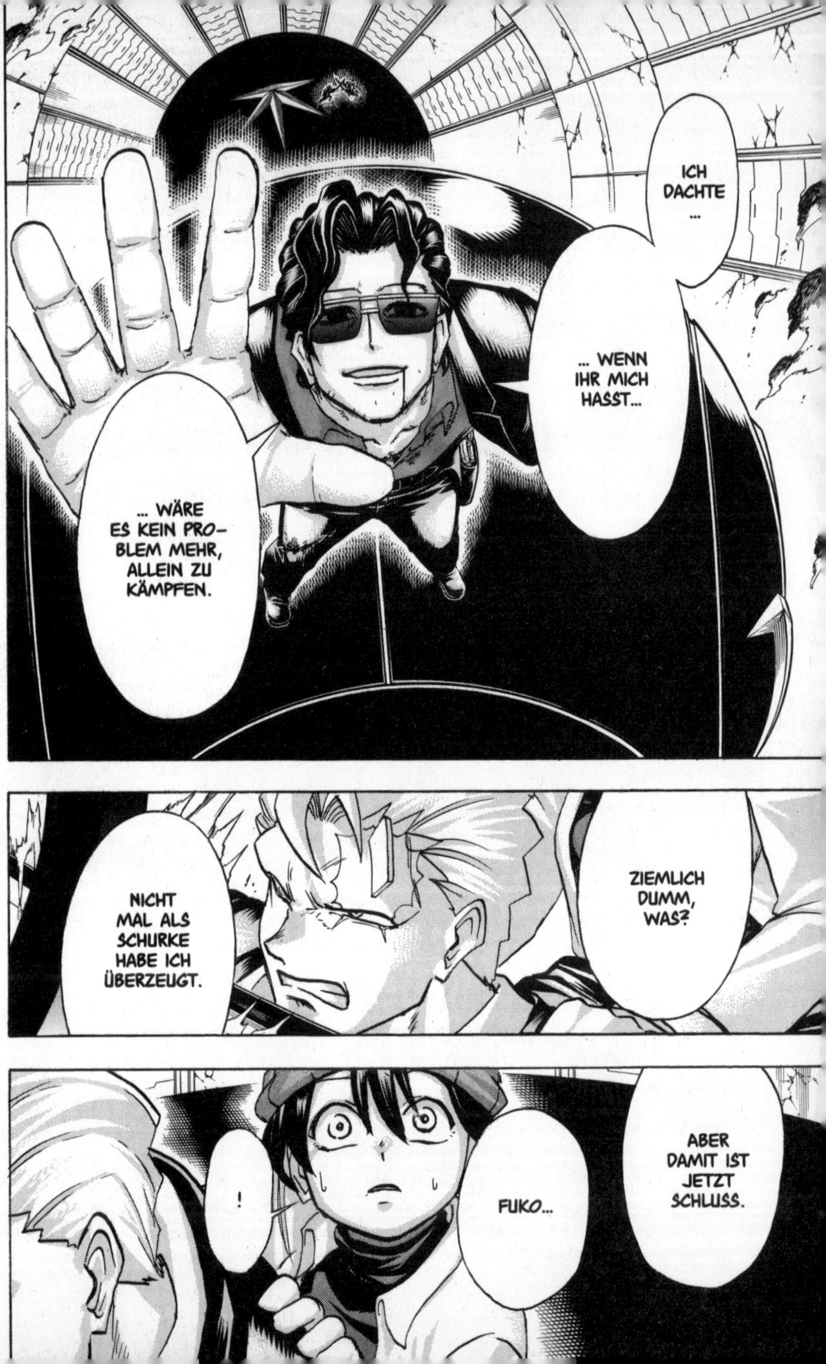
ICH DACHTE ...
... WENN IHR MICH HASST...
... WÄRE ES KEIN PRO-BLEM MEHR, ALLEIN ZU KÄMPFEN.
ZIEMLICH DUMM, WAS?
NICHT MAL ALS SCHURKE HABE ICH ÜBERZEUGT.
ABER DAMIT IST JETZT SCHLUSS.
FUKO...
!

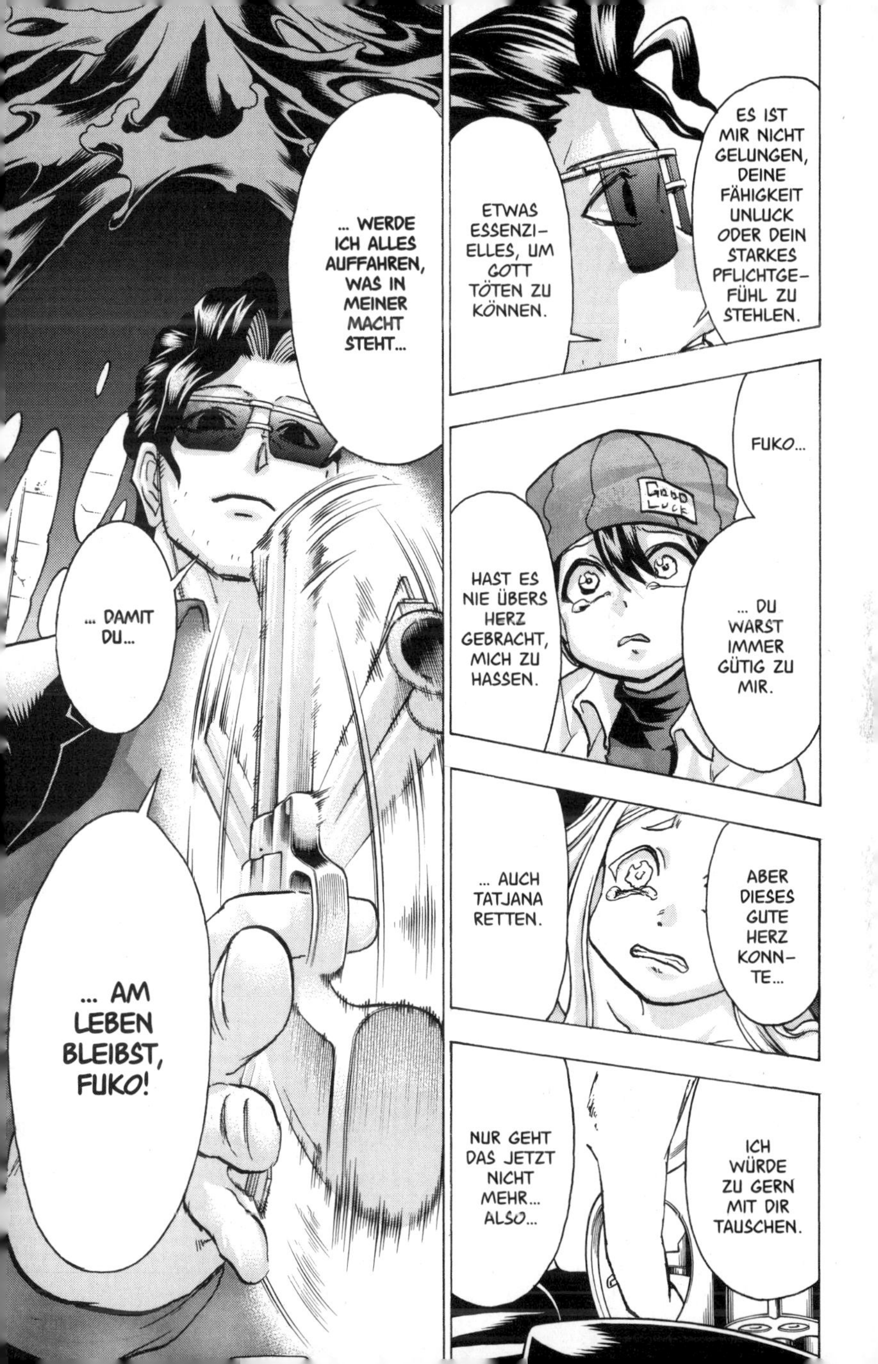
ES IST MIR NICHT GELUNGEN, DEINE FÄHIGKEIT UNLUCK ODER DEIN STARKES PFLICHTGEFÜHL ZU STEHLEN.
ETWAS ESSENZIELLES, UM GOTT TÖTEN ZU KÖNNEN.
FUKO...
... DU WARST IMMER GÜTIG ZU MIR.
HAST ES NIE ÜBERS HERZ GEBRACHT, MICH ZU HASSEN.
ABER DIESES GUTE HERZ KONNTE...
... AUCH TATJANA RETTEN.
ICH WÜRDE ZU GERN MIT DIR TAUSCHEN.
NUR GEHT DAS JETZT NICHT MEHR... ALSO...
... WERDE ICH ALLES AUFFAHREN, WAS IN MEINER MACHT STEHT...
... DAMIT DU...
... AM LEBEN BLEIBST, FUKO!

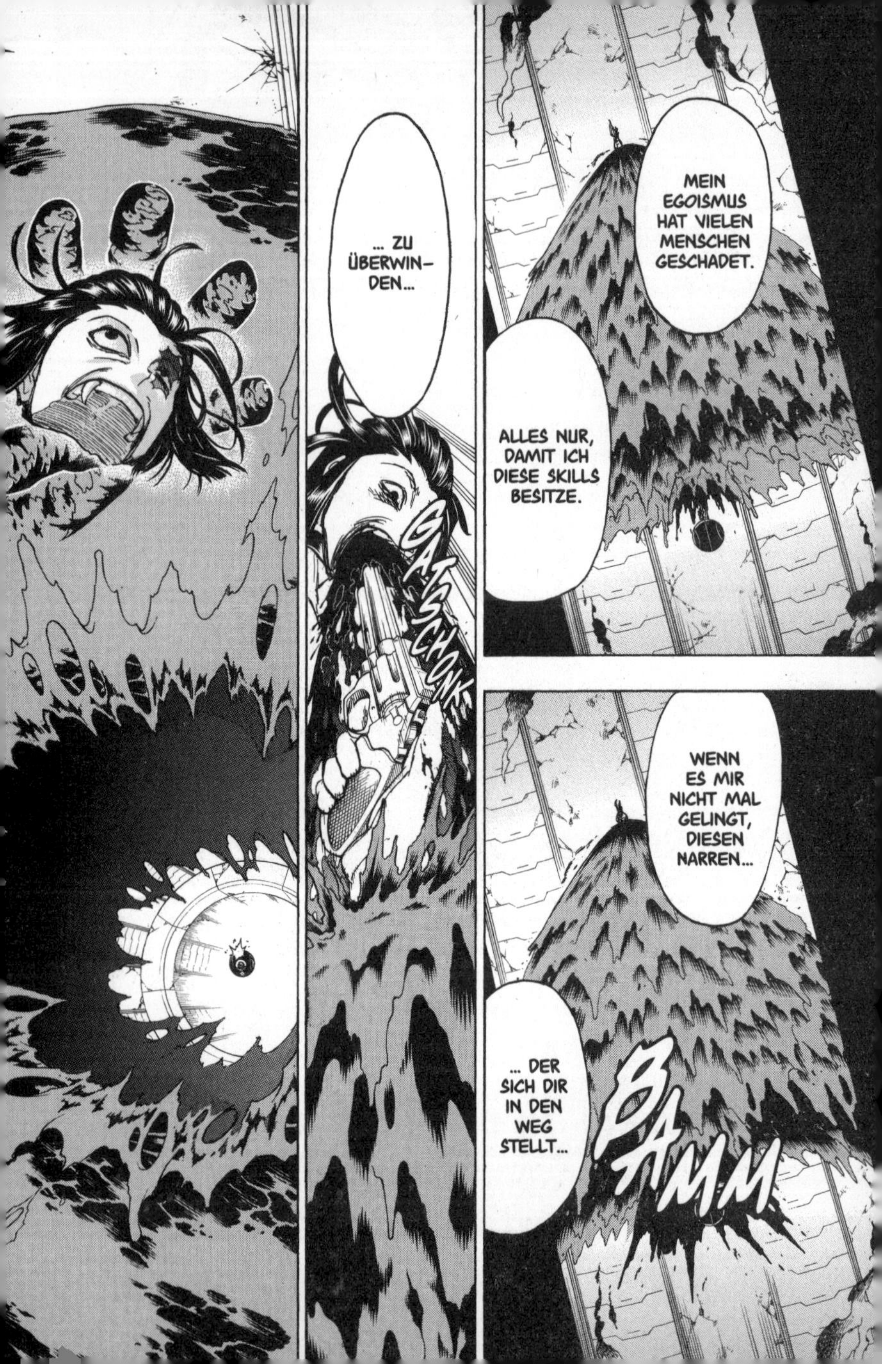
MEIN EGOISMUS HAT VIELEN MENSCHEN GESCHADET.
ALLES NUR, DAMIT ICH DIESE SKILLS BESITZE.
WENN ES MIR NICHT MAL GELINGT, DIESEN NARREN...
... DER SICH DIR IN DEN WEG STELLT...
BAMM
... ZU ÜBERWIN-DEN...
GATSCHONK

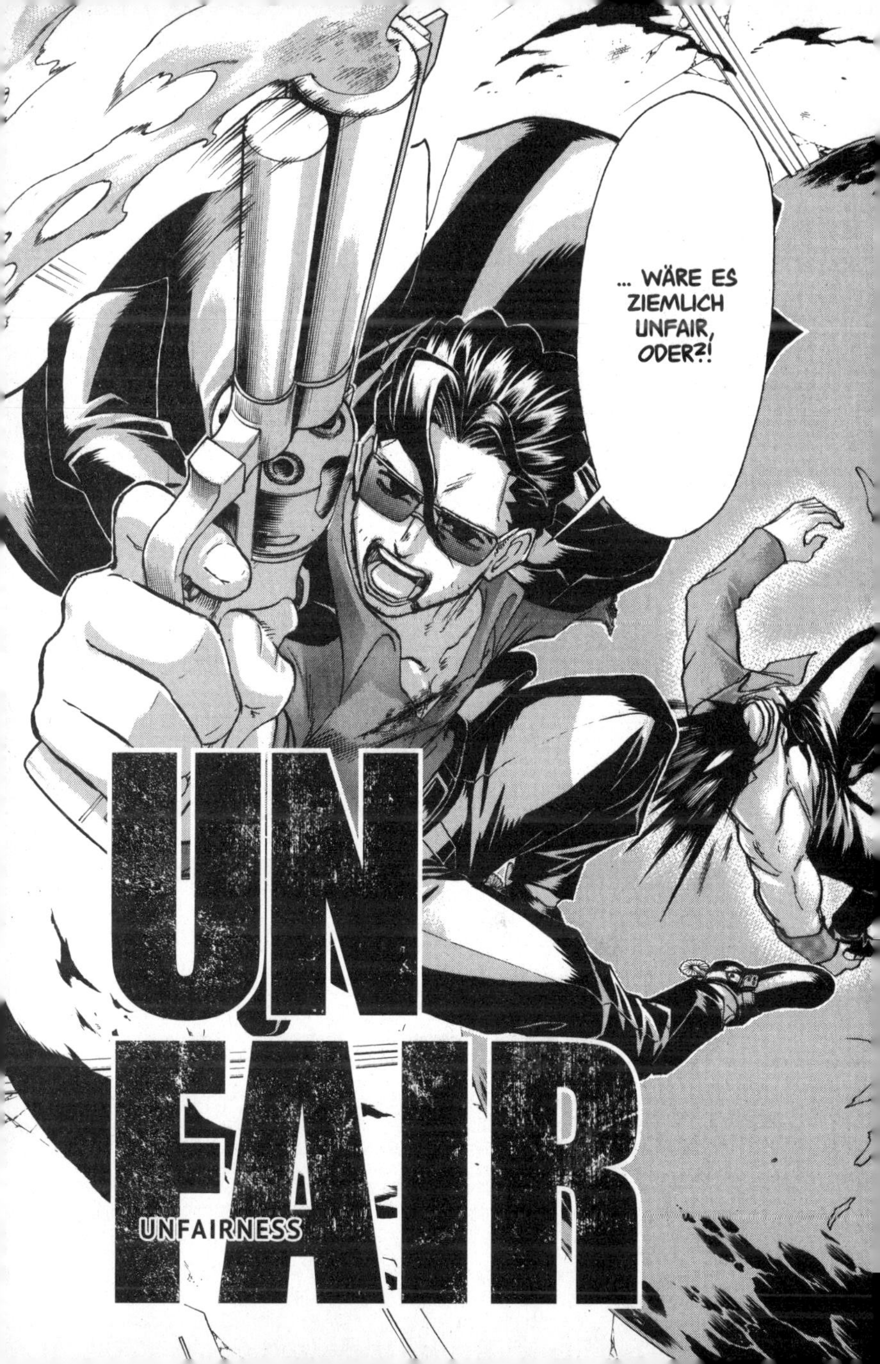
... WÄRE ES ZIEMLICH UNFAIR, ODER?!
UN FAIR
UNFAIRNESS

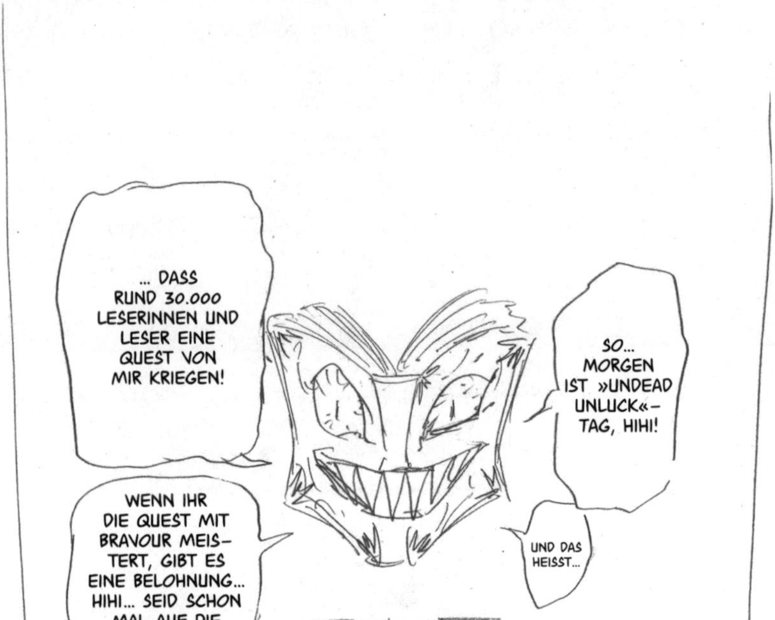

DAMALS HABE ICH EINEN MONAT LANG EIN QUIZ FÜR »UNDEAD UNLUCK«-FOLLOWER VERANSTALTET. WENN EUCH DAS INTERESSIERT, SCHAUT GERN MAL UNTER »N°UNDEADUNLUCK_OF« AUF X VORBEI! (ABER AN ALLE BUCHLESER: ACHTUNG – SPOILER-ALARM!)

POST AUF X

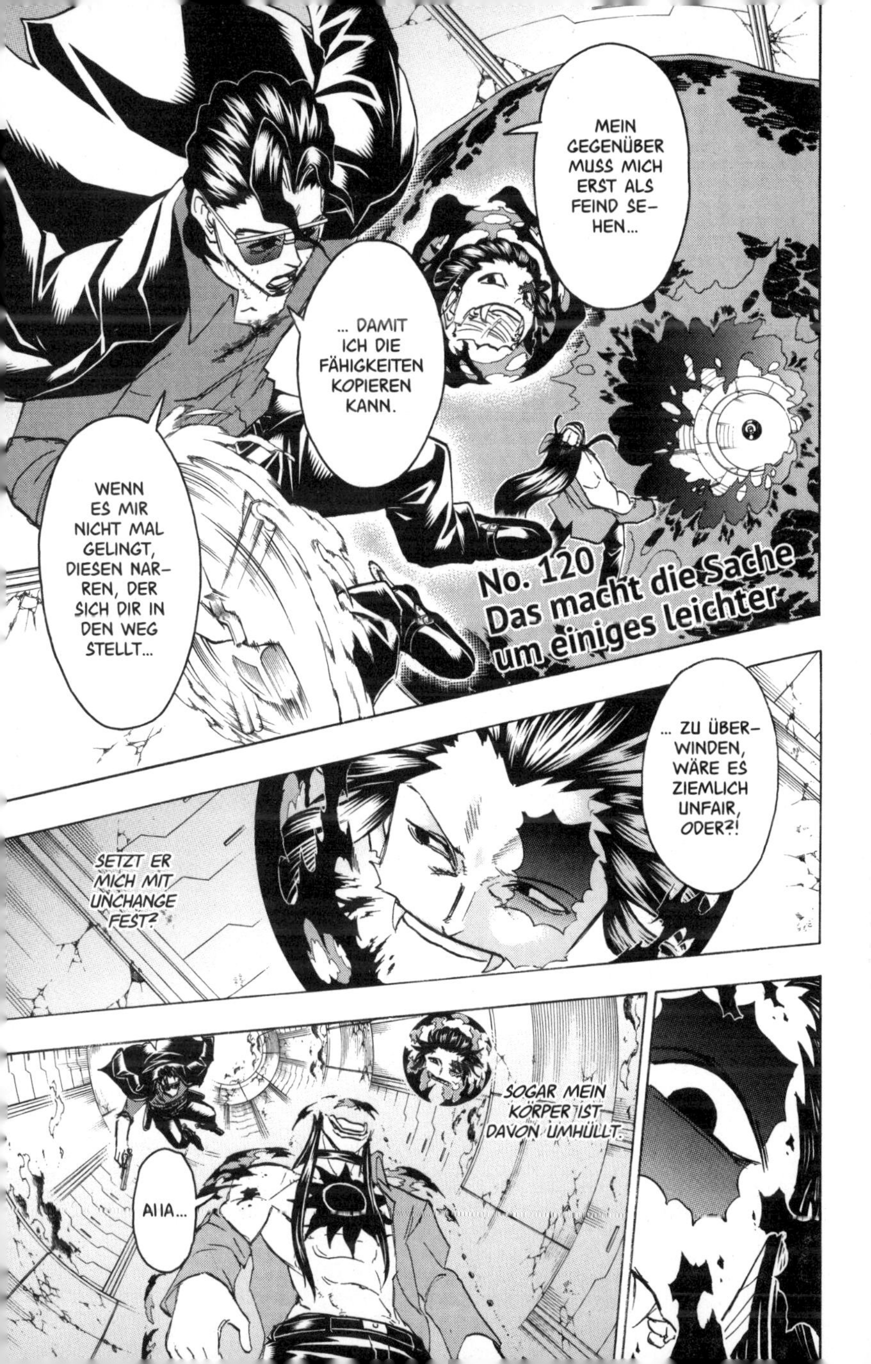
MEIN GEGENÜBER MUSS MICH ERST ALS FEIND SE-HEN...
... DAMIT ICH DIE FÄHIGKEITEN KOPIEREN KANN.
WENN ES MIR NICHT MAL GELINGT, DIESEN NAR-REN, DER SICH DIR IN DEN WEG STELLT...
No. 120 Das macht die Sache um einiges leichter
... ZU ÜBER-WINDEN, WÄRE ES ZIEMLICH UNFAIR, ODER?!
SETZT ER MICH MIT UNCHANGE FEST?
SOGAR MEIN KÖRPER IST DAVON UMHÜLLT.
AHA...

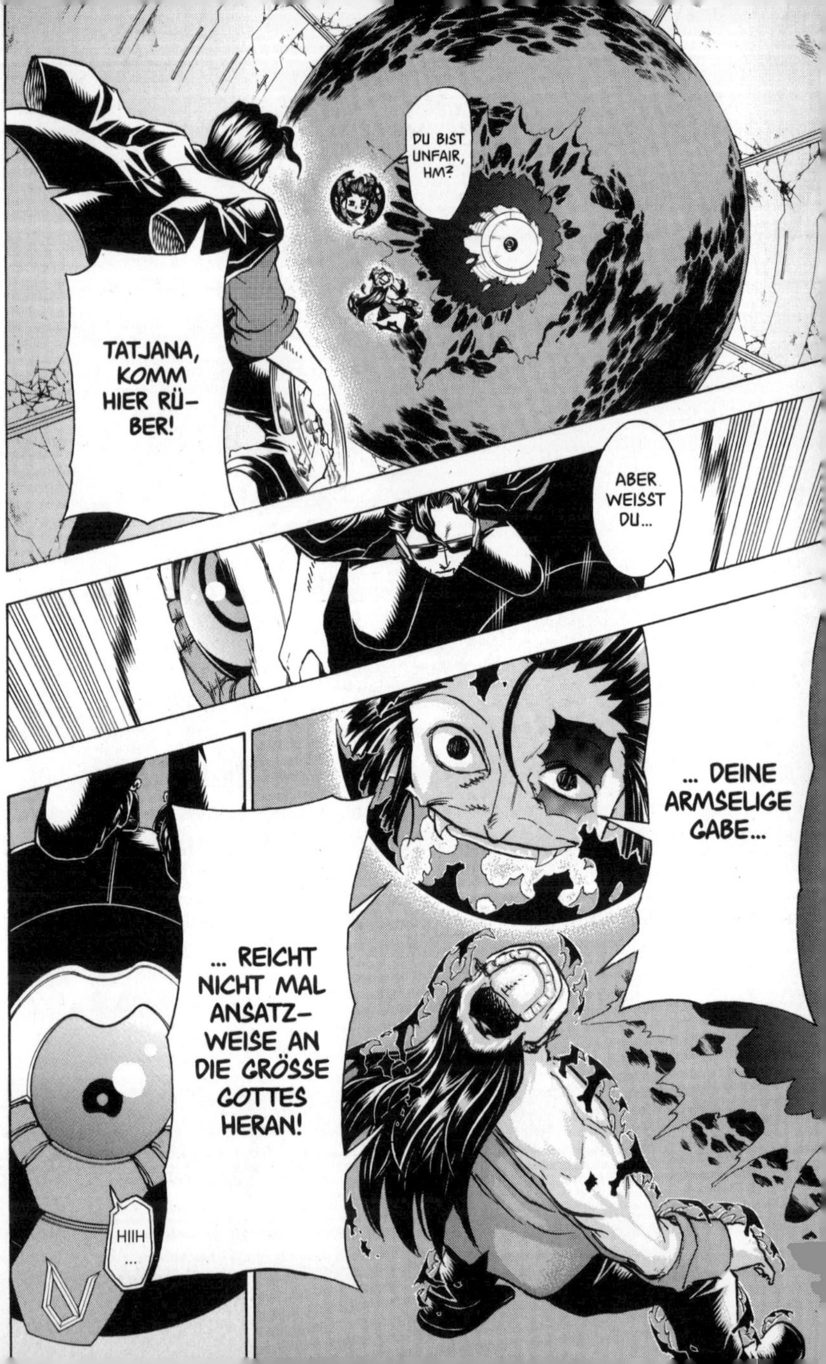
DU BIST UNFAIR, HM?
TATJANA, KOMM HIER RÜBER!
ABER WEISST DU...
... DEINE ARMSELIGE GABE...
... REICHT NICHT MAL ANSATZWEISE AN DIE GRÖSSE GOTTES HERAN!
HIIH ...

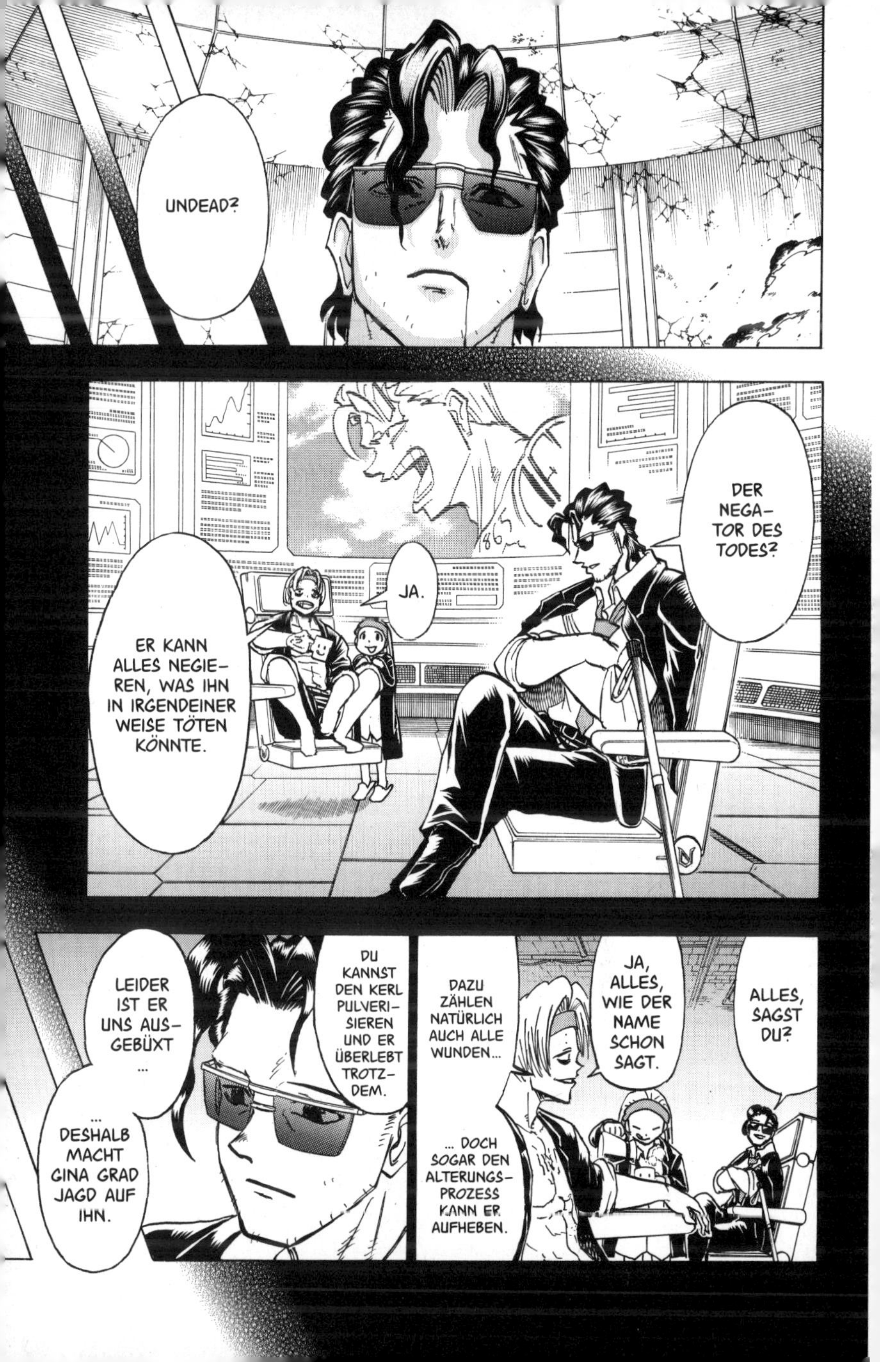
UNDEAD?
DER NEGATOR DES TODES?
JA.
ER KANN ALLES NEGIEREN, WAS IHN IN IRGENDEINER WEISE TÖTEN KÖNNTE.
ALLES, SAGST DU?
JA, ALLES, WIE DER NAME SCHON SAGT.
DAZU ZÄHLEN NATÜRLICH AUCH ALLE WUNDEN...
... DOCH SOGAR DEN ALTERUNGSPROZESS KANN ER AUFHEBEN.
DU KANNST DEN KERL PULVERISIEREN UND ER ÜBERLEBT TROTZDEM.
LEIDER IST ER UNS AUSGEBÜXT ...
... DESHALB MACHT GINA GRAD JAGD AUF IHN.

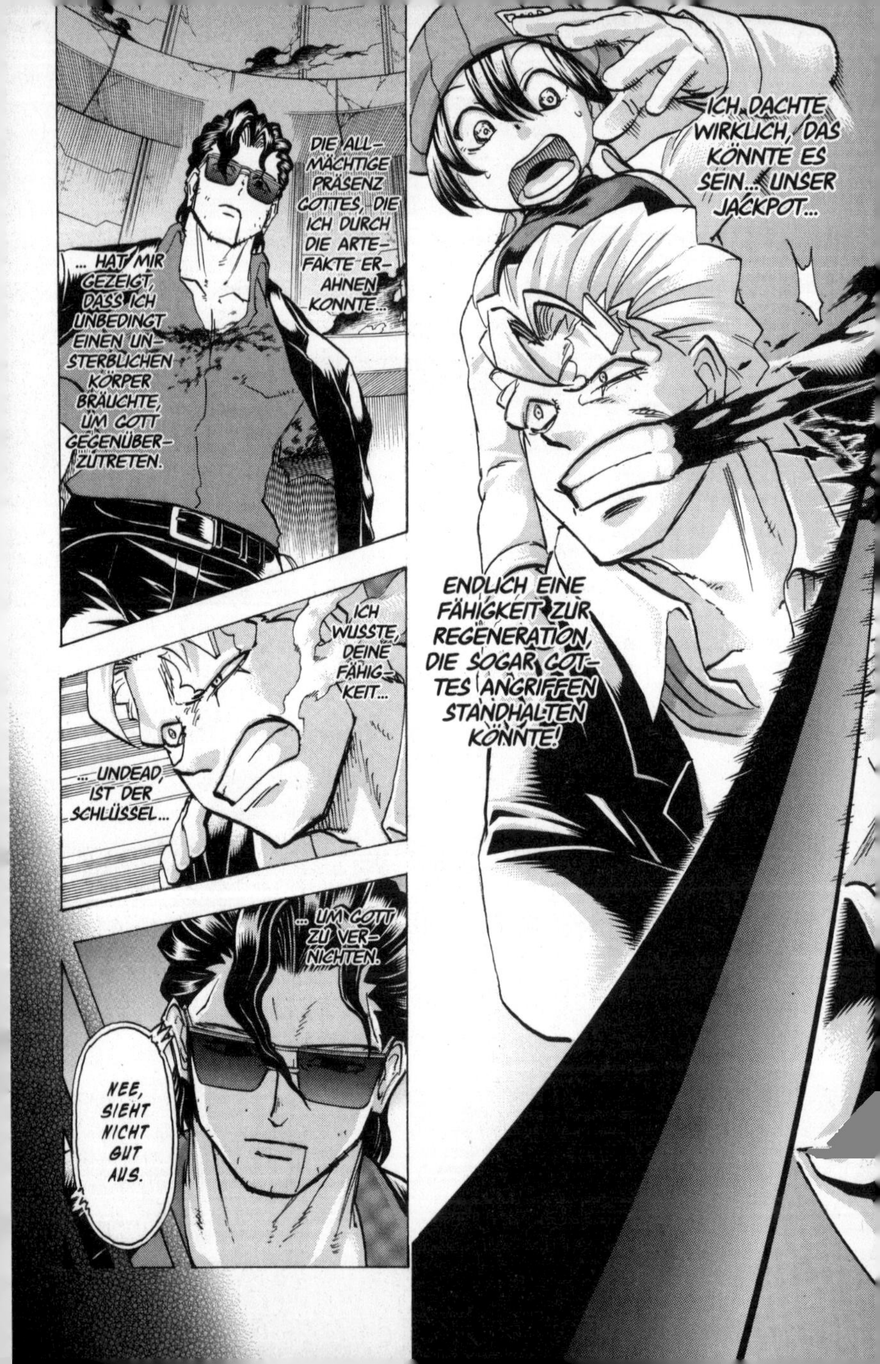
DIE ALLMÄCHTIGE PRÄSENZ GOTTES, DIE ICH DURCH DIE ARTEFAKTE ERAHNEN KONNTE...
... HAT MIR GEZEIGT, DASS ICH UNBEDINGT EINEN UNSTERBLICHEN KÖRPER BRÄUCHTE, UM GOTT GEGENÜBERZUTRETEN.
ICH DACHTE WIRKLICH, DAS KÖNNTE ES SEIN... UNSER JACKPOT...
ENDLICH EINE FÄHIGKEIT ZUR REGENERATION, DIE SOGAR GOTTES ANGRIFFEN STANDHALTEN KÖNNTE!
ICH WUSSTE, DEINE FÄHIGKEIT...
... UNDEAD, IST DER SCHLÜSSEL...
... UM GOTT ZU VERNICHTEN.
NEE, SIEHT NICHT GUT AUS.

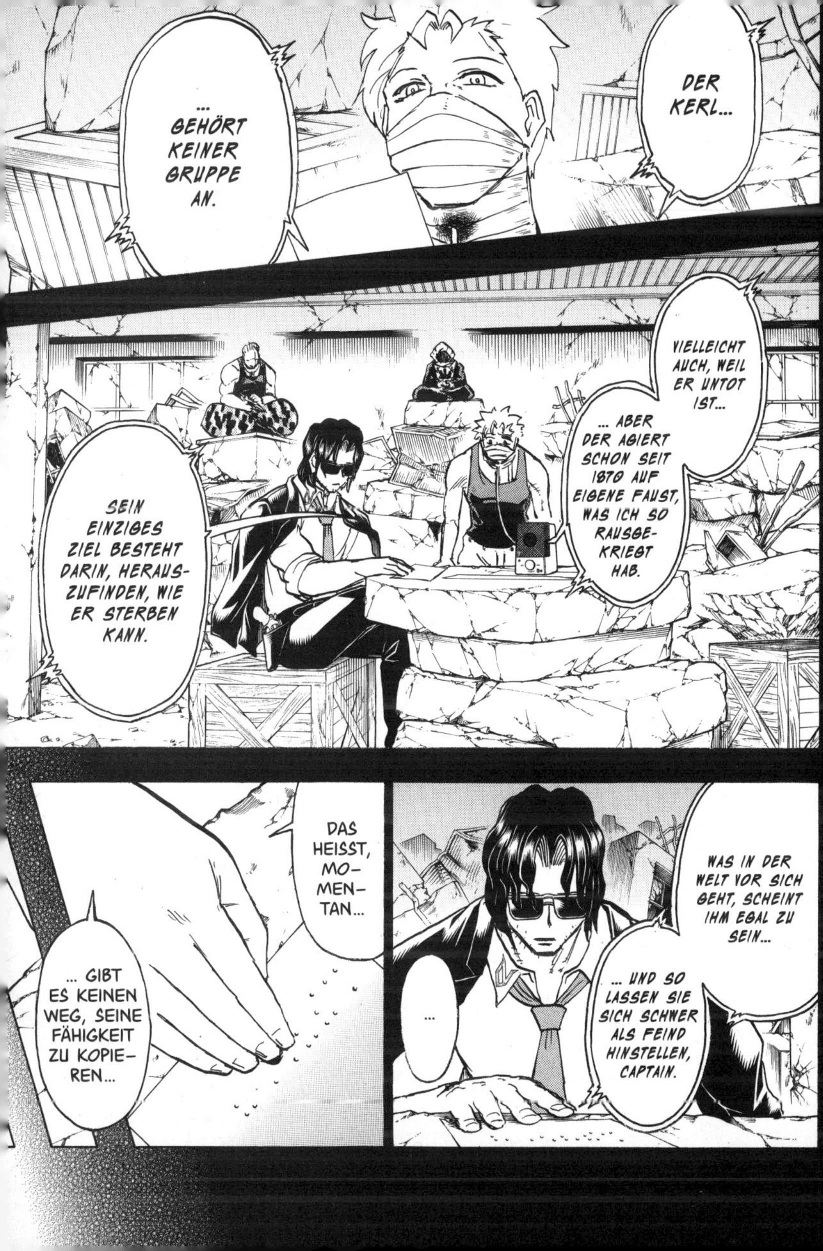
DER KERL...
... GEHÖRT KEINER GRUPPE AN.
VIELLEICHT AUCH, WEIL ER UNTOT IST...
... ABER DER AGIERT SCHON SEIT 1870 AUF EIGENE FAUST, WAS ICH SO RAUSGEKRIEGT HAB.
SEIN EINZIGES ZIEL BESTEHT DARIN, HERAUSZUFINDEN, WIE ER STERBEN KANN.
WAS IN DER WELT VOR SICH GEHT, SCHEINT IHM EGAL ZU SEIN...
... UND SO LASSEN SIE SICH SCHWER ALS FEIND HINSTELLEN, CAPTAIN.
...
DAS HEISST, MOMENTAN...
... GIBT ES KEINEN WEG, SEINE FÄHIGKEIT ZU KOPIEREN...

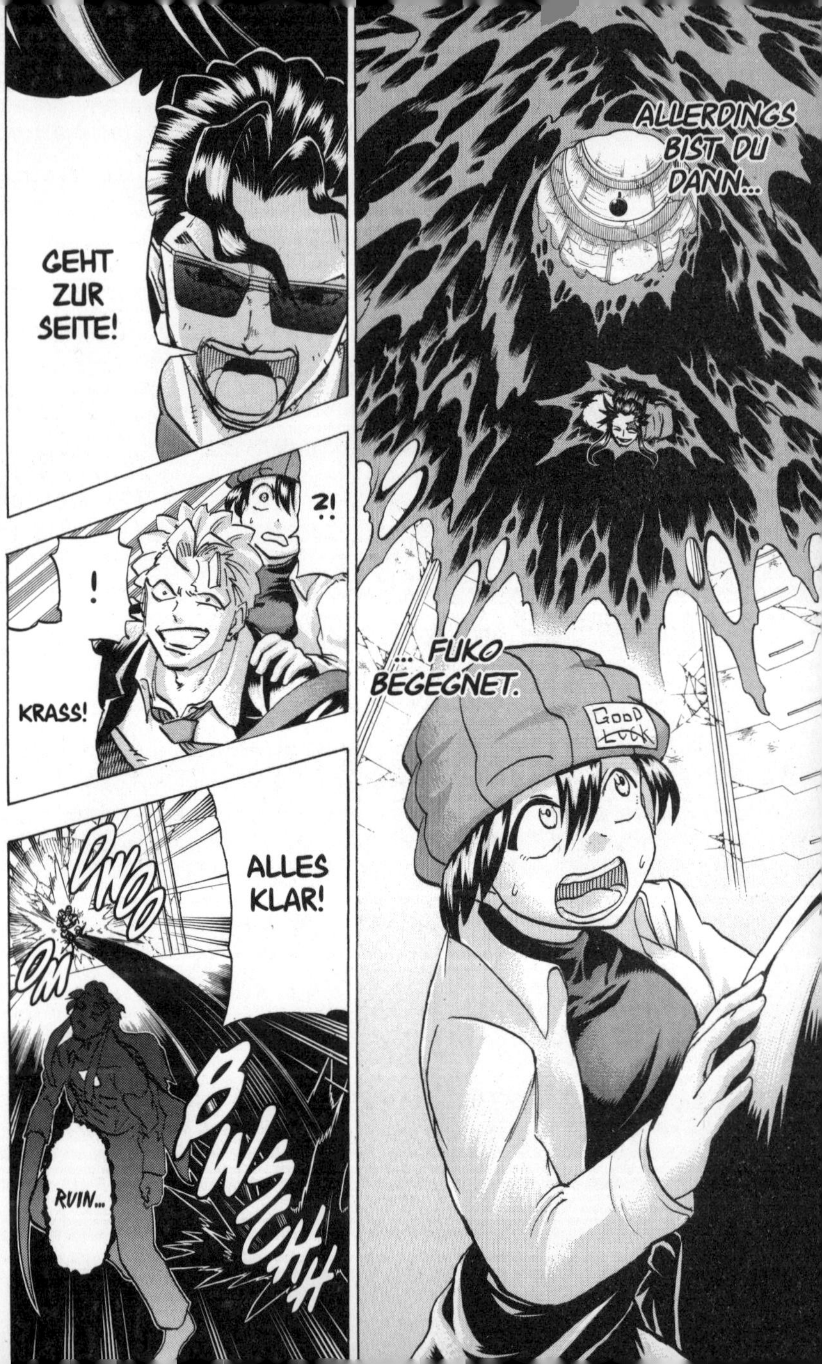
ALLERDINGS BIST DU DANN...
... FUKO BEGEGNET.
GEHT ZUR SEITE!
Z!
!
KRASS!
ALLES KLAR!
DWOOOM
BWSCHHH
RUIN...

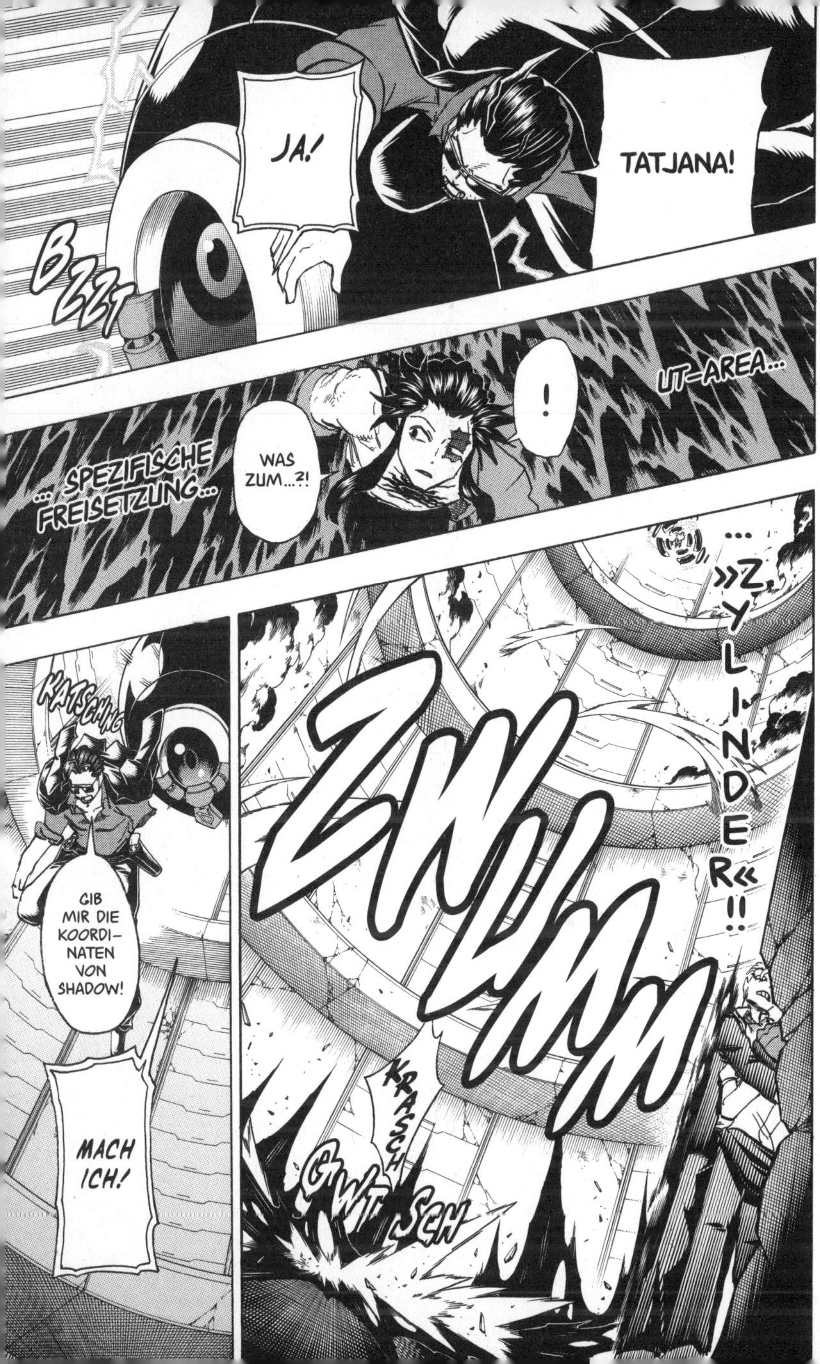
TATJANA!
JA!
BZZT
UT-AREA...
!
WAS ZUM...?!
... SPEZIFISCHE FREISETZUNG...
... »ZYLINDER«!!
ZWUMM
KRASCH
GWTSCH
KATSCHING
GIB MIR DIE KOORDINATEN VON SHADOW!
MACH ICH!

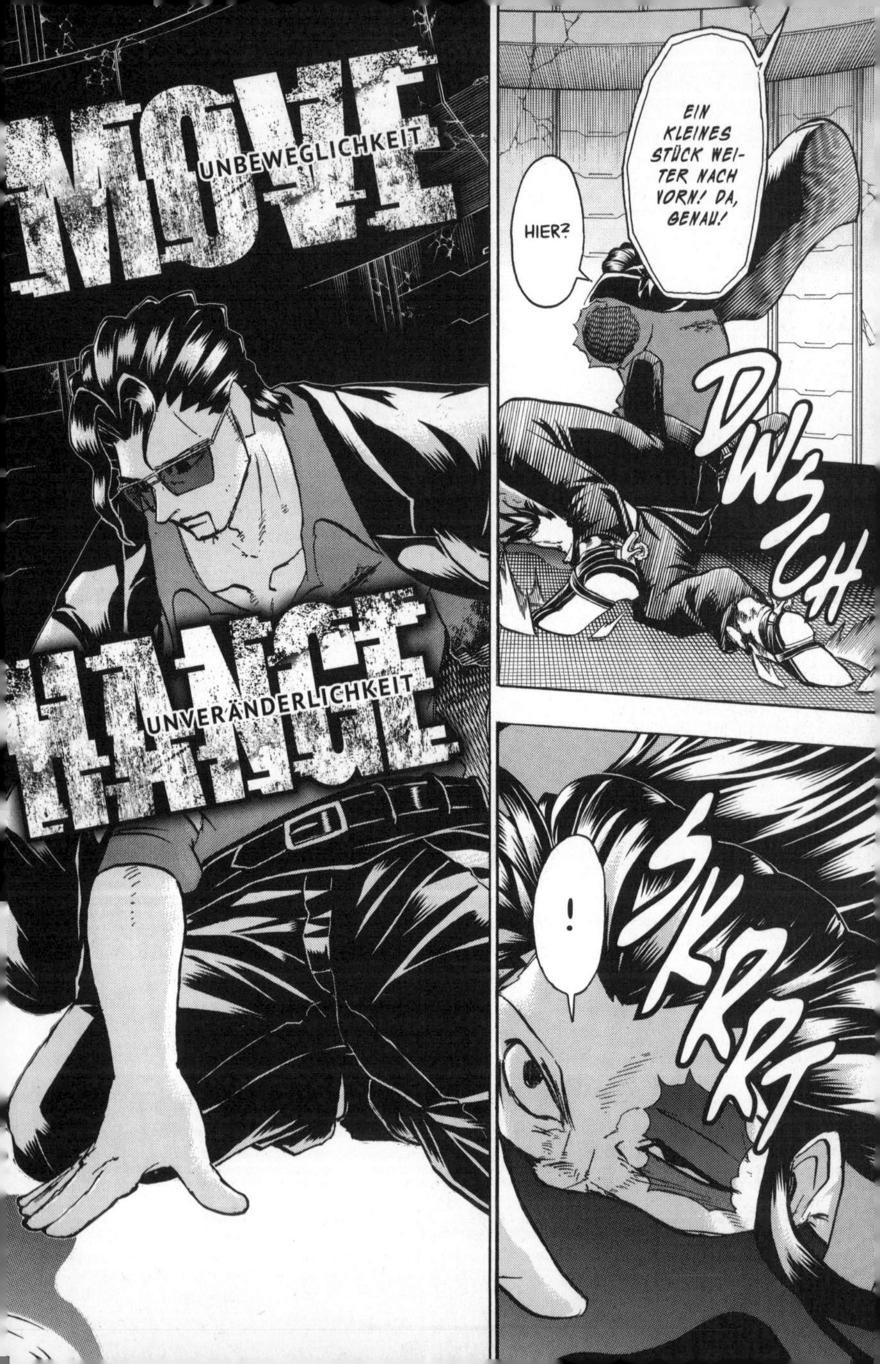
EIN KLEINES STÜCK WEITER NACH VORN! DA, GENAU!
HIER?
DWSCH
!
SKRRT
MOVE
UNBEWEGLICHKEIT
UNVERÄNDERLICHKEIT

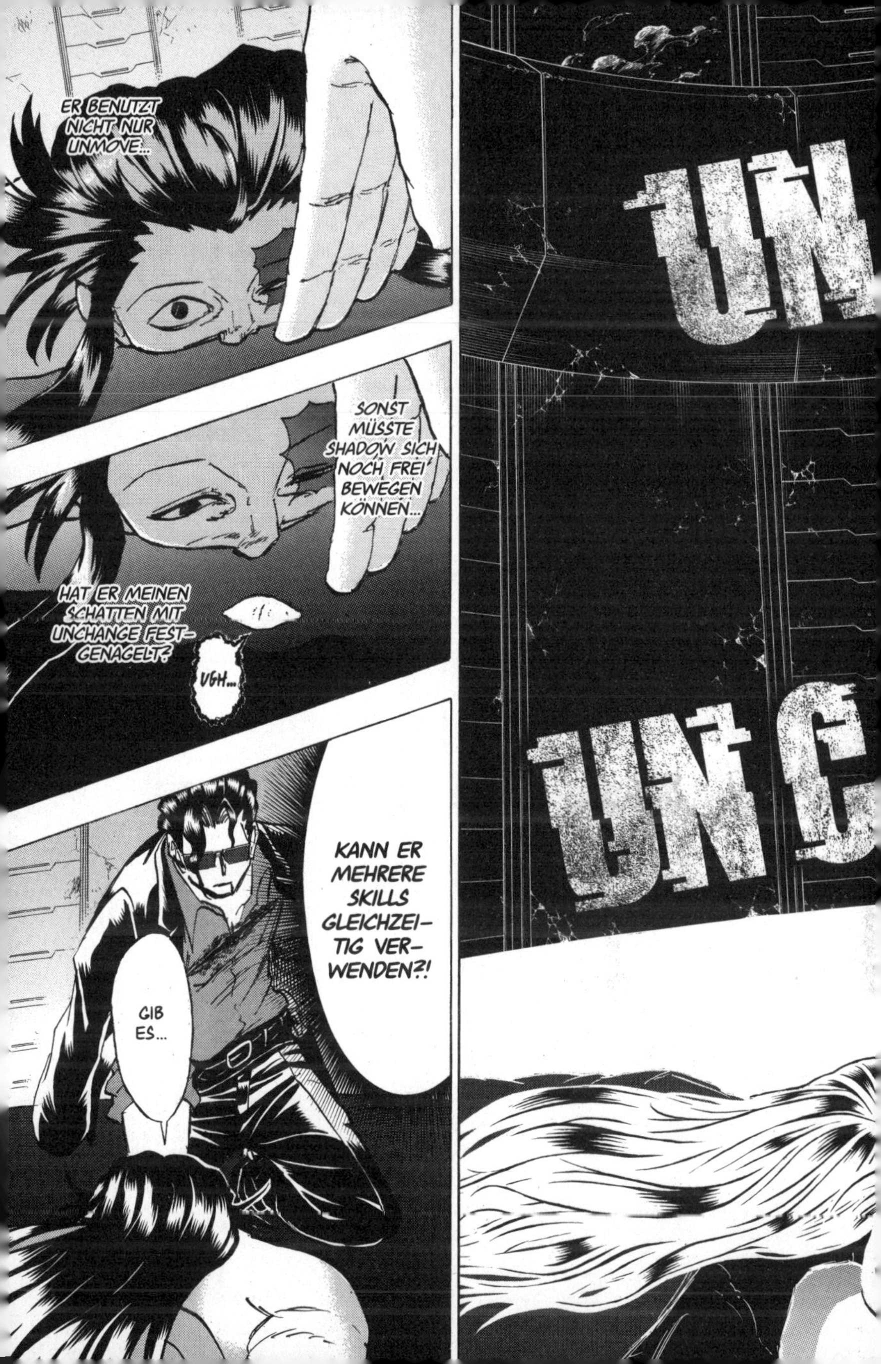
ER BENUTZT NICHT NUR UNMOVE...
SONST MÜSSTE SHADOW SICH NOCH FREI BEWEGEN KÖNNEN...
HAT ER MEINEN SCHATTEN MIT UNCHANGE FEST-GENAGELT?
UGH...
KANN ER MEHRERE SKILLS GLEICHZEI-TIG VER-WENDEN?!
GIB ES...
UN
UN C

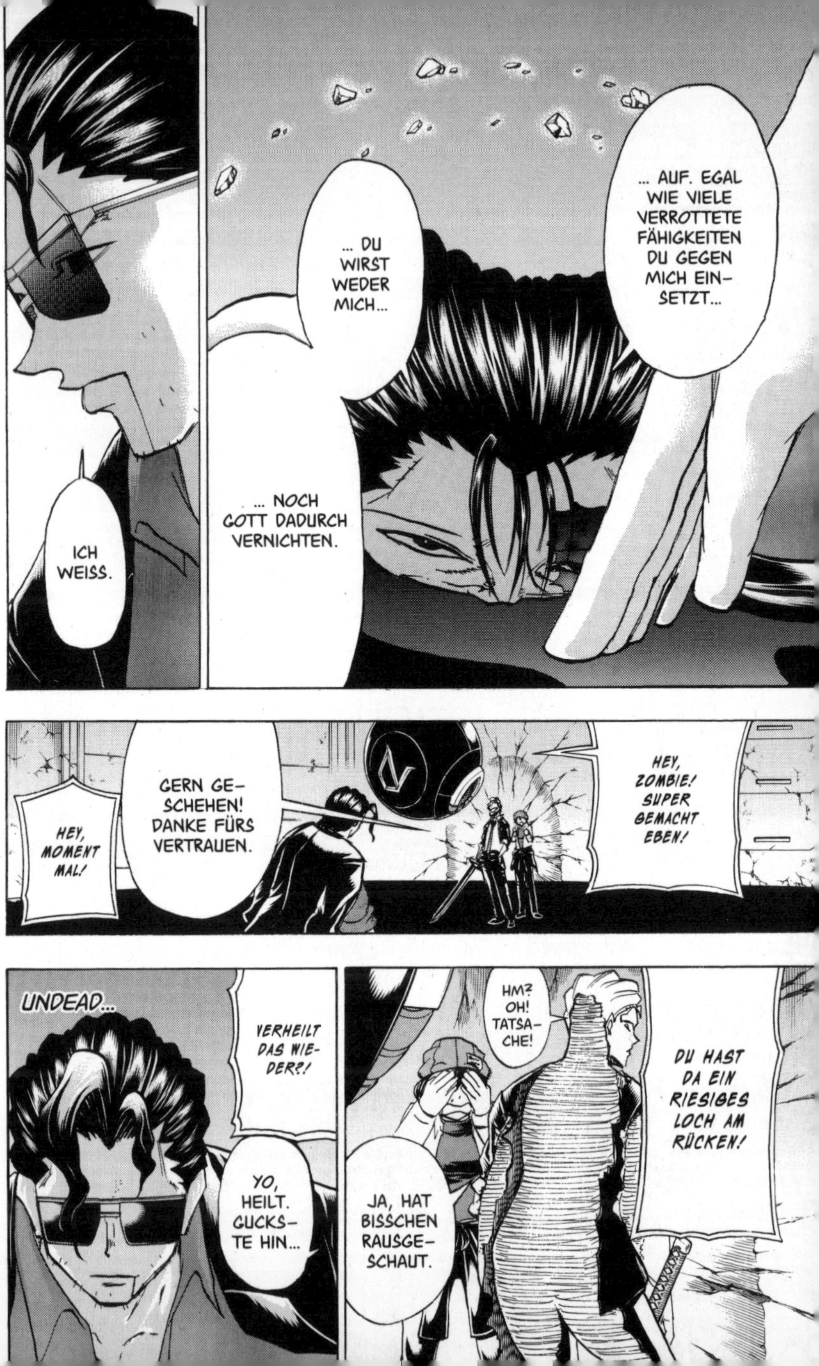
... AUF. EGAL WIE VIELE VERROTTETE FÄHIGKEITEN DU GEGEN MICH EINSETZT...
... DU WIRST WEDER MICH...
... NOCH GOTT DADURCH VERNICHTEN.
ICH WEISS.
HEY, ZOMBIE! SUPER GEMACHT EBEN!
GERN GESCHEHEN! DANKE FÜRS VERTRAUEN.
HEY, MOMENT MAL!
DU HAST DA EIN RIESIGES LOCH AM RÜCKEN!
HM? OH! TATSACHE!
JA, HAT BISSCHEN RAUSGESCHAUT.
UNDEAD...
VERHEILT DAS WIEDER?!
YO, HEILT. GUCKSTE HIN...

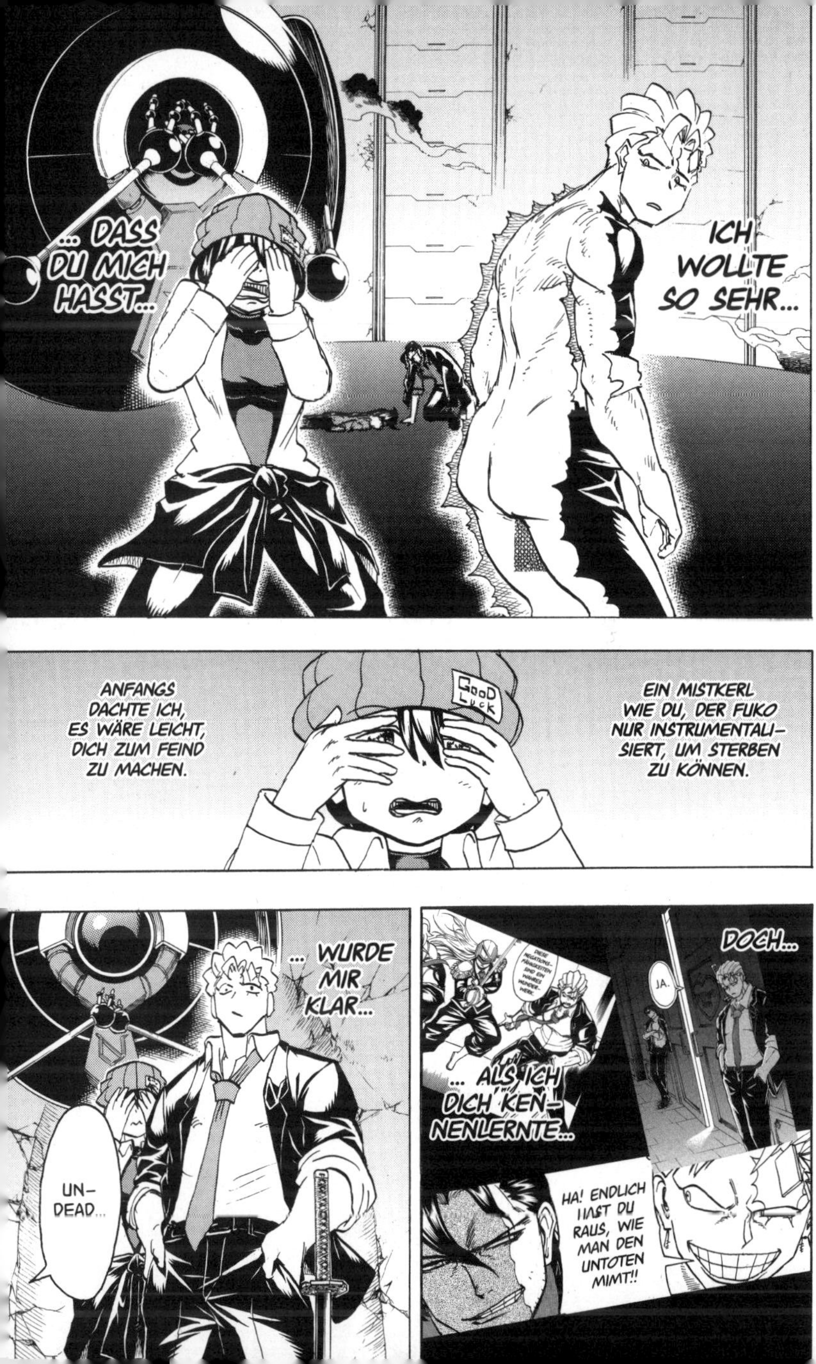
ICH WOLLTE SO SEHR...
... DASS DU MICH HASST...
EIN MISTKERL WIE DU, DER FUKO NUR INSTRUMENTALISIERT, UM STERBEN ZU KÖNNEN.
ANFANGS DACHTE ICH, ES WÄRE LEICHT, DICH ZUM FEIND ZU MACHEN.
DOCH...
JA.
DIESE NEGATIONS-FÄHIGKEITEN SIND EIN WAHRES WUNDERWERK.
... ALS ICH DICH KENNENLERNTE...
HA! ENDLICH HAST DU RAUS, WIE MAN DEN UNTOTEN MIMT!!
... WURDE MIR KLAR...
UN-DEAD...

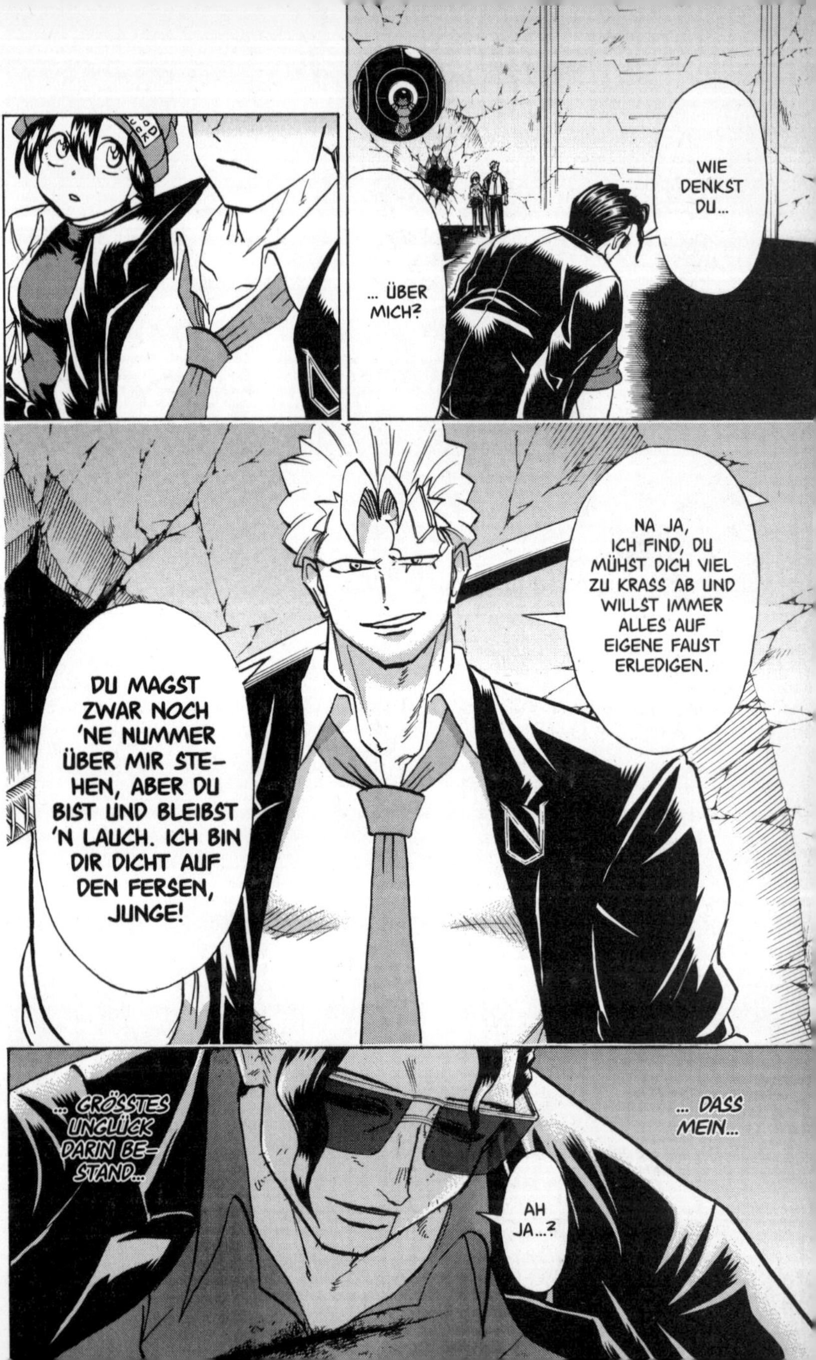
WIE DENKST DU...
... ÜBER MICH?
NA JA, ICH FIND, DU MÜHST DICH VIEL ZU KRASS AB UND WILLST IMMER ALLES AUF EIGENE FAUST ERLEDIGEN.
DU MAGST ZWAR NOCH 'NE NUMMER ÜBER MIR STE-HEN, ABER DU BIST UND BLEIBST 'N LAUCH. ICH BIN DIR DICHT AUF DEN FERSEN, JUNGE!
... DASS MEIN...
AH JA...?
... GRÖSSTES UNGLÜCK DARIN BE-STAND...

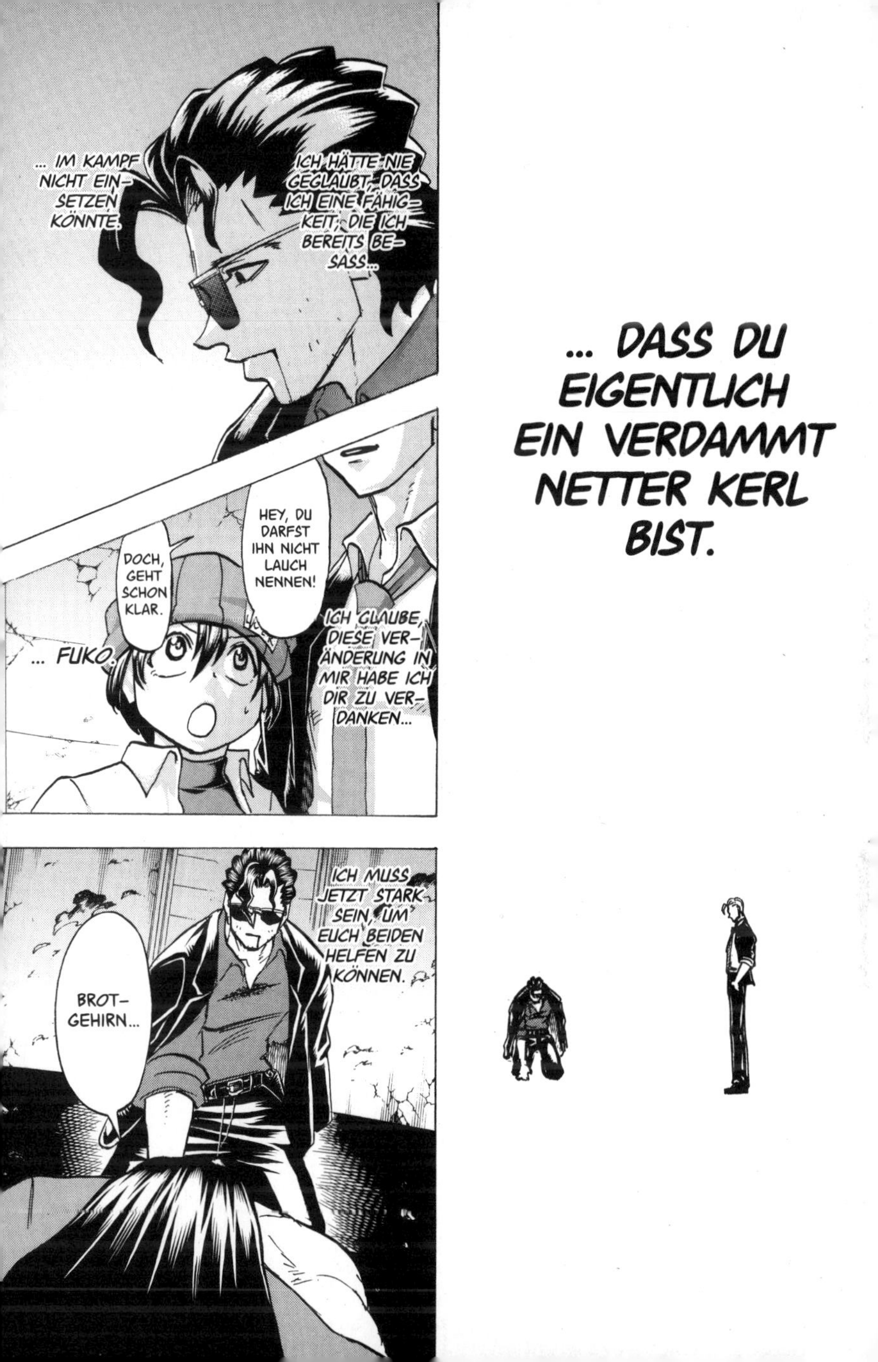
ICH HÄTTE NIE GEGLAUBT, DASS ICH EINE FÄHIGKEIT, DIE ICH BEREITS BESASS...
... IM KAMPF NICHT EINSETZEN KÖNNTE.
ICH GLAUBE, DIESE VERÄNDERUNG IN MIR HABE ICH DIR ZU VERDANKEN...
... FUKO.
HEY, DU DARFST IHN NICHT LAUCH NENNEN!
DOCH, GEHT SCHON KLAR.
ICH MUSS JETZT STARK SEIN, UM EUCH BEIDEN HELFEN ZU KÖNNEN.
BROTGEHIRN...
... DASS DU EIGENTLICH EIN VERDAMMT NETTER KERL BIST.

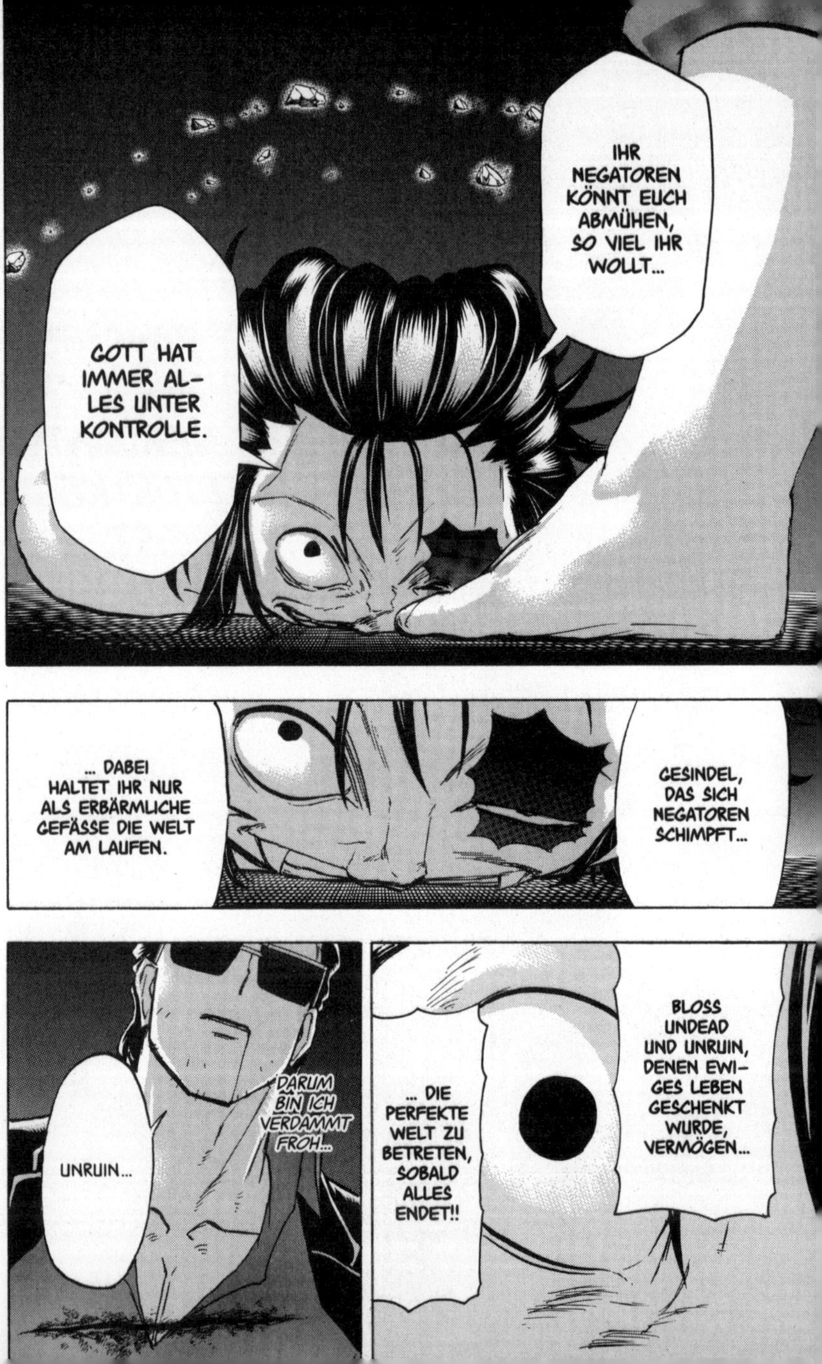
IHR NEGATOREN KÖNNT EUCH ABMÜHEN, SO VIEL IHR WOLLT...
GOTT HAT IMMER ALLES UNTER KONTROLLE.
GESINDEL, DAS SICH NEGATOREN SCHIMPFT...
... DABEI HALTET IHR NUR ALS ERBÄRMLICHE GEFÄSSE DIE WELT AM LAUFEN.
BLOSS UNDEAD UND UNRUIN, DENEN EWIGES LEBEN GESCHENKT WURDE, VERMÖGEN...
... DIE PERFEKTE WELT ZU BETRETEN, SOBALD ALLES ENDET!!
DARUM BIN ICH VERDAMMT FROH...
UNRUIN...

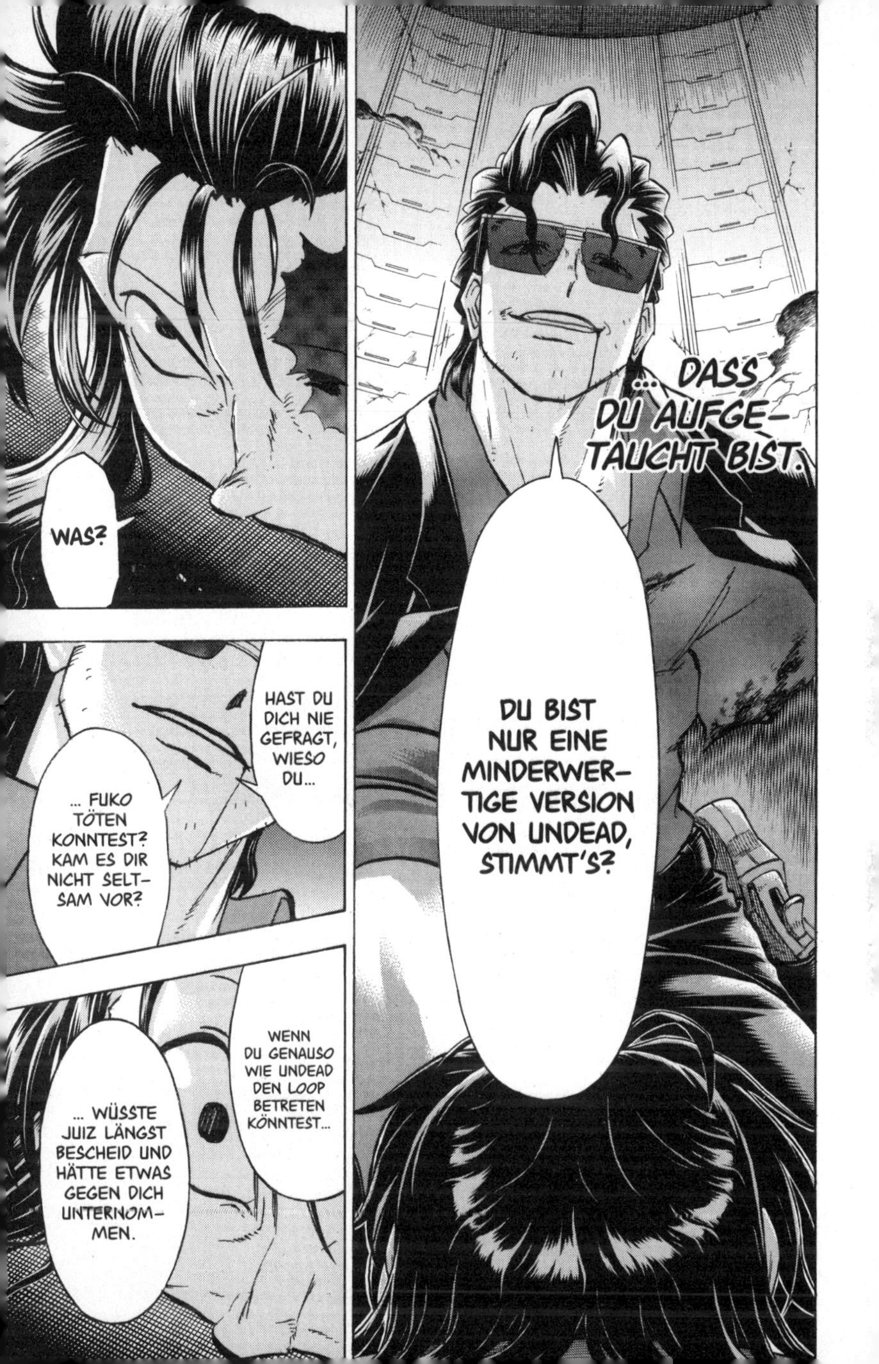
... DASS DU AUFGE-TAUCHT BIST.
DU BIST NUR EINE MINDERWER-TIGE VERSION VON UNDEAD, STIMMT'S?
WAS?
HAST DU DICH NIE GEFRAGT, WIESO DU...
... FUKO TÖTEN KONNTEST? KAM ES DIR NICHT SELT-SAM VOR?
WENN DU GENAUSO WIE UNDEAD DEN LOOP BETRETEN KÖNNTEST...
... WÜSSTE JUIZ LÄNGST BESCHEID UND HÄTTE ETWAS GEGEN DICH UNTERNOM-MEN.

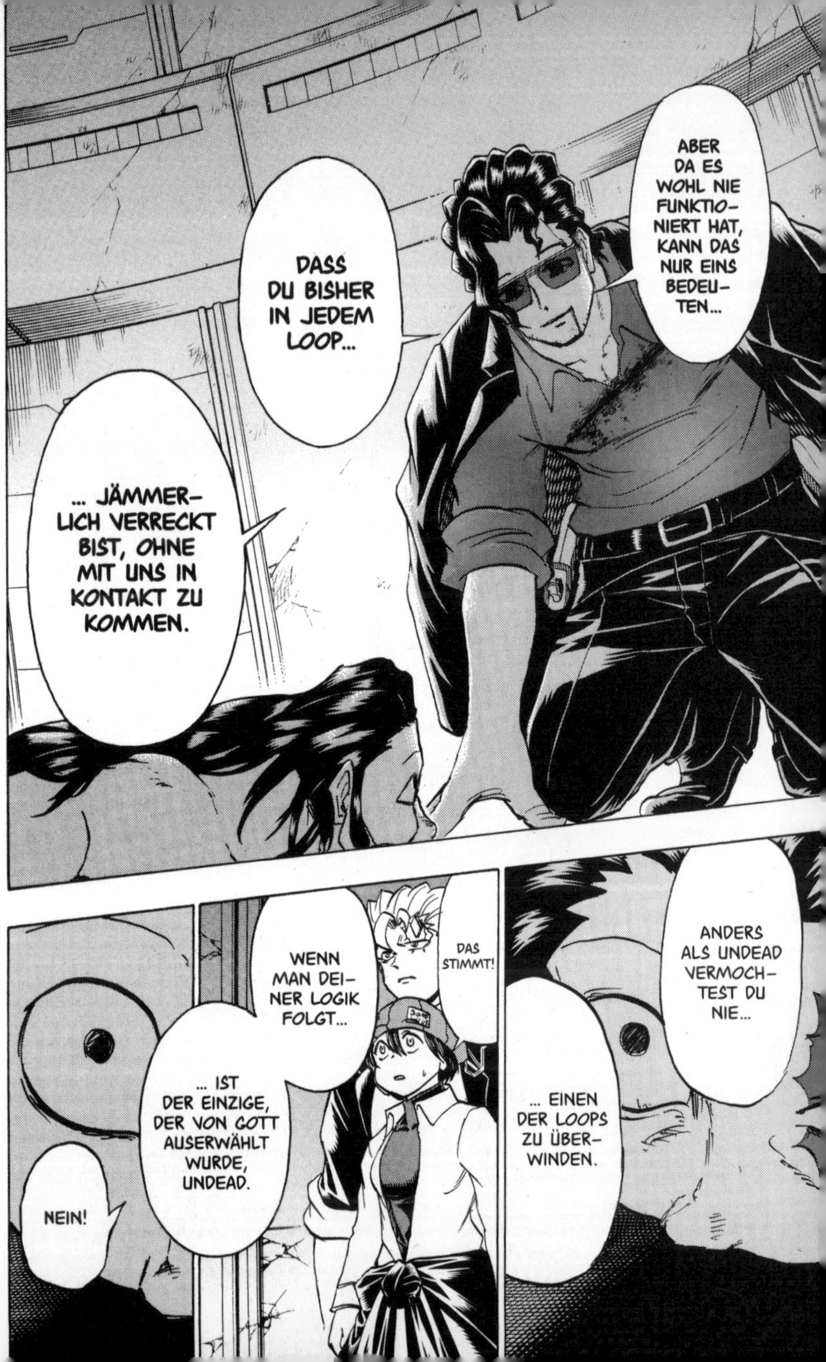
ABER DA ES WOHL NIE FUNKTIONIERT HAT, KANN DAS NUR EINS BEDEUTEN...
DASS DU BISHER IN JEDEM LOOP...
... JÄMMERLICH VERRECKT BIST, OHNE MIT UNS IN KONTAKT ZU KOMMEN.
ANDERS ALS UNDEAD VERMOCHTEST DU NIE...
... EINEN DER LOOPS ZU ÜBERWINDEN.
DAS STIMMT!
WENN MAN DEINER LOGIK FOLGT...
... IST DER EINZIGE, DER VON GOTT AUSERWÄHLT WURDE, UNDEAD.
NEIN!

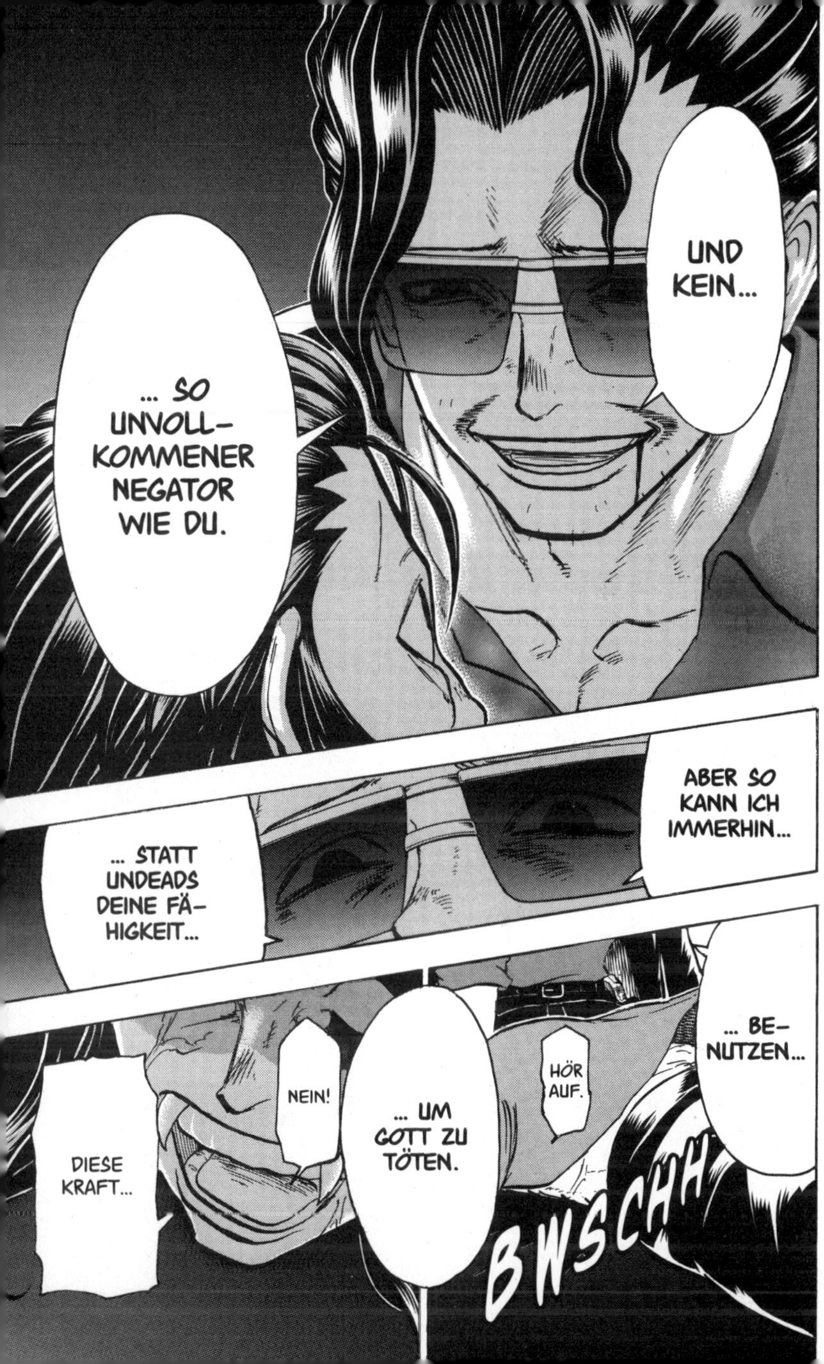
UND KEIN...
... SO UNVOLLKOMMENER NEGATOR WIE DU.
ABER SO KANN ICH IMMERHIN...
... STATT UNDEADS DEINE FÄHIGKEIT...
... BENUTZEN...
HÖR AUF.
... UM GOTT ZU TÖTEN.
NEIN!
DIESE KRAFT...
BWSCHH

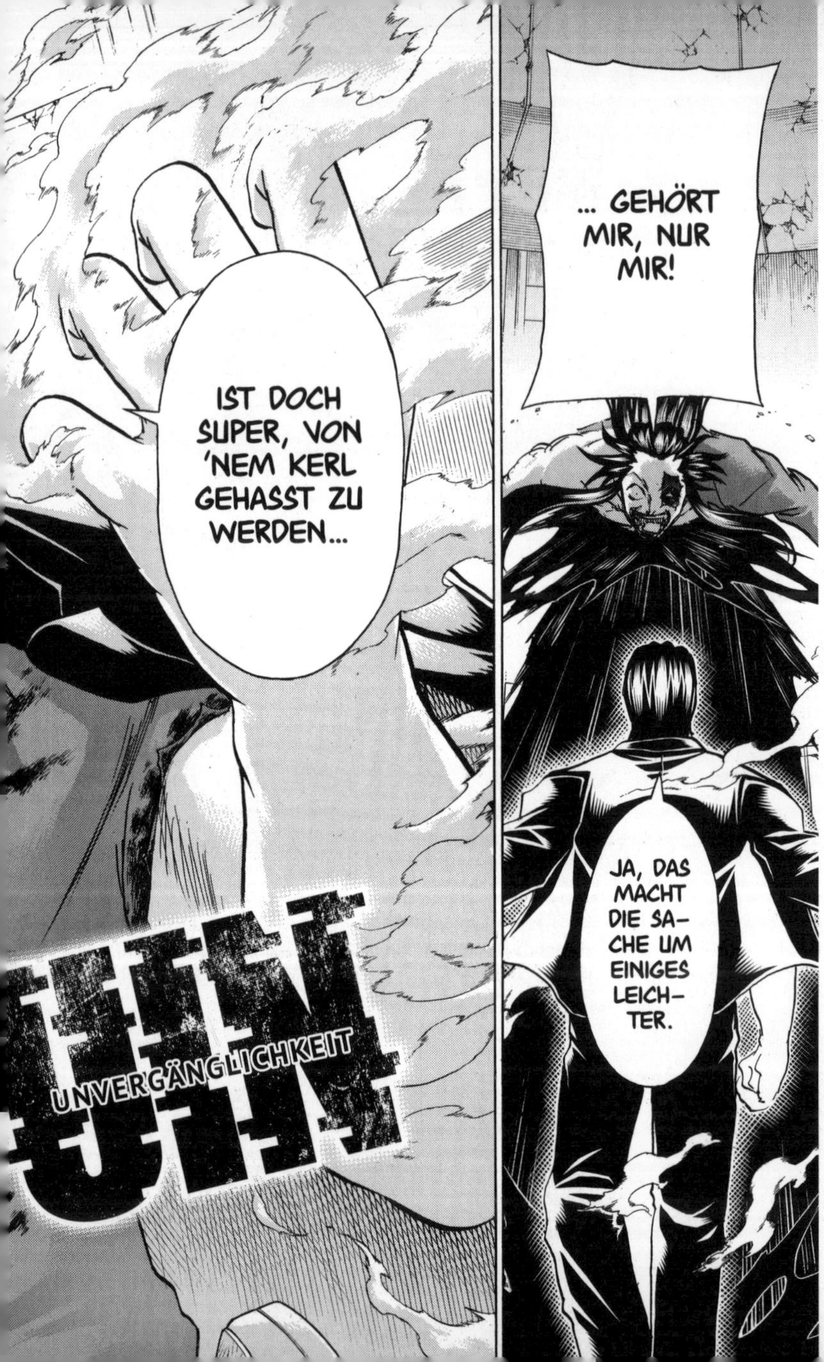
... GEHÖRT MIR, NUR MIR!
JA, DAS MACHT DIE SA-CHE UM EINIGES LEICH-TER.
IST DOCH SUPER, VON 'NEM KERL GEHASST ZU WERDEN...
UNVERGÄNGLICHKEIT

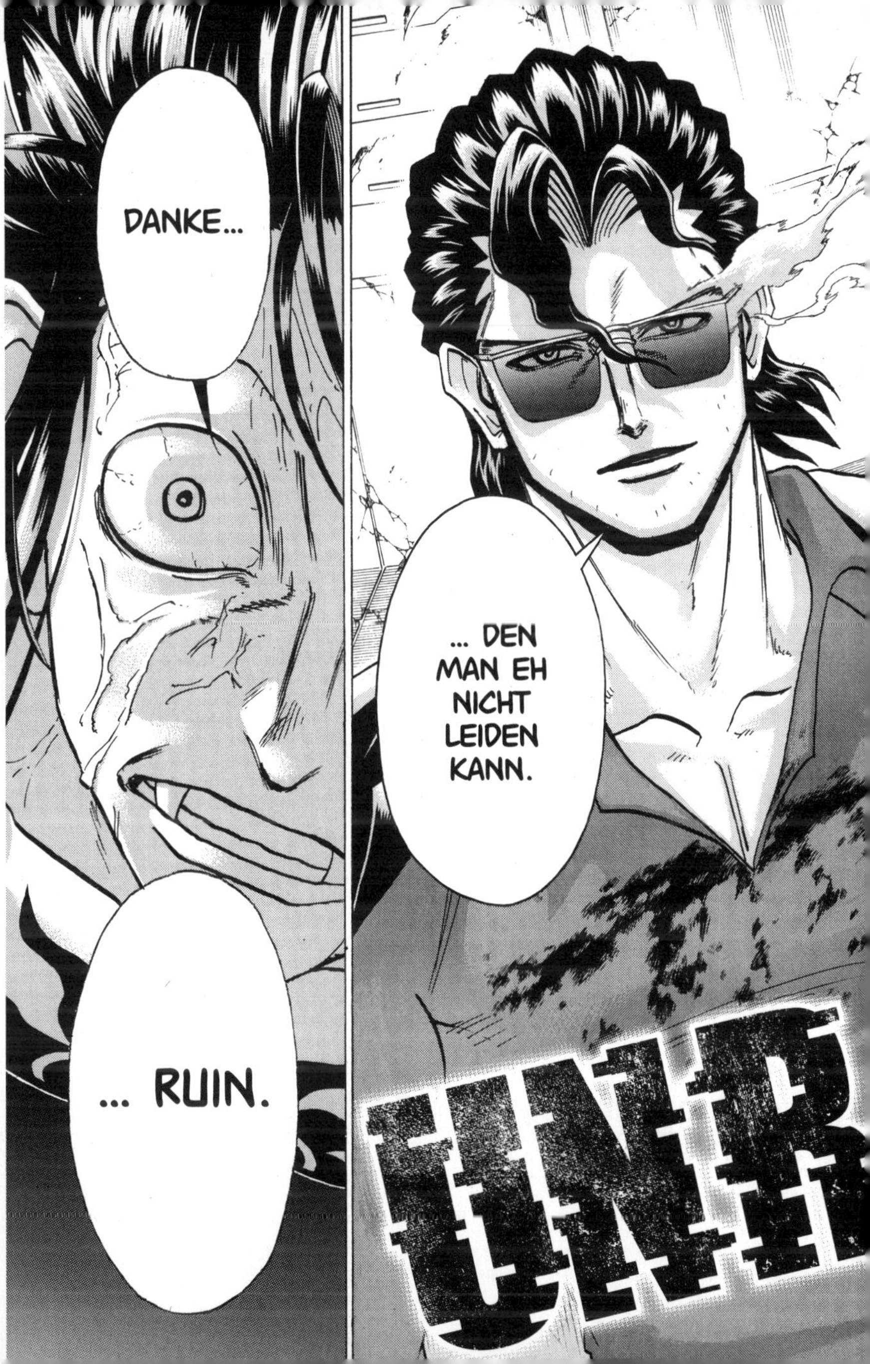
... DEN MAN EH NICHT LEIDEN KANN.
UNR
DANKE...
... RUIN.

RUIN

ALTER: WIRD NICHT VERRATEN

GRÖSSE: ETWA SO GROSS WIE UNDEAD

GEWICHT: TJA...

HOBBYS: FREUNDE SAMMELN (UMA), SONNENBADEN, GOTT ANBETEN

BESONDERE FÄHIGKEIT: SCHMERZEN AUSHALTEN

WAS ER MAG: TOMATEN

WAS ER ANBETET: GOTT

GABE: UNRUIN GLEICHT UNDEADS FÄHIGKEIT. AUSSER DER TATSACHE, DASS ER REGENERATIONSKRÄFTE BESITZT, IST VIELES AN SEINER GABE NOCH UNBEKANNT.

TRITT STETS MIT UMA BLOOD IM SCHLEPPTAU AUF. WIE KAM ES ZU EINER ZUSAMMENARBEIT MIT DEN UMA? UND WESHALB BETET ER GOTT AN? DARÜBER IST EBENFALLS NOCH NICHTS WEITER BEKANNT.

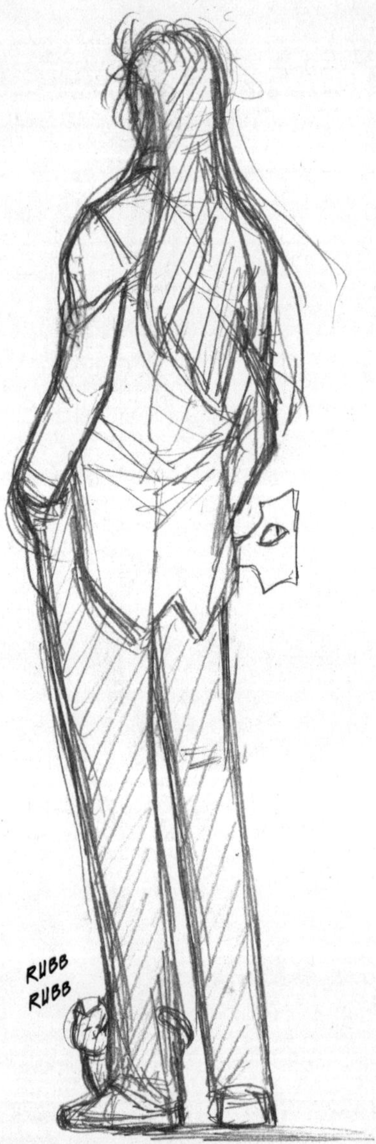

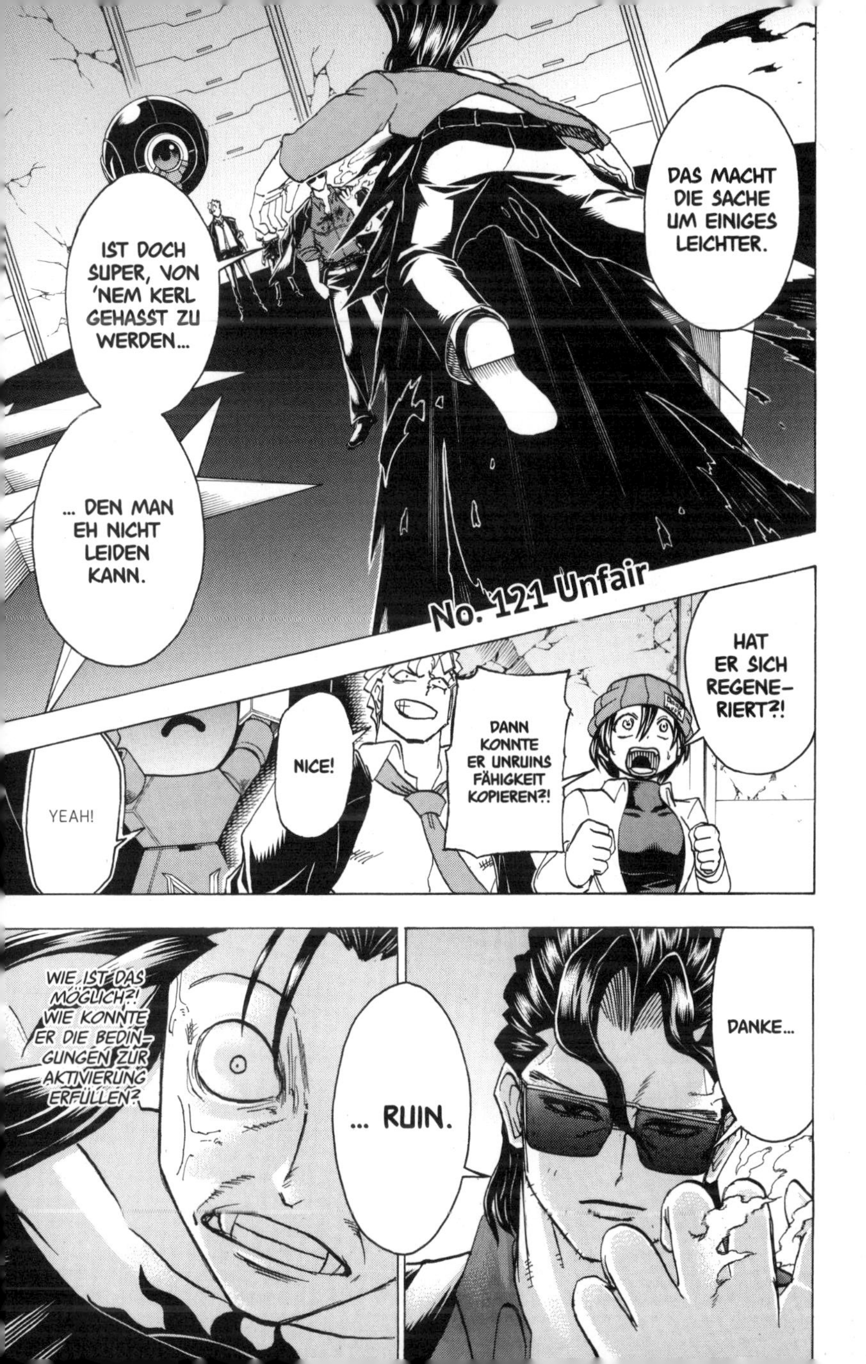
DAS MACHT DIE SACHE UM EINIGES LEICHTER.
IST DOCH SUPER, VON 'NEM KERL GEHASST ZU WERDEN...
... DEN MAN EH NICHT LEIDEN KANN.
No. 121 Unfair
HAT ER SICH REGENE-RIERT?!
DANN KONNTE ER UNRUINS FÄHIGKEIT KOPIEREN?!
NICE!
YEAH!
DANKE...
... RUIN.
WIE IST DAS MÖGLICH?! WIE KONNTE ER DIE BEDIN-GUNGEN ZUR AKTIVIERUNG ERFÜLLEN?

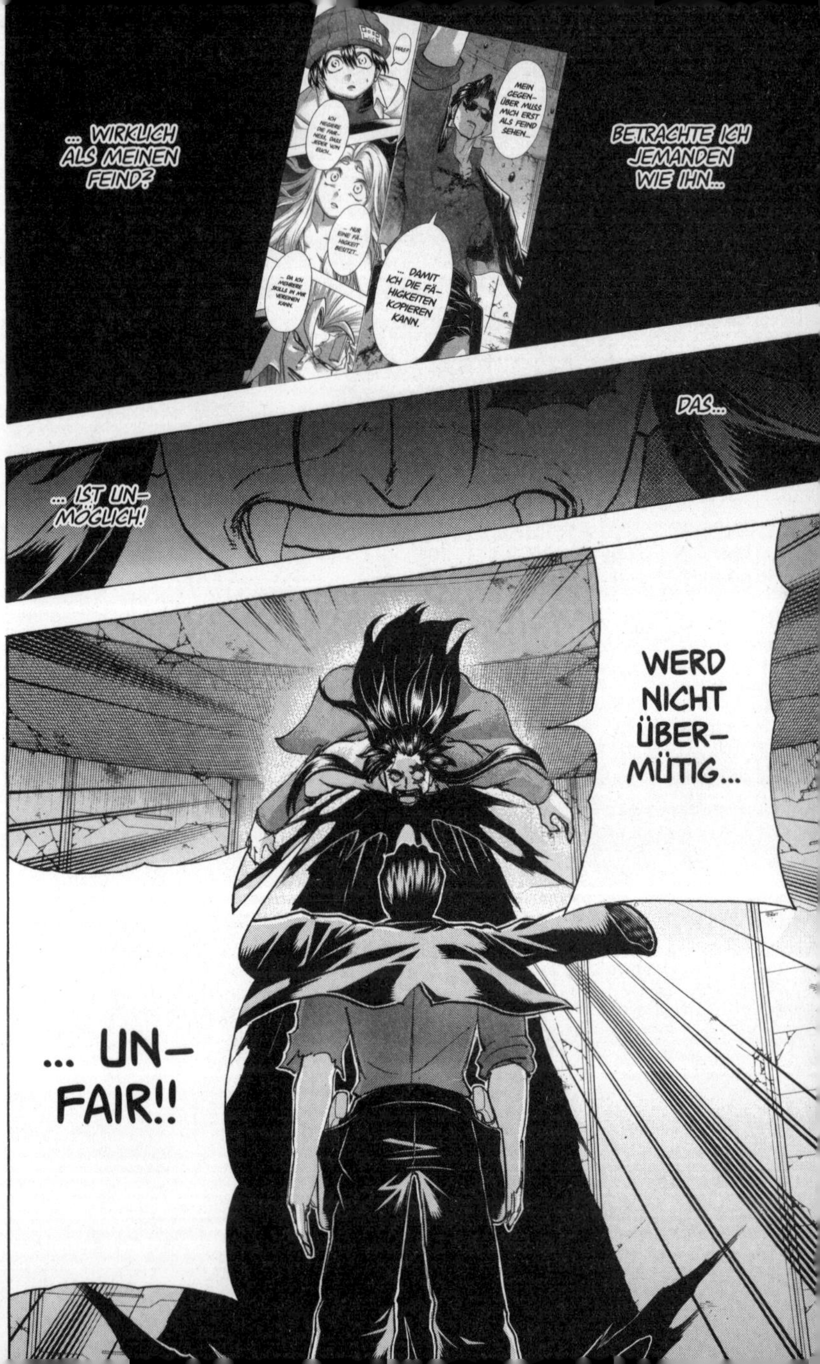
BETRACHTE ICH JEMANDEN WIE IHN...
... WIRKLICH ALS MEINEN FEIND?
MEIN GEGEN-ÜBER MUSS MICH ERST ALS FEIND SEHEN...
... DAMIT ICH DIE FÄ-HIGKEITEN KOPIEREN KANN.
ICH NEGIERE DIE FAIR-NESS, DASS JEDER VON EUCH...
... NUR EINE FÄ-HIGKEIT BESITZT...
... DA ICH MEHRERE SKILLS IN MIR VEREINEN KANN.
DAS...
... IST UN-MÖGLICH!
WERD NICHT ÜBER-MÜTIG...
... UN-FAIR!!

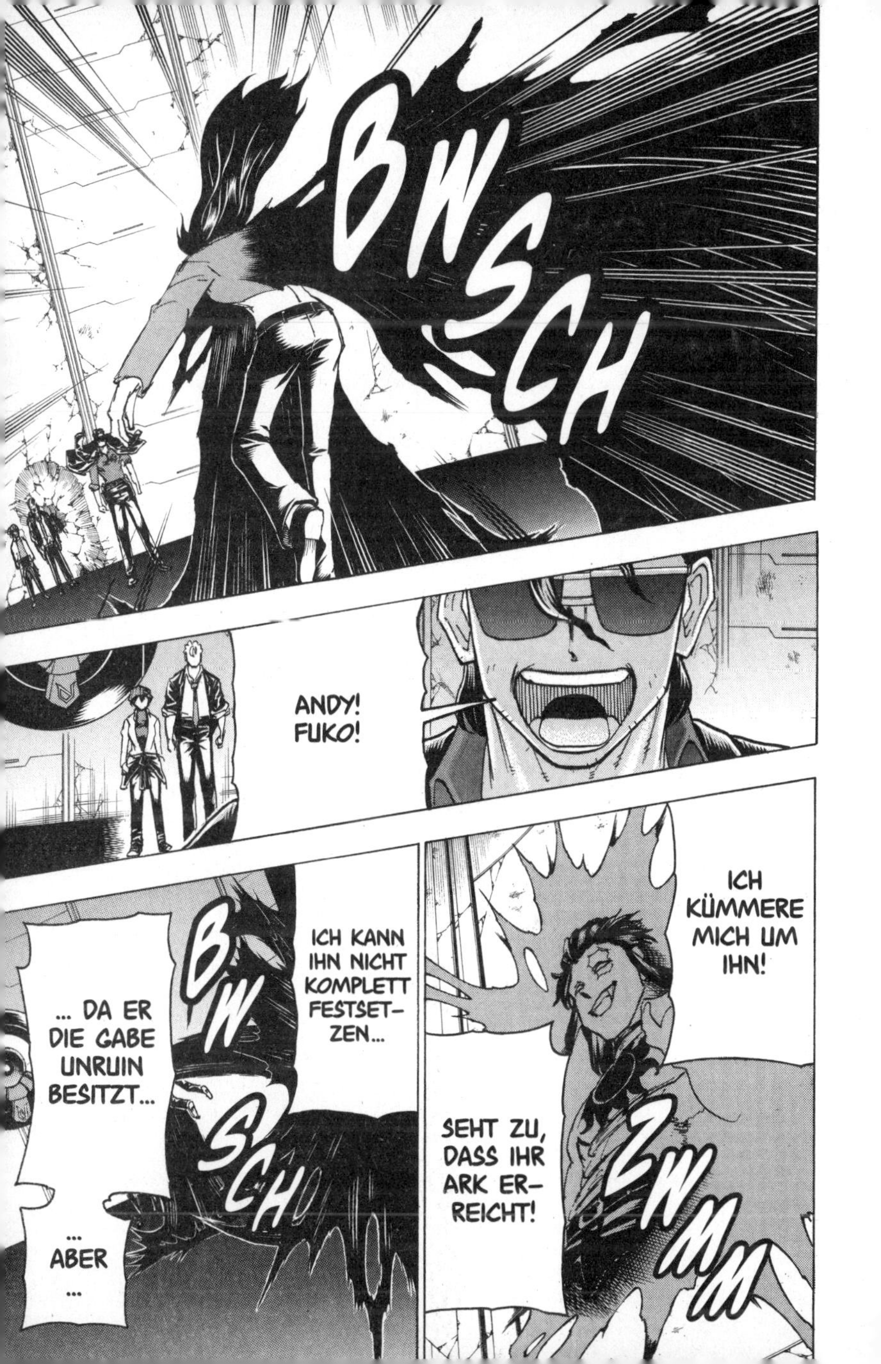
BWSCH
ANDY! FUKO!
ICH KÜMMERE MICH UM IHN!
SEHT ZU, DASS IHR ARK ER-REICHT!
ZWMM
ICH KANN IHN NICHT KOMPLETT FESTSET-ZEN...
BWSCH
... DA ER DIE GABE UNRUIN BESITZT...
... ABER ...

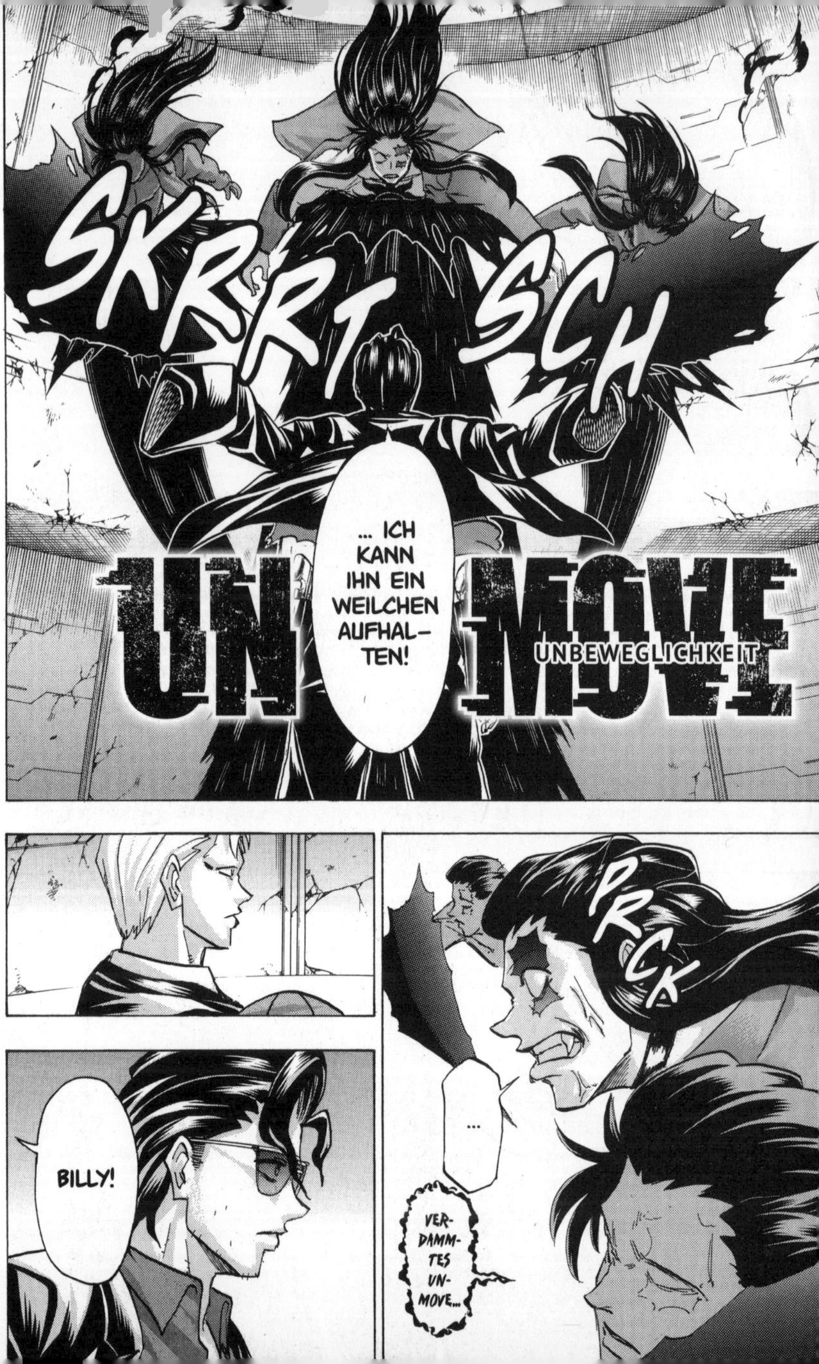
SKRRT SCH
... ICH KANN IHN EIN WEILCHEN AUFHAL- TEN!
UN MOVE
UNBEWEGLICHKEIT
PRCK
...
VER- DAMM- TES UN- MOVE...
BILLY!

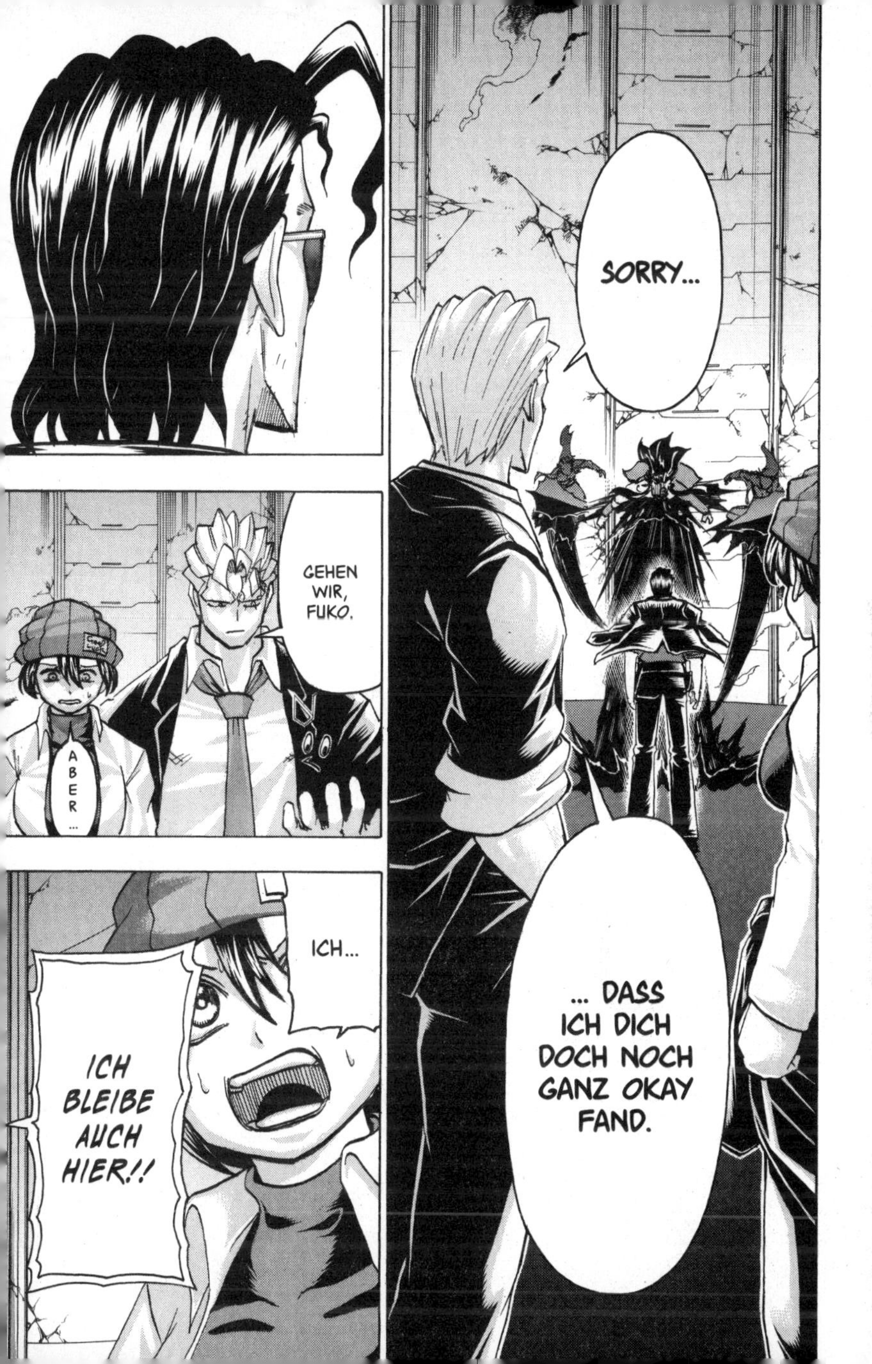
SORRY...
... DASS ICH DICH DOCH NOCH GANZ OKAY FAND.
GEHEN WIR, FUKO.
ABER ...
ICH...
ICH BLEIBE AUCH HIER!!

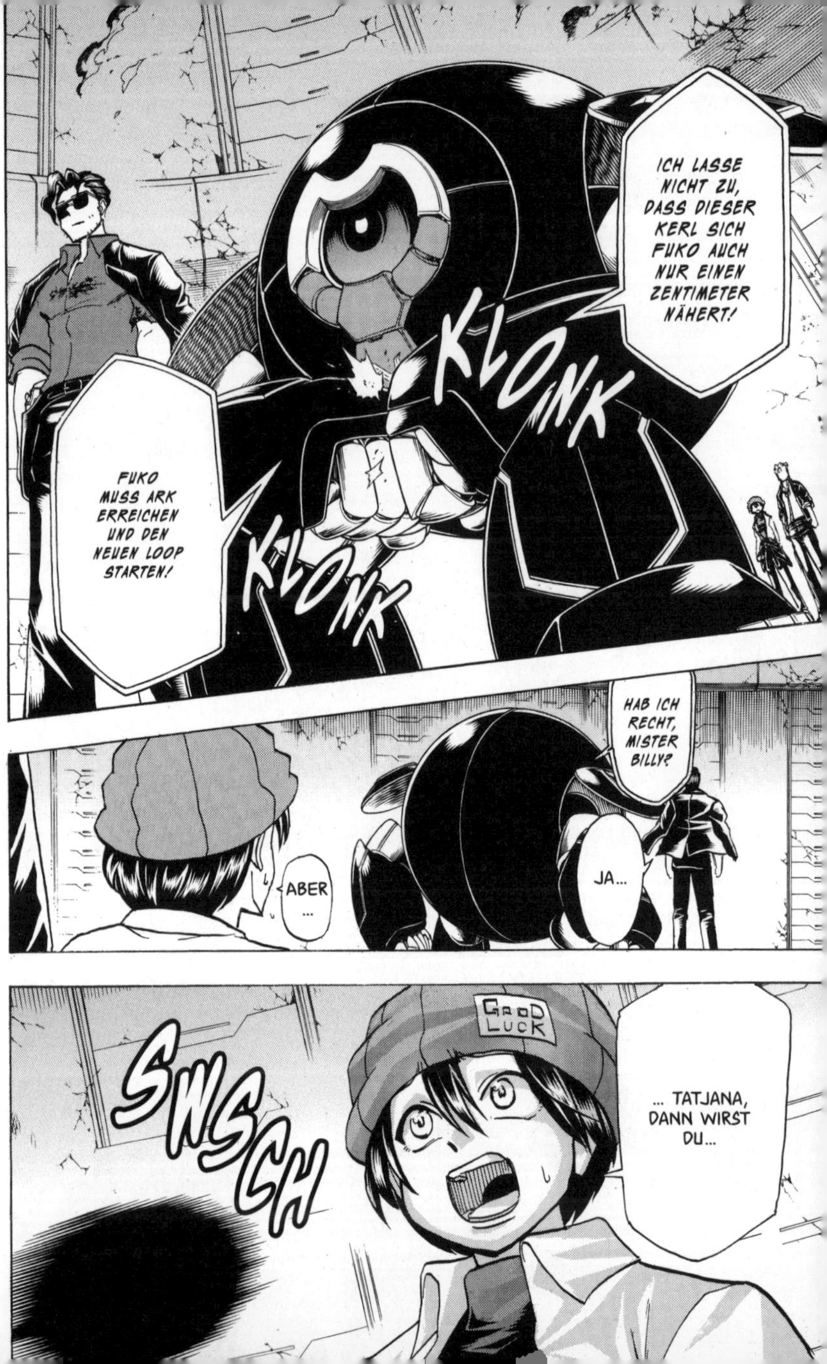
ICH LASSE NICHT ZU, DASS DIESER KERL SICH FUKO AUCH NUR EINEN ZENTIMETER NÄHERT!
KLONK
KLONK
FUKO MUSS ARK ERREICHEN UND DEN NEUEN LOOP STARTEN!
HAB ICH RECHT, MISTER BILLY?
JA...
ABER ...
... TATJANA, DANN WIRST DU...
GOOD LUCK
SWSCH

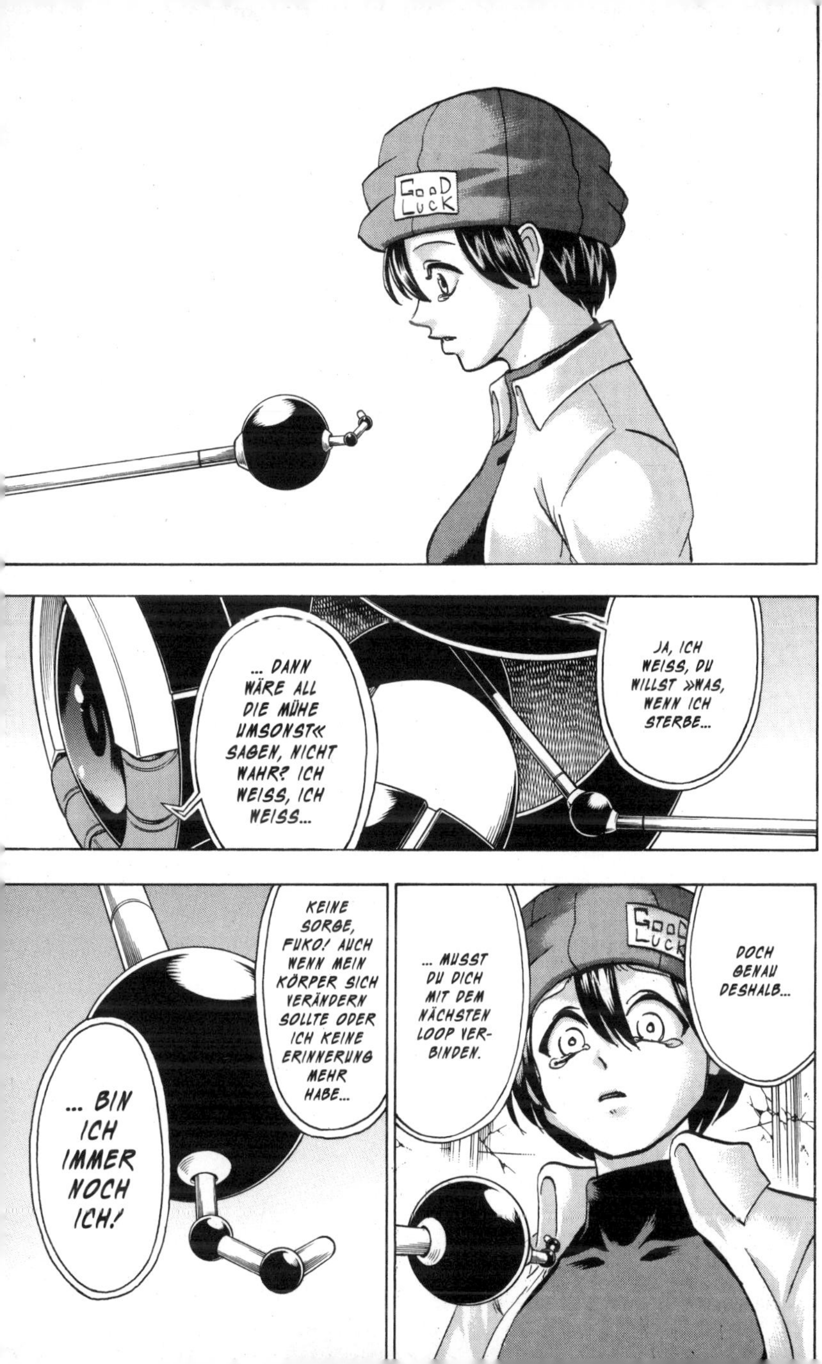
GOOD LUCK
JA, ICH WEISS, DU WILLST »WAS, WENN ICH STERBE...
... DANN WÄRE ALL DIE MÜHE UMSONST« SAGEN, NICHT WAHR? ICH WEISS, ICH WEISS...
GOOD LUCK
DOCH GENAU DESHALB...
... MUSST DU DICH MIT DEM NÄCHSTEN LOOP VER-BINDEN.
KEINE SORGE, FUKO! AUCH WENN MEIN KÖRPER SICH VERÄNDERN SOLLTE ODER ICH KEINE ERINNERUNG MEHR HABE...
... BIN ICH IMMER NOCH ICH!

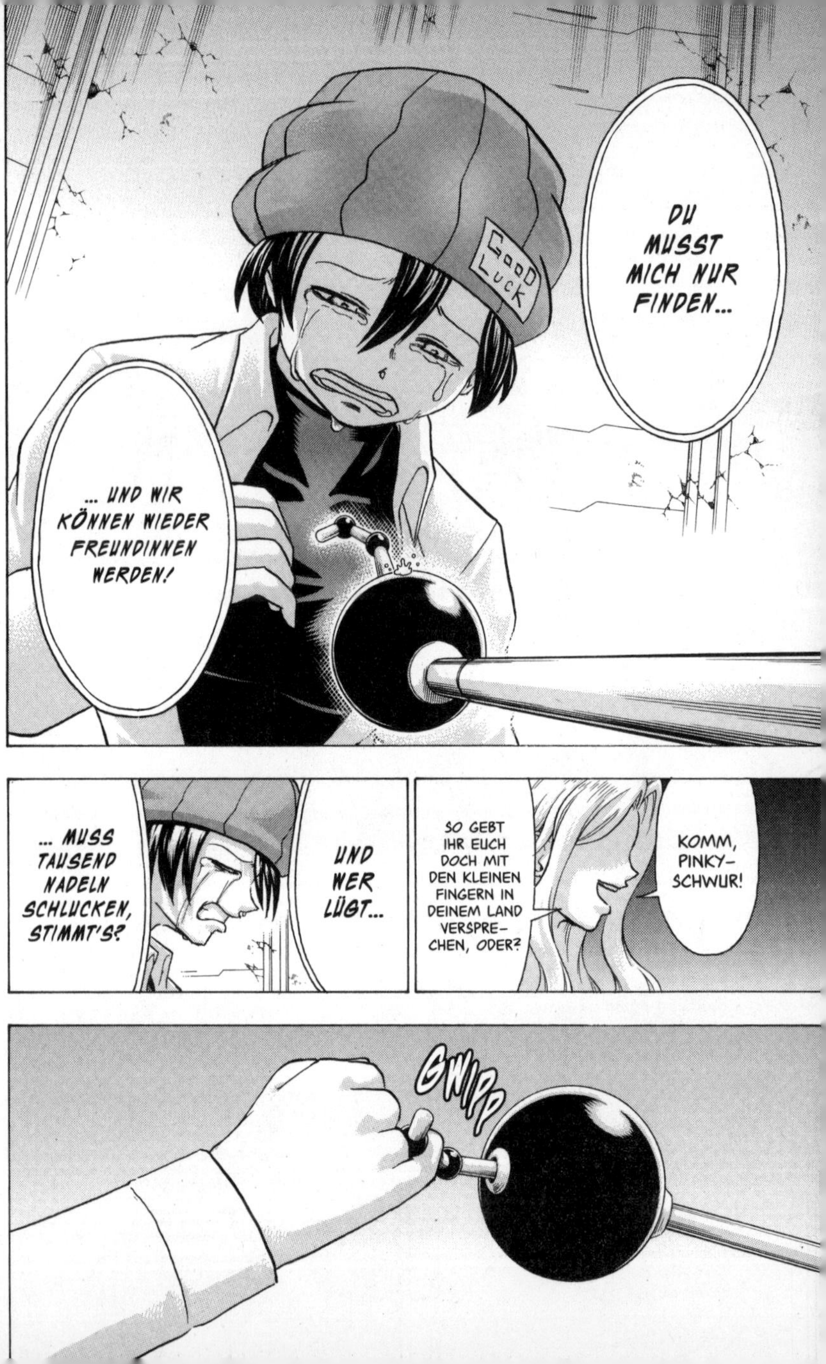
DU MUSST MICH NUR FINDEN...
... UND WIR KÖNNEN WIEDER FREUNDINNEN WERDEN!
KOMM, PINKY-SCHWUR!
SO GEBT IHR EUCH DOCH MIT DEN KLEINEN FINGERN IN DEINEM LAND VERSPRE-CHEN, ODER?
UND WER LÜGT...
... MUSS TAUSEND NADELN SCHLUCKEN, STIMMT'S?
GWIPP

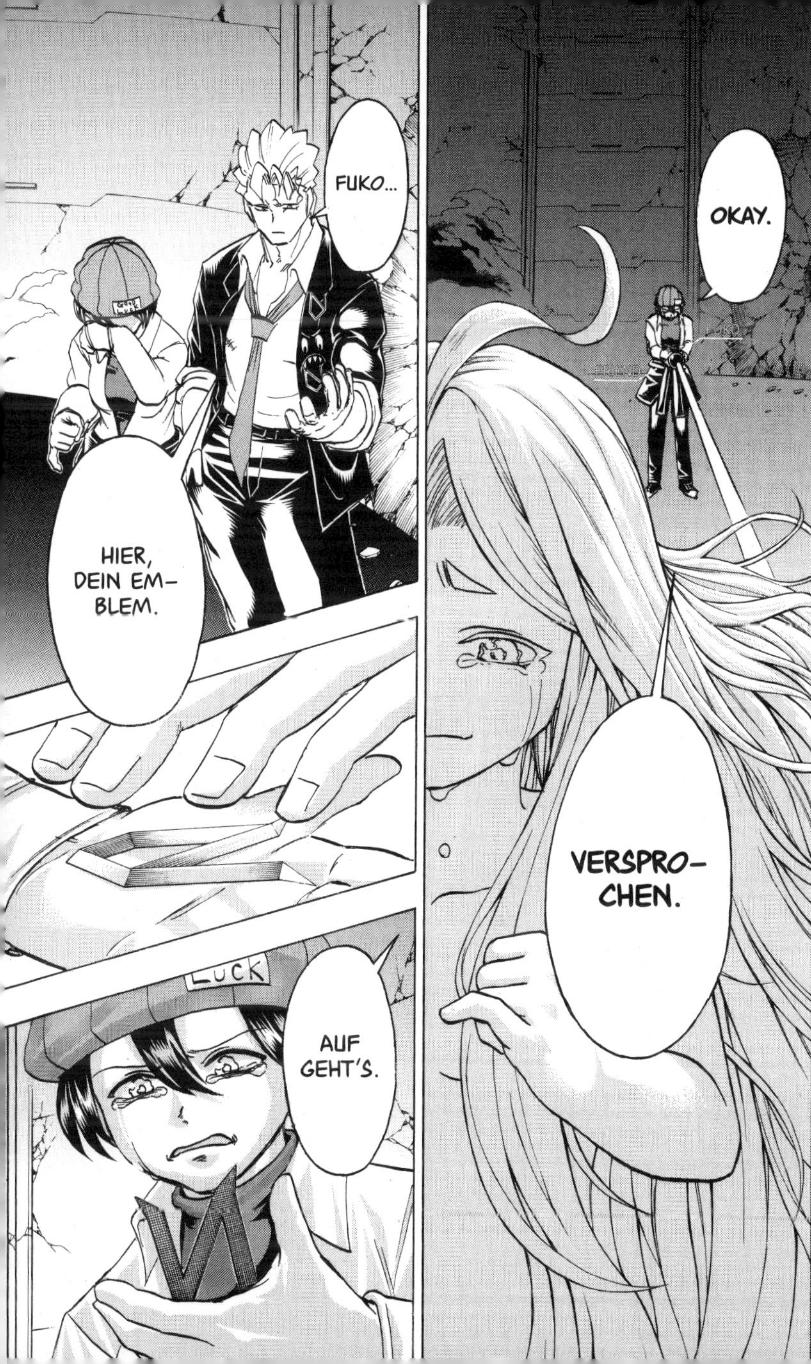
OKAY.
VERSPRO-
CHEN.
FUKO...
HIER,
DEIN EM-
BLEM.
LUCK
AUF
GEHT'S.

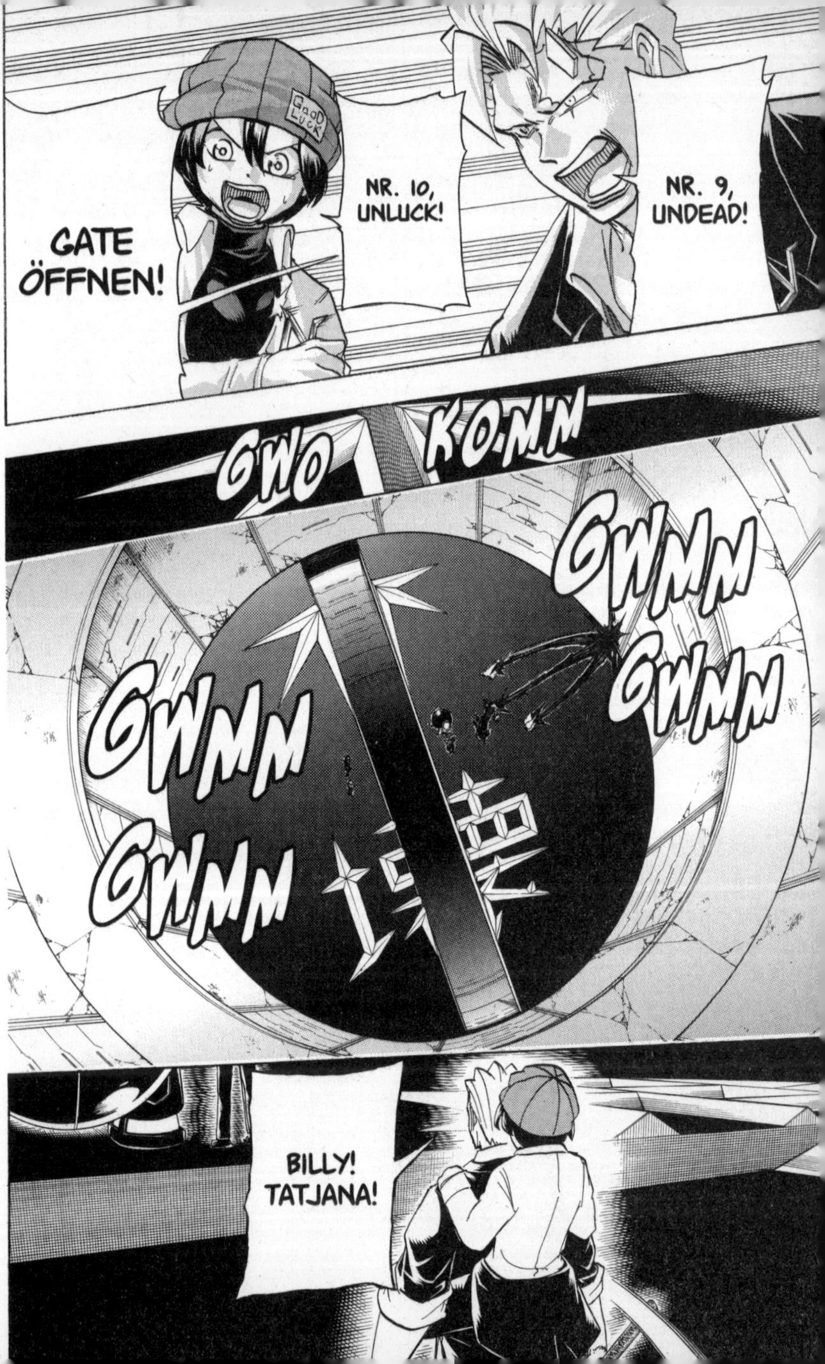
NR. 9,
UNDEAD!
NR. 10,
UNLUCK!
GATE
ÖFFNEN!
GWO KOMM
GWMM
GWMM
GWMM
GWMM
BILLY!
TATJANA!

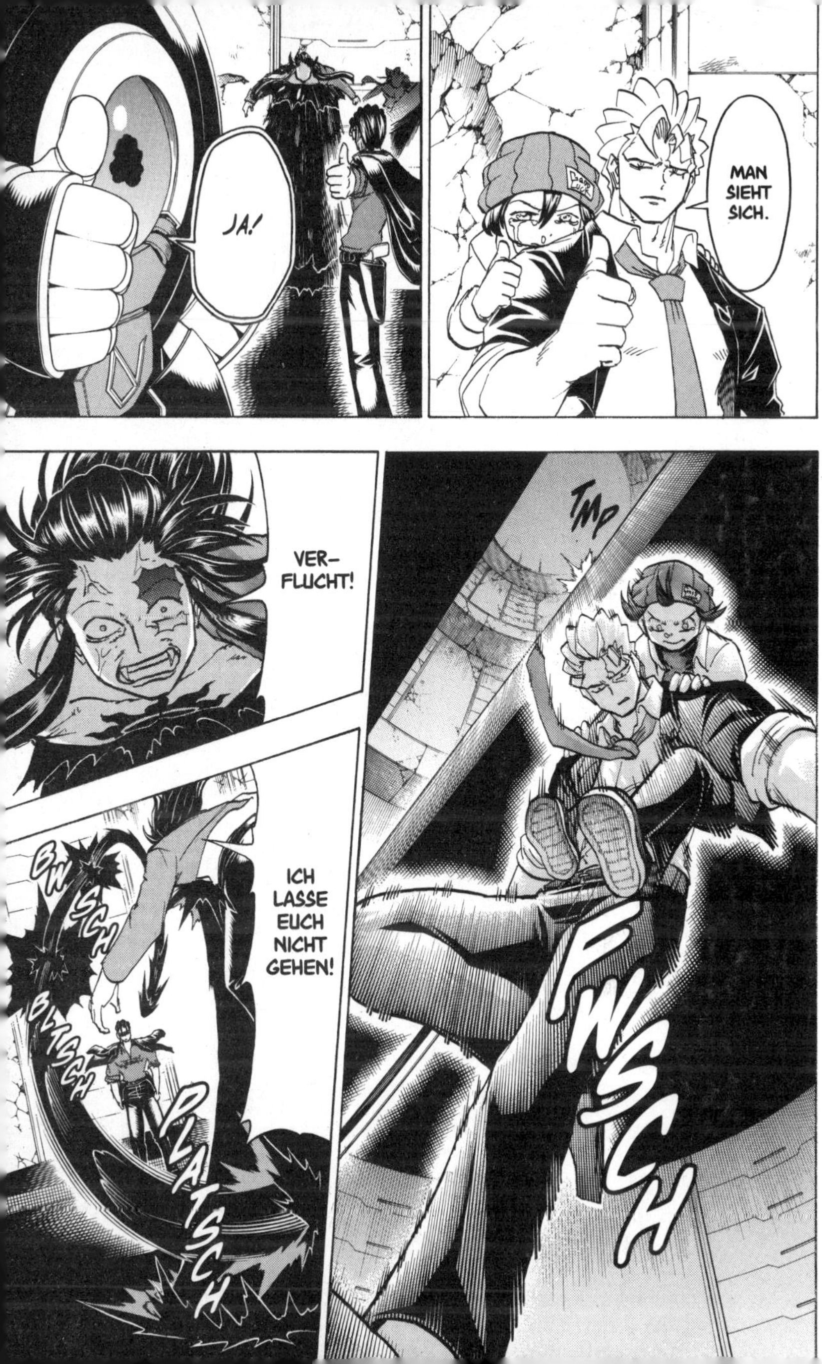
MAN SIEHT SICH.
JA!
TMP
FWSCH
VER-FLUCHT!
ICH LASSE EUCH NICHT GEHEN!
BWSCH
BLTSCH
PLATSCH

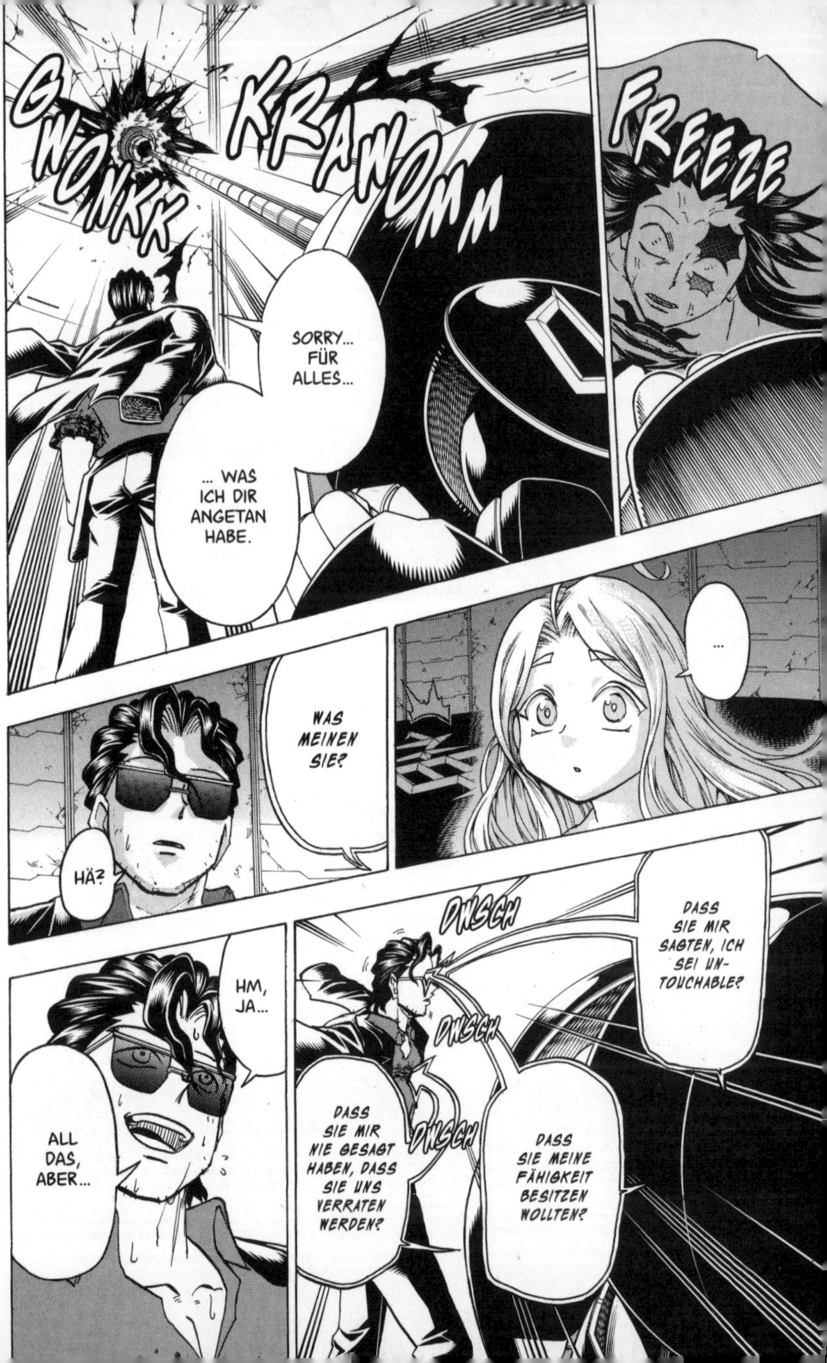
FREEZE
KRAWOMM
GWONKK
SORRY... FÜR ALLES...
... WAS ICH DIR ANGETAN HABE.
...
WAS MEINEN SIE?
HÄ?
DASS SIE MIR SAGTEN, ICH SEI UNTOUCHABLE?
DWSCH
DASS SIE MEINE FÄHIGKEIT BESITZEN WOLLTEN?
DWSCH
DASS SIE MIR NIE GESAGT HABEN, DASS SIE UNS VERRATEN WERDEN?
DWSCH
HM, JA...
ALL DAS, ABER...

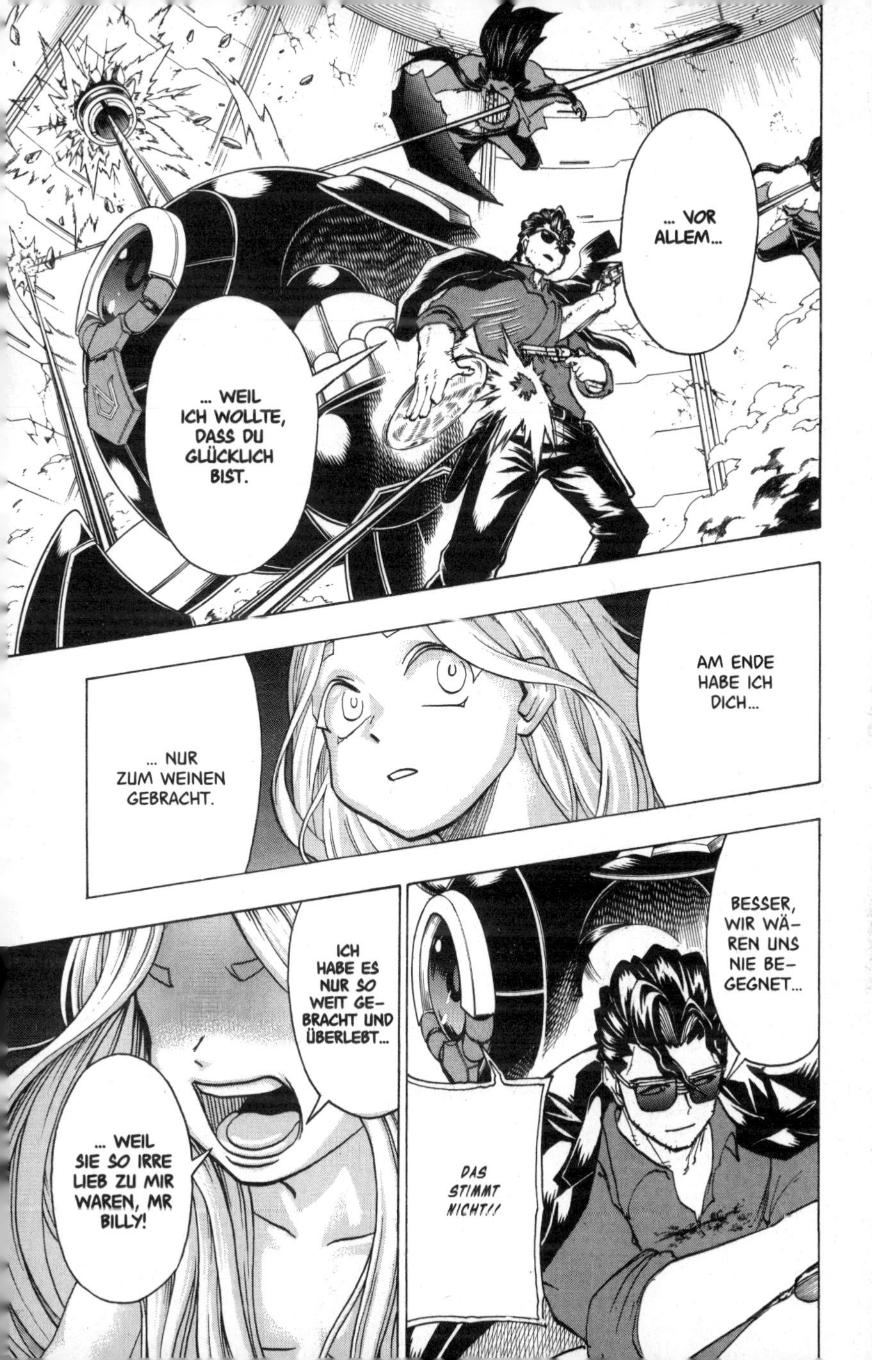
… VOR ALLEM…
… WEIL ICH WOLLTE, DASS DU GLÜCKLICH BIST.
AM ENDE HABE ICH DICH…
… NUR ZUM WEINEN GEBRACHT.
BESSER, WIR WÄ-REN UNS NIE BE-GEGNET…
ICH HABE ES NUR SO WEIT GE-BRACHT UND ÜBERLEBT…
DAS STIMMT NICHT!!
… WEIL SIE SO IRRE LIEB ZU MIR WAREN, MR BILLY!

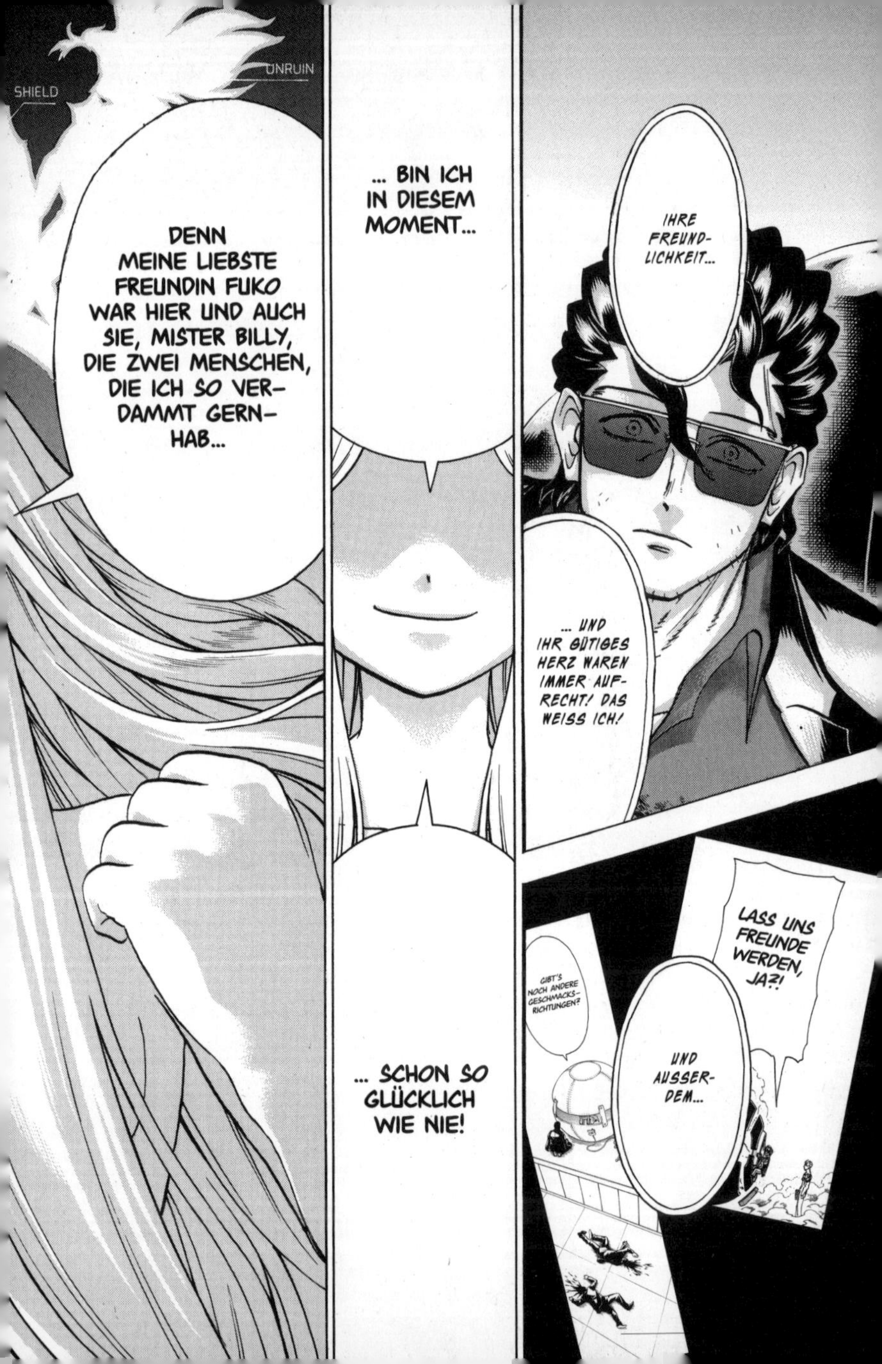
SHIELD
UNRUIN
IHRE FREUND-LICHKEIT...
... UND IHR GÜTIGES HERZ WAREN IMMER AUF-RECHT! DAS WEISS ICH!
... BIN ICH IN DIESEM MOMENT...
... SCHON SO GLÜCKLICH WIE NIE!
DENN MEINE LIEBSTE FREUNDIN FUKO WAR HIER UND AUCH SIE, MISTER BILLY, DIE ZWEI MENSCHEN, DIE ICH SO VER-DAMMT GERN-HAB...
LASS UNS FREUNDE WERDEN, JA?!
UND AUSSER-DEM...
GIBT'S NOCH ANDERE GESCHMACKS-RICHTUNGEN?

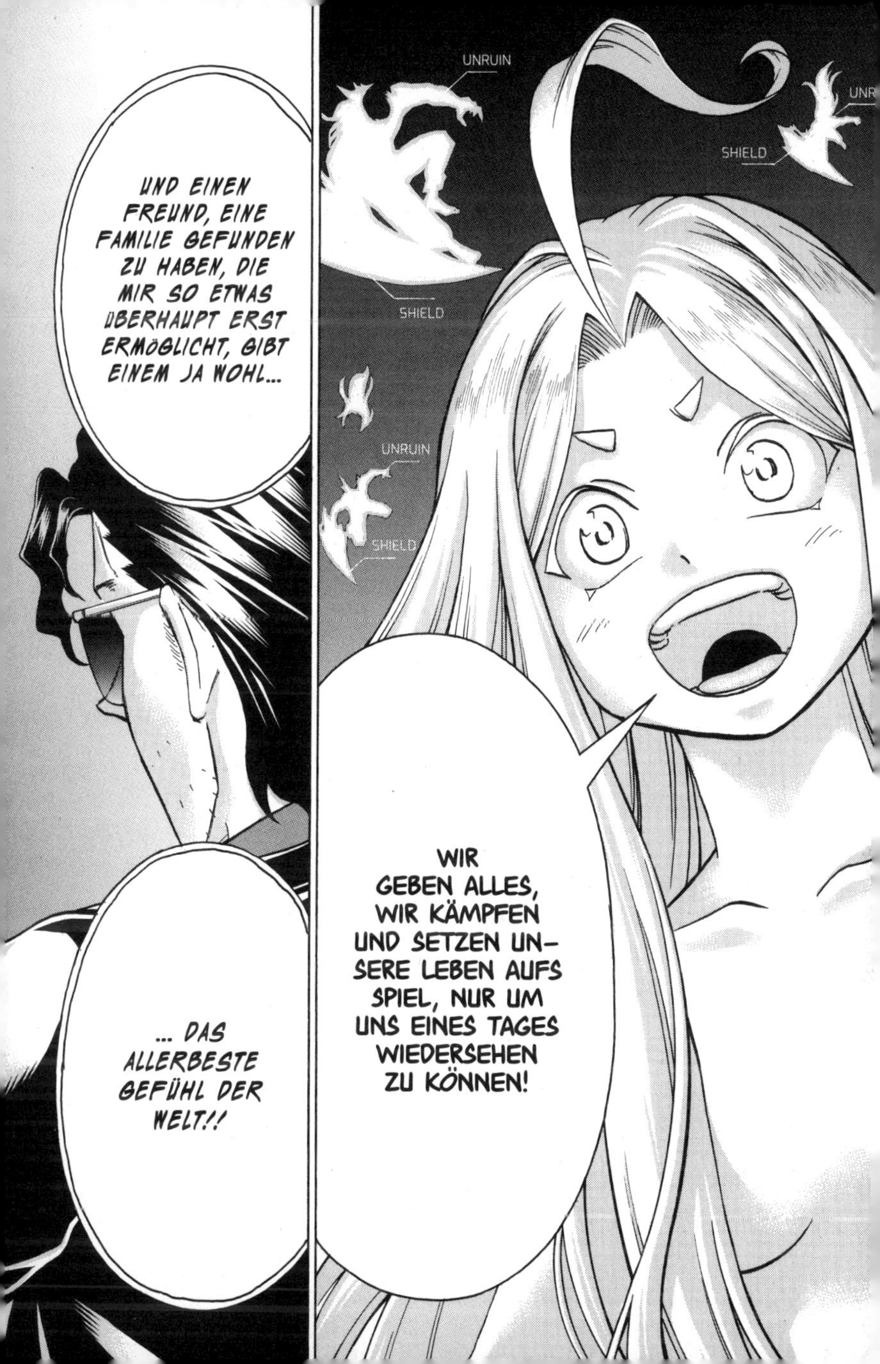
UNRUIN
UNRUIN
SHIELD
SHIELD
UNRUIN
SHIELD
WIR GEBEN ALLES, WIR KÄMPFEN UND SETZEN UNSERE LEBEN AUFS SPIEL, NUR UM UNS EINES TAGES WIEDERSEHEN ZU KÖNNEN!
UND EINEN FREUND, EINE FAMILIE GEFUNDEN ZU HABEN, DIE MIR SO ETWAS ÜBERHAUPT ERST ERMÖGLICHT, GIBT EINEM JA WOHL…
… DAS ALLERBESTE GEFÜHL DER WELT!!

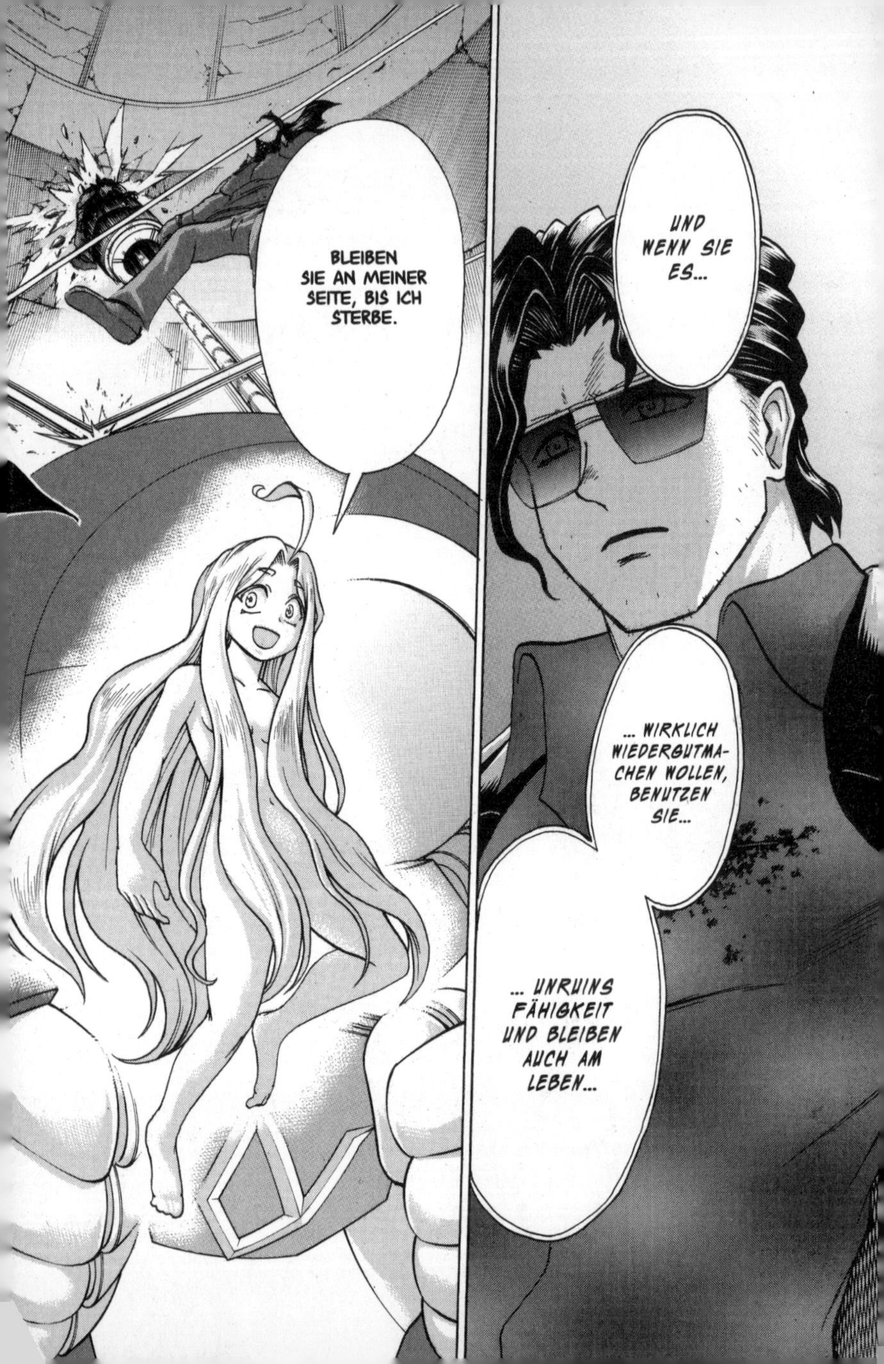
UND WENN SIE ES...
... WIRKLICH WIEDERGUTMACHEN WOLLEN, BENUTZEN SIE...
... UNRUINS FÄHIGKEIT UND BLEIBEN AUCH AM LEBEN...
BLEIBEN SIE AN MEINER SEITE, BIS ICH STERBE.

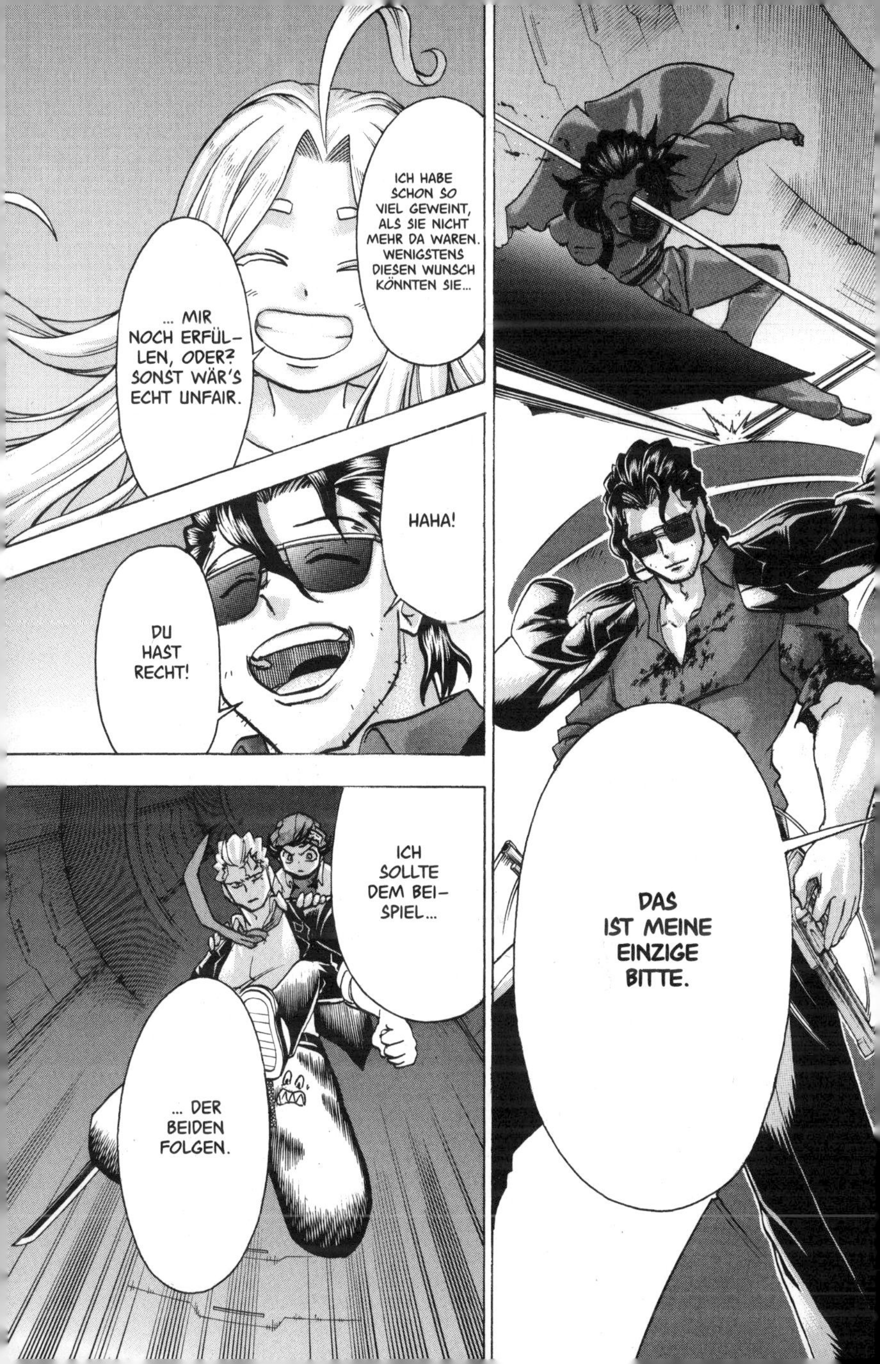
DAS IST MEINE EINZIGE BITTE.
ICH HABE SCHON SO VIEL GEWEINT, ALS SIE NICHT MEHR DA WAREN. WENIGSTENS DIESEN WUNSCH KÖNNTEN SIE...
... MIR NOCH ERFÜL-LEN, ODER? SONST WÄR'S ECHT UNFAIR.
HAHA!
DU HAST RECHT!
ICH SOLLTE DEM BEI-SPIEL...
... DER BEIDEN FOLGEN.

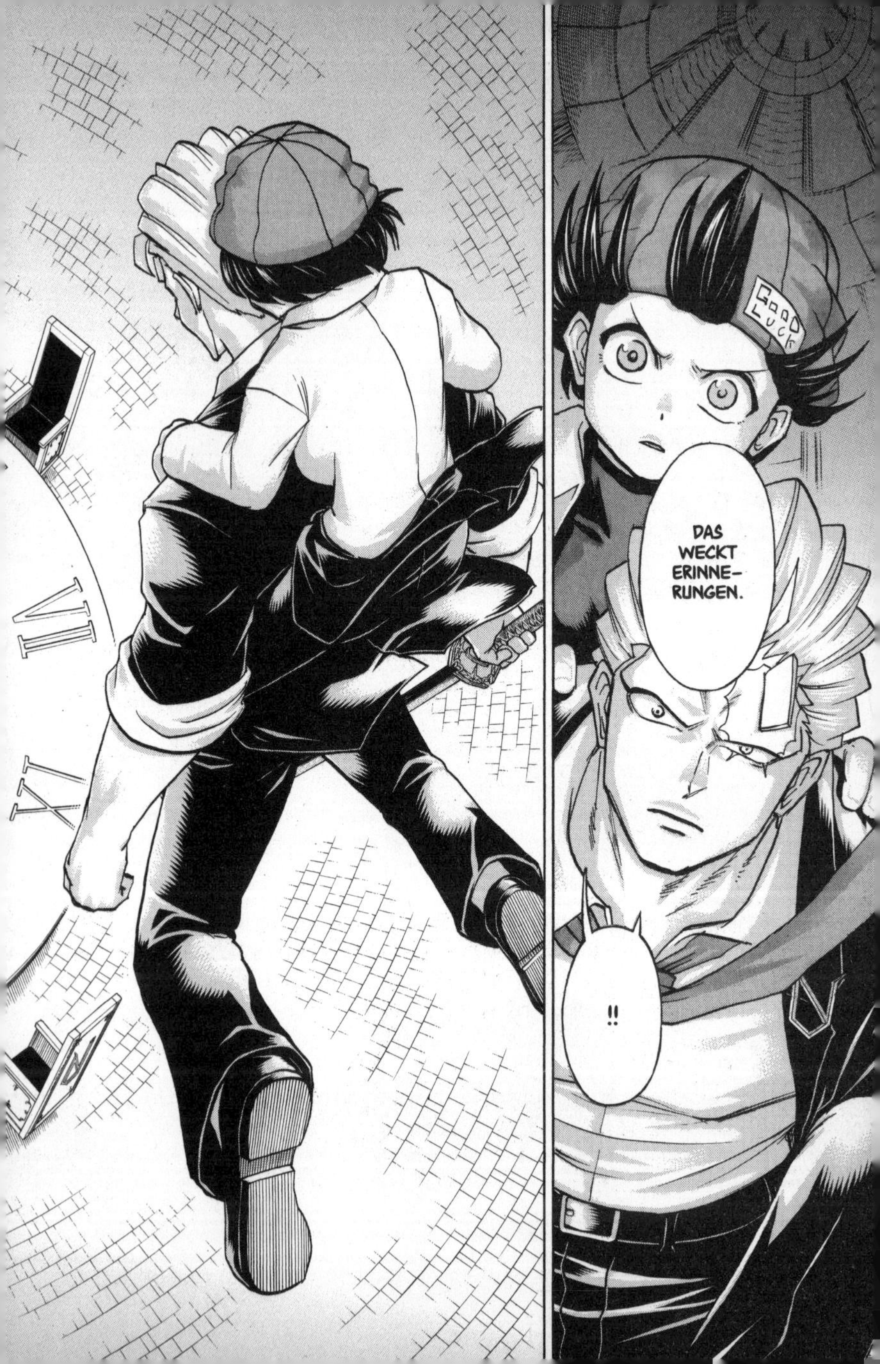
DAS WECKT ERINNE-RUNGEN.
!!
GOOD LUCK

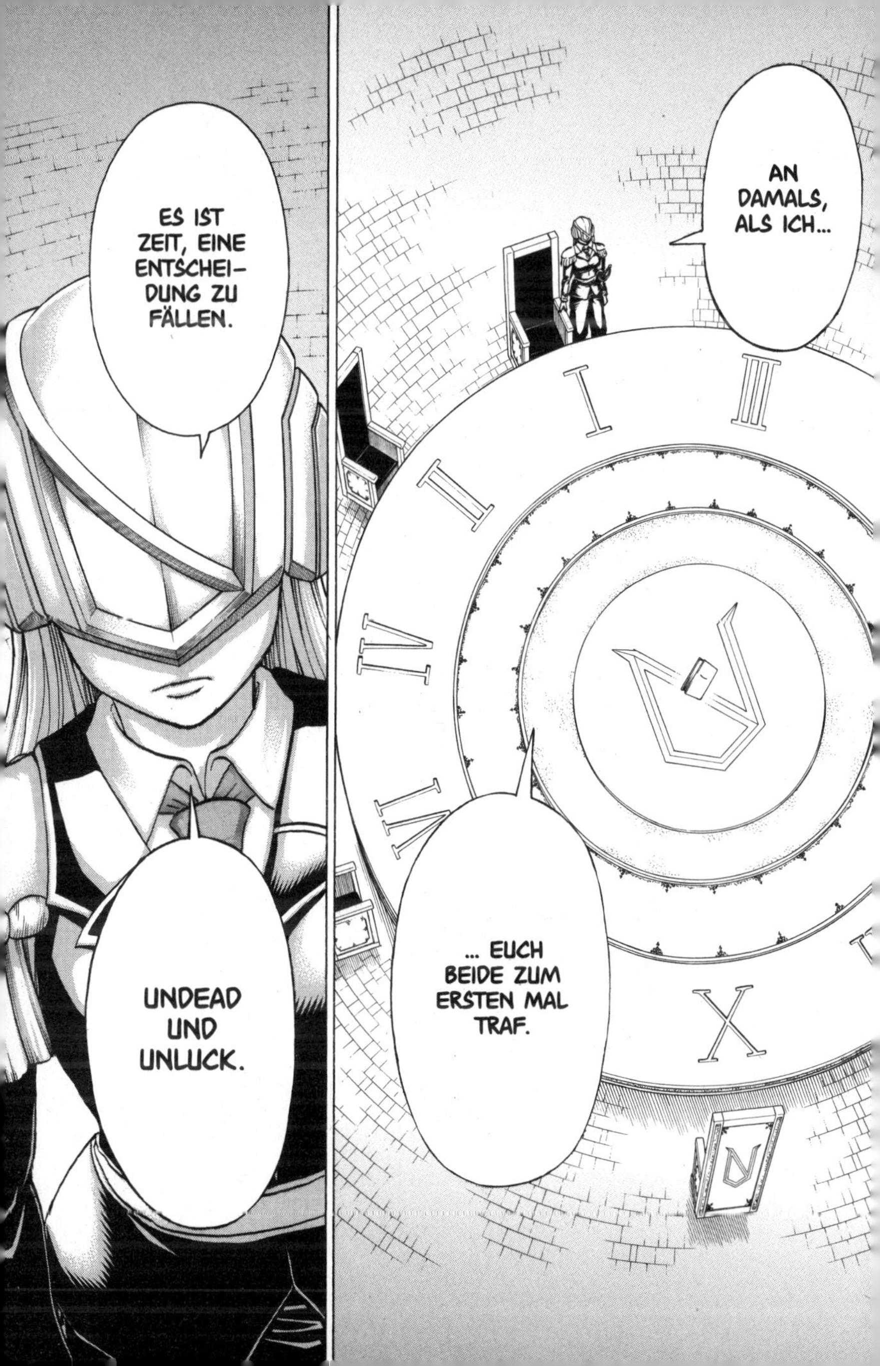
AN DAMALS, ALS ICH...
... EUCH BEIDE ZUM ERSTEN MAL TRAF.
ES IST ZEIT, EINE ENTSCHEI-DUNG ZU FÄLLEN.
UNDEAD UND UNLUCK.

BILLY

ALTER: SO MITTE 30

GRÖSSE: TELLA MEINTE, ER SEI UM DIE 1,89 M, ABER DANN KÖNNTE MAN AUCH GLEICH 1,90 M SAGEN, ODER? DOCH DAS WAR WOHL AUCH WIEDER NICHT KORREKT. NA JA.

GEWICHT: GUCKT SELBST NICHT AUF DIE WAAGE UND MÜSSTE MAL TELLA FRAGEN

HOBBYS: WAFFEN SAMMELN, SÜSSIGKEITEN ZUBEREITEN

BESONDERE FÄHIGKEIT: SCHIESST SCHNELL, HÄNGT SEHR AN TATJANA

WAS ER MAG: KAFFEE, MANGO (MOCHTE GESCHMACK UND KONSISTENZ ANFANGS NICHT, HAT MANGOS DANN ABER BEIM BACKEN MIT TATJANA ZU SCHÄTZEN GELERNT)

GABE: UNFAIR

GEHÖRT ZUM TYPUS DER SELBST GESTEUERTEN AKTIVIERUNG, WENN DIE KOPIERTE FÄHIGKEIT ZUM TYPUS DER ZWANGHAFTEN AKTIVIERUNG GEHÖRT, KANN AUCH DIE KOPIE NUR SO EINGESETZT WERDEN. ANDYS UNDEAD-FÄHIGKEIT WÄRE EIN BEISPIEL HIERFÜR. ER KANN SKILLS EINES NEGATORS KOPIEREN UND NUTZEN, SOBALD ER VON SEINEM GEGENÜBER ALS FEIND ANGESEHEN WIRD. NEGIERT FÜR JEDE EINZELNE PERSON DIE FAIRNESS EINER FÄHIGKEIT. NUR NICHT GEMOCHT ZU WERDEN IST NICHT AUSREICHEND. ER MUSS IN GEWISSEM MASSE HASS UND ZORN AUF SICH ZIEHEN, DAMIT DIE BEDINGUNGEN ERFÜLLT SIND.

DER UNION GEGENÜBER GAB ER ZWAR AN, SEINE GABE, TREFFSICHER ZU SCHIESSEN, SEI DIE FÄHIGKEIT UNBELIEVABLE, DOCH DIESES KÖNNEN IST REIN AUF BILLYS HINTERGRUND ALS SÖLDNER ZURÜCKZUFÜHREN.

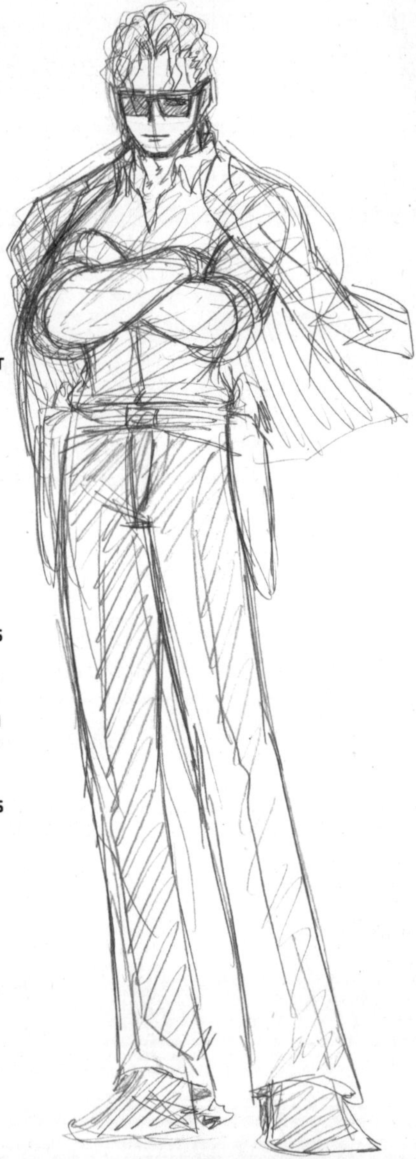

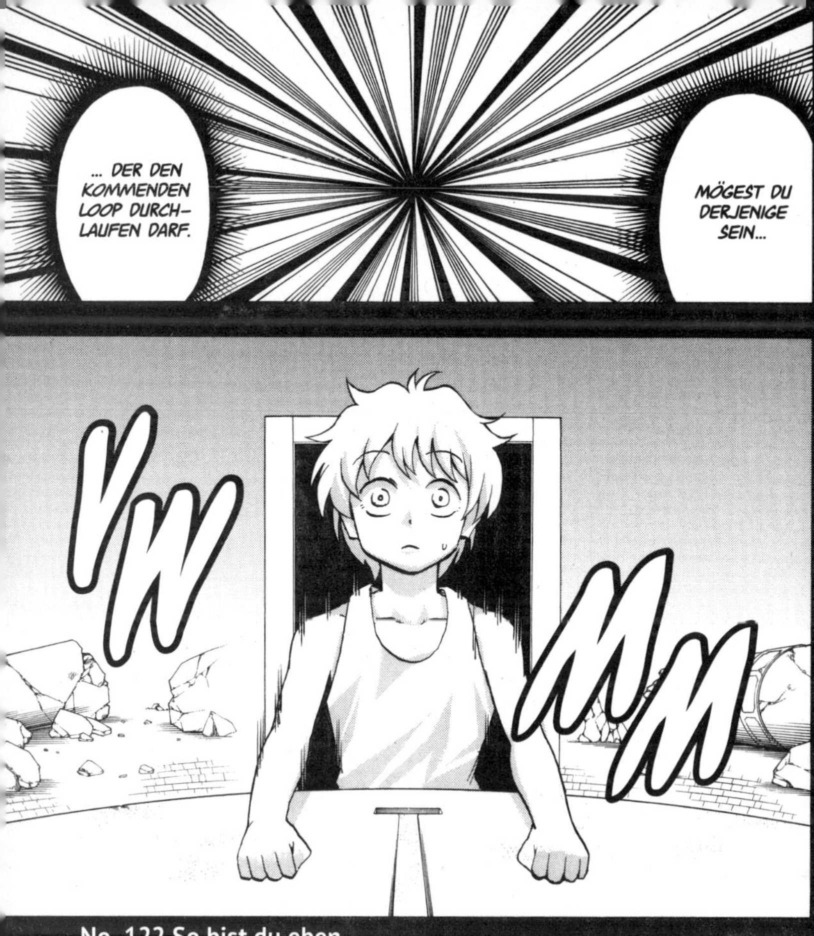

No. 122 So bist du eben

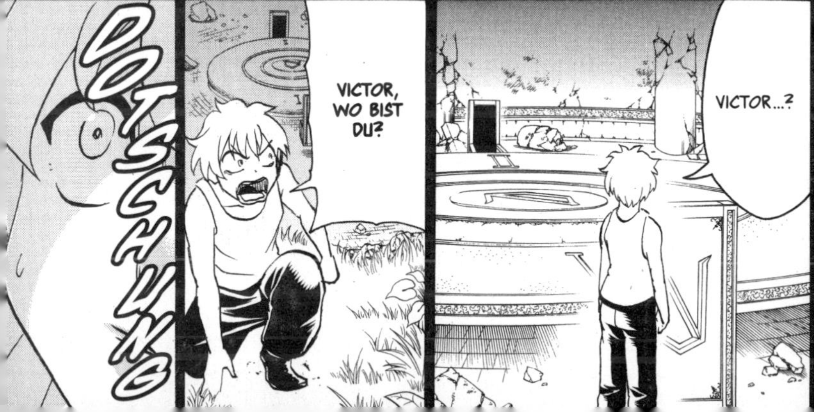

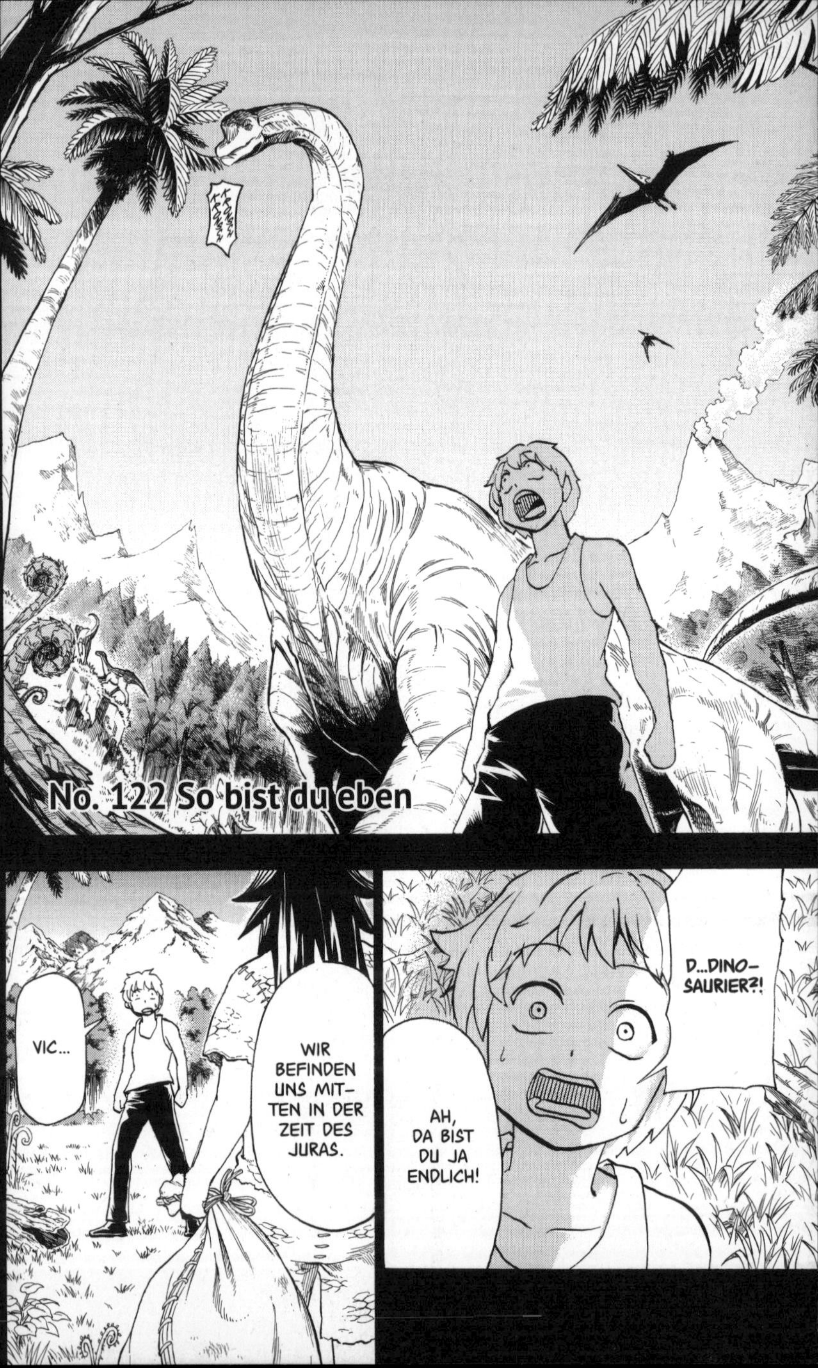
No. 122 So bist du eben
D...DINO-SAURIER?!
AH, DA BIST DU JA ENDLICH!
WIR BEFINDEN UNS MIT-TEN IN DER ZEIT DES JURAS.
VIC...

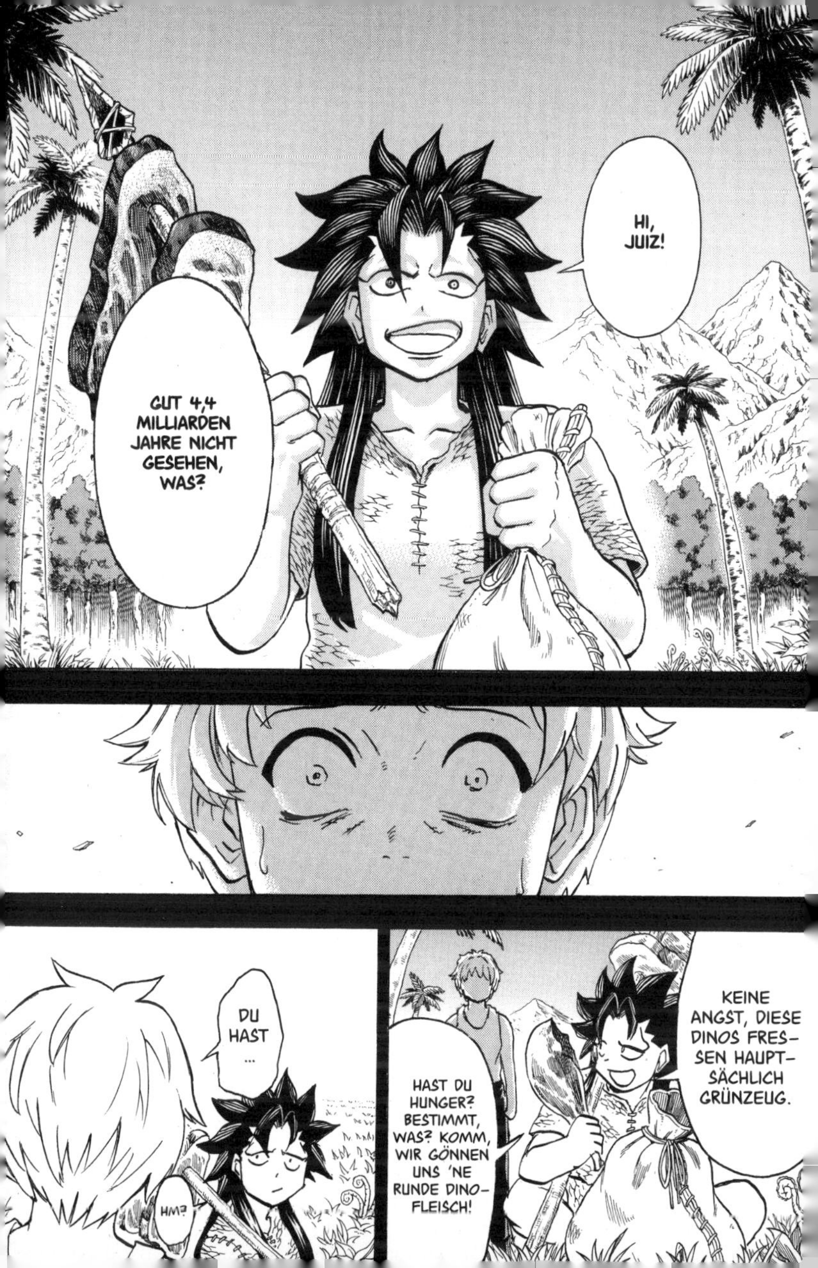
HI, JUIZ!
GUT 4,4 MILLIARDEN JAHRE NICHT GESEHEN, WAS?
KEINE ANGST, DIESE DINOS FRESSEN HAUPTSÄCHLICH GRÜNZEUG.
HAST DU HUNGER? BESTIMMT, WAS? KOMM, WIR GÖNNEN UNS 'NE RUNDE DINOFLEISCH!
DU HAST …
HM?

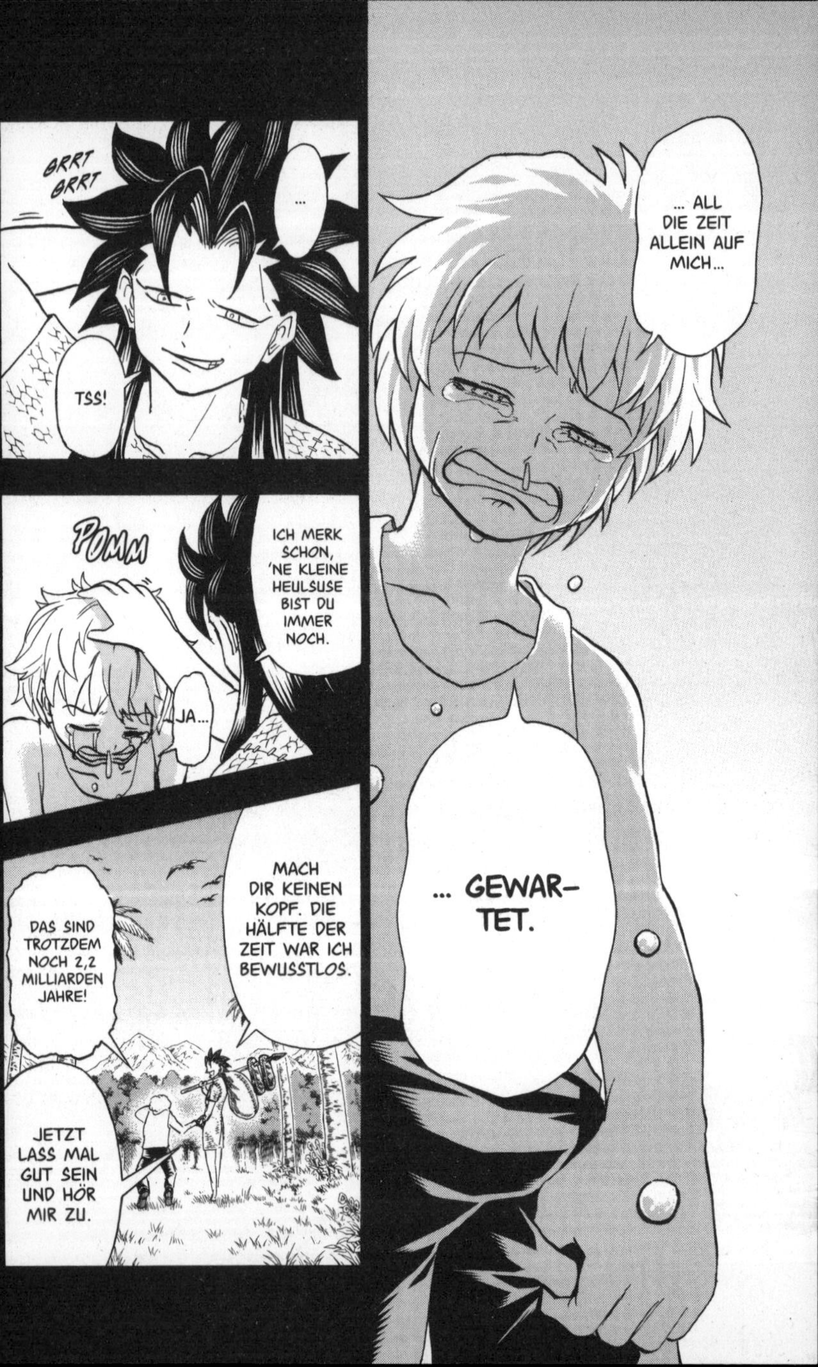
... ALL DIE ZEIT ALLEIN AUF MICH...
... GEWAR-TET.
GRRT GRRT
...
TSS!
POMM
ICH MERK SCHON, 'NE KLEINE HEULSUSE BIST DU IMMER NOCH.
JA...
MACH DIR KEINEN KOPF. DIE HÄLFTE DER ZEIT WAR ICH BEWUSSTLOS.
DAS SIND TROTZDEM NOCH 2,2 MILLIARDEN JAHRE!
JETZT LASS MAL GUT SEIN UND HÖR MIR ZU.

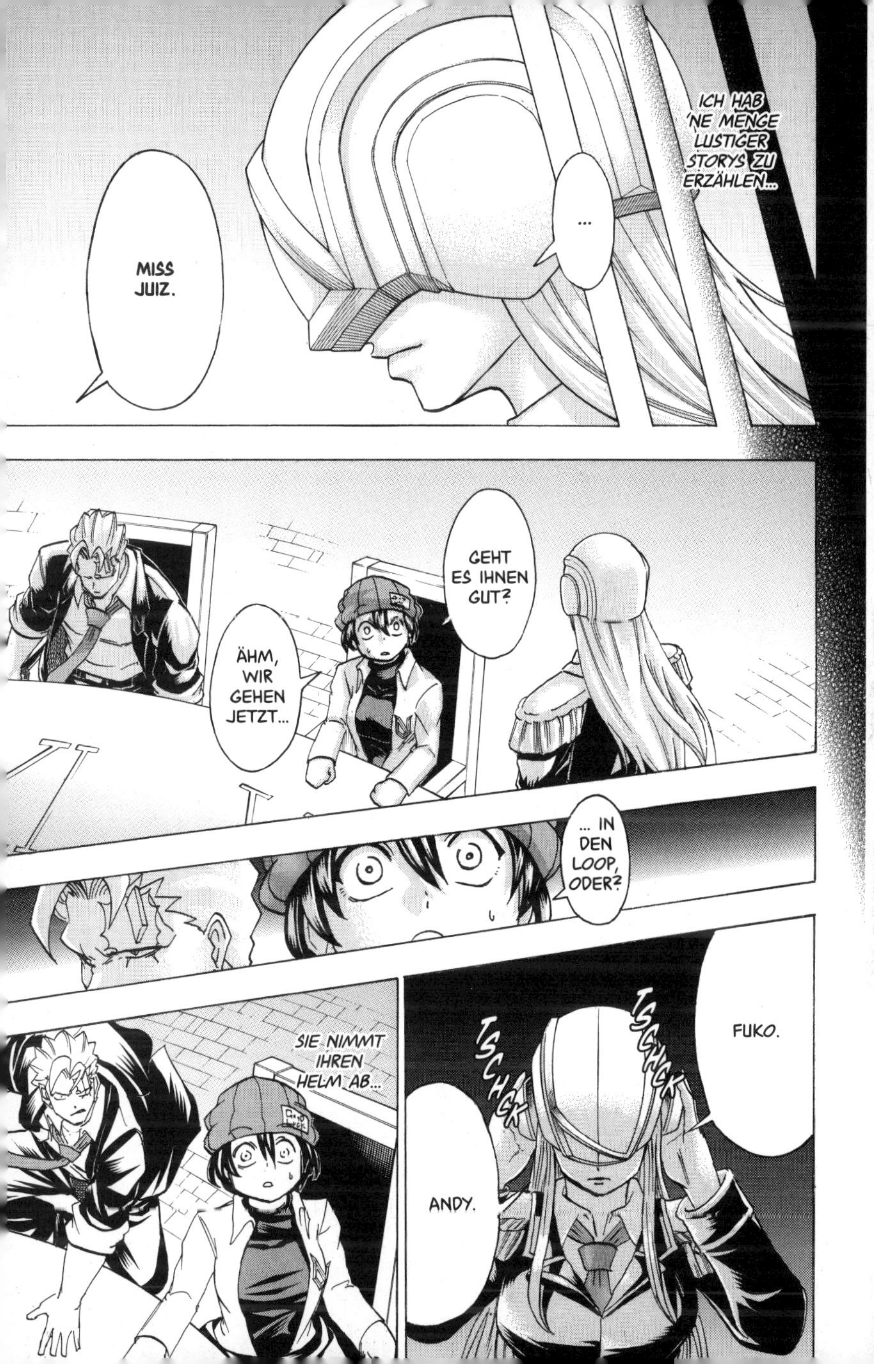
ICH HAB 'NE MENGE LUSTIGER STORYS ZU ERZÄHLEN...
...
MISS JUIZ.
GEHT ES IHNEN GUT?
ÄHM, WIR GEHEN JETZT...
... IN DEN LOOP, ODER?
FUKO.
TSCHCK
TSCHCK
ANDY.
SIE NIMMT IHREN HELM AB...

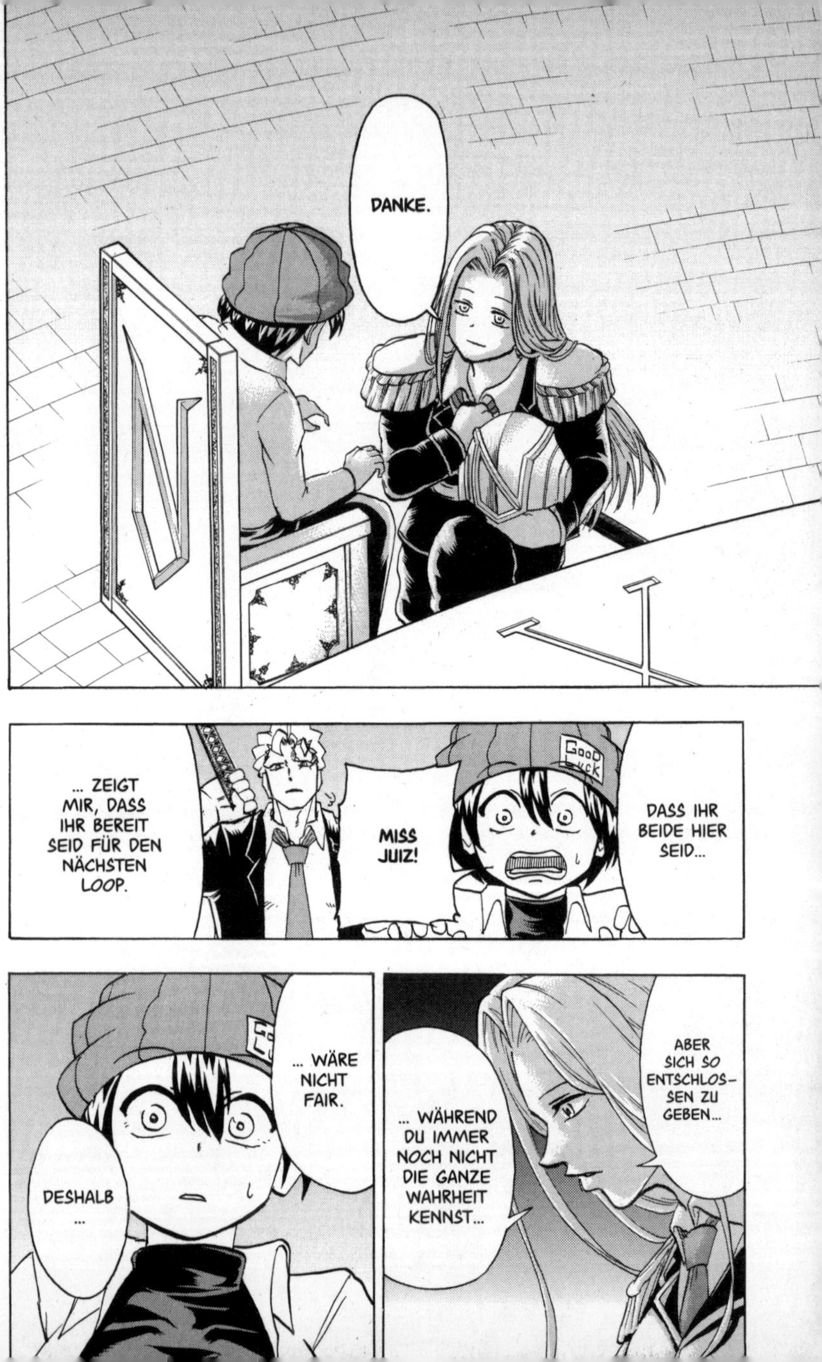
DANKE.
DASS IHR BEIDE HIER SEID...
GOOD LUCK
MISS JUIZ!
... ZEIGT MIR, DASS IHR BEREIT SEID FÜR DEN NÄCHSTEN LOOP.
ABER SICH SO ENTSCHLOS-SEN ZU GEBEN...
... WÄHREND DU IMMER NOCH NICHT DIE GANZE WAHRHEIT KENNST...
... WÄRE NICHT FAIR.
DESHALB ...

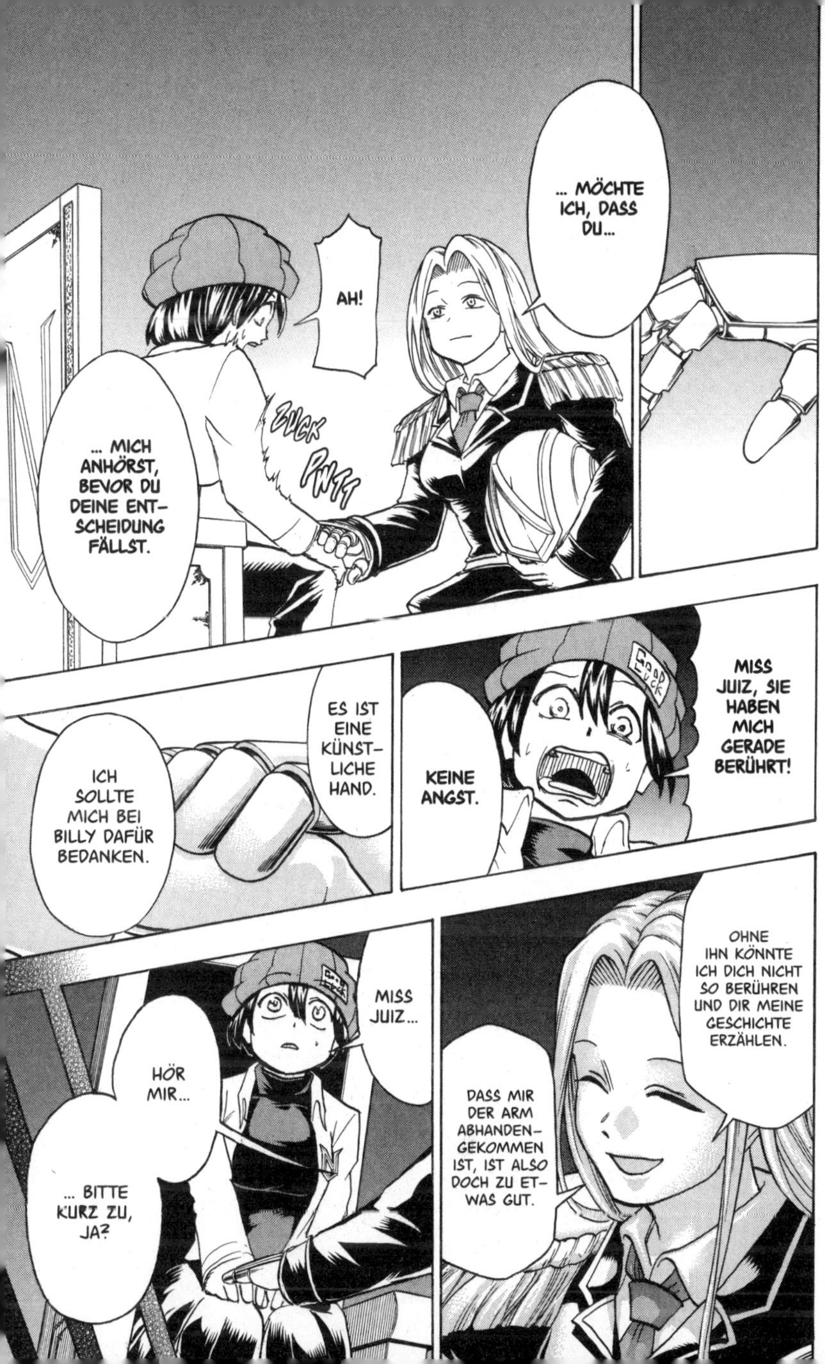
... MÖCHTE ICH, DASS DU...
AH!
... MICH ANHÖRST, BEVOR DU DEINE ENT-SCHEIDUNG FÄLLST.
ZUCK
MISS JUIZ, SIE HABEN MICH GERADE BERÜHRT!
KEINE ANGST.
ES IST EINE KÜNSTLICHE HAND.
ICH SOLLTE MICH BEI BILLY DAFÜR BEDANKEN.
OHNE IHN KÖNNTE ICH DICH NICHT SO BERÜHREN UND DIR MEINE GESCHICHTE ERZÄHLEN.
DASS MIR DER ARM ABHANDEN-GEKOMMEN IST, IST ALSO DOCH ZU ET-WAS GUT.
MISS JUIZ...
HÖR MIR...
... BITTE KURZ ZU, JA?

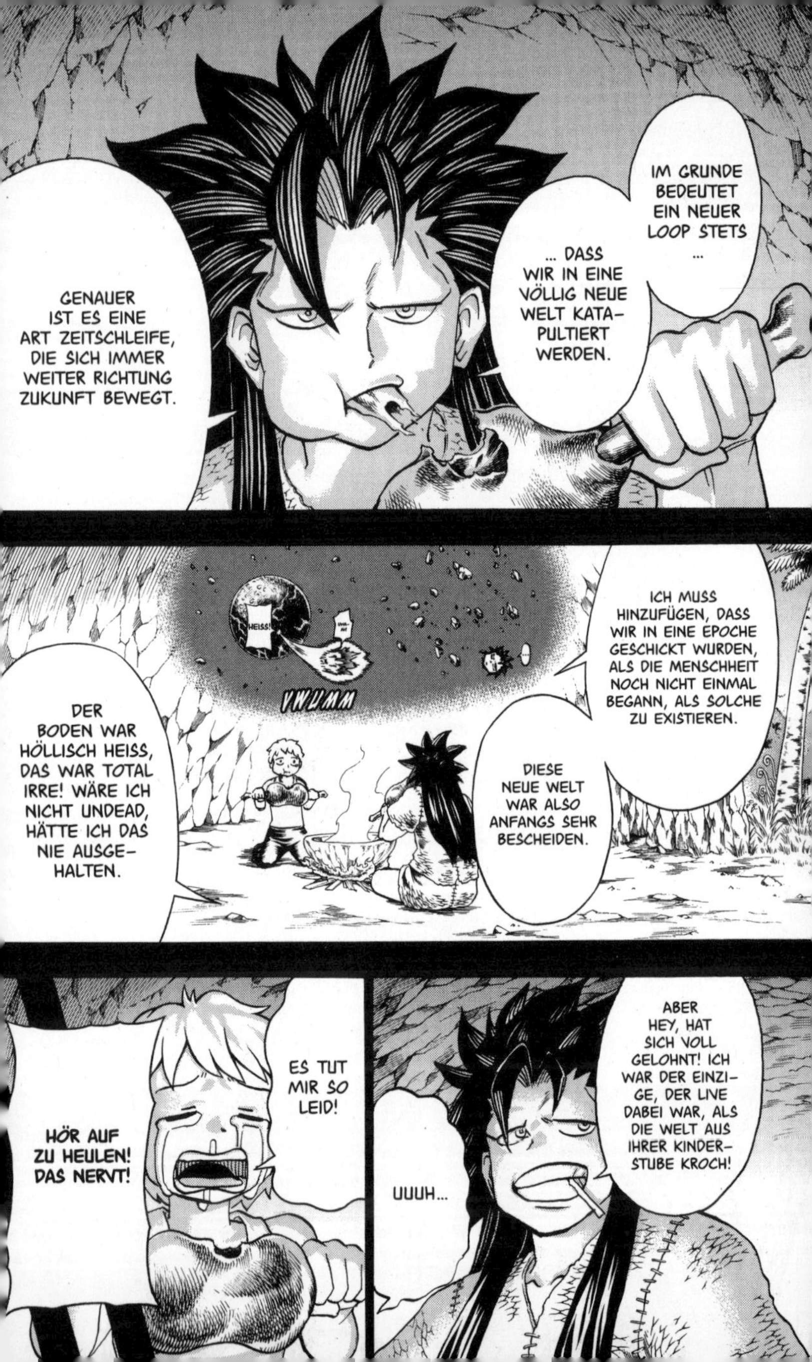

IM GRUNDE BEDEUTET EIN NEUER LOOP STETS ...
... DASS WIR IN EINE VÖLLIG NEUE WELT KATAPULTIERT WERDEN.
GENAUER IST ES EINE ART ZEITSCHLEIFE, DIE SICH IMMER WEITER RICHTUNG ZUKUNFT BEWEGT.
ICH MUSS HINZUFÜGEN, DASS WIR IN EINE EPOCHE GESCHICKT WURDEN, ALS DIE MENSCHHEIT NOCH NICHT EINMAL BEGANN, ALS SOLCHE ZU EXISTIEREN.
HEISS!
VWUMM
DIESE NEUE WELT WAR ALSO ANFANGS SEHR BESCHEIDEN.
DER BODEN WAR HÖLLISCH HEISS, DAS WAR TOTAL IRRE! WÄRE ICH NICHT UNDEAD, HÄTTE ICH DAS NIE AUSGEHALTEN.
ABER HEY, HAT SICH VOLL GELOHNT! ICH WAR DER EINZIGE, DER LIVE DABEI WAR, ALS DIE WELT AUS IHRER KINDERSTUBE KROCH!
UUUH...
ES TUT MIR SO LEID!
HÖR AUF ZU HEULEN! DAS NERVT!

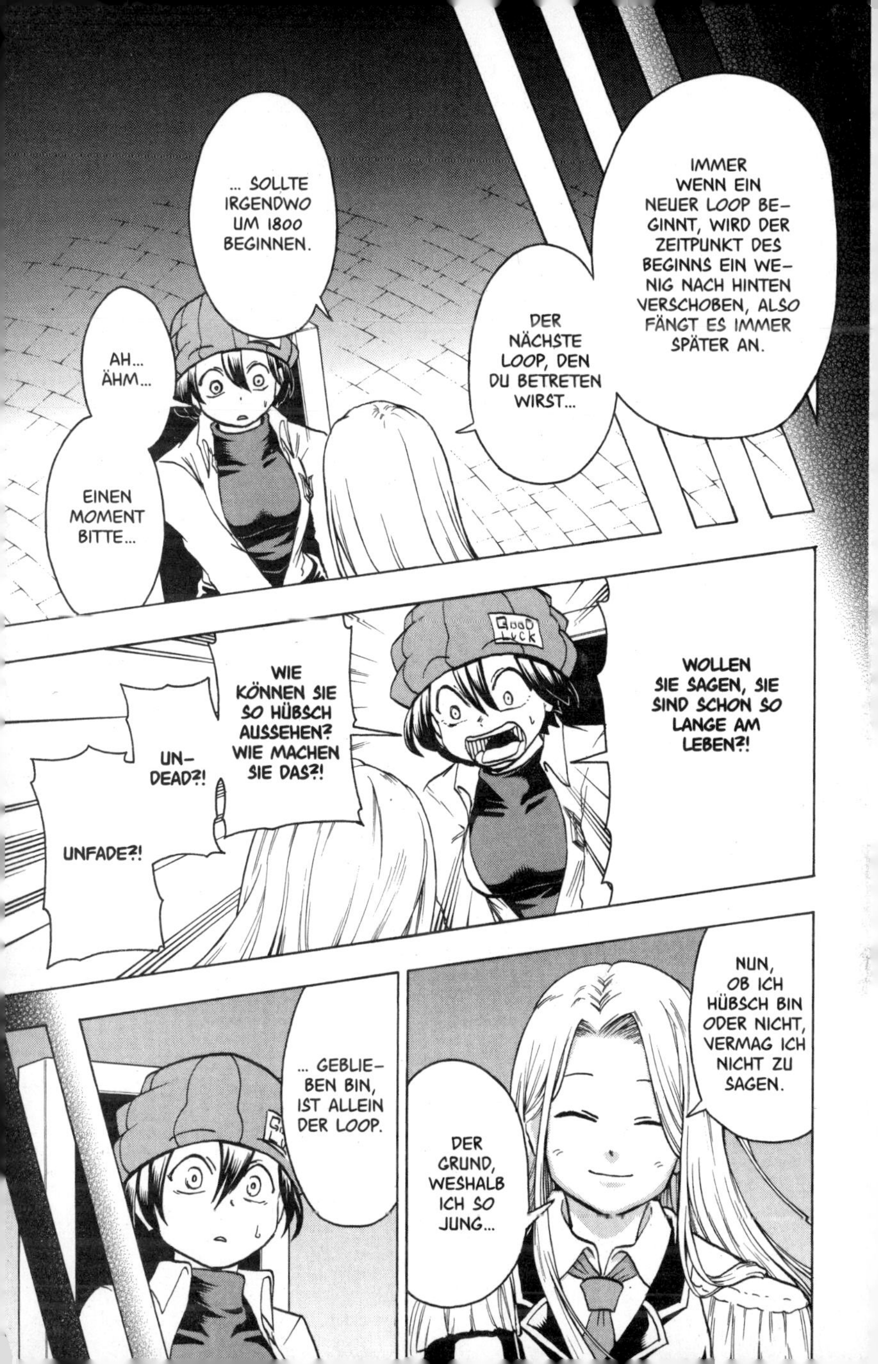
IMMER WENN EIN NEUER LOOP BE-GINNT, WIRD DER ZEITPUNKT DES BEGINNS EIN WE-NIG NACH HINTEN VERSCHOBEN, ALSO FÄNGT ES IMMER SPÄTER AN.
DER NÄCHSTE LOOP, DEN DU BETRETEN WIRST...
... SOLLTE IRGENDWO UM 1800 BEGINNEN.
AH... ÄHM...
EINEN MOMENT BITTE...
GOOD LUCK
WOLLEN SIE SAGEN, SIE SIND SCHON SO LANGE AM LEBEN?!
WIE KÖNNEN SIE SO HÜBSCH AUSSEHEN? WIE MACHEN SIE DAS?!
UN-DEAD?!
UNFADE?!
NUN, OB ICH HÜBSCH BIN ODER NICHT, VERMAG ICH NICHT ZU SAGEN.
DER GRUND, WESHALB ICH SO JUNG...
... GEBLIE-BEN BIN, IST ALLEIN DER LOOP.

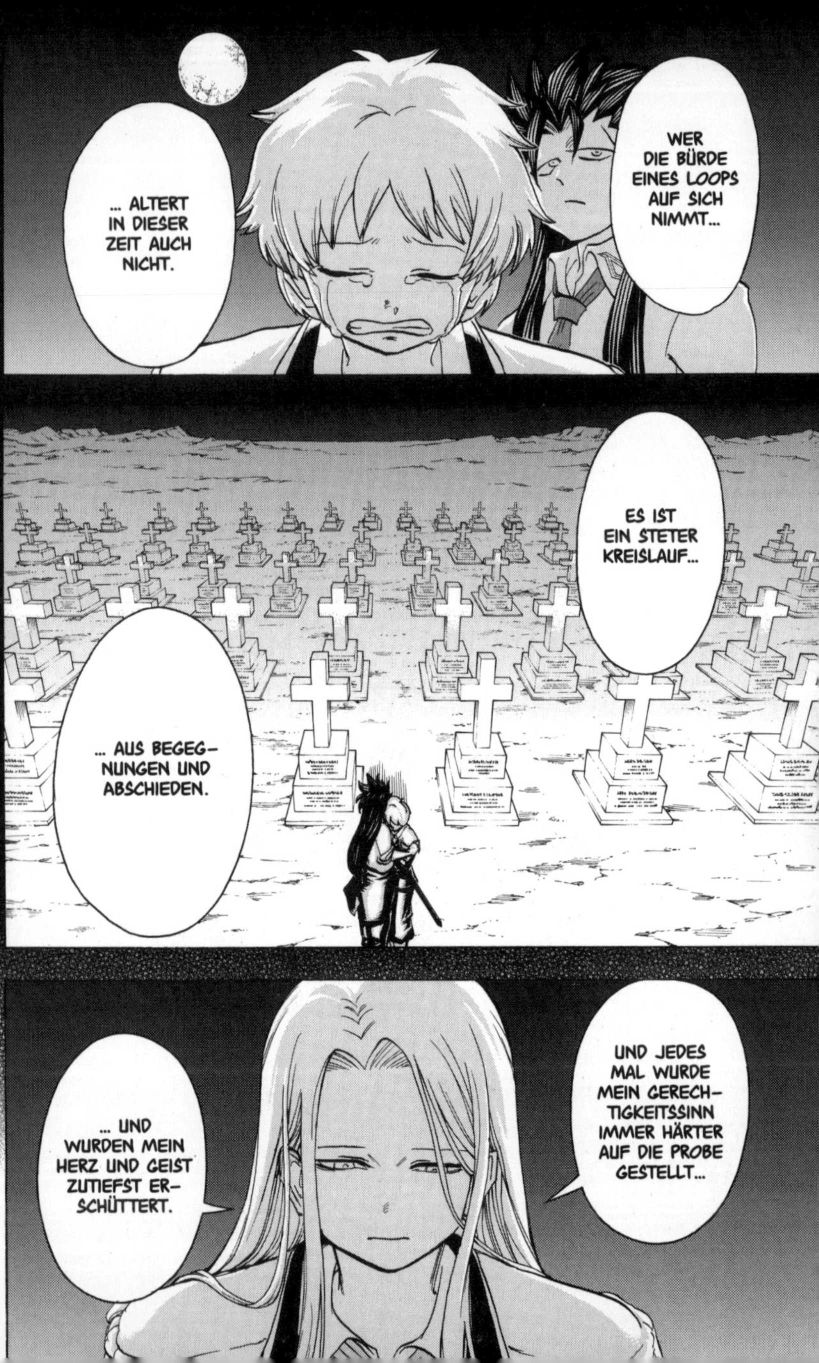
WER DIE BÜRDE EINES LOOPS AUF SICH NIMMT...
... ALTERT IN DIESER ZEIT AUCH NICHT.
ES IST EIN STETER KREISLAUF...
... AUS BEGEG-NUNGEN UND ABSCHIEDEN.
UND JEDES MAL WURDE MEIN GERECH-TIGKEITSSINN IMMER HÄRTER AUF DIE PROBE GESTELLT...
... UND WURDEN MEIN HERZ UND GEIST ZUTIEFST ER-SCHÜTTERT.

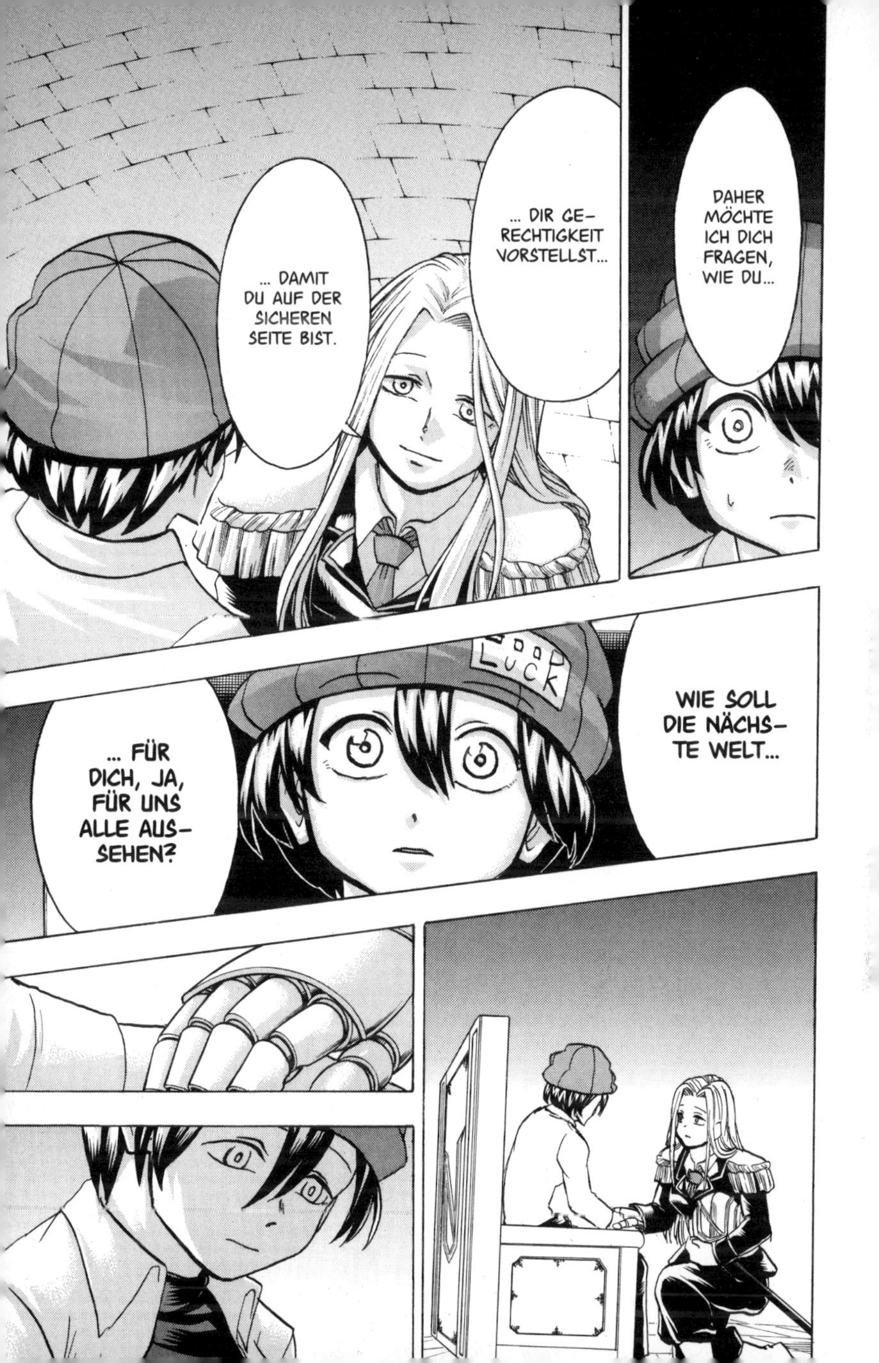
DAHER MÖCHTE ICH DICH FRAGEN, WIE DU...
... DIR GE-RECHTIGKEIT VORSTELLST...
... DAMIT DU AUF DER SICHEREN SEITE BIST.
WIE SOLL DIE NÄCHS-TE WELT...
... FÜR DICH, JA, FÜR UNS ALLE AUS-SEHEN?

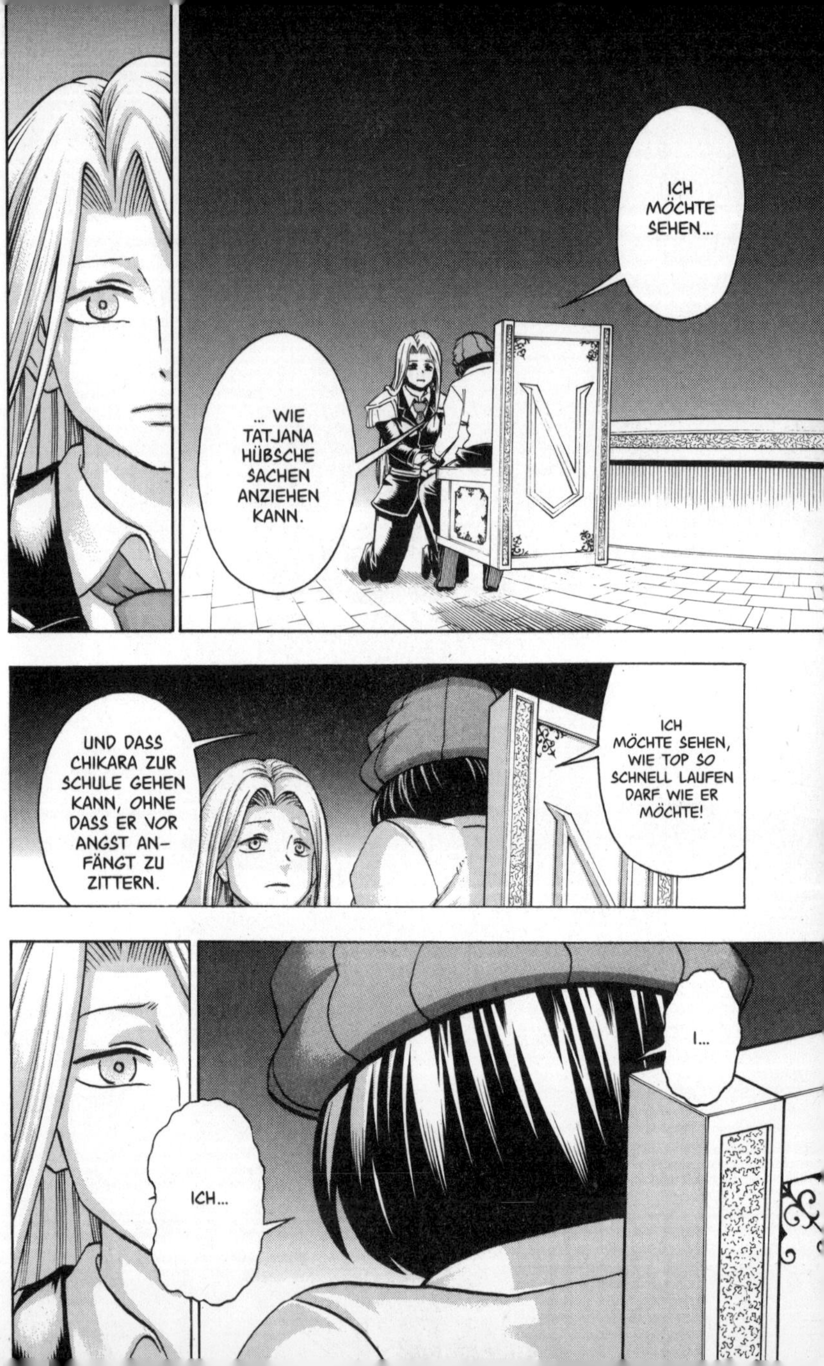
ICH MÖCHTE SEHEN...
... WIE TATJANA HÜBSCHE SACHEN ANZIEHEN KANN.
ICH MÖCHTE SEHEN, WIE TOP SO SCHNELL LAUFEN DARF WIE ER MÖCHTE!
UND DASS CHIKARA ZUR SCHULE GEHEN KANN, OHNE DASS ER VOR ANGST AN-FÄNGT ZU ZITTERN.
I...
ICH...

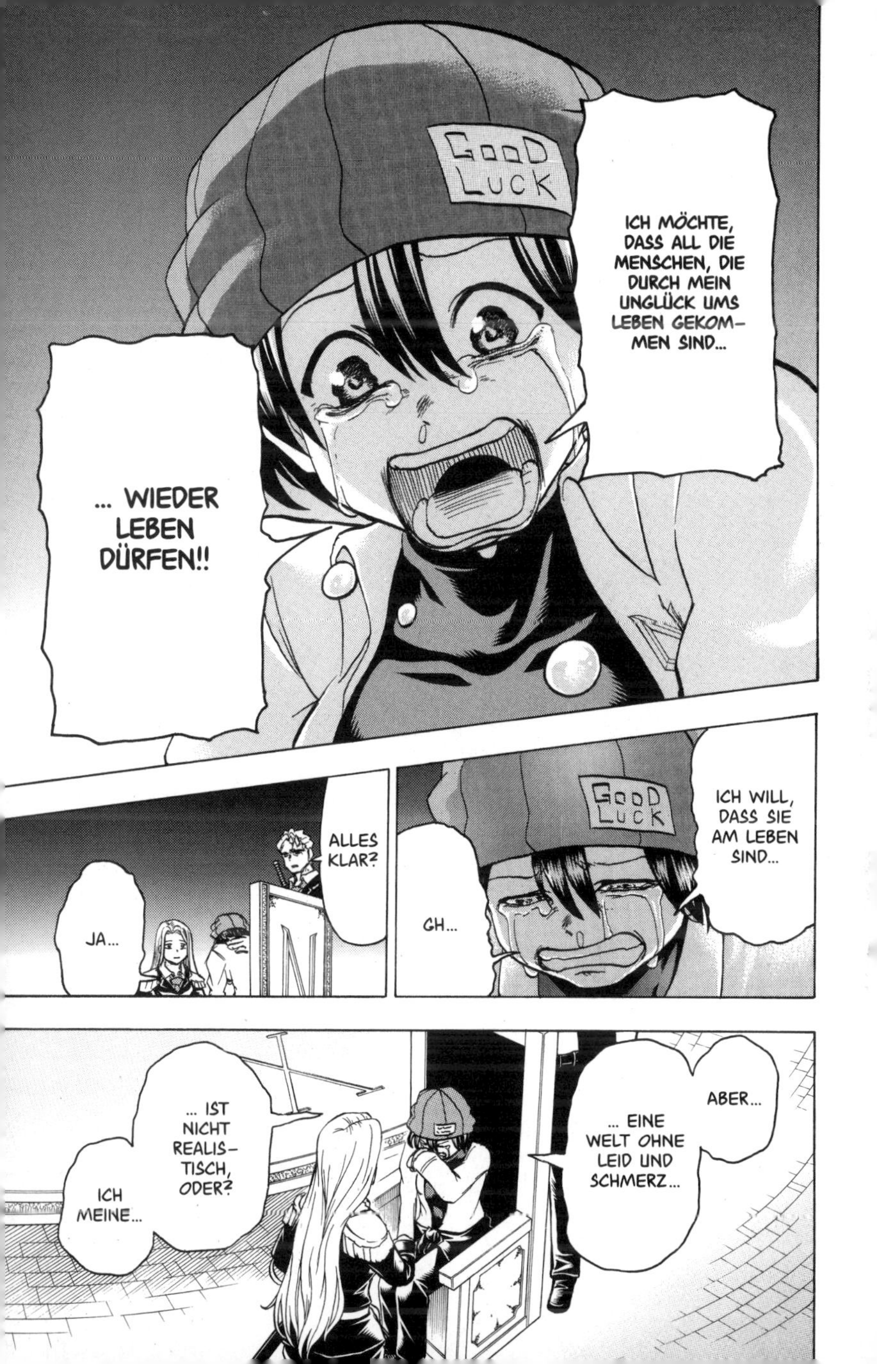

GOOD LUCK
ICH MÖCHTE, DASS ALL DIE MENSCHEN, DIE DURCH MEIN UNGLÜCK UMS LEBEN GEKOM-MEN SIND...
... WIEDER LEBEN DÜRFEN!!
GOOD LUCK
ICH WILL, DASS SIE AM LEBEN SIND...
GH...
ALLES KLAR?
JA...
ABER...
... EINE WELT OHNE LEID UND SCHMERZ...
... IST NICHT REALIS-TISCH, ODER?
ICH MEINE...

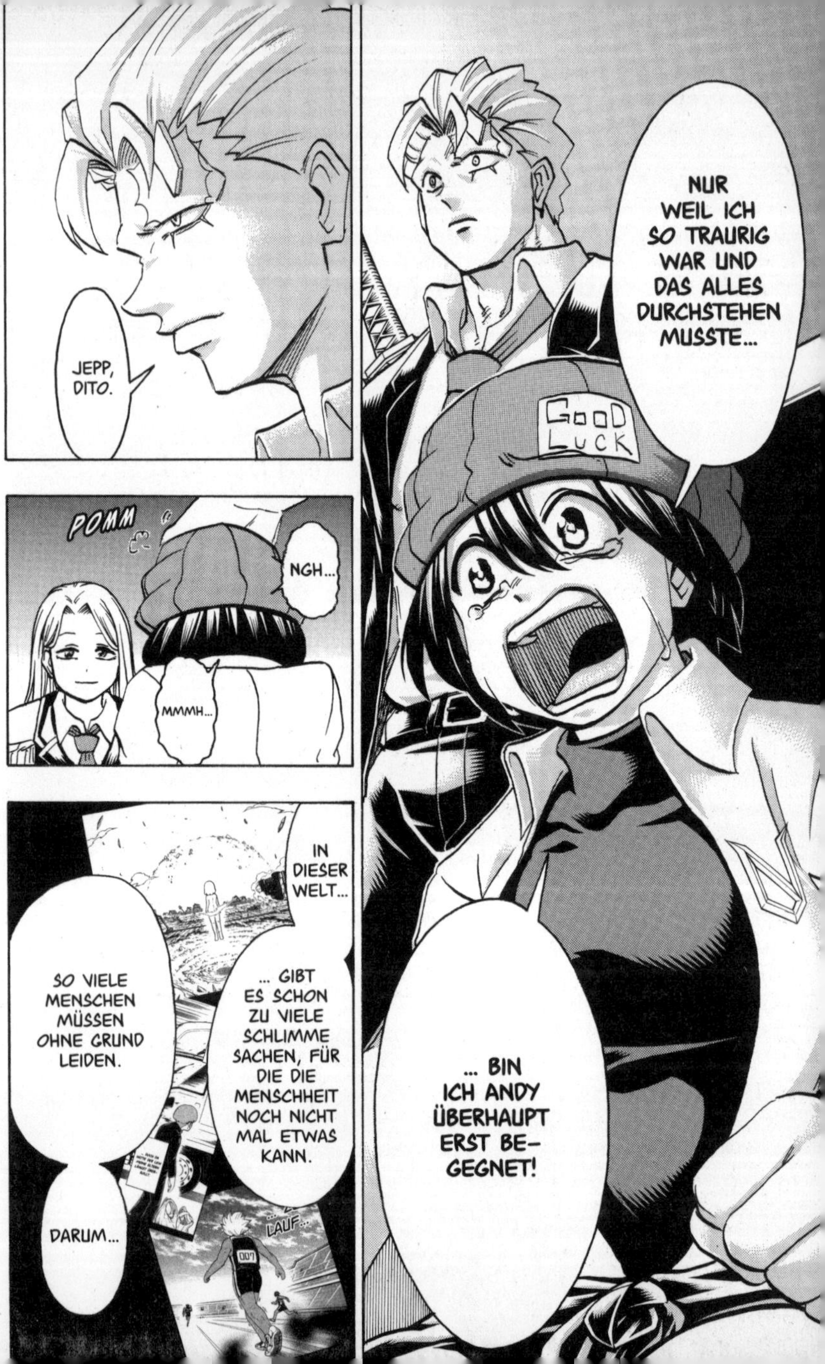
NUR WEIL ICH SO TRAURIG WAR UND DAS ALLES DURCHSTEHEN MUSSTE...
GOOD LUCK
... BIN ICH ANDY ÜBERHAUPT ERST BE-GEGNET!
JEPP, DITO.
POMM
NGH...
MMMH...
IN DIESER WELT...
... GIBT ES SCHON ZU VIELE SCHLIMME SACHEN, FÜR DIE DIE MENSCHHEIT NOCH NICHT MAL ETWAS KANN.
SO VIELE MENSCHEN MÜSSEN OHNE GRUND LEIDEN.
DARUM...
... LAUF...
007

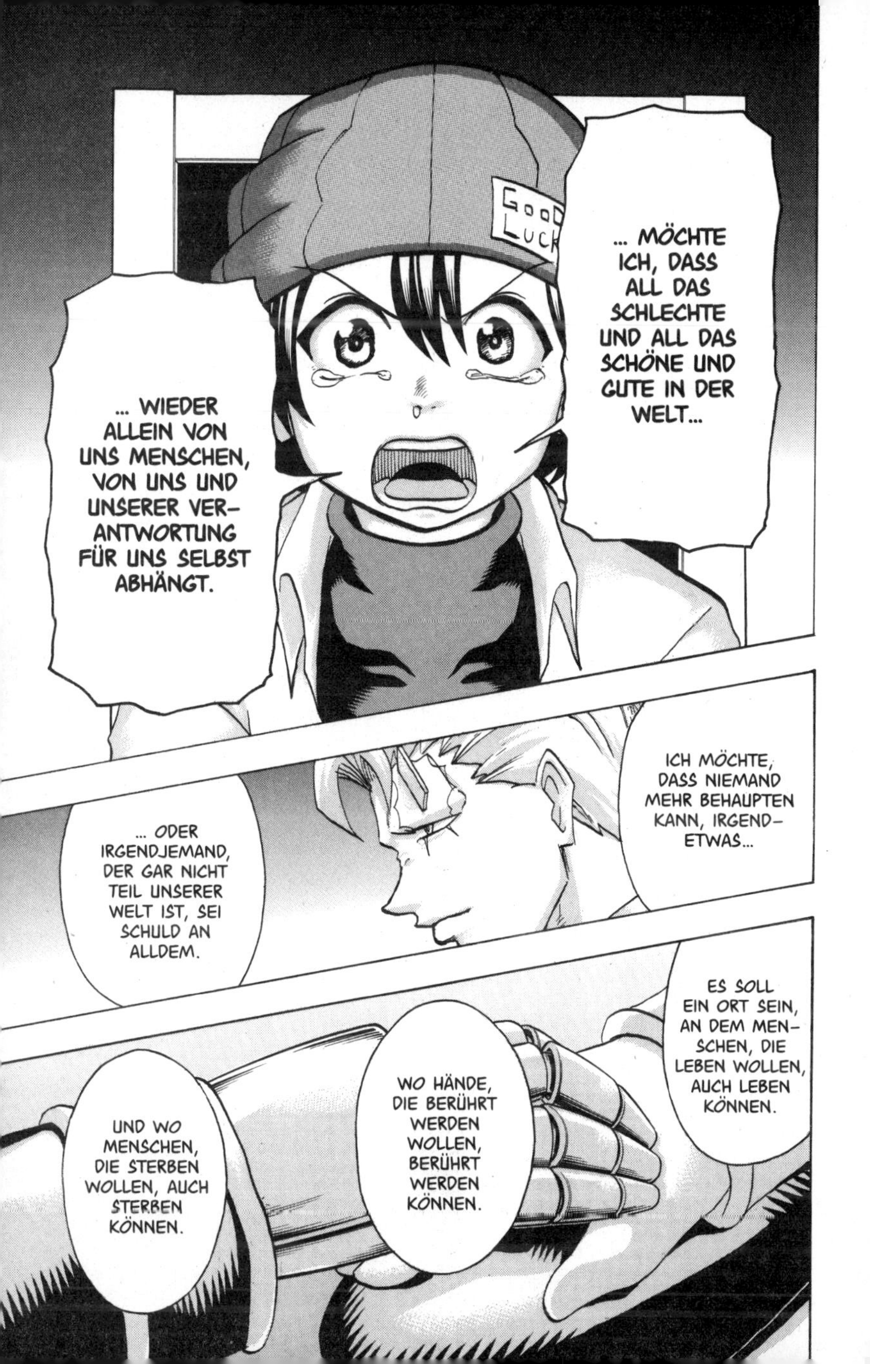
... MÖCHTE ICH, DASS ALL DAS SCHLECHTE UND ALL DAS SCHÖNE UND GUTE IN DER WELT...
... WIEDER ALLEIN VON UNS MENSCHEN, VON UNS UND UNSERER VER-ANTWORTUNG FÜR UNS SELBST ABHÄNGT.
ICH MÖCHTE, DASS NIEMAND MEHR BEHAUPTEN KANN, IRGEND-ETWAS...
... ODER IRGENDJEMAND, DER GAR NICHT TEIL UNSERER WELT IST, SEI SCHULD AN ALLDEM.
ES SOLL EIN ORT SEIN, AN DEM MEN-SCHEN, DIE LEBEN WOLLEN, AUCH LEBEN KÖNNEN.
WO HÄNDE, DIE BERÜHRT WERDEN WOLLEN, BERÜHRT WERDEN KÖNNEN.
UND WO MENSCHEN, DIE STERBEN WOLLEN, AUCH STERBEN KÖNNEN.

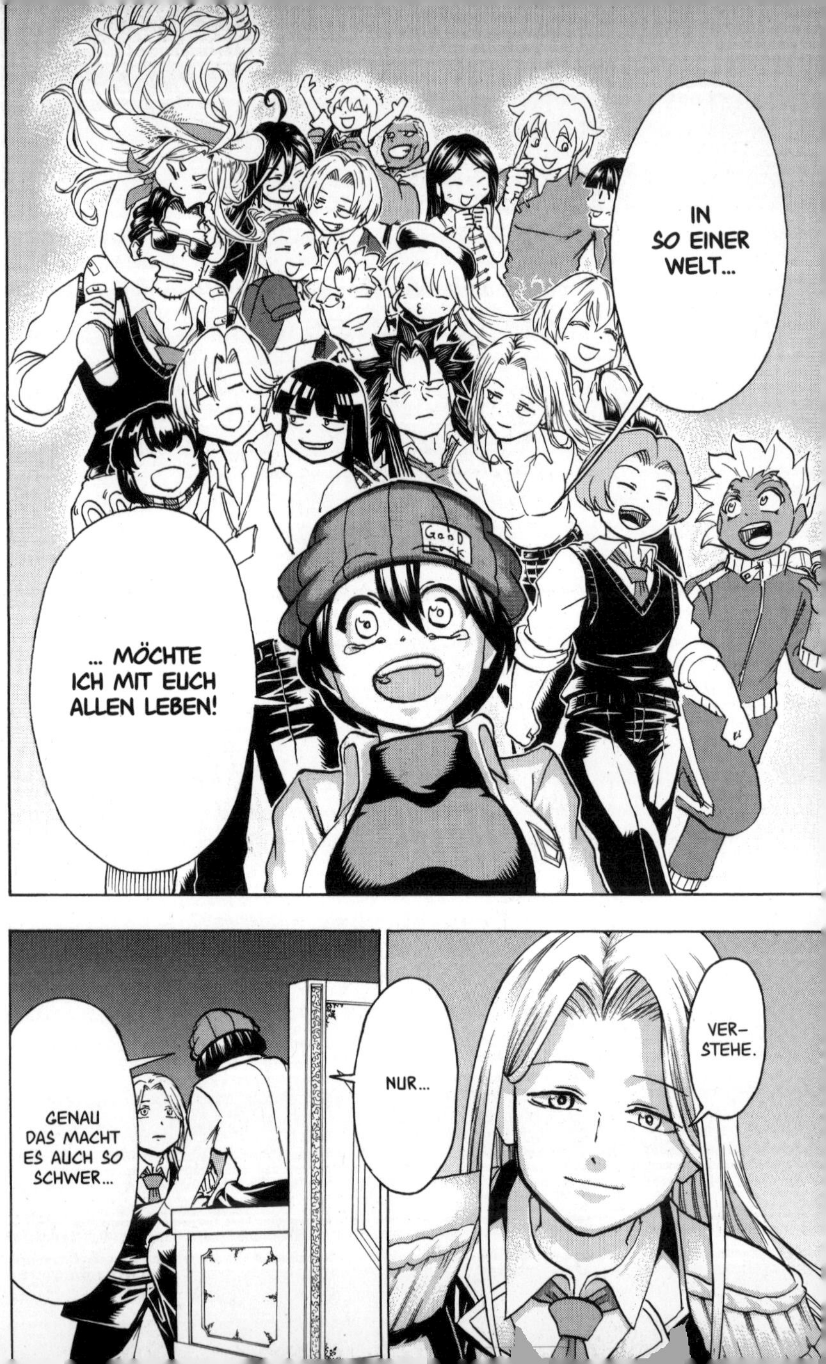
IN SO EINER WELT...
... MÖCHTE ICH MIT EUCH ALLEN LEBEN!
VER-STEHE.
NUR...
GENAU DAS MACHT ES AUCH SO SCHWER...

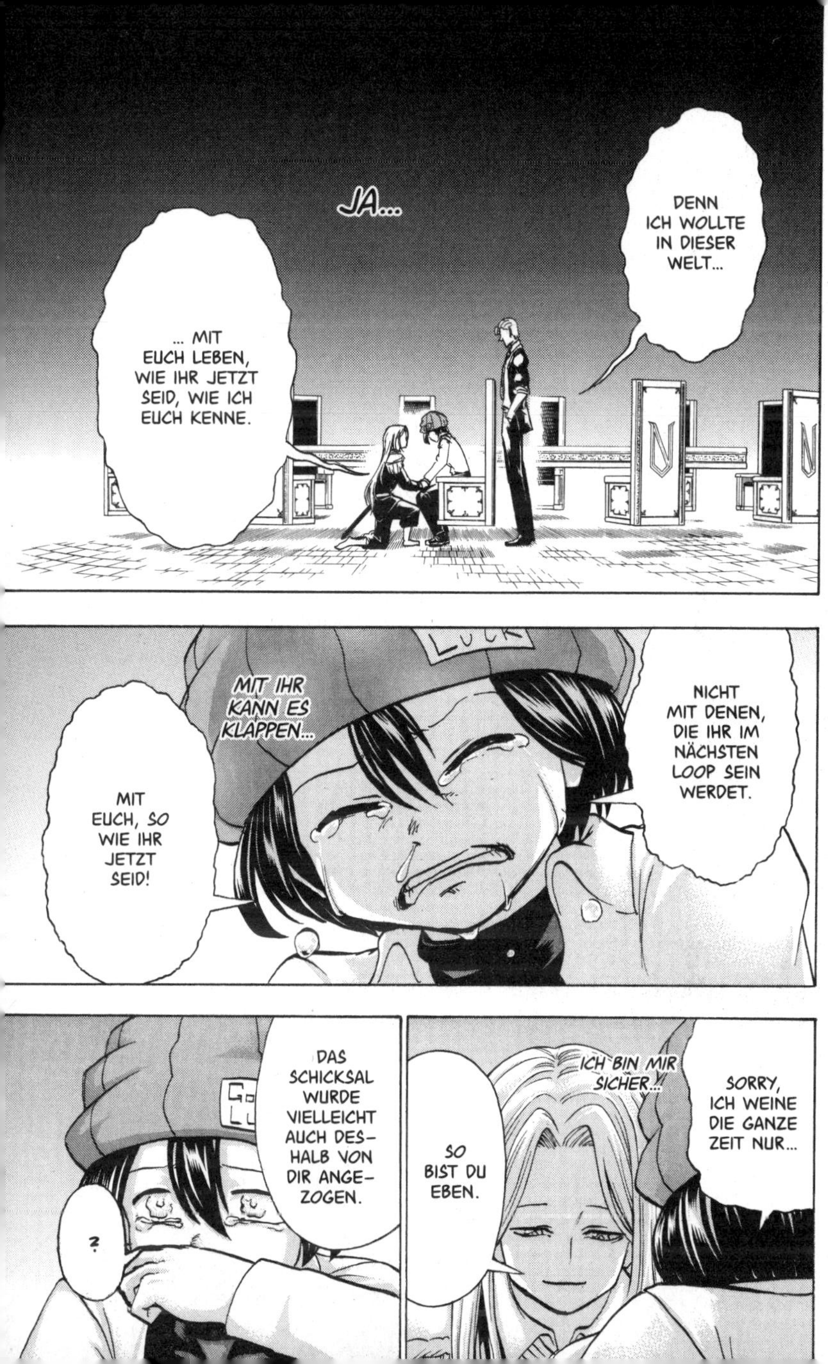
DENN ICH WOLLTE IN DIESER WELT...
JA...
... MIT EUCH LEBEN, WIE IHR JETZT SEID, WIE ICH EUCH KENNE.
NICHT MIT DENEN, DIE IHR IM NÄCHSTEN LOOP SEIN WERDET.
MIT IHR KANN ES KLAPPEN...
MIT EUCH, SO WIE IHR JETZT SEID!
SORRY, ICH WEINE DIE GANZE ZEIT NUR...
ICH BIN MIR SICHER...
SO BIST DU EBEN.
DAS SCHICKSAL WURDE VIELLEICHT AUCH DESHALB VON DIR ANGEZOGEN.
?

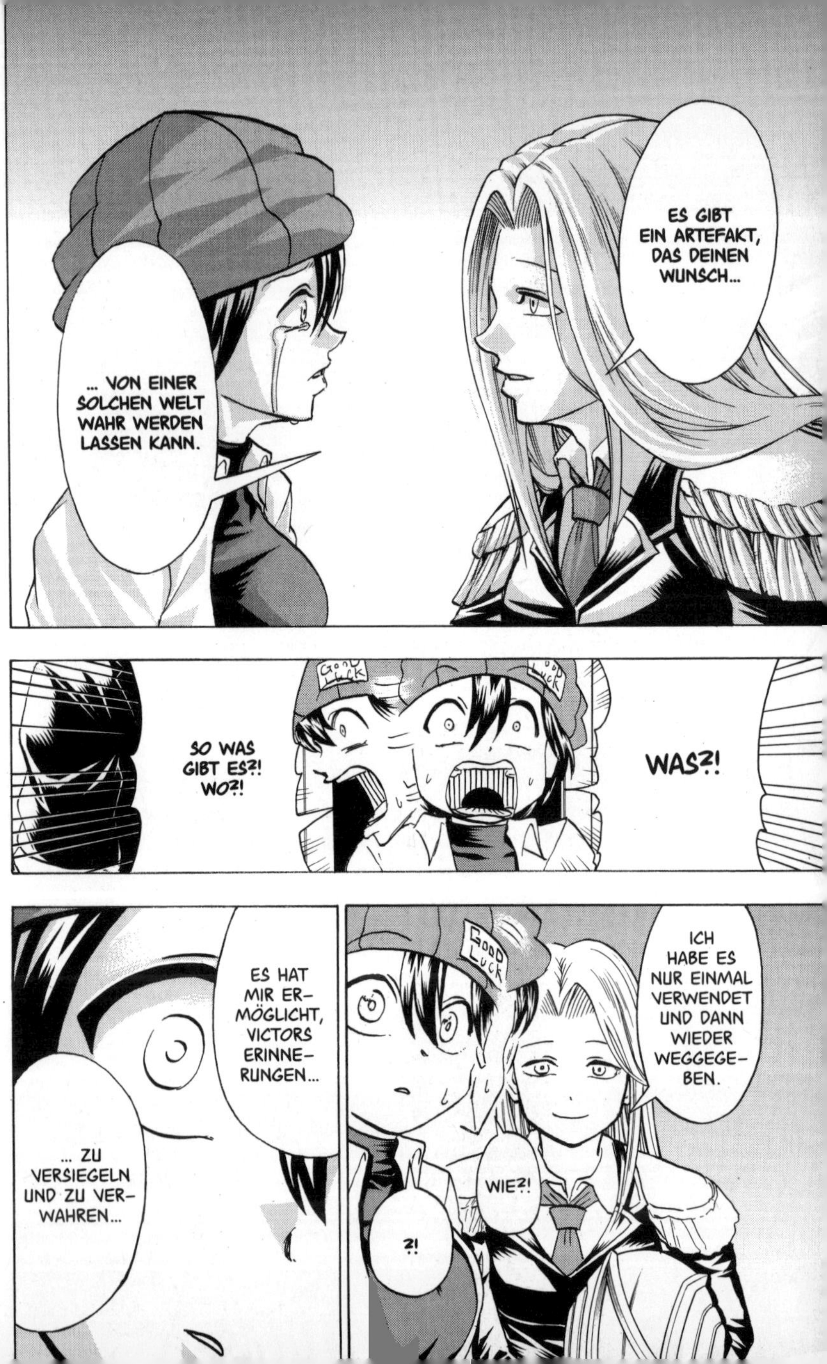
ES GIBT EIN ARTEFAKT, DAS DEINEN WUNSCH...
... VON EINER SOLCHEN WELT WAHR WERDEN LASSEN KANN.
WAS?!
SO WAS GIBT ES?! WO?!
ICH HABE ES NUR EINMAL VERWENDET UND DANN WIEDER WEGGEGE-BEN.
WIE?!
?!
ES HAT MIR ER-MÖGLICHT, VICTORS ERINNE-RUNGEN...
... ZU VERSIEGELN UND ZU VER-WAHREN...

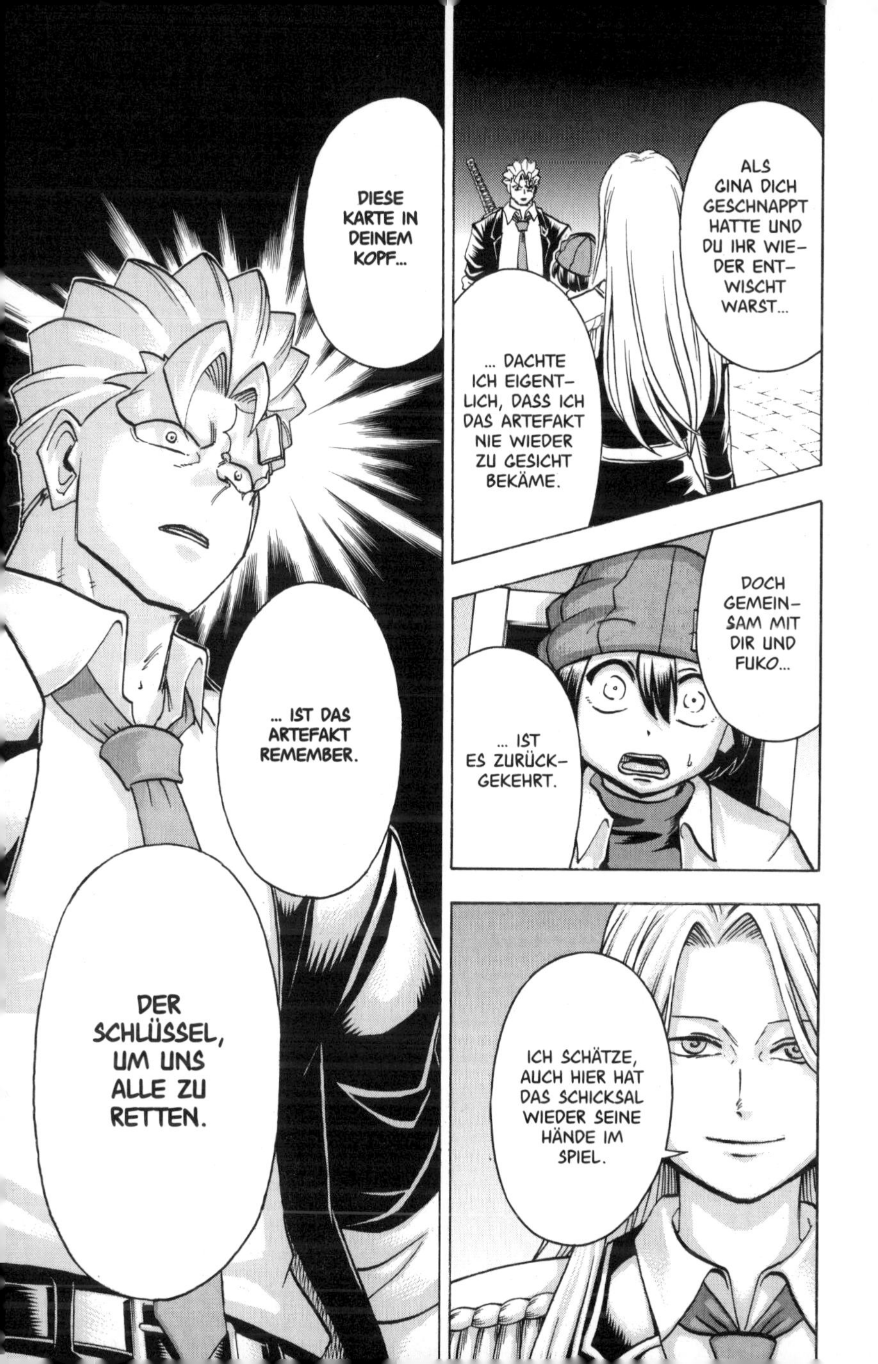
ALS GINA DICH GESCHNAPPT HATTE UND DU IHR WIE-DER ENT-WISCHT WARST...
... DACHTE ICH EIGENT-LICH, DASS ICH DAS ARTEFAKT NIE WIEDER ZU GESICHT BEKÄME.
DOCH GEMEIN-SAM MIT DIR UND FUKO...
... IST ES ZURÜCK-GEKEHRT.
ICH SCHÄTZE, AUCH HIER HAT DAS SCHICKSAL WIEDER SEINE HÄNDE IM SPIEL.
DIESE KARTE IN DEINEM KOPF...
... IST DAS ARTEFAKT REMEMBER.
DER SCHLÜSSEL, UM UNS ALLE ZU RETTEN.

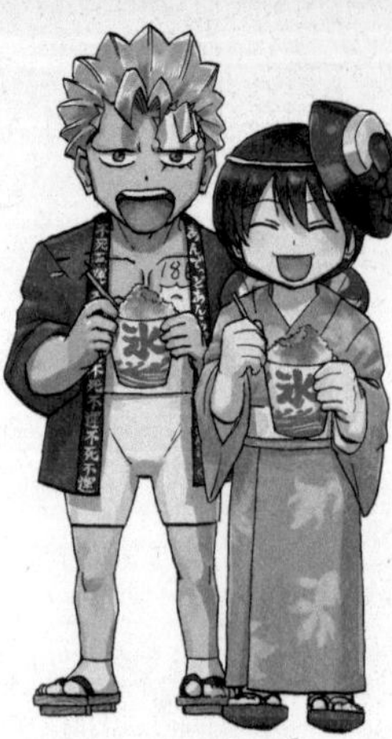

AUS DER WEEKLY JUMP 2022, AUSGABE 36/37

EIN PAAR INFOS ÜBER DIE GESTALTUNG DER UMSCHLAGINNENSEITE BEI WEEKLY JUMP

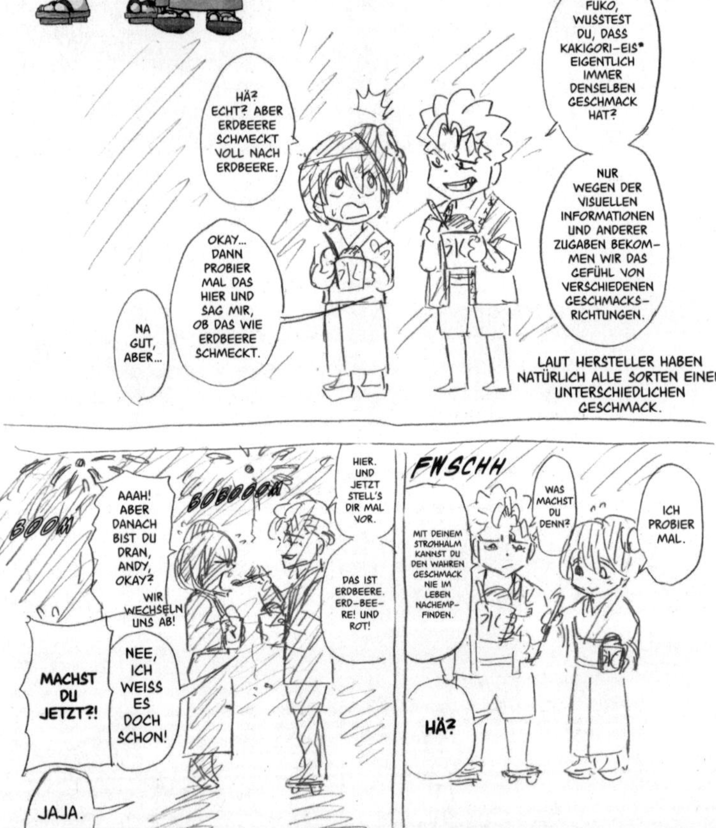

POST AUF X

* VOM EISBLOCK GESCHABTES EIS, SERVIERT MIT SIRUP, KONDENSMILCH UND FRÜCHTEN

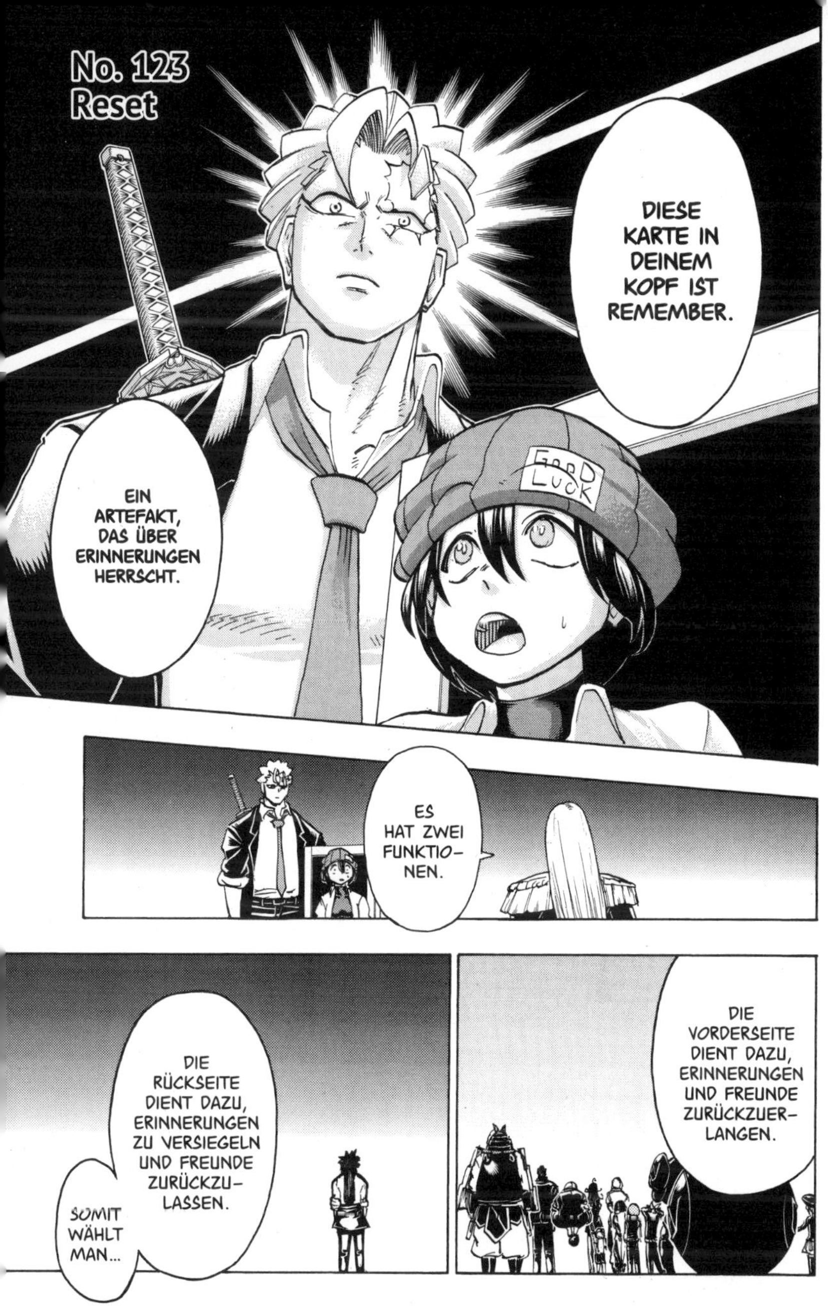
No. 123
Reset
DIESE KARTE IN DEINEM KOPF IST REMEMBER.
EIN ARTEFAKT, DAS ÜBER ERINNERUNGEN HERRSCHT.
ES HAT ZWEI FUNKTIONEN.
DIE VORDERSEITE DIENT DAZU, ERINNERUNGEN UND FREUNDE ZURÜCKZUERLANGEN.
DIE RÜCKSEITE DIENT DAZU, ERINNERUNGEN ZU VERSIEGELN UND FREUNDE ZURÜCKZULASSEN.
SOMIT WÄHLT MAN...

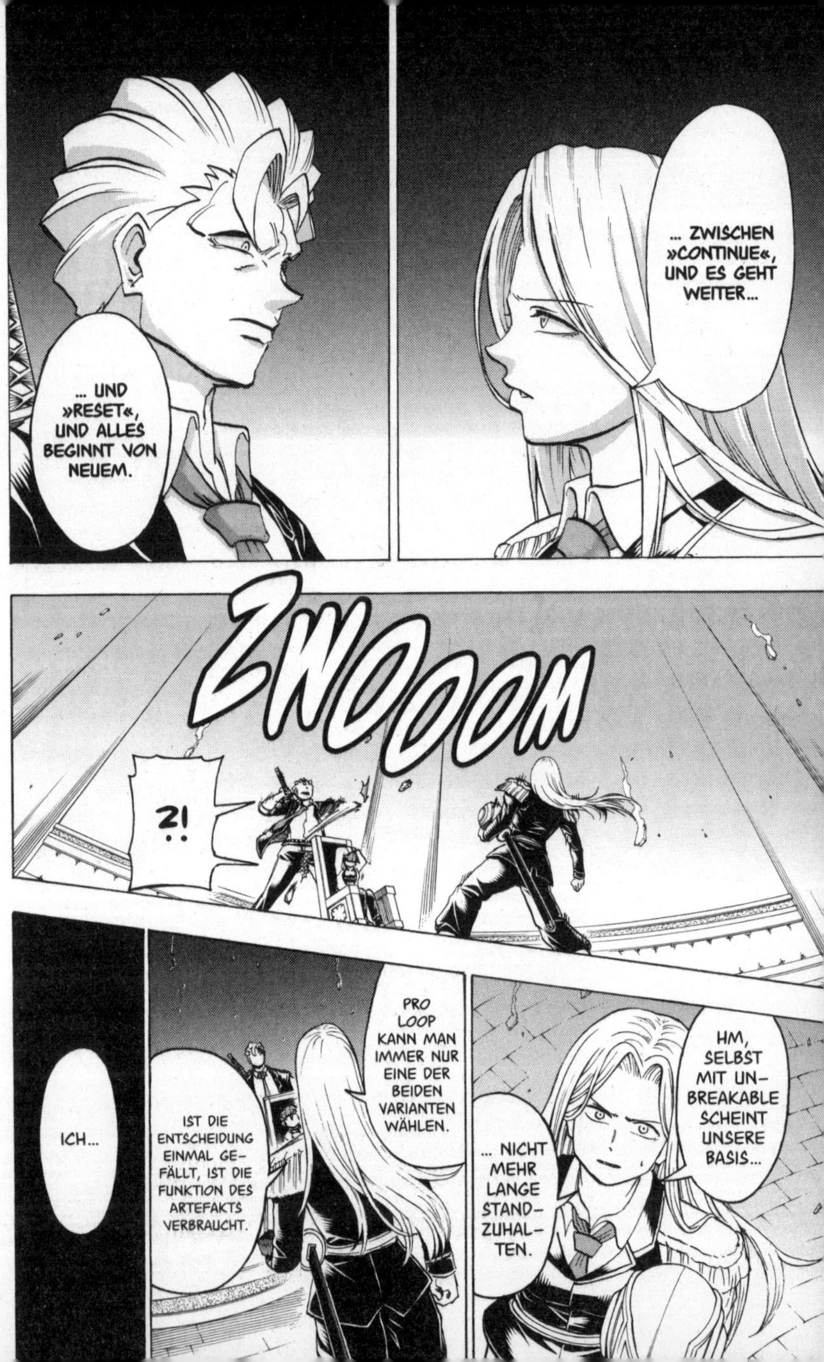

... ZWISCHEN »CONTINUE«, UND ES GEHT WEITER...
... UND »RESET«, UND ALLES BEGINNT VON NEUEM.
ZWOOOOM
Z!
HM, SELBST MIT UN-BREAKABLE SCHEINT UNSERE BASIS...
... NICHT MEHR LANGE STAND-ZUHAL-TEN.
PRO LOOP KANN MAN IMMER NUR EINE DER BEIDEN VARIANTEN WÄHLEN.
IST DIE ENTSCHEIDUNG EINMAL GE-FÄLLT, IST DIE FUNKTION DES ARTEFAKTS VERBRAUCHT.
ICH...

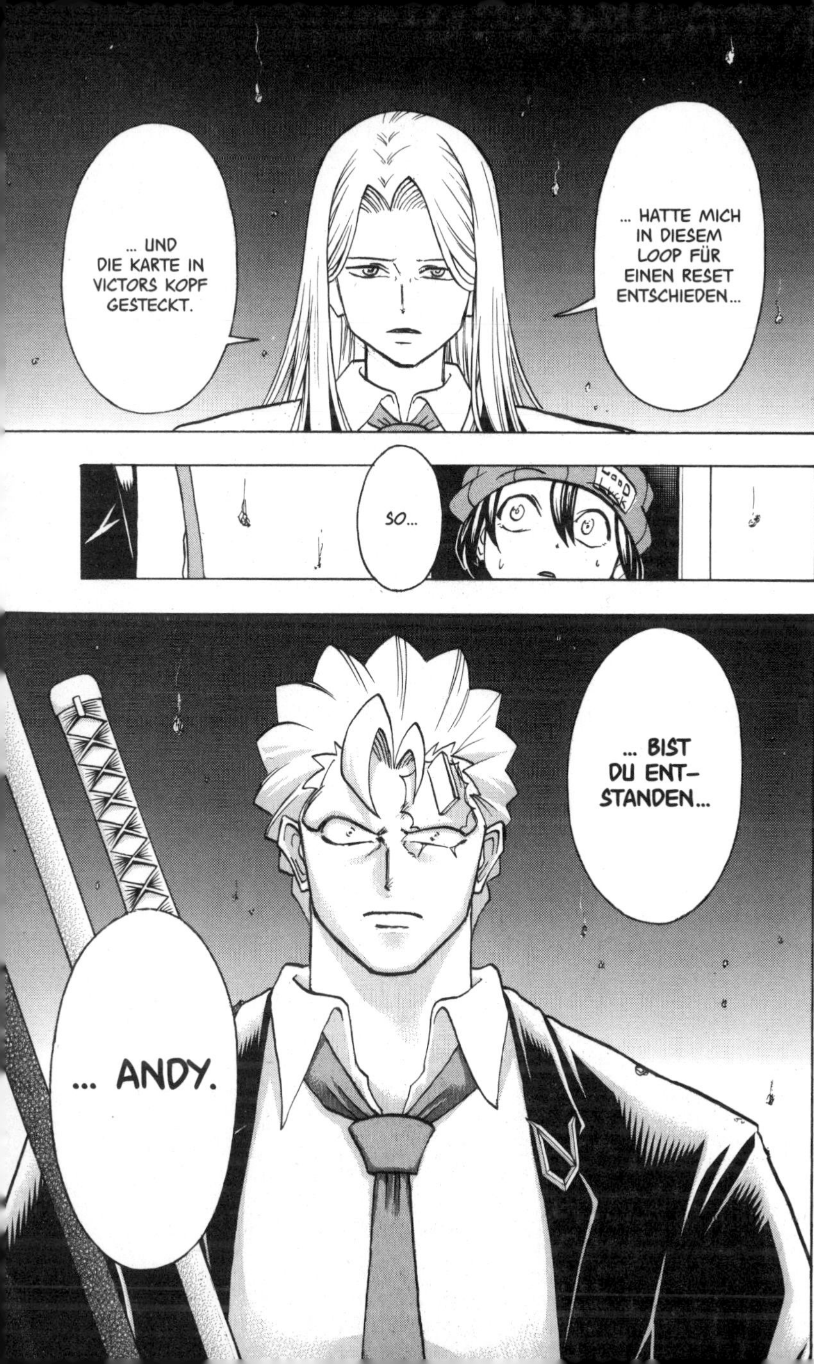
... HATTE MICH IN DIESEM LOOP FÜR EINEN RESET ENTSCHIEDEN...
... UND DIE KARTE IN VICTORS KOPF GESTECKT.
SO...
... BIST DU ENT-STANDEN...
... ANDY.

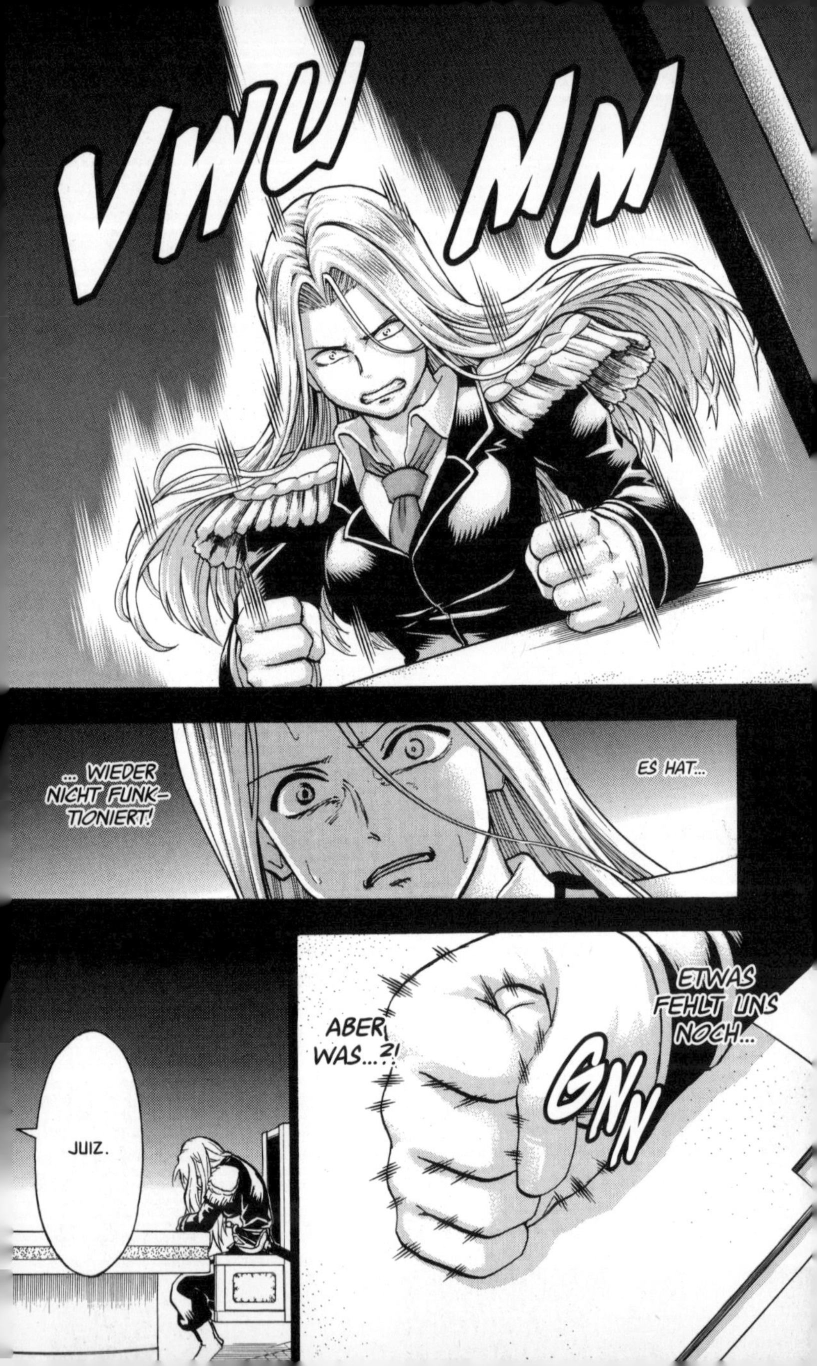
VWU MM
ES HAT...
... WIEDER NICHT FUNK-TIONIERT!
ETWAS FEHLT UNS NOCH...
GNN
ABER WAS...?!
JUIZ.

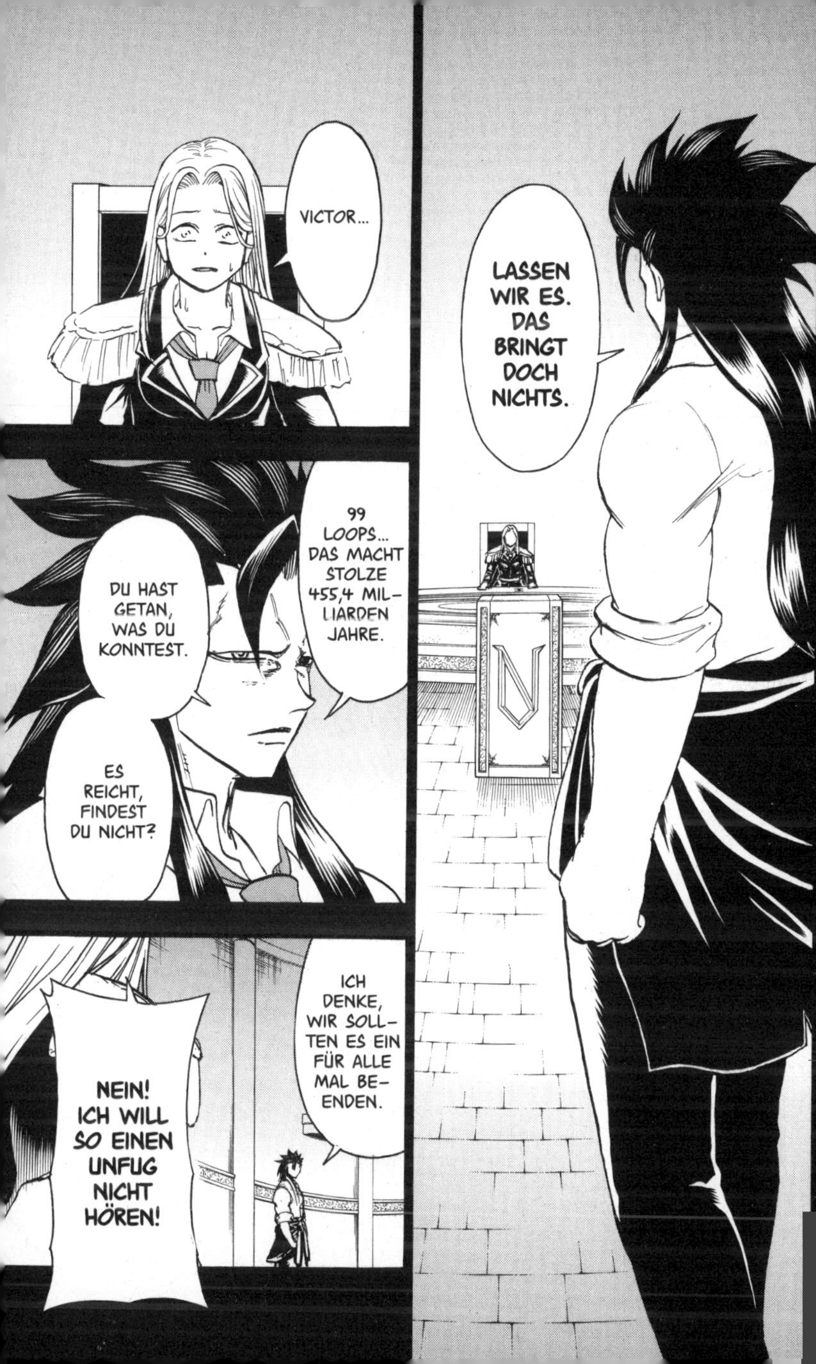
LASSEN WIR ES. DAS BRINGT DOCH NICHTS.
VICTOR...
99 LOOPS... DAS MACHT STOLZE 455,4 MILLIARDEN JAHRE.
DU HAST GETAN, WAS DU KONNTEST.
ES REICHT, FINDEST DU NICHT?
ICH DENKE, WIR SOLLTEN ES EIN FÜR ALLE MAL BEENDEN.
NEIN! ICH WILL SO EINEN UNFUG NICHT HÖREN!

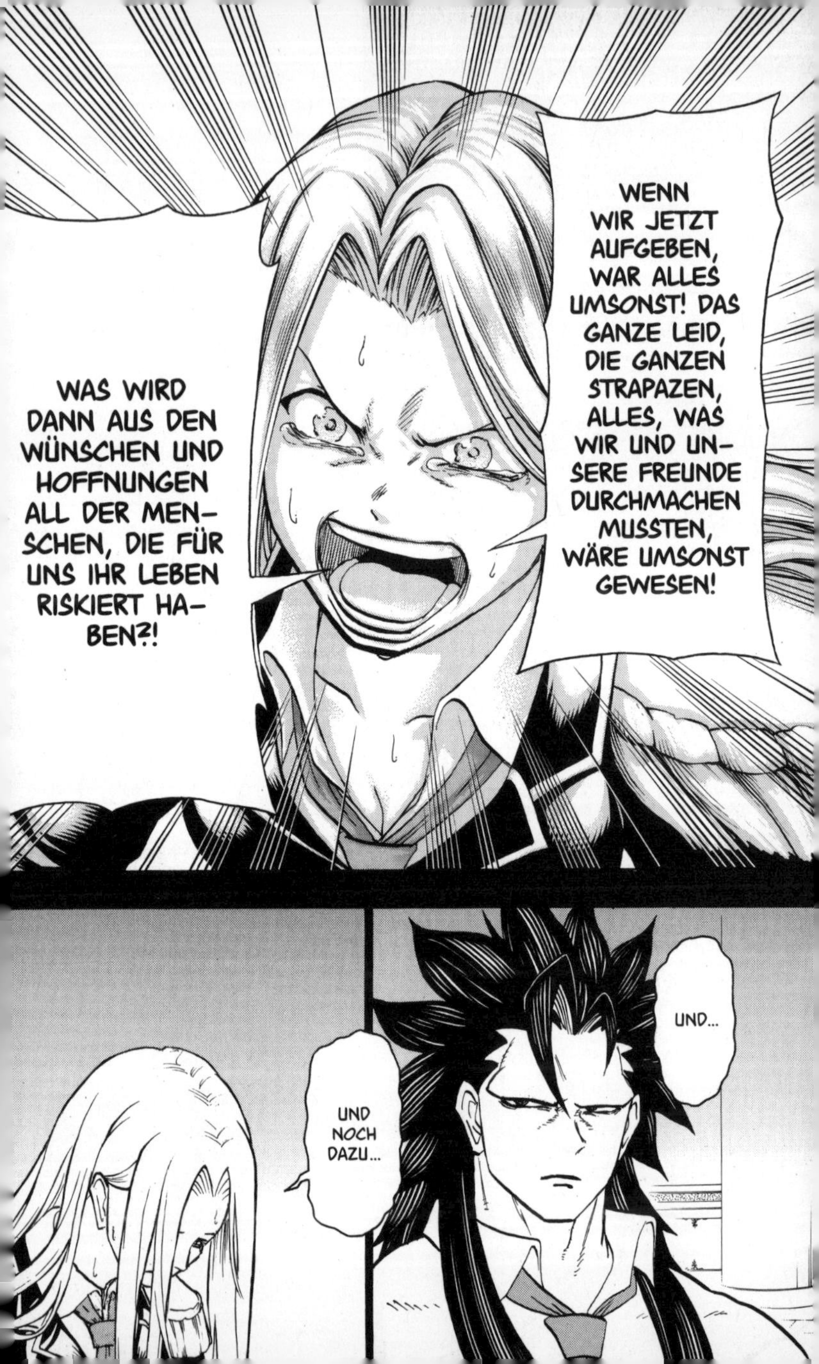
WENN WIR JETZT AUFGEBEN, WAR ALLES UMSONST! DAS GANZE LEID, DIE GANZEN STRAPAZEN, ALLES, WAS WIR UND UNSERE FREUNDE DURCHMACHEN MUSSTEN, WÄRE UMSONST GEWESEN!
WAS WIRD DANN AUS DEN WÜNSCHEN UND HOFFNUNGEN ALL DER MENSCHEN, DIE FÜR UNS IHR LEBEN RISKIERT HABEN?!
UND...
UND NOCH DAZU...

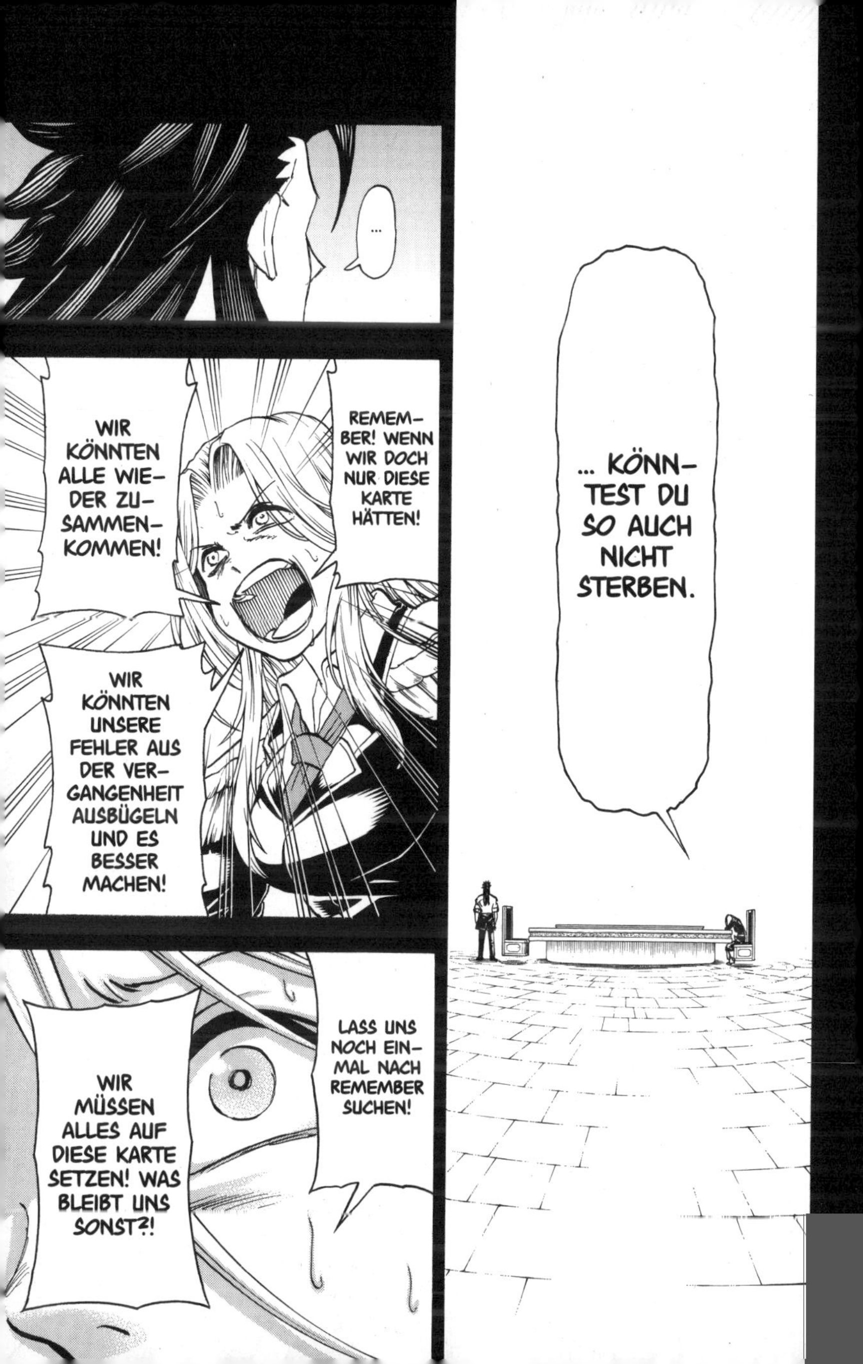
...
REMEMBER! WENN WIR DOCH NUR DIESE KARTE HÄTTEN!
WIR KÖNNTEN ALLE WIEDER ZUSAMMENKOMMEN!
WIR KÖNNTEN UNSERE FEHLER AUS DER VERGANGENHEIT AUSBÜGELN UND ES BESSER MACHEN!
LASS UNS NOCH EINMAL NACH REMEMBER SUCHEN!
WIR MÜSSEN ALLES AUF DIESE KARTE SETZEN! WAS BLEIBT UNS SONST?!
... KÖNNTEST DU SO AUCH NICHT STERBEN.

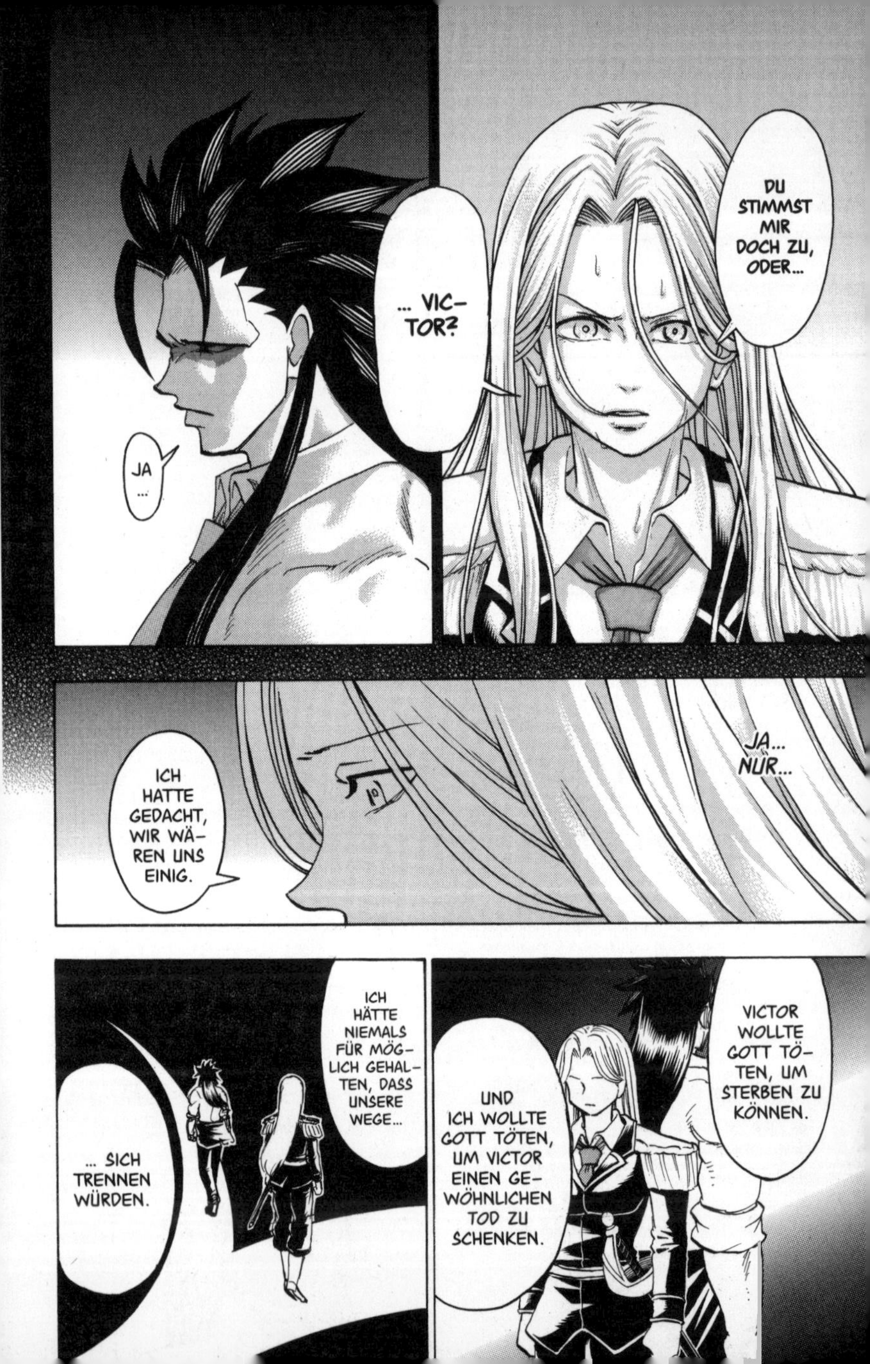
DU STIMMST MIR DOCH ZU, ODER...
... VICTOR?
JA ...
JA... NUR...
ICH HATTE GEDACHT, WIR WÄREN UNS EINIG.
VICTOR WOLLTE GOTT TÖTEN, UM STERBEN ZU KÖNNEN.
UND ICH WOLLTE GOTT TÖTEN, UM VICTOR EINEN GEWÖHNLICHEN TOD ZU SCHENKEN.
ICH HÄTTE NIEMALS FÜR MÖGLICH GEHALTEN, DASS UNSERE WEGE...
... SICH TRENNEN WÜRDEN.

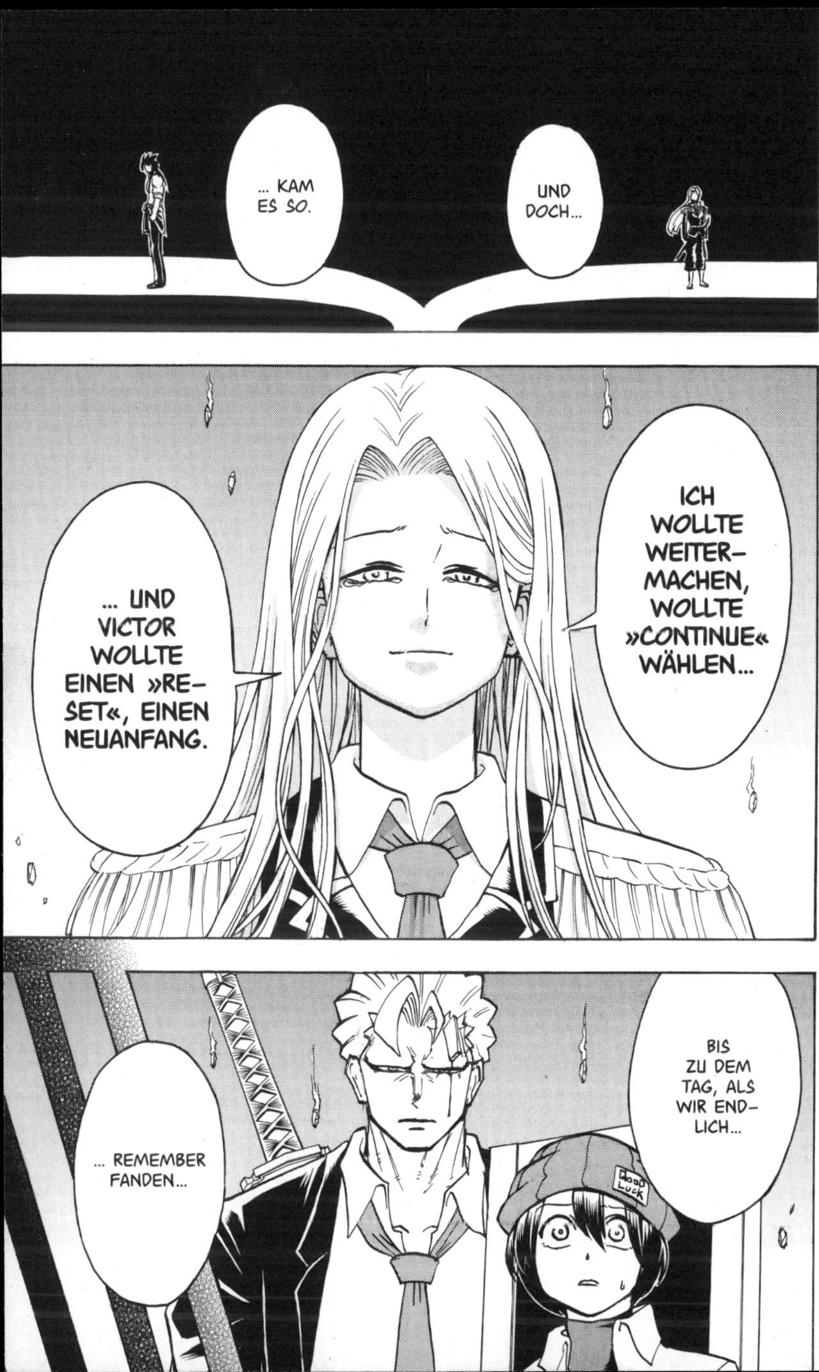
UND DOCH...
... KAM ES SO.
ICH WOLLTE WEITER-MACHEN, WOLLTE »CONTINUE« WÄHLEN...
... UND VICTOR WOLLTE EINEN »RE-SET«, EINEN NEUANFANG.
BIS ZU DEM TAG, ALS WIR END-LICH...
... REMEMBER FANDEN...

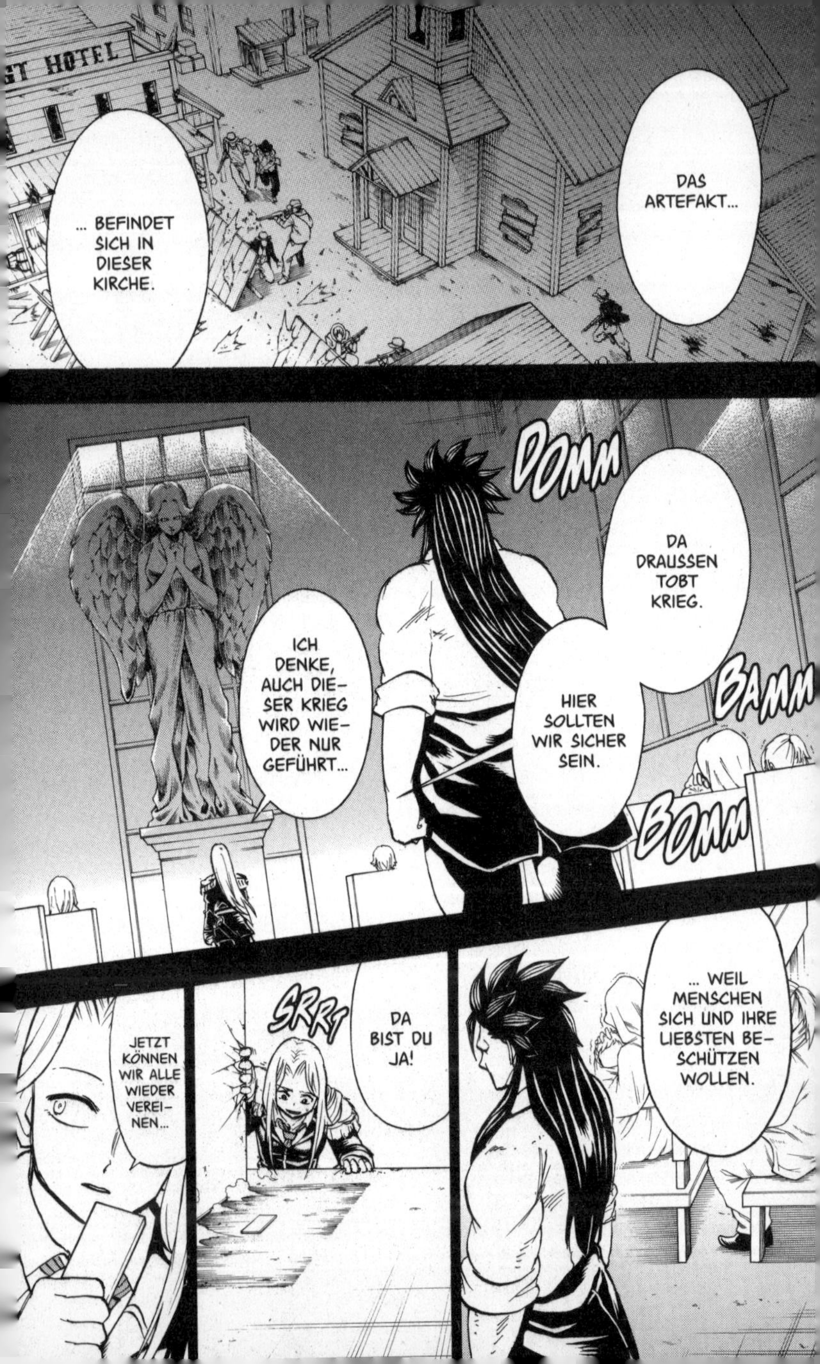
HOTEL
DAS ARTEFAKT...
... BEFINDET SICH IN DIESER KIRCHE.
DOMM
DA DRAUSSEN TOBT KRIEG.
BAMM
HIER SOLLTEN WIR SICHER SEIN.
BOMM
ICH DENKE, AUCH DIESER KRIEG WIRD WIEDER NUR GEFÜHRT...
... WEIL MENSCHEN SICH UND IHRE LIEBSTEN BESCHÜTZEN WOLLEN.
DA BIST DU JA!
JETZT KÖNNEN WIR ALLE WIEDER VEREINEN...

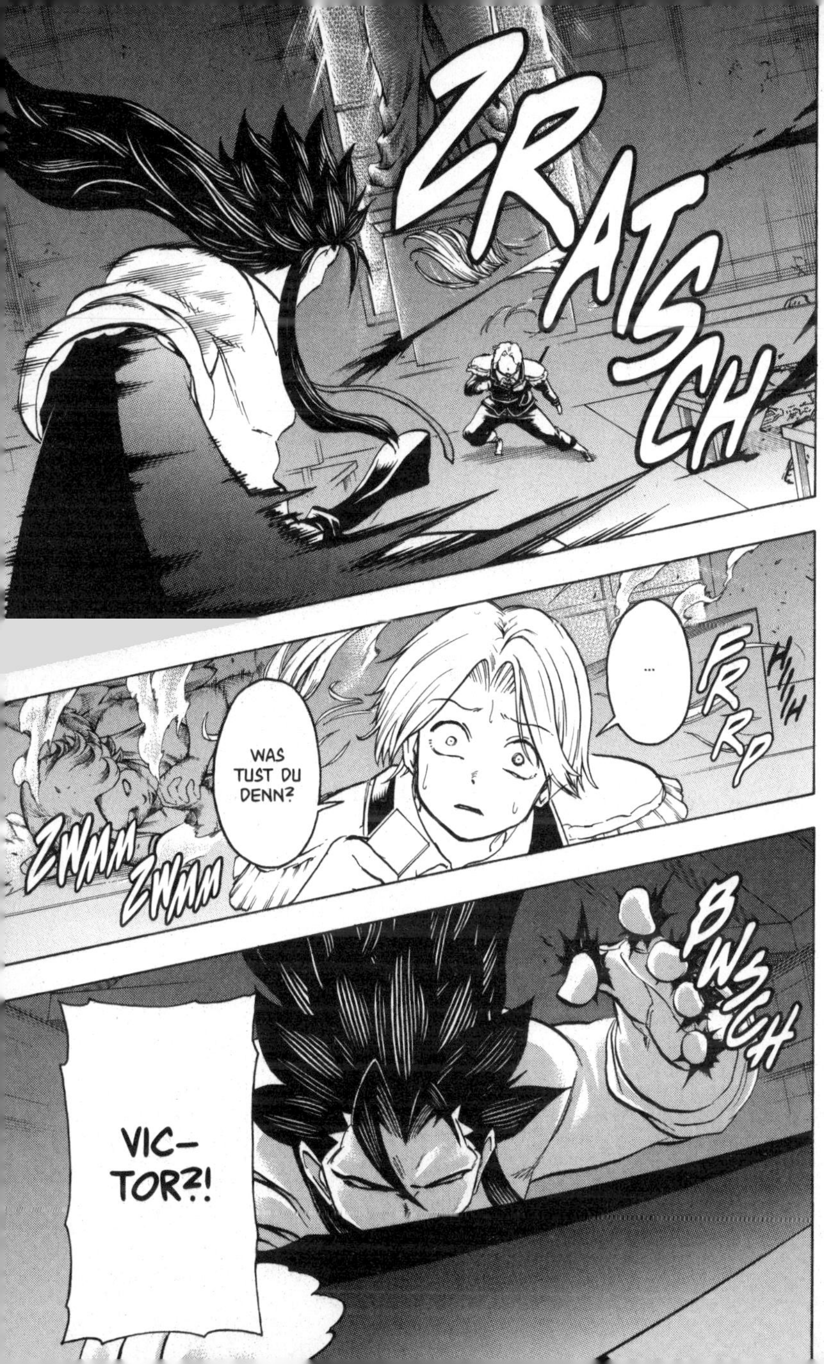
ZRATSCH
...
FRRP
WAS TUST DU DENN?
ZWMM ZWMM
BWSCH
VIC-TOR?!

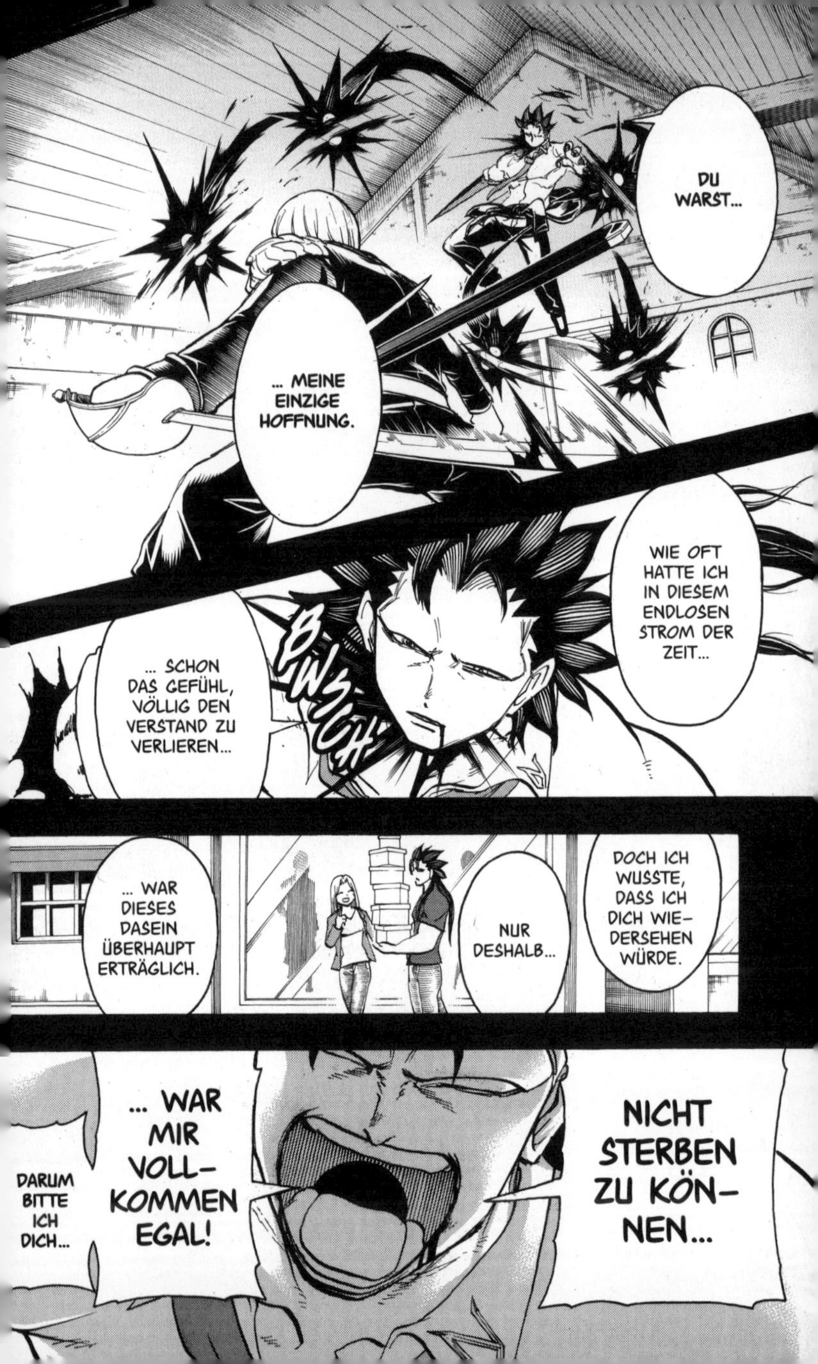
DU WARST...
... MEINE EINZIGE HOFFNUNG.
WIE OFT HATTE ICH IN DIESEM ENDLOSEN STROM DER ZEIT...
... SCHON DAS GEFÜHL, VÖLLIG DEN VERSTAND ZU VERLIEREN...
DOCH ICH WUSSTE, DASS ICH DICH WIE-DERSEHEN WÜRDE.
NUR DESHALB...
... WAR DIESES DASEIN ÜBERHAUPT ERTRÄGLICH.
NICHT STERBEN ZU KÖN-NEN...
... WAR MIR VOLL-KOMMEN EGAL!
DARUM BITTE ICH DICH...

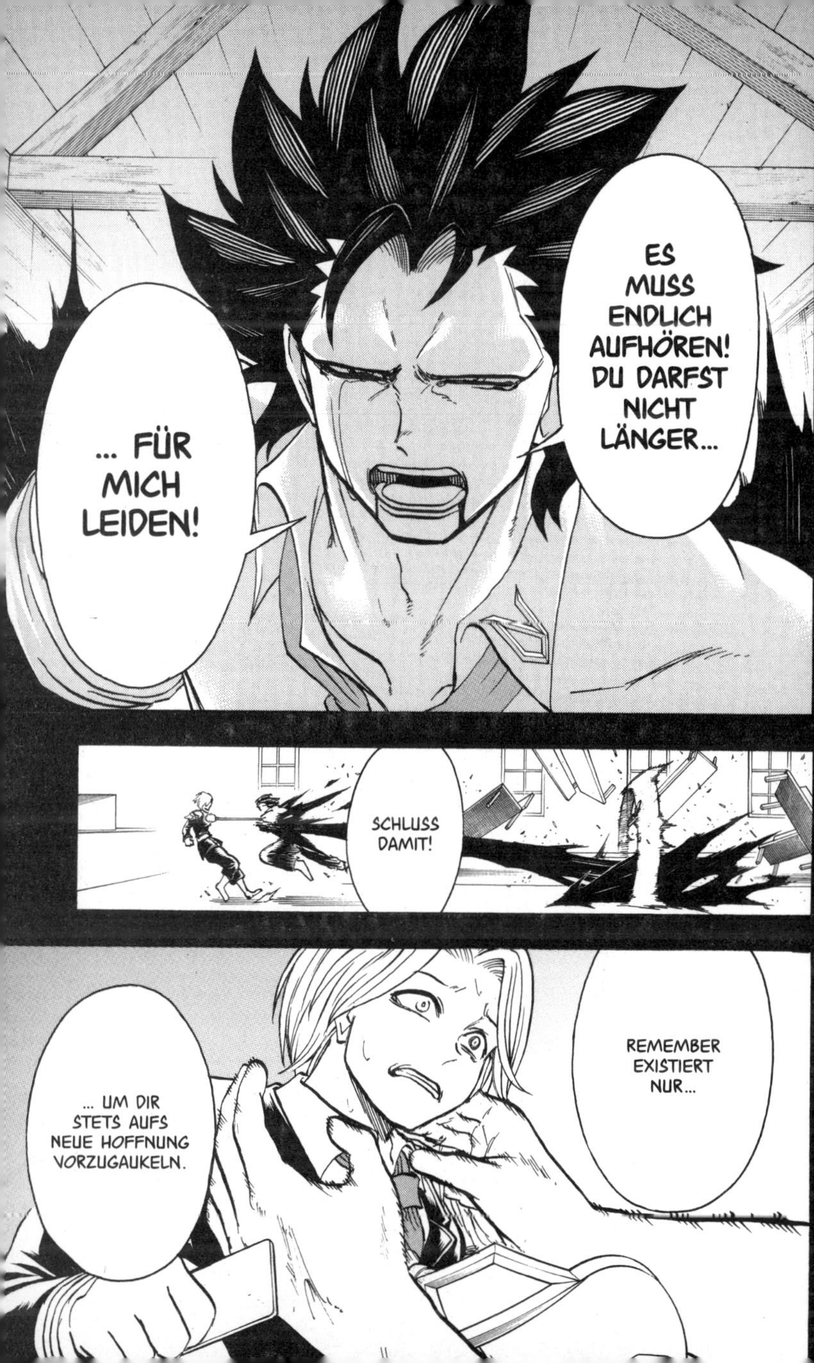
ES MUSS ENDLICH AUFHÖREN! DU DARFST NICHT LÄNGER...
... FÜR MICH LEIDEN!
SCHLUSS DAMIT!
REMEMBER EXISTIERT NUR...
... UM DIR STETS AUFS NEUE HOFFNUNG VORZUGAUKELN.

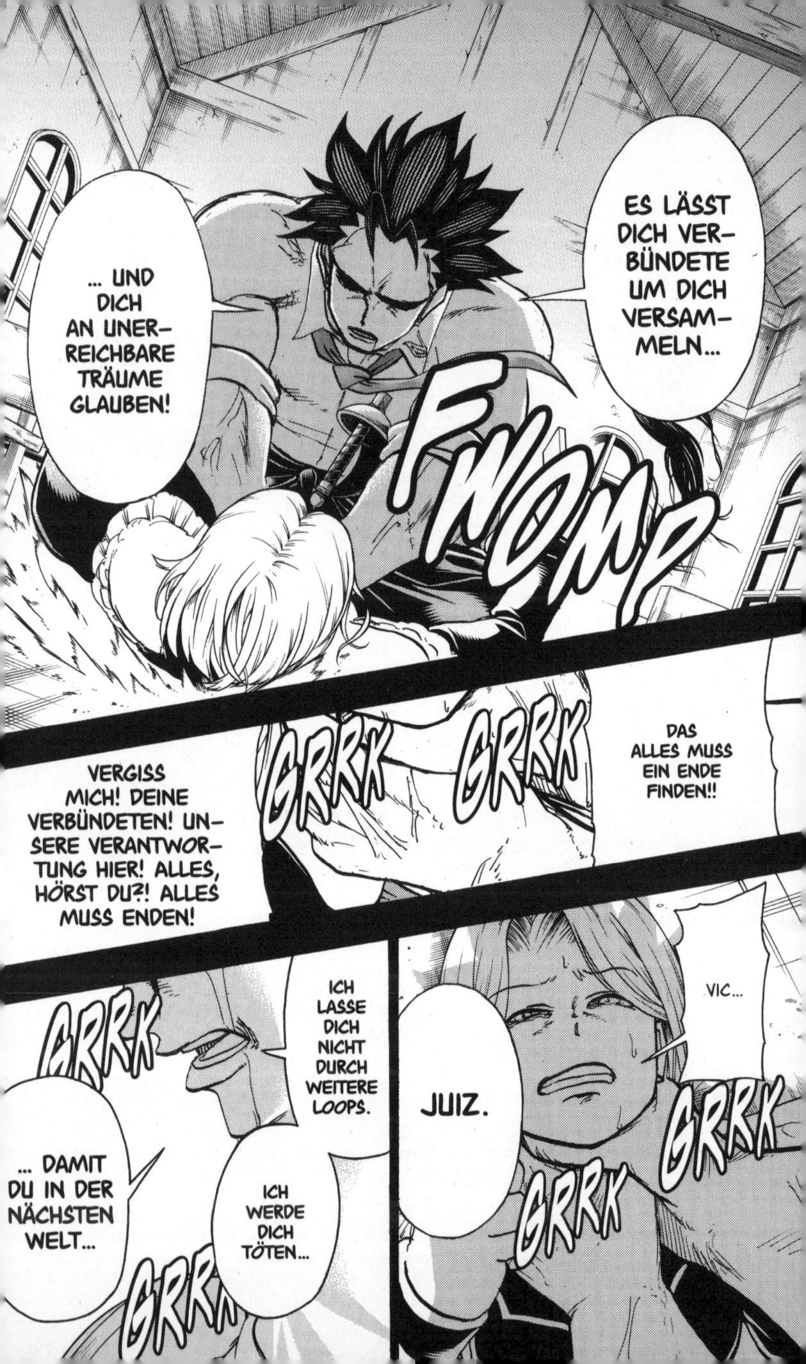

ES LÄSST DICH VER-BÜNDETE UM DICH VERSAM-MELN...
... UND DICH AN UNER-REICHBARE TRÄUME GLAUBEN!
FWOMP
DAS ALLES MUSS EIN ENDE FINDEN!!
GRRK
GRRK
VERGISS MICH! DEINE VERBÜNDETEN! UN-SERE VERANTWOR-TUNG HIER! ALLES, HÖRST DU?! ALLES MUSS ENDEN!
VIC...
JUIZ.
GRRK
GRRK
ICH LASSE DICH NICHT DURCH WEITERE LOOPS.
GRRK
ICH WERDE DICH TÖTEN...
... DAMIT DU IN DER NÄCHSTEN WELT...

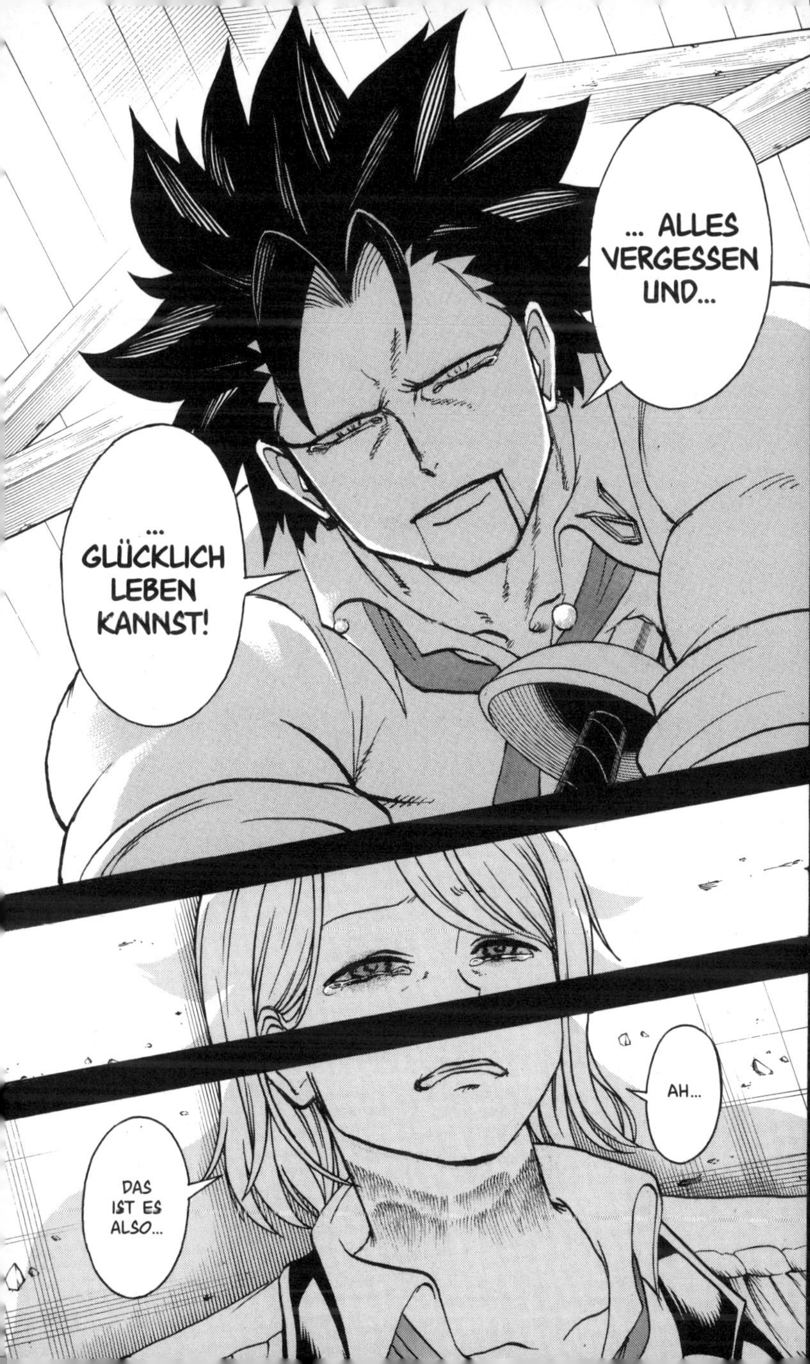
... ALLES VERGESSEN UND...
... GLÜCKLICH LEBEN KANNST!
AH...
DAS IST ES ALSO...

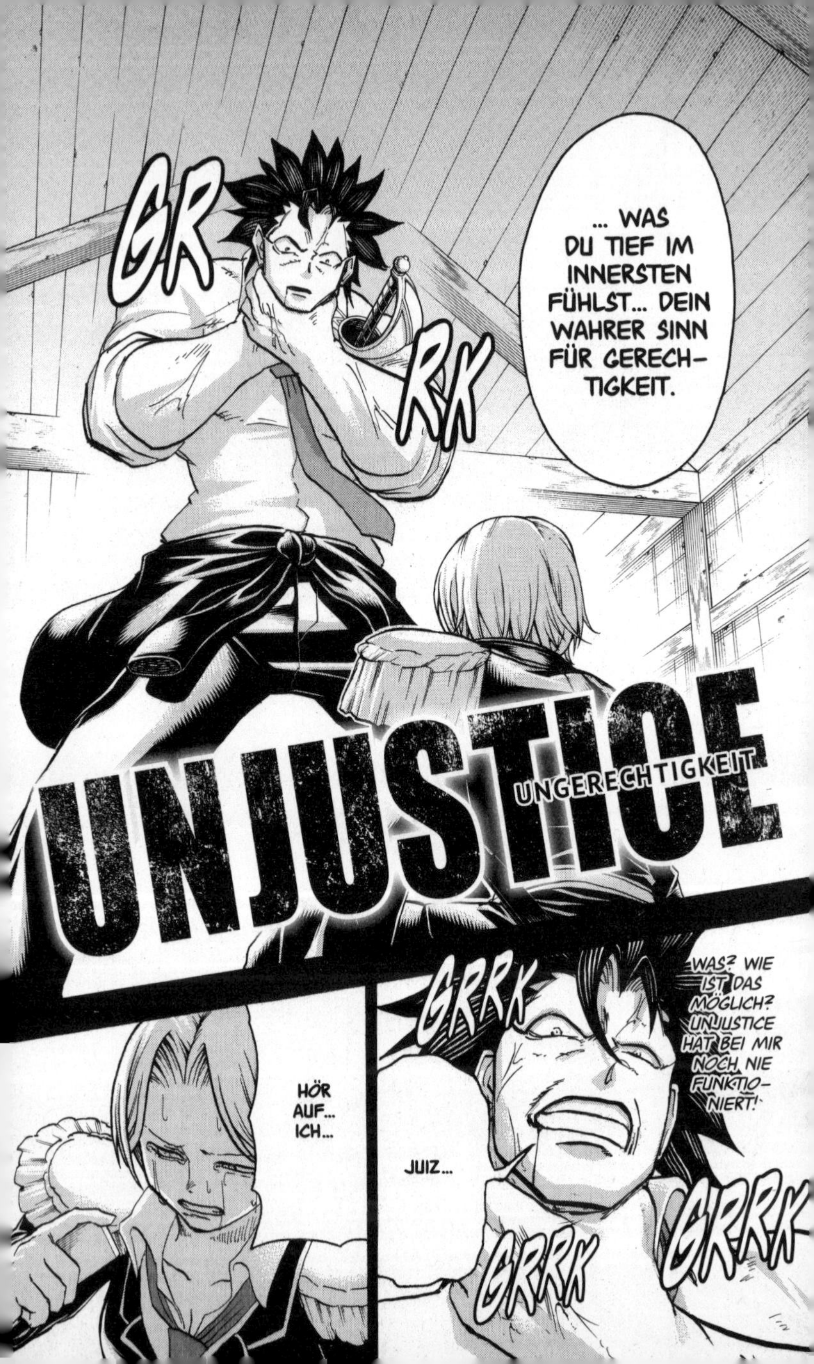
... WAS DU TIEF IM INNERSTEN FÜHLST... DEIN WAHRER SINN FÜR GERECH-TIGKEIT.
GRRK
UNJUSTICE
UNGERECHTIGKEIT
WAS? WIE IST DAS MÖGLICH? UNJUSTICE HAT BEI MIR NOCH NIE FUNKTIO-NIERT!
GRRK
JUIZ...
GRRK
GRRK
HÖR AUF... ICH...

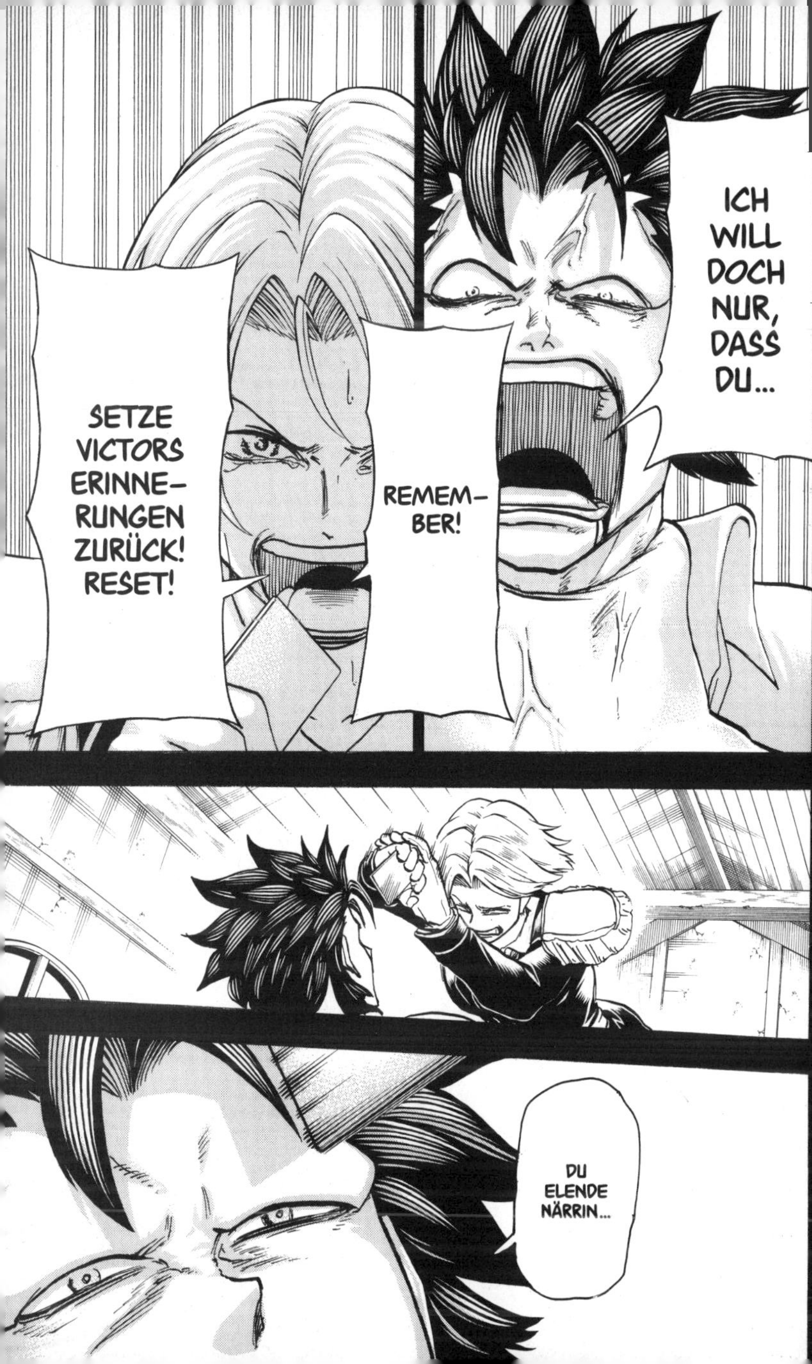
ICH WILL DOCH NUR, DASS DU...
REMEM-BER!
SETZE VICTORS ERINNE-RUNGEN ZURÜCK! RESET!
DU ELENDE NÄRRIN...

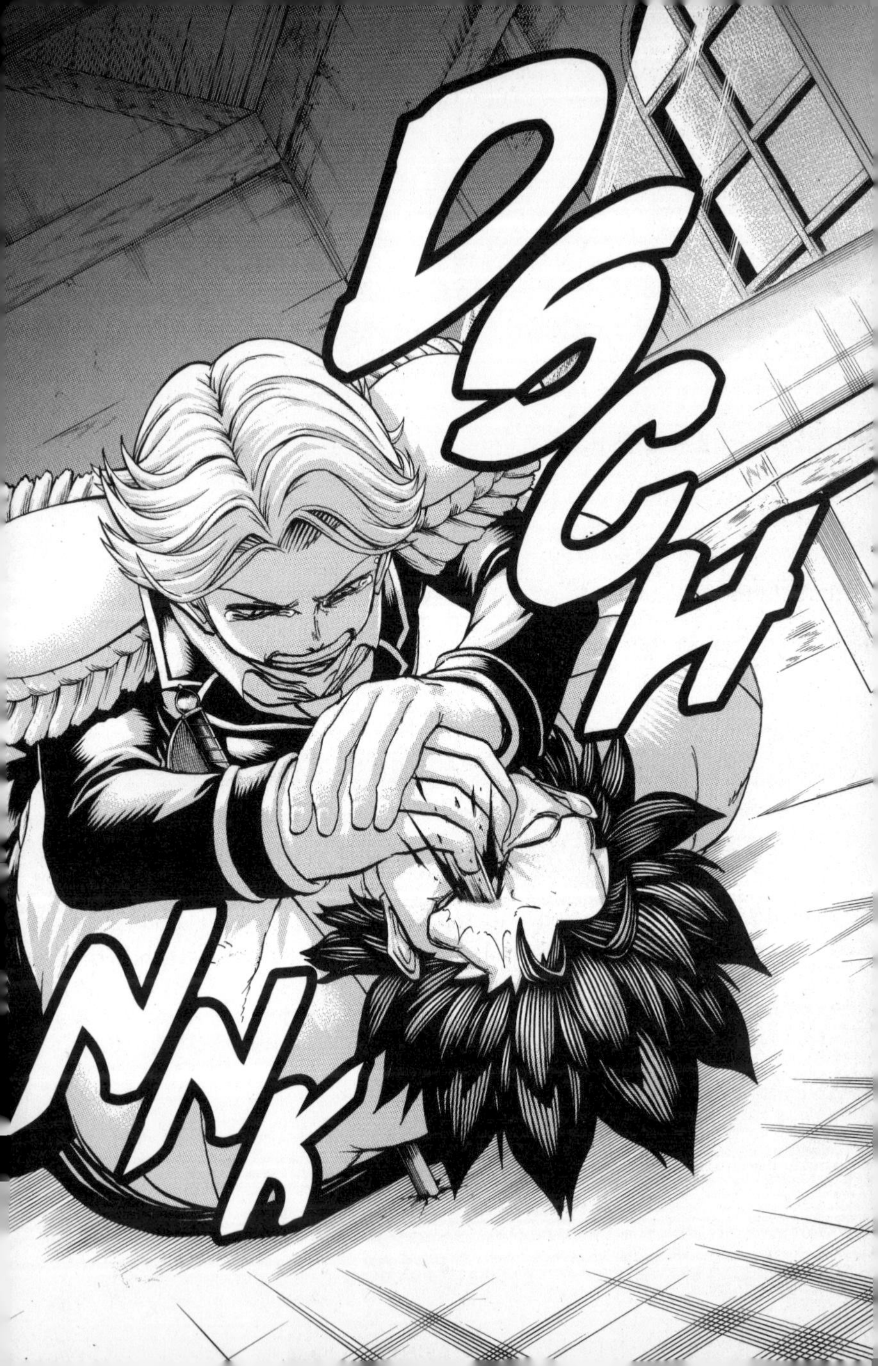
DSCH
NNK

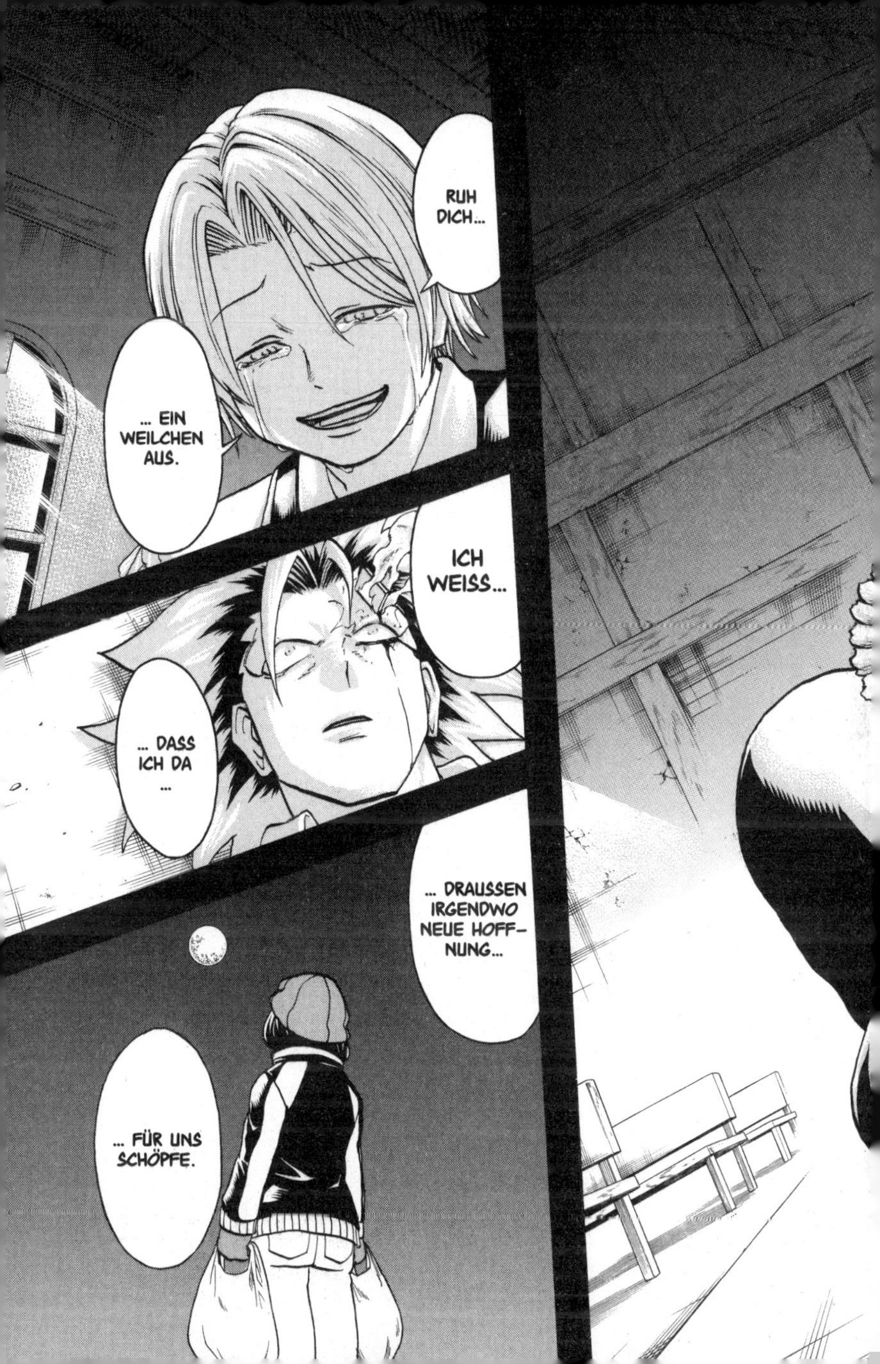
RUH DICH...
... EIN WEILCHEN AUS.
ICH WEISS...
... DASS ICH DA ...
... DRAUSSEN IRGENDWO NEUE HOFF-NUNG...
... FÜR UNS SCHÖPFE.

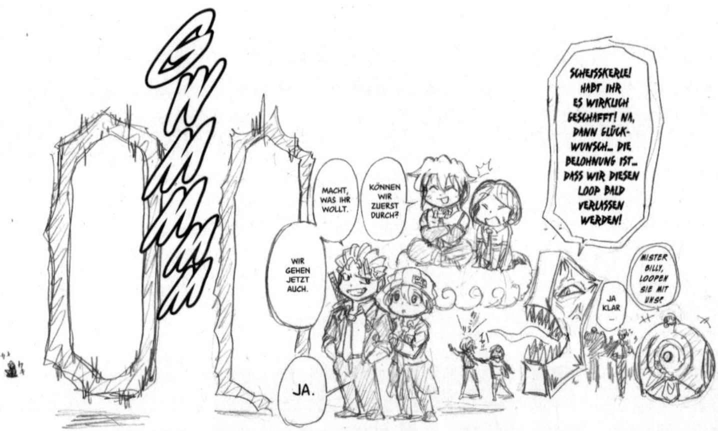
SCHEISSKERLE! HABT IHR ES WIRKLICH GESCHAFFT! NA, DANN GLÜCKWUNSCH... DIE BELOHNUNG IST... DASS WIR DIESEN LOOP BALD VERLASSEN WERDEN!
KÖNNEN WIR ZUERST DURCH?
MACHT, WAS IHR WOLLT.
WIR GEHEN JETZT AUCH.
JA.
MISTER BILLY, LOOPEN SIE MIT UNS?
JA KLAR ...

POST AUF X

No. 124 Andy

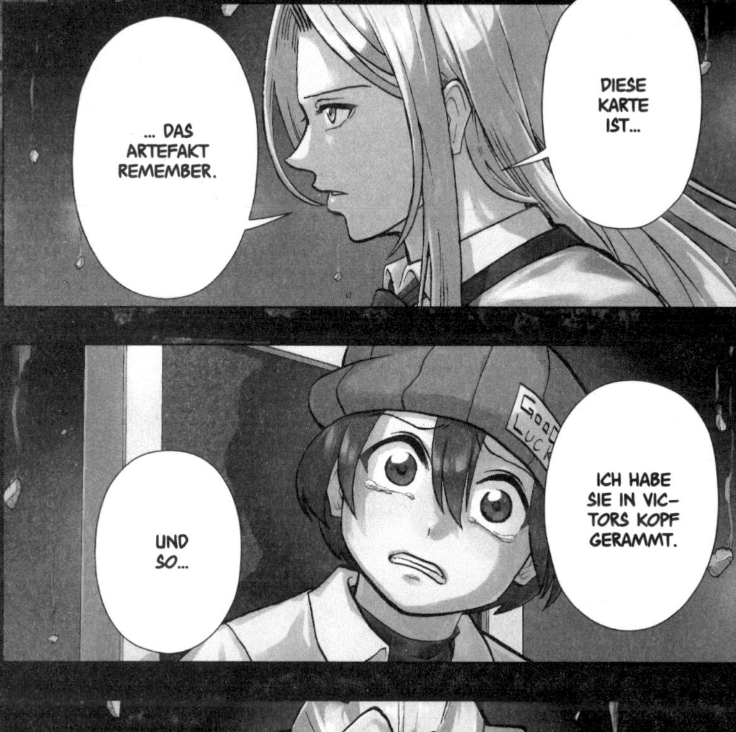
DIESE KARTE IST...
... DAS ARTEFAKT REMEMBER.
ICH HABE SIE IN VIC-TORS KOPF GERAMMT.
UND SO...
... BIST DU ENTSTAN-DEN...
... ANDY.

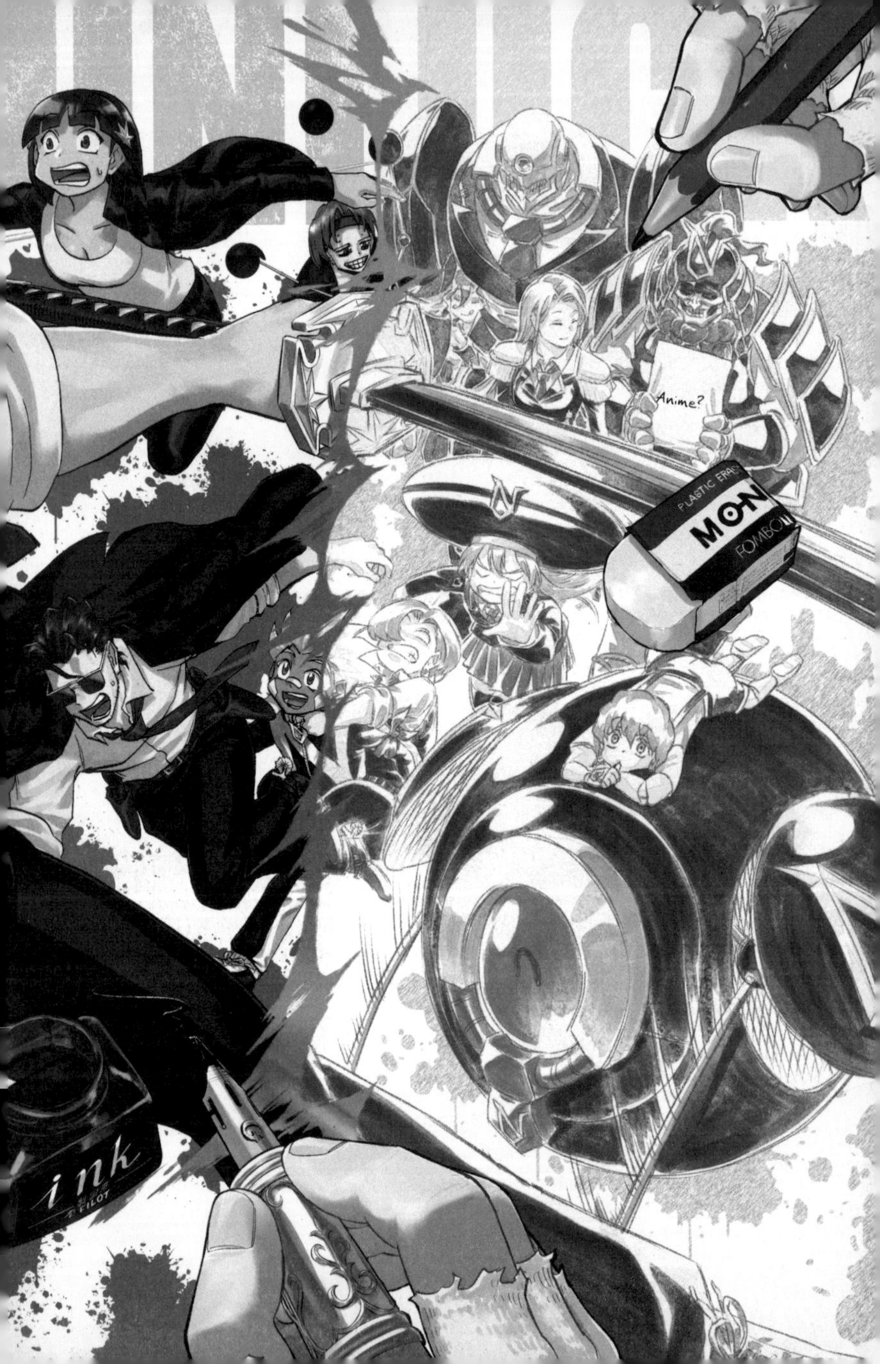
Anime?
ink

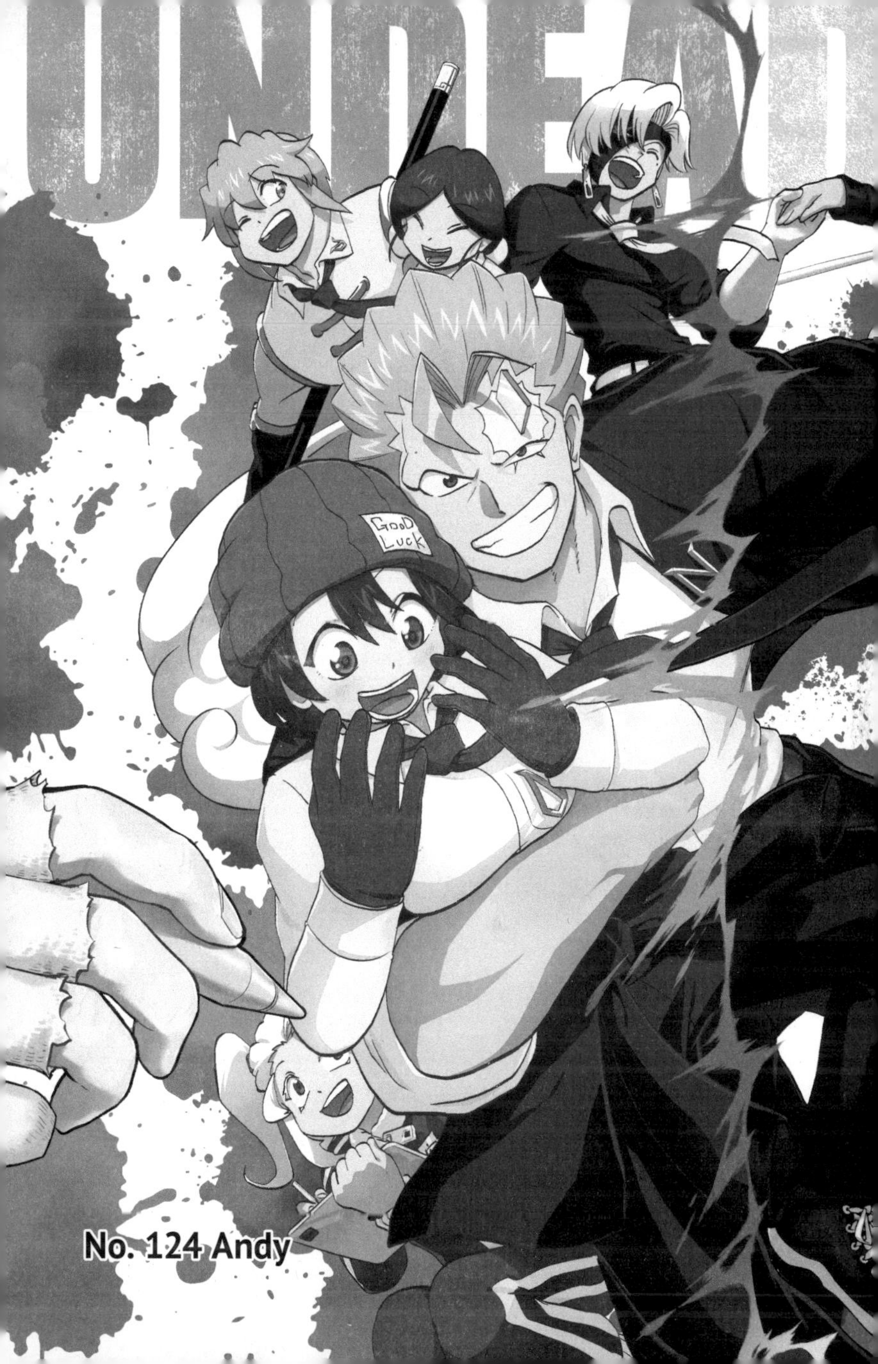
GOOD LUCK
No. 124 Andy

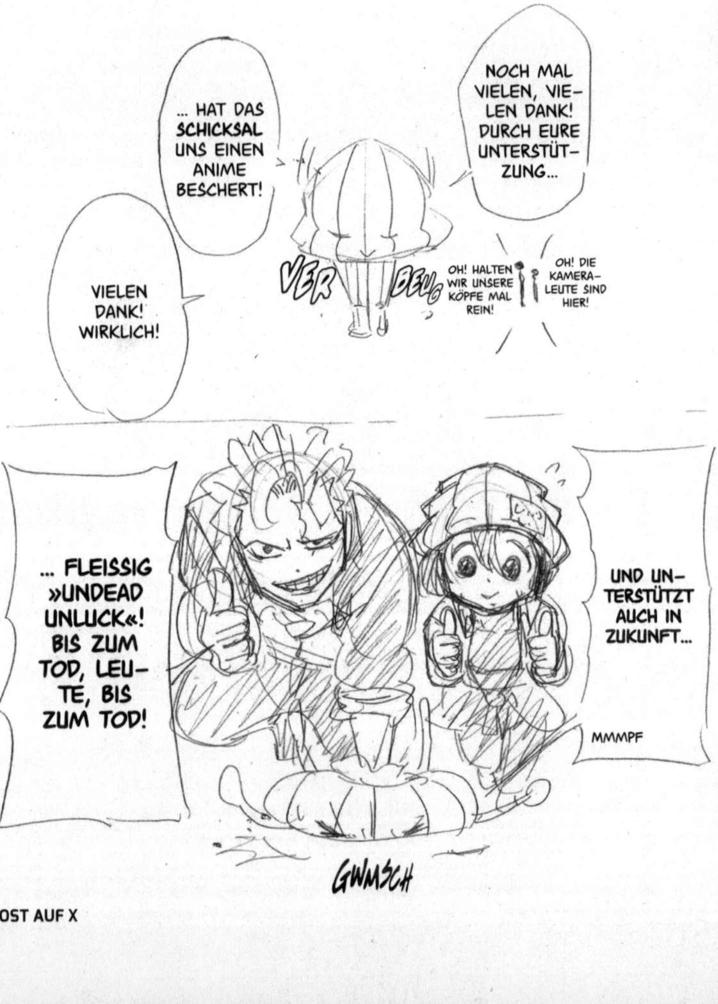
NOCH MAL VIELEN, VIELEN DANK! DURCH EURE UNTERSTÜTZUNG...
... HAT DAS SCHICKSAL UNS EINEN ANIME BESCHERT!
VIELEN DANK! WIRKLICH!
VERBEUG
OH! DIE KAMERALEUTE SIND HIER!
OH! HALTEN WIR UNSERE KÖPFE MAL REIN!
UND UNTERSTÜTZT AUCH IN ZUKUNFT...
MMMPF
... FLEISSIG »UNDEAD UNLUCK«! BIS ZUM TOD, LEUTE, BIS ZUM TOD!
GWMSCH

POST AUF X

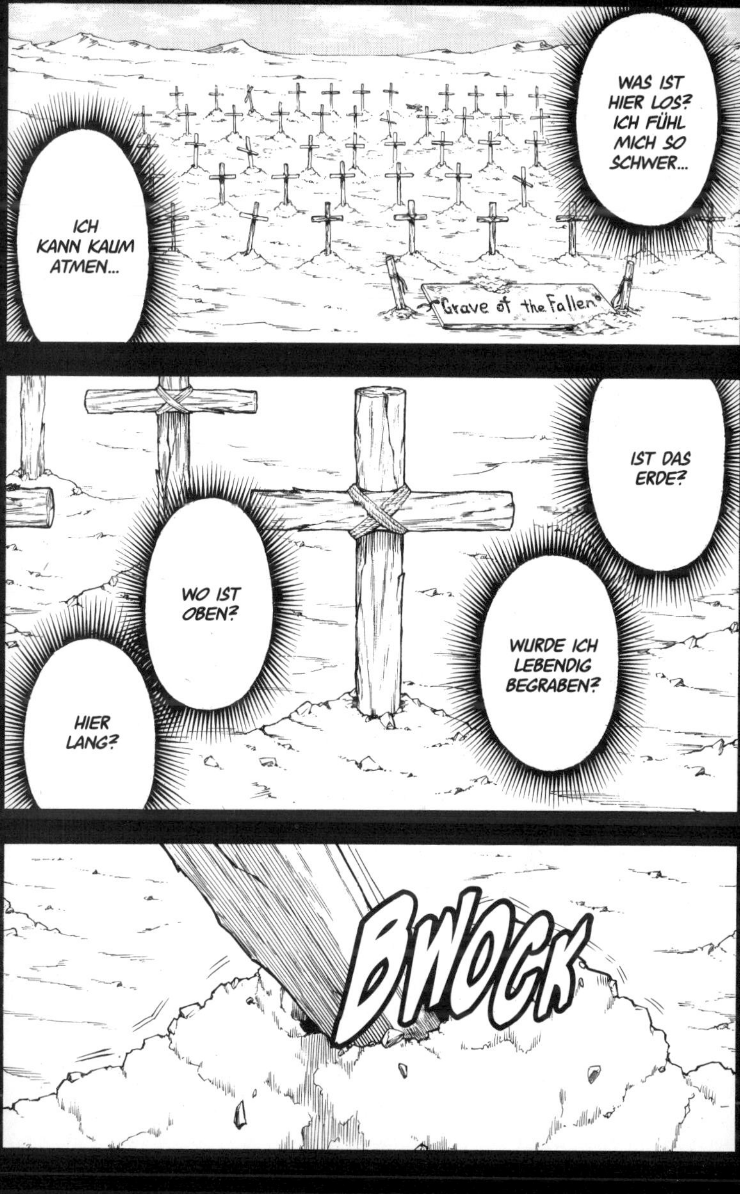
WAS IST HIER LOS? ICH FÜHL MICH SO SCHWER...
ICH KANN KAUM ATMEN...
Grave of the Fallen
IST DAS ERDE?
WURDE ICH LEBENDIG BEGRABEN?
WO IST OBEN?
HIER LANG?
BWOCK

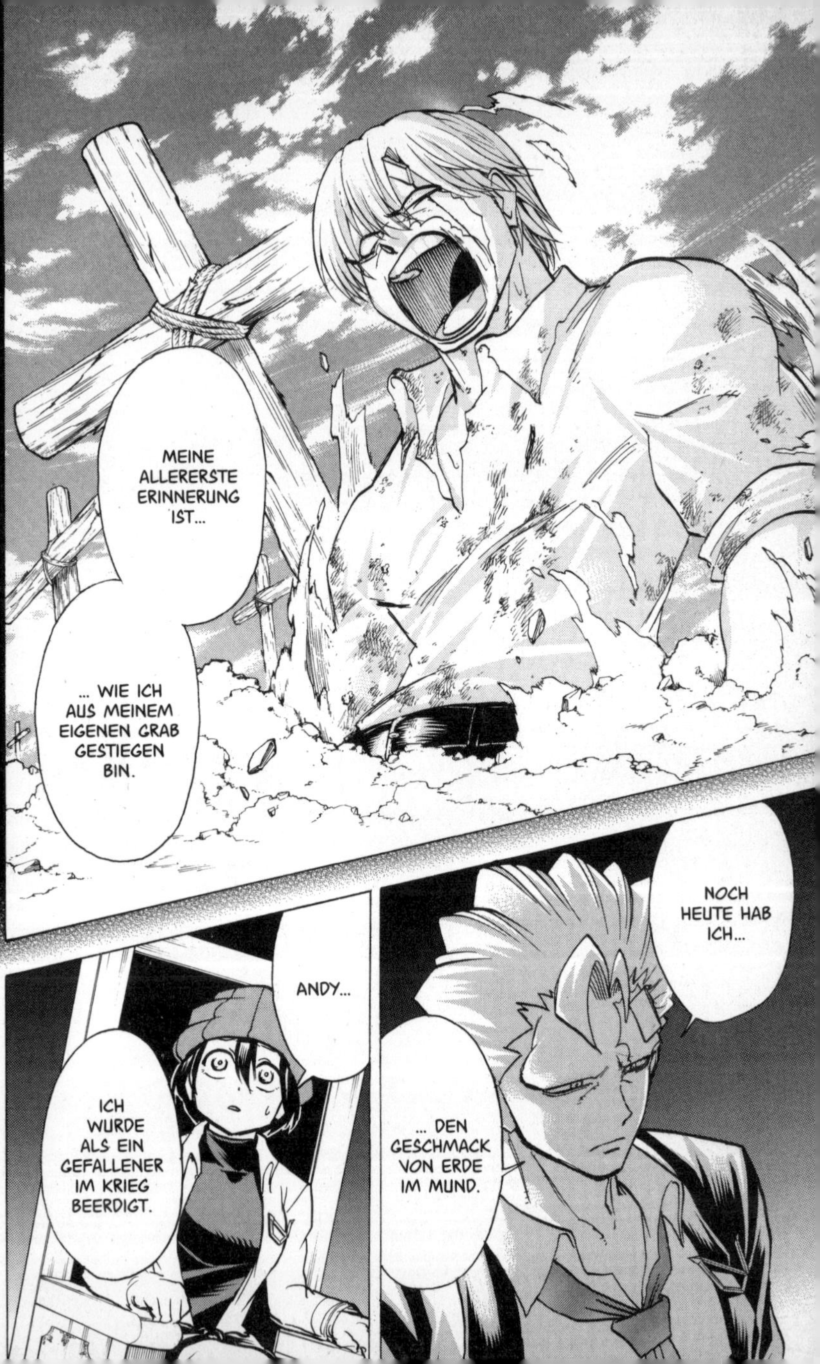
MEINE ALLERERSTE ERINNERUNG IST...
... WIE ICH AUS MEINEM EIGENEN GRAB GESTIEGEN BIN.
NOCH HEUTE HAB ICH...
... DEN GESCHMACK VON ERDE IM MUND.
ANDY...
ICH WURDE ALS EIN GEFALLENER IM KRIEG BEERDIGT.

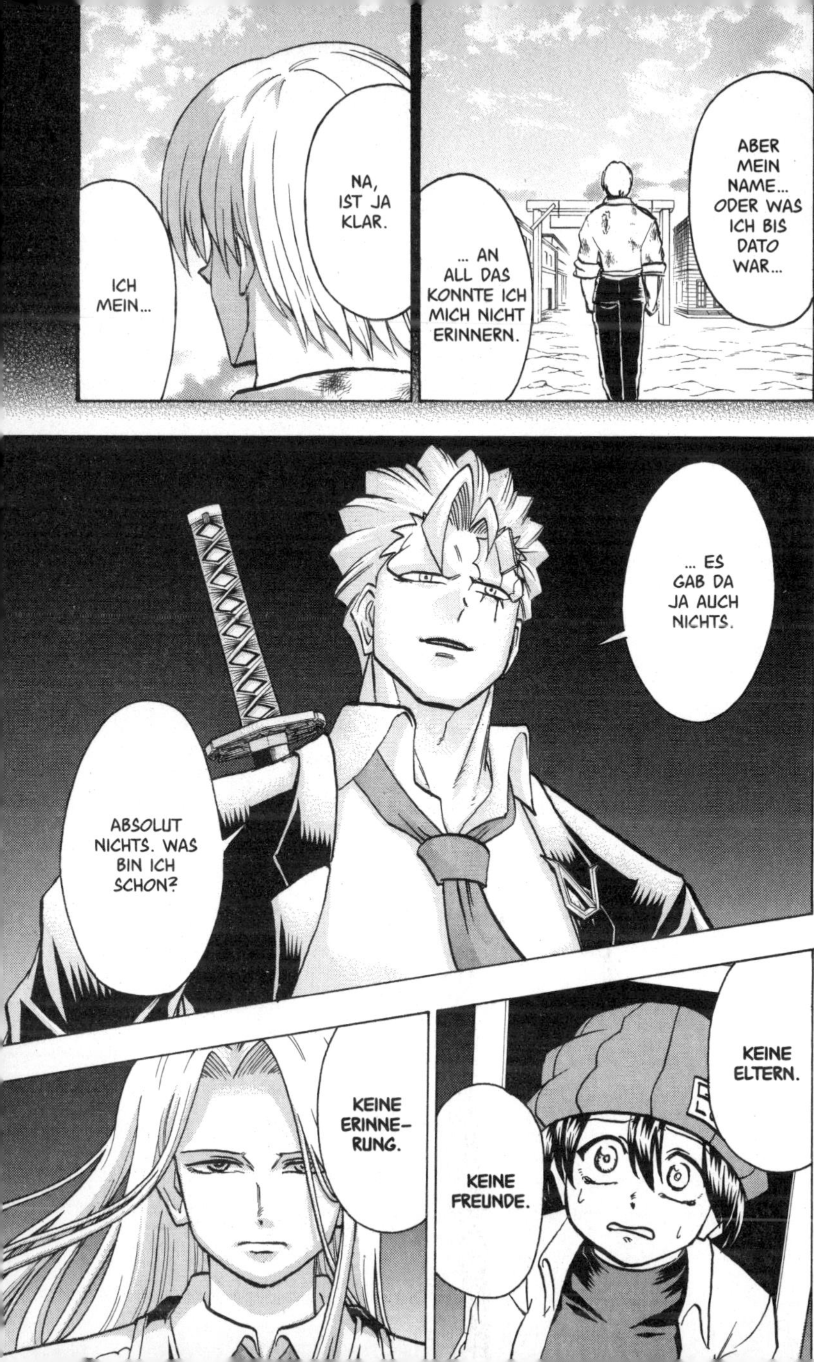
ABER MEIN NAME... ODER WAS ICH BIS DATO WAR...
... AN ALL DAS KONNTE ICH MICH NICHT ERINNERN.
NA, IST JA KLAR.
ICH MEIN...
... ES GAB DA JA AUCH NICHTS.
ABSOLUT NICHTS. WAS BIN ICH SCHON?
KEINE ELTERN.
KEINE FREUNDE.
KEINE ERINNE-RUNG.

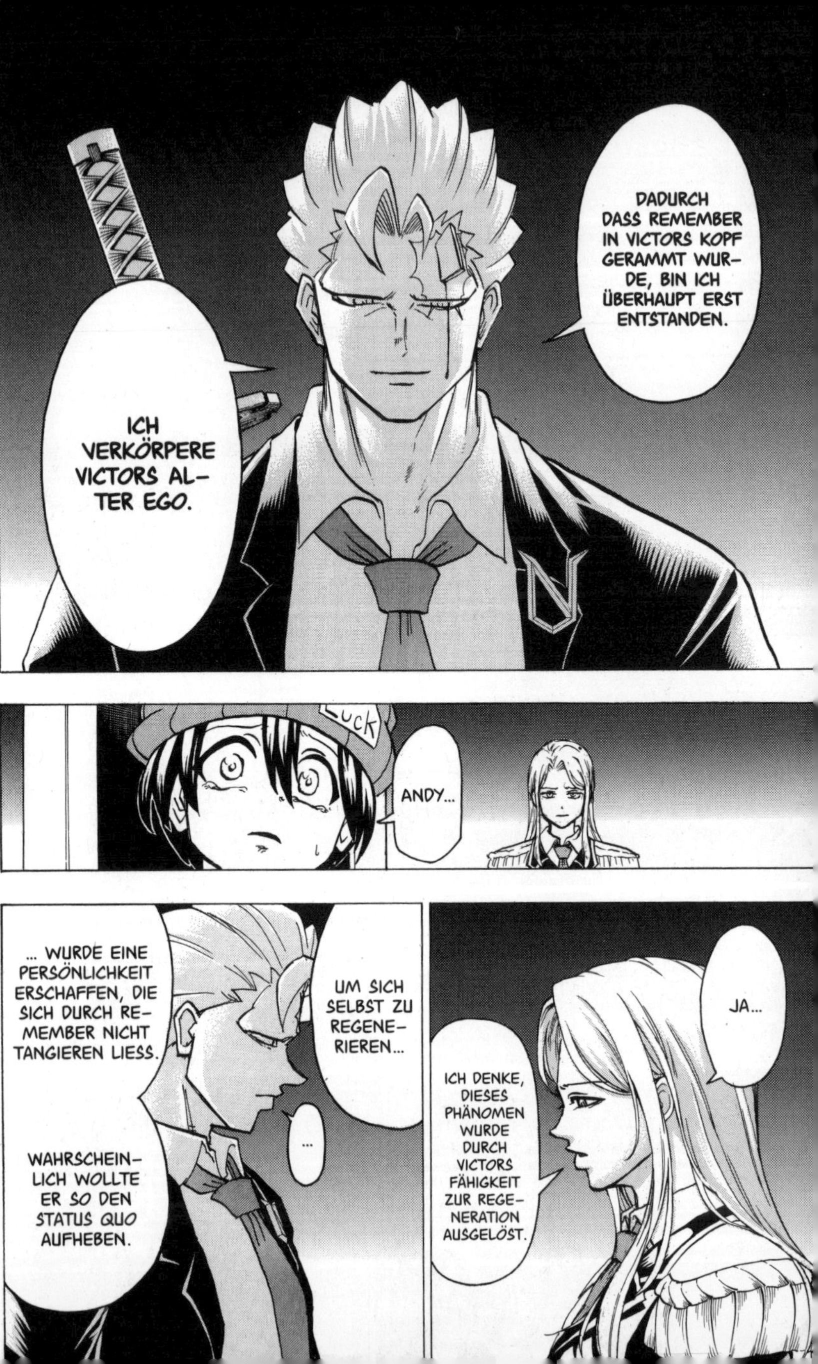
DADURCH DASS REMEMBER IN VICTORS KOPF GERAMMT WUR-DE, BIN ICH ÜBERHAUPT ERST ENTSTANDEN.
ICH VERKÖRPERE VICTORS AL-TER EGO.
ANDY...
JA...
ICH DENKE, DIESES PHÄNOMEN WURDE DURCH VICTORS FÄHIGKEIT ZUR REGE-NERATION AUSGELÖST.
UM SICH SELBST ZU REGENE-RIEREN...
... WURDE EINE PERSÖNLICHKEIT ERSCHAFFEN, DIE SICH DURCH RE-MEMBER NICHT TANGIEREN LIESS.
...
WAHRSCHEIN-LICH WOLLTE ER SO DEN STATUS QUO AUFHEBEN.

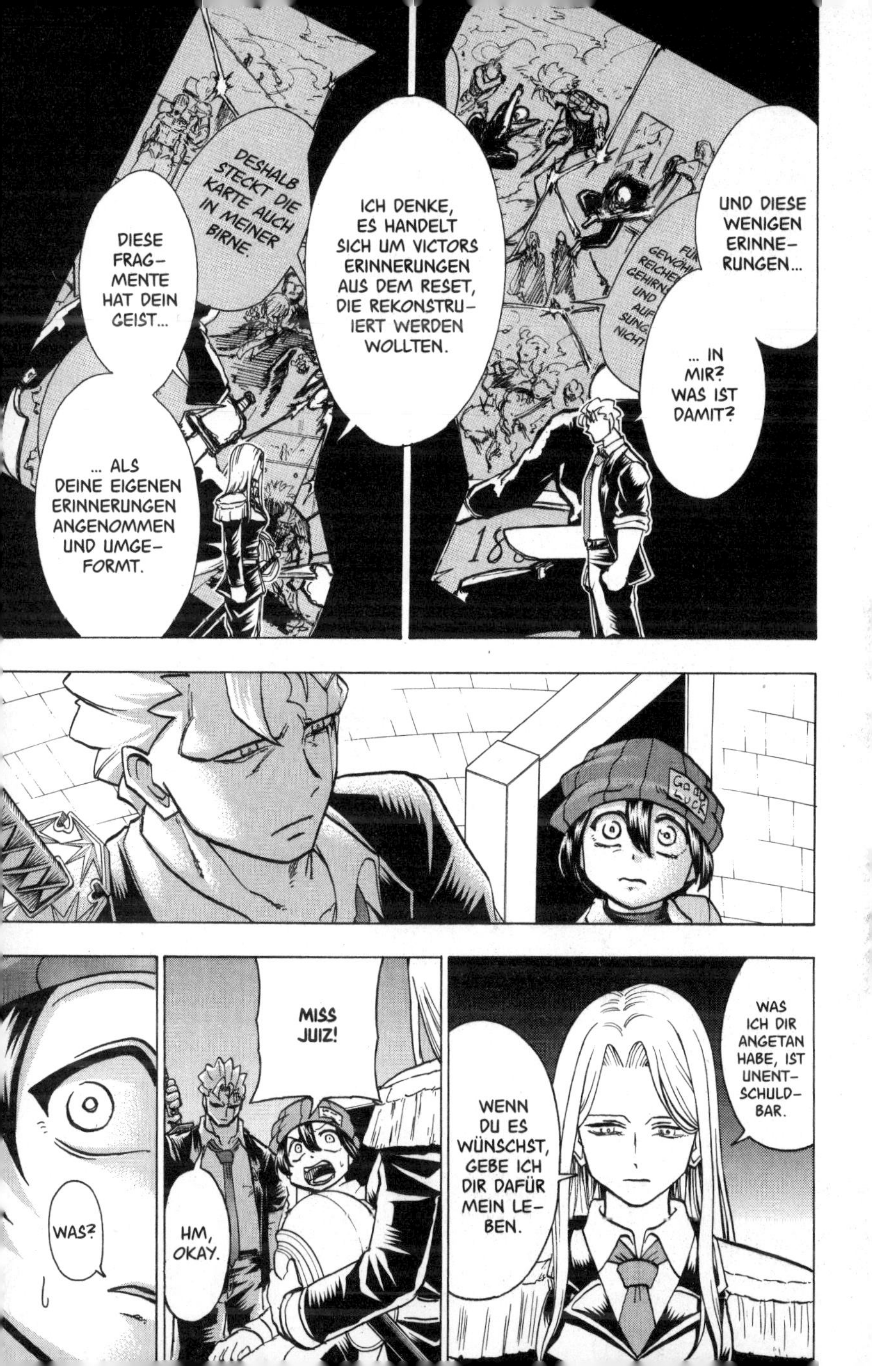
UND DIESE WENIGEN ERINNERUNGEN...
... IN MIR? WAS IST DAMIT?
ICH DENKE, ES HANDELT SICH UM VICTORS ERINNERUNGEN AUS DEM RESET, DIE REKONSTRUIERT WERDEN WOLLTEN.
DESHALB STECKT DIE KARTE AUCH IN MEINER BIRNE.
DIESE FRAGMENTE HAT DEIN GEIST...
... ALS DEINE EIGENEN ERINNERUNGEN ANGENOMMEN UND UMGEFORMT.
WAS ICH DIR ANGETAN HABE, IST UNENTSCHULDBAR.
WENN DU ES WÜNSCHST, GEBE ICH DIR DAFÜR MEIN LEBEN.
MISS JUIZ!
HM, OKAY.
WAS?

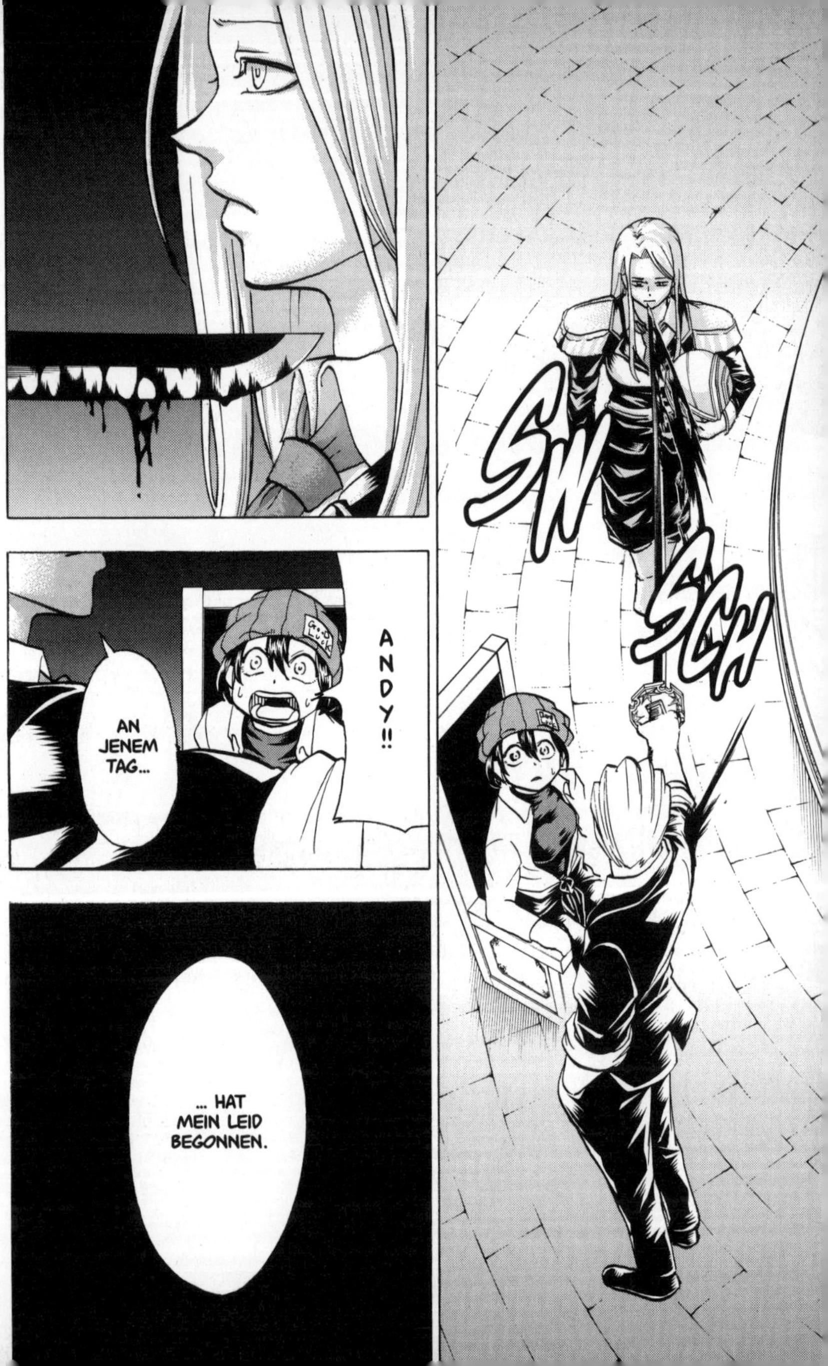
SWSCH
ANDY!!
AN JENEM TAG...
... HAT MEIN LEID BEGONNEN.

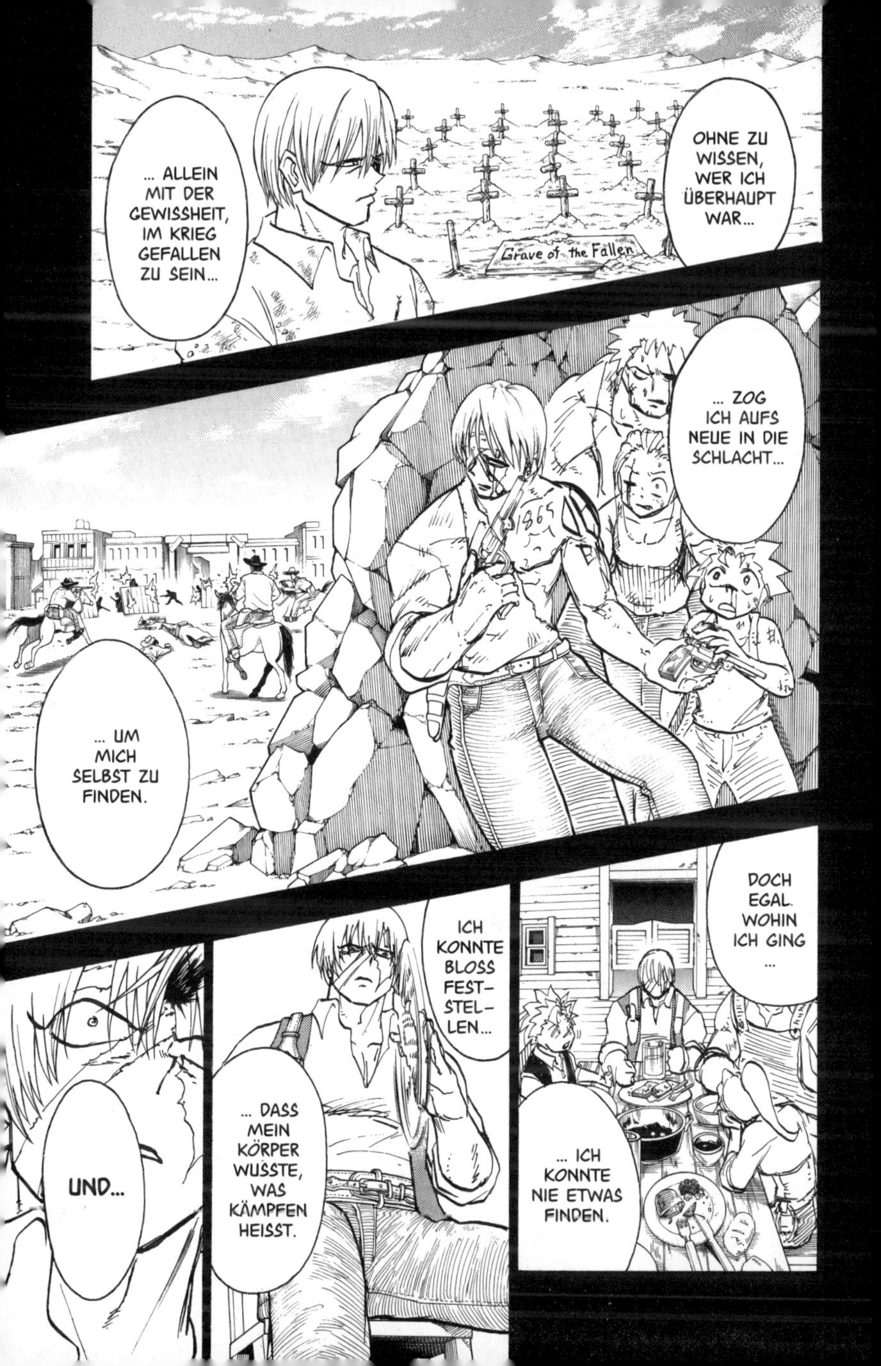
OHNE ZU WISSEN, WER ICH ÜBERHAUPT WAR...
... ALLEIN MIT DER GEWISSHEIT, IM KRIEG GEFALLEN ZU SEIN...
Grave of the Fallen
... ZOG ICH AUFS NEUE IN DIE SCHLACHT...
1865
... UM MICH SELBST ZU FINDEN.
DOCH EGAL. WOHIN ICH GING ...
... ICH KONNTE NIE ETWAS FINDEN.
ICH KONNTE BLOSS FEST-STEL-LEN...
... DASS MEIN KÖRPER WUSSTE, WAS KÄMPFEN HEISST.
UND...

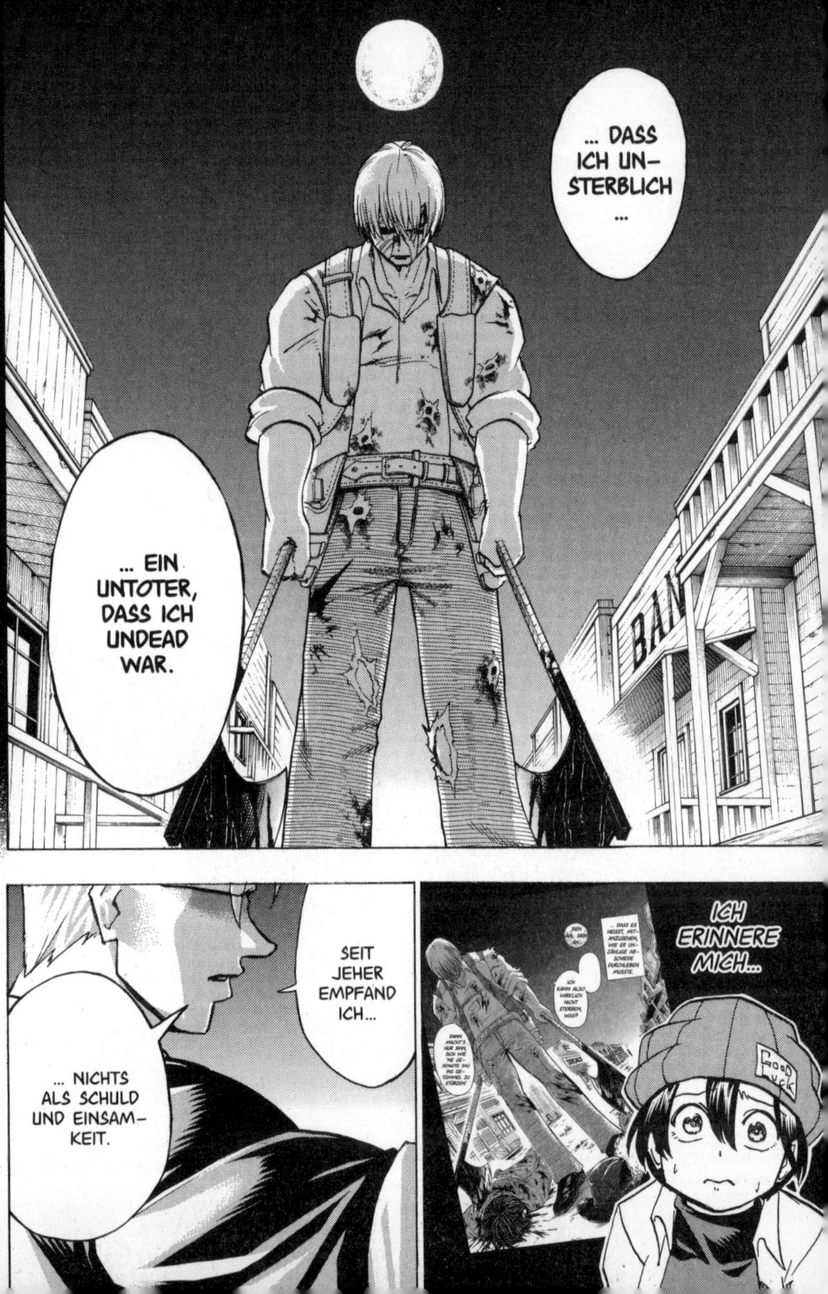
... DASS ICH UN-STERBLICH ...
... EIN UNTOTER, DASS ICH UNDEAD WAR.
BAN
SEIT JEHER EMPFAND ICH...
... NICHTS ALS SCHULD UND EINSAM-KEIT.
ICH ERINNERE MICH...
... DASS ES HEISST, MIT-ANZUSEHEN, WIE ER UN-ZÄHLIGE AB-SCHIEDE DURCHLEBEN MUSSTE.
SIEH AN, SIEH AN.
ICH KANN ALSO WIRKLICH NICHT STERBEN, WAS?
DANN MACHT'S NUR SINN, SICH WIE 'NE GE-SENGTE SAU INS GE-TÜMMEL ZU STÜRZEN!
GOOD LUCK

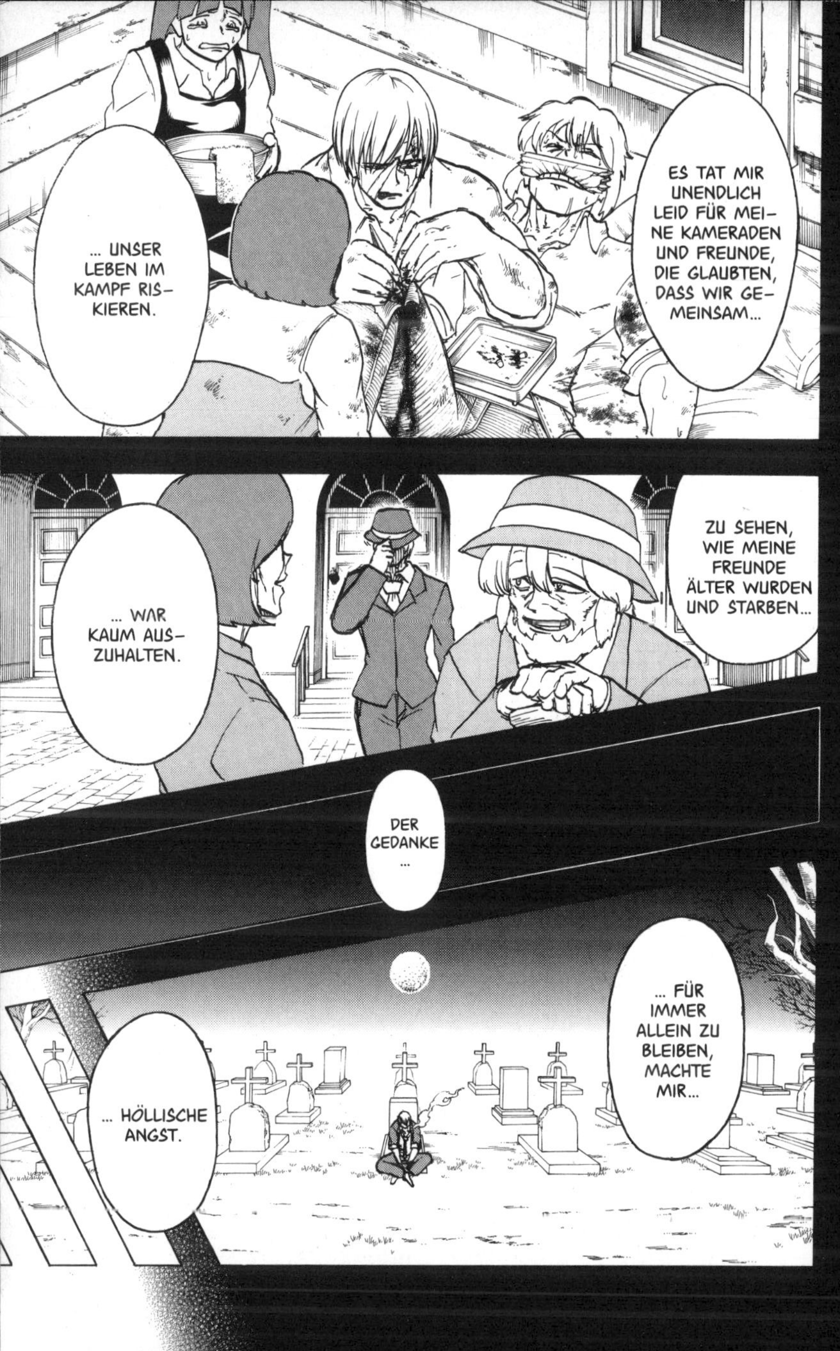
ES TAT MIR UNENDLICH LEID FÜR MEI- NE KAMERADEN UND FREUNDE, DIE GLAUBTEN, DASS WIR GE- MEINSAM...
... UNSER LEBEN IM KAMPF RIS- KIEREN.
ZU SEHEN, WIE MEINE FREUNDE ÄLTER WURDEN UND STARBEN...
... WAR KAUM AUS- ZUHALTEN.
DER GEDANKE ...
... FÜR IMMER ALLEIN ZU BLEIBEN, MACHTE MIR...
... HÖLLISCHE ANGST.

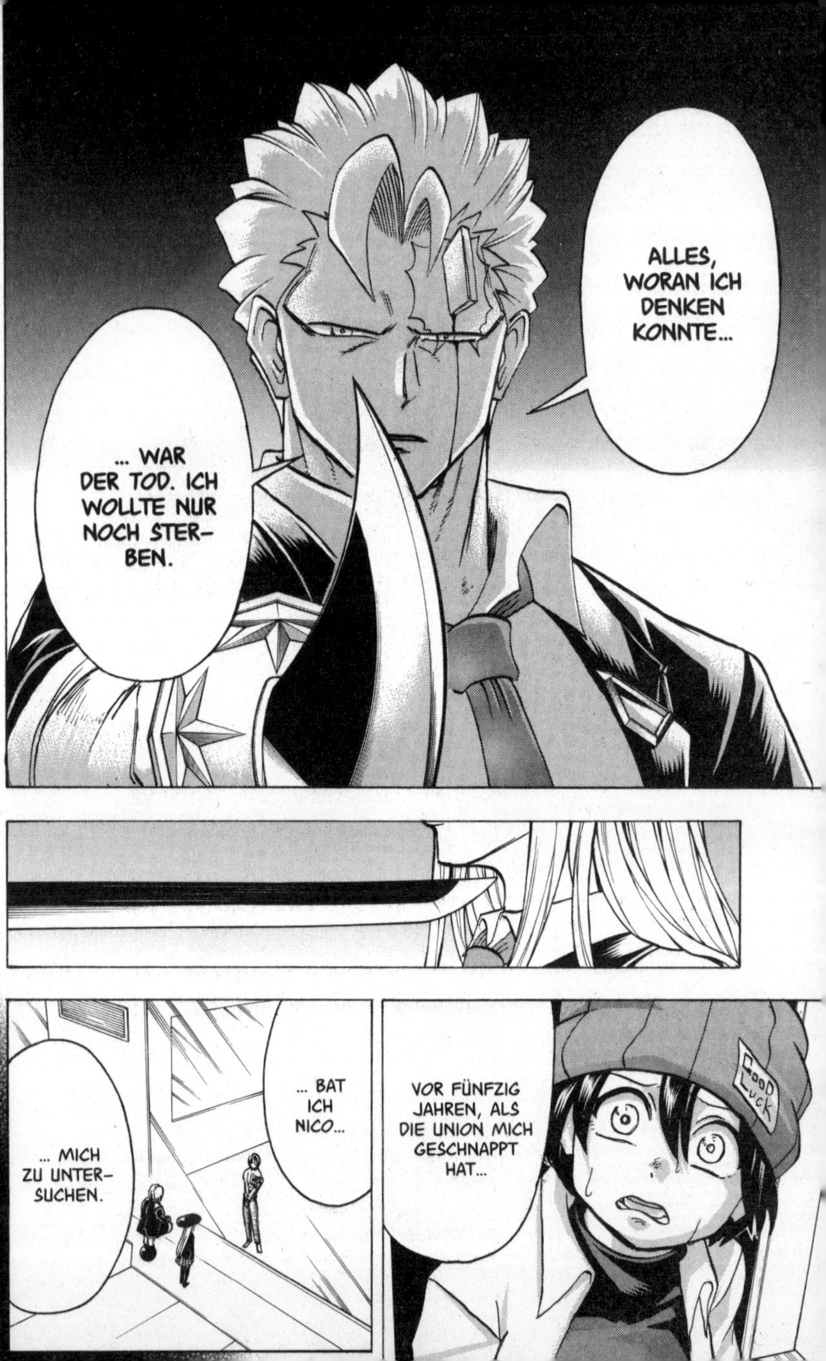
ALLES, WORAN ICH DENKEN KONNTE...
... WAR DER TOD. ICH WOLLTE NUR NOCH STER-BEN.
VOR FÜNFZIG JAHREN, ALS DIE UNION MICH GESCHNAPPT HAT...
... BAT ICH NICO...
... MICH ZU UNTER-SUCHEN.

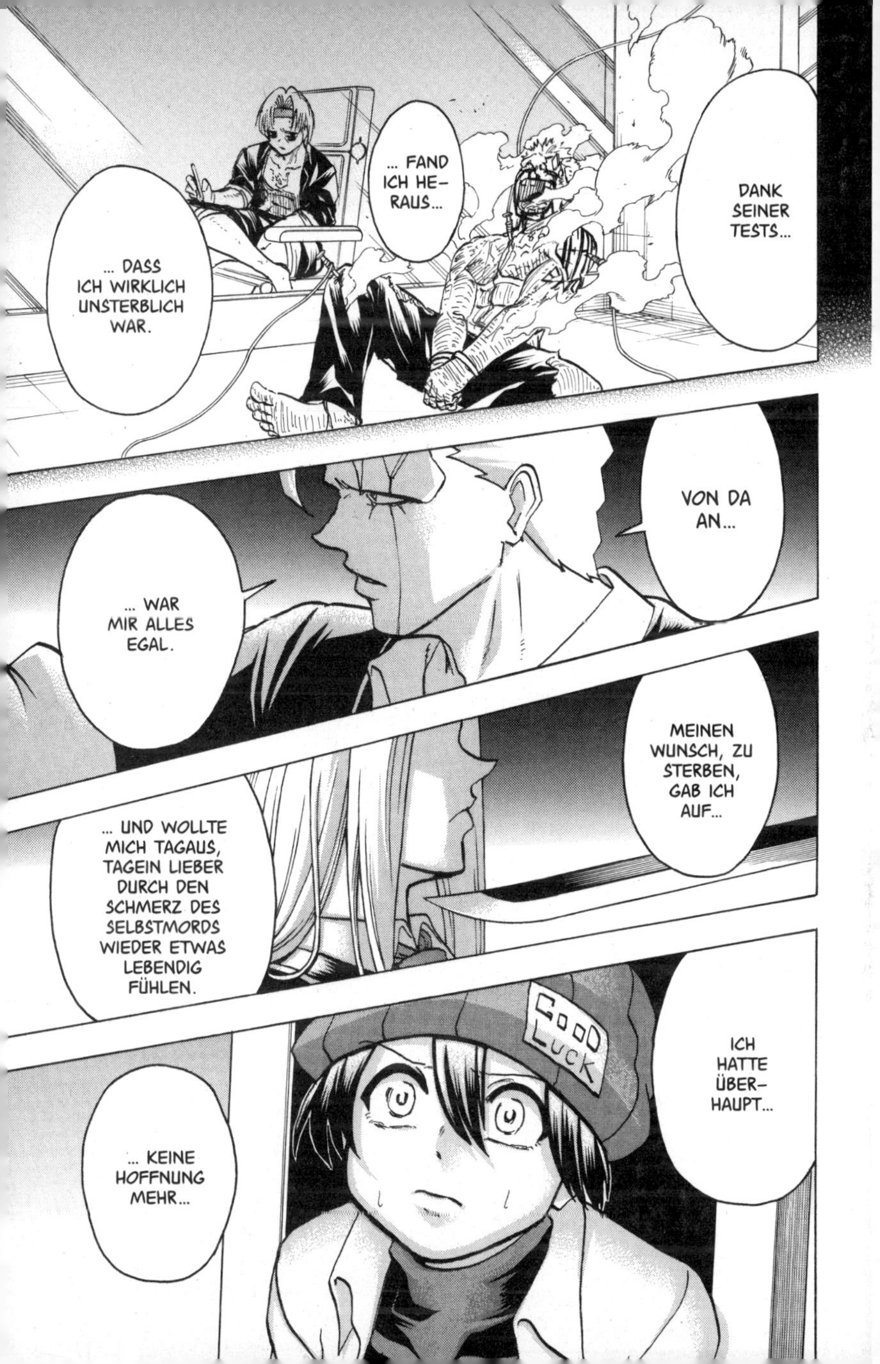
DANK SEINER TESTS...
... FAND ICH HERAUS...
... DASS ICH WIRKLICH UNSTERBLICH WAR.
VON DA AN...
... WAR MIR ALLES EGAL.
MEINEN WUNSCH, ZU STERBEN, GAB ICH AUF...
... UND WOLLTE MICH TAGAUS, TAGEIN LIEBER DURCH DEN SCHMERZ DES SELBSTMORDS WIEDER ETWAS LEBENDIG FÜHLEN.
GOOD LUCK
ICH HATTE ÜBERHAUPT...
... KEINE HOFFNUNG MEHR...

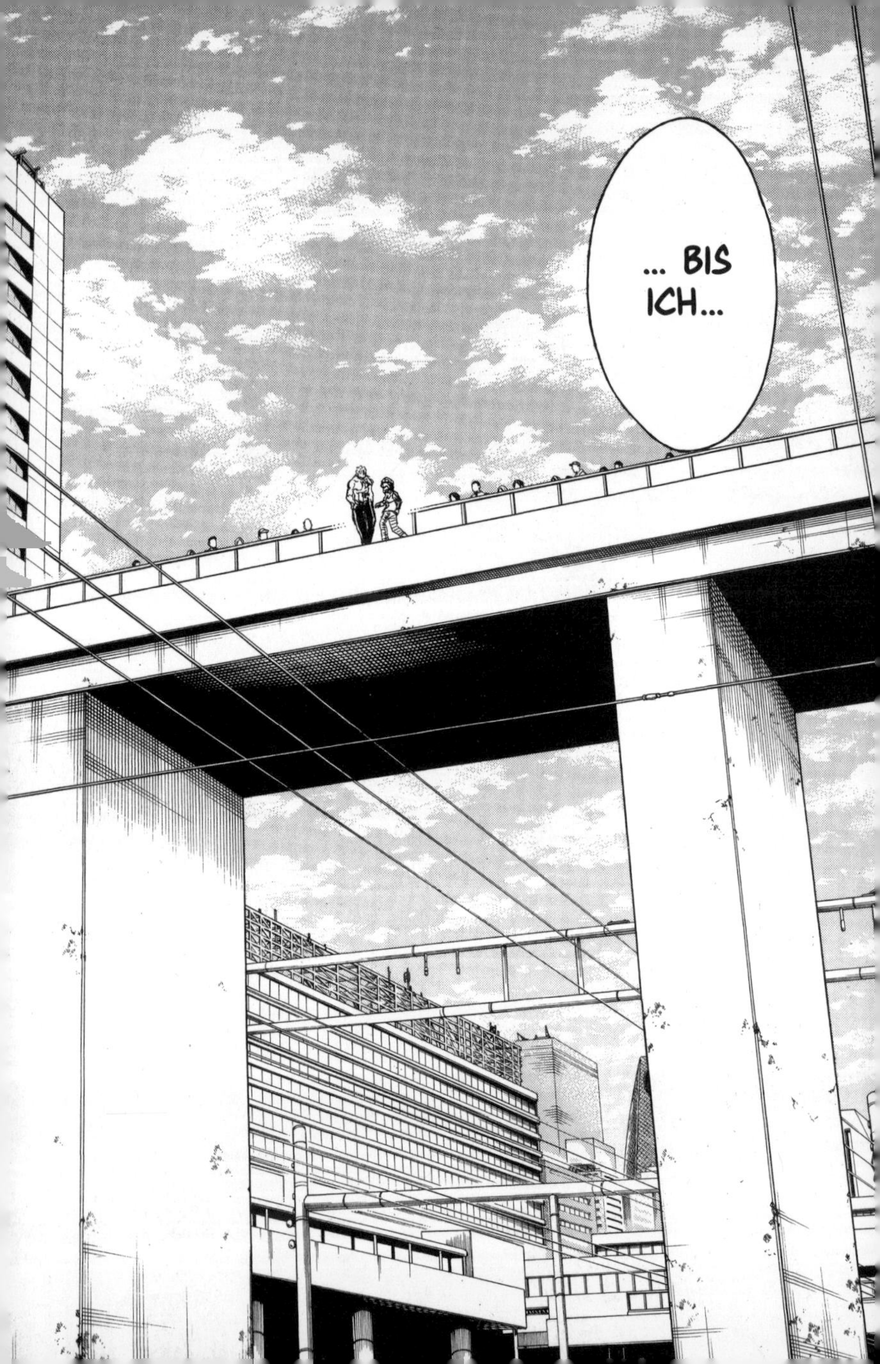
... BIS ICH...

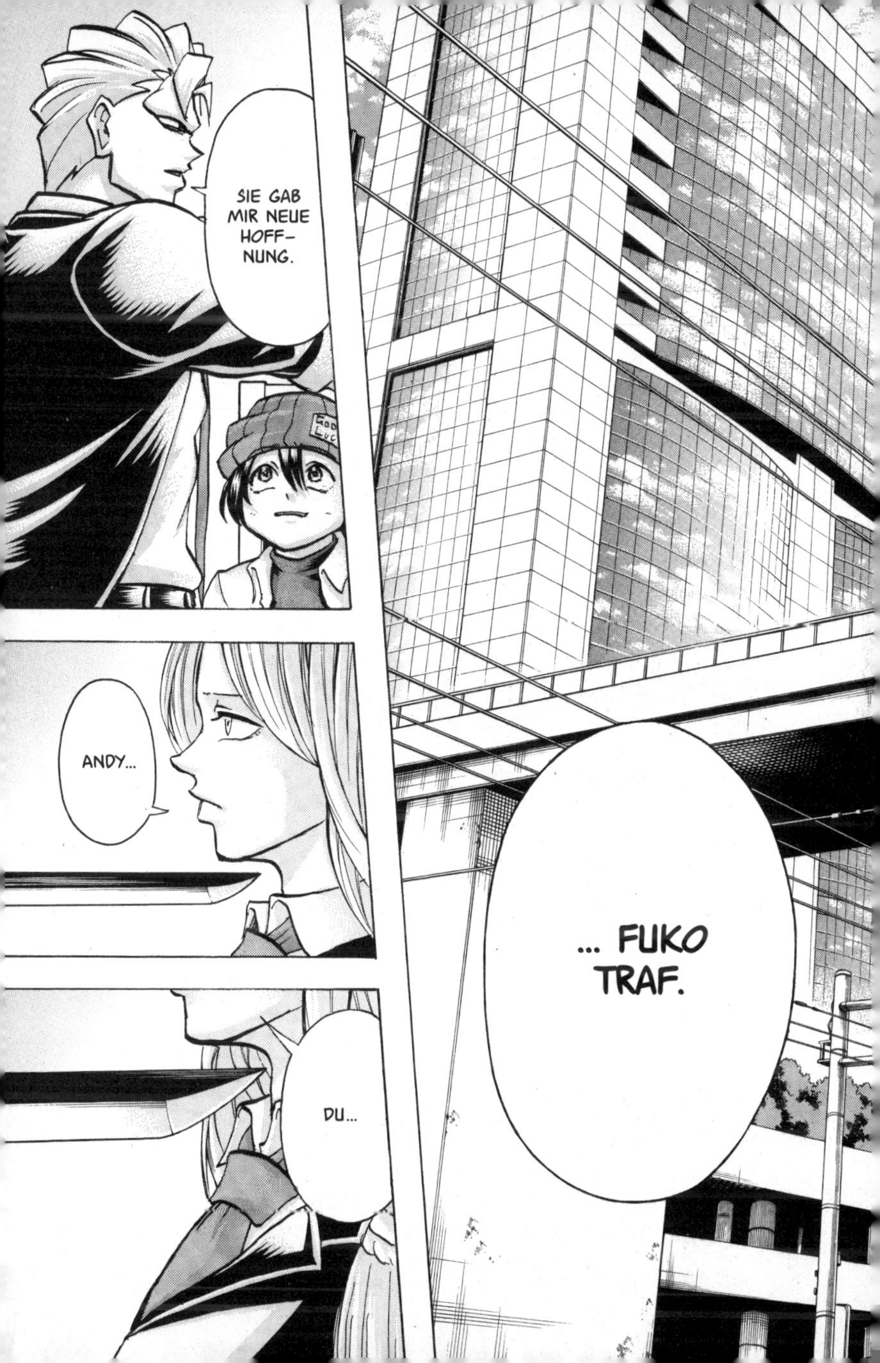
SIE GAB MIR NEUE HOFF-NUNG.
ANDY...
DU...
... FUKO TRAF.

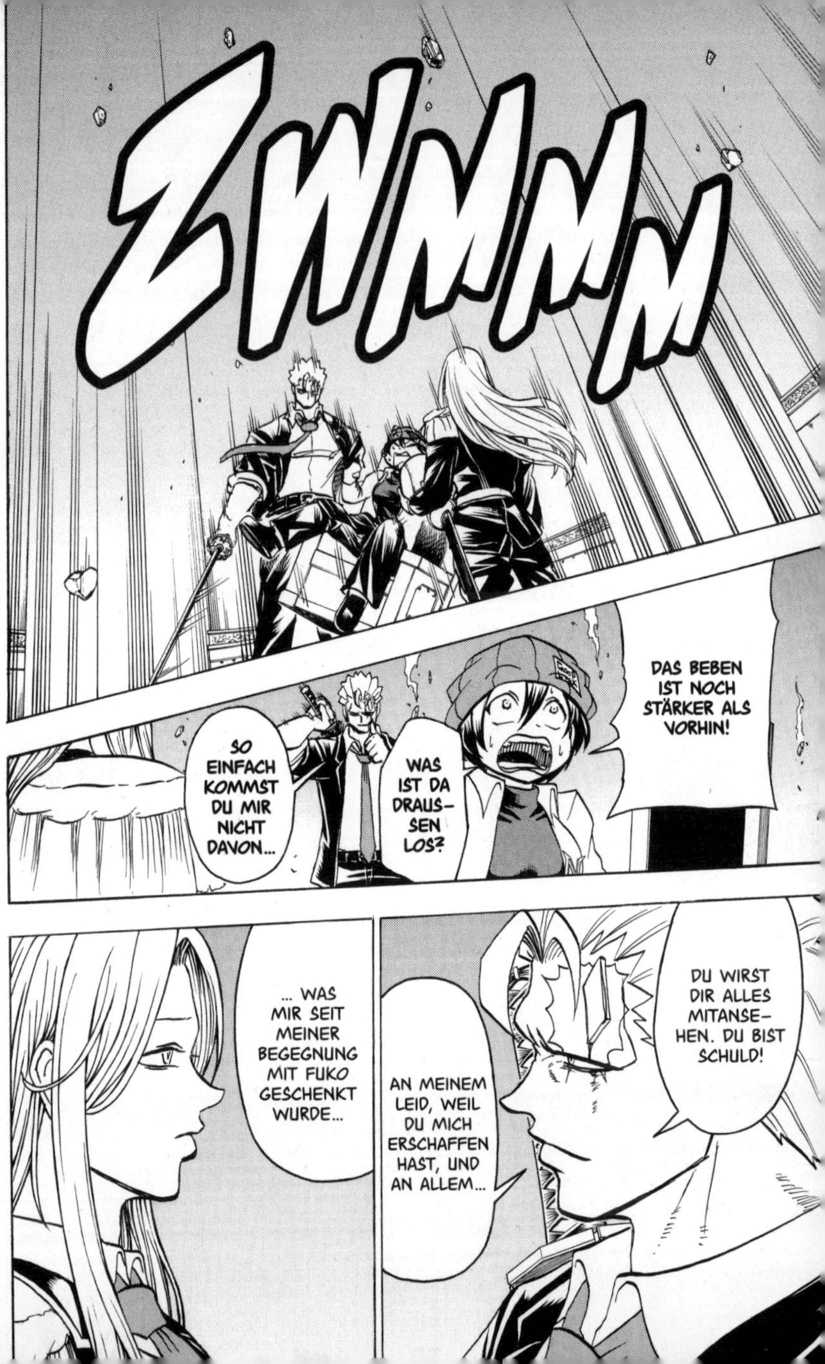
ZWMMMM
DAS BEBEN IST NOCH STÄRKER ALS VORHIN!
WAS IST DA DRAUS-SEN LOS?
SO EINFACH KOMMST DU MIR NICHT DAVON...
DU WIRST DIR ALLES MITANSE-HEN. DU BIST SCHULD!
AN MEINEM LEID, WEIL DU MICH ERSCHAFFEN HAST, UND AN ALLEM...
... WAS MIR SEIT MEINER BEGEGNUNG MIT FUKO GESCHENKT WURDE...

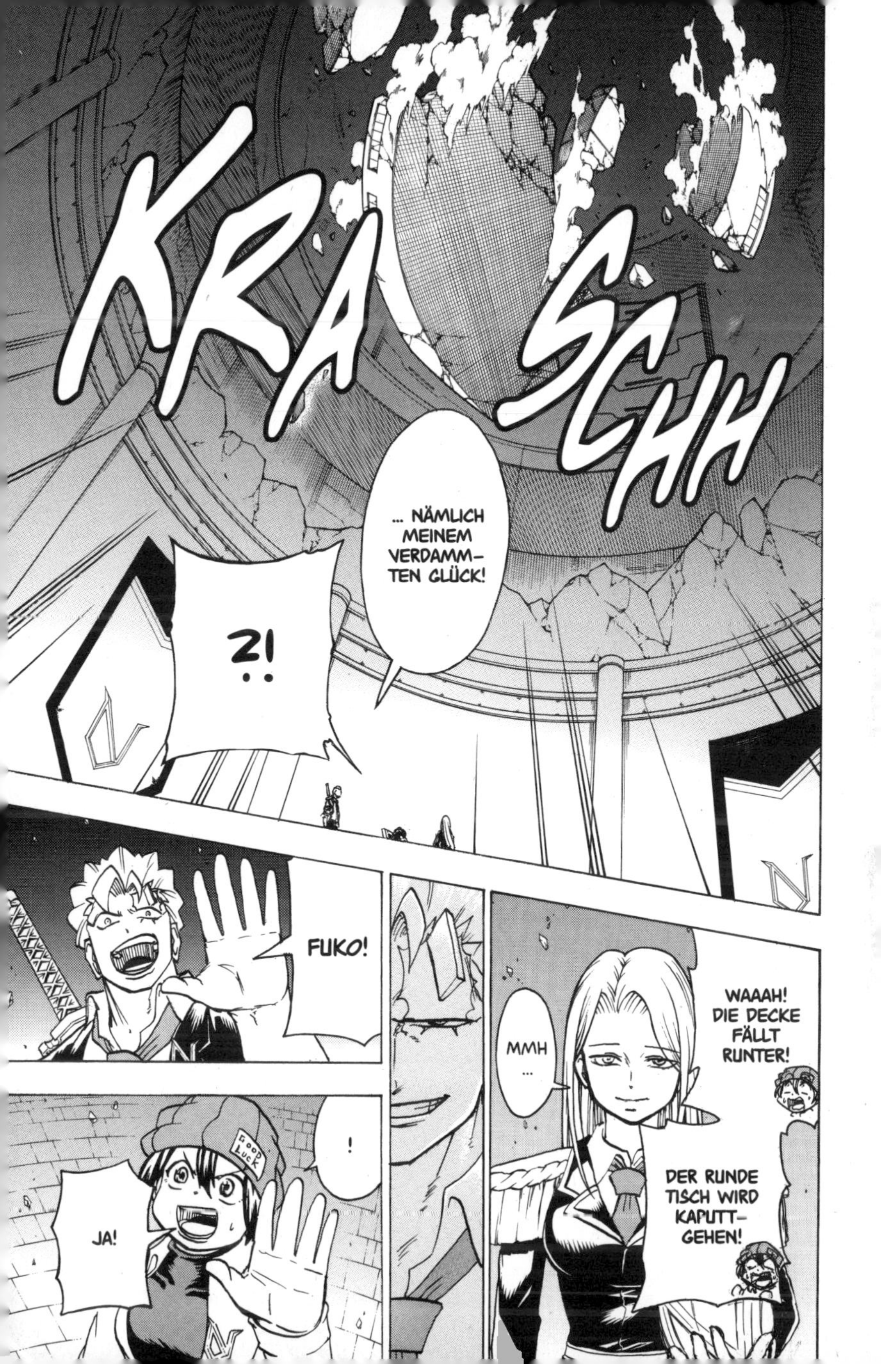
KRASCHH
... NÄMLICH MEINEM VERDAMM-TEN GLÜCK!
?!
FUKO!
JA!
!
MMH ...
WAAAH! DIE DECKE FÄLLT RUNTER!
DER RUNDE TISCH WIRD KAPUTT-GEHEN!

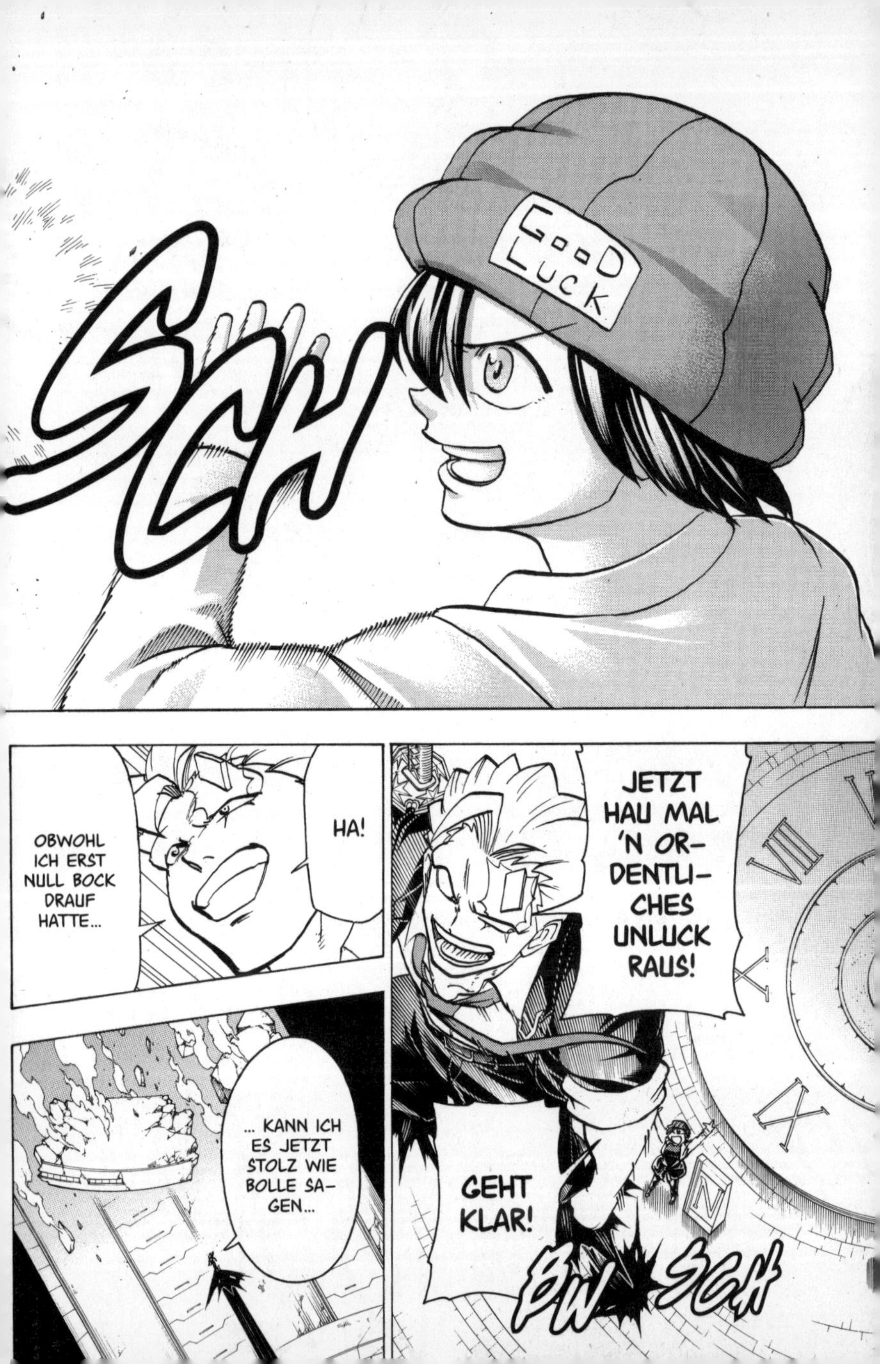
GOOD LUCK
SCH
JETZT HAU MAL 'N ORDENTLICHES UNLUCK RAUS!
HA!
OBWOHL ICH ERST NULL BOCK DRAUF HATTE…
GEHT KLAR!
… KANN ICH ES JETZT STOLZ WIE BOLLE SAGEN…
BWSCH

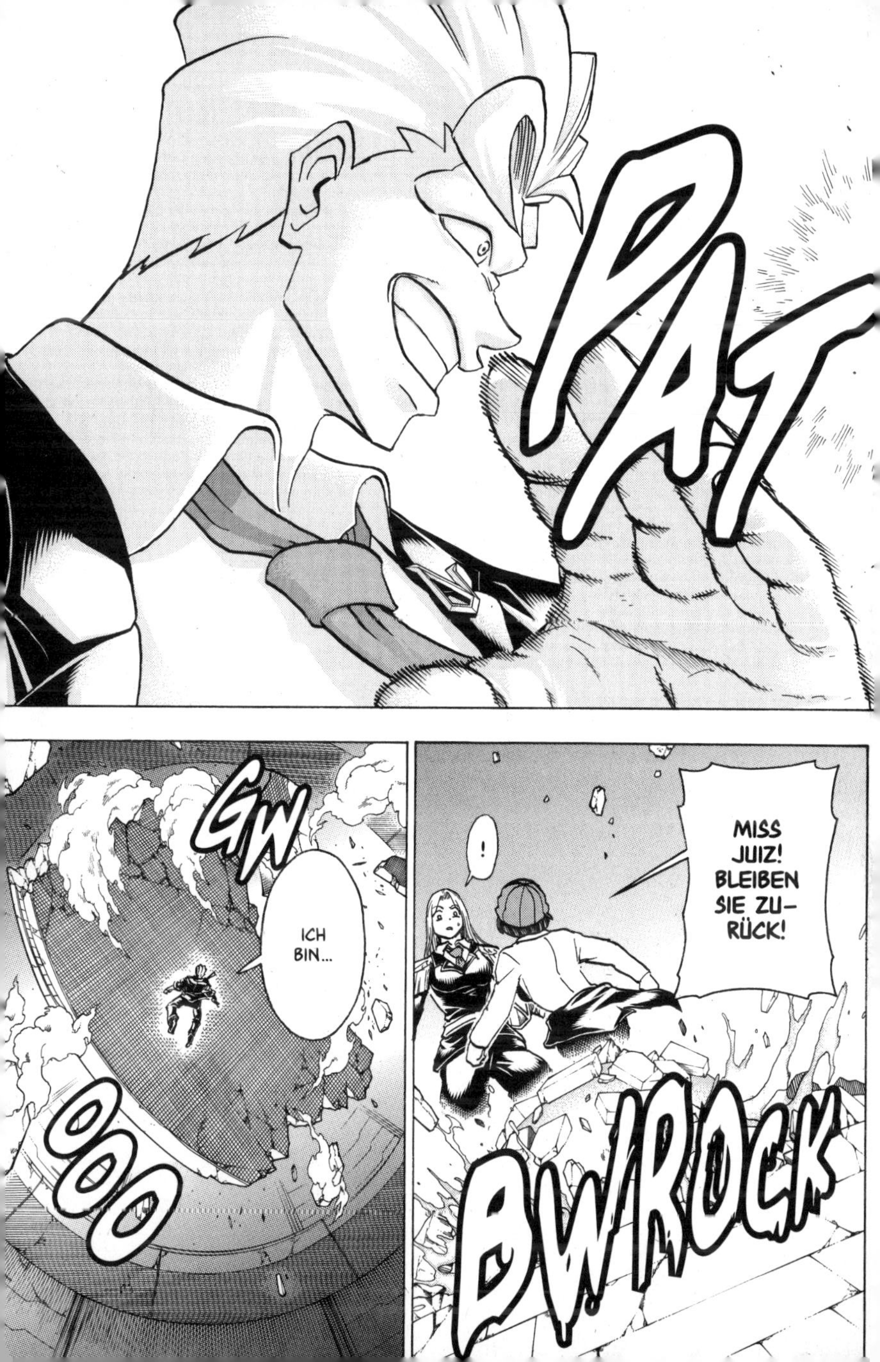
PAT
MISS JUIZ! BLEIBEN SIE ZU-RÜCK!
!
BWROCK
GW
ICH BIN...
OOO

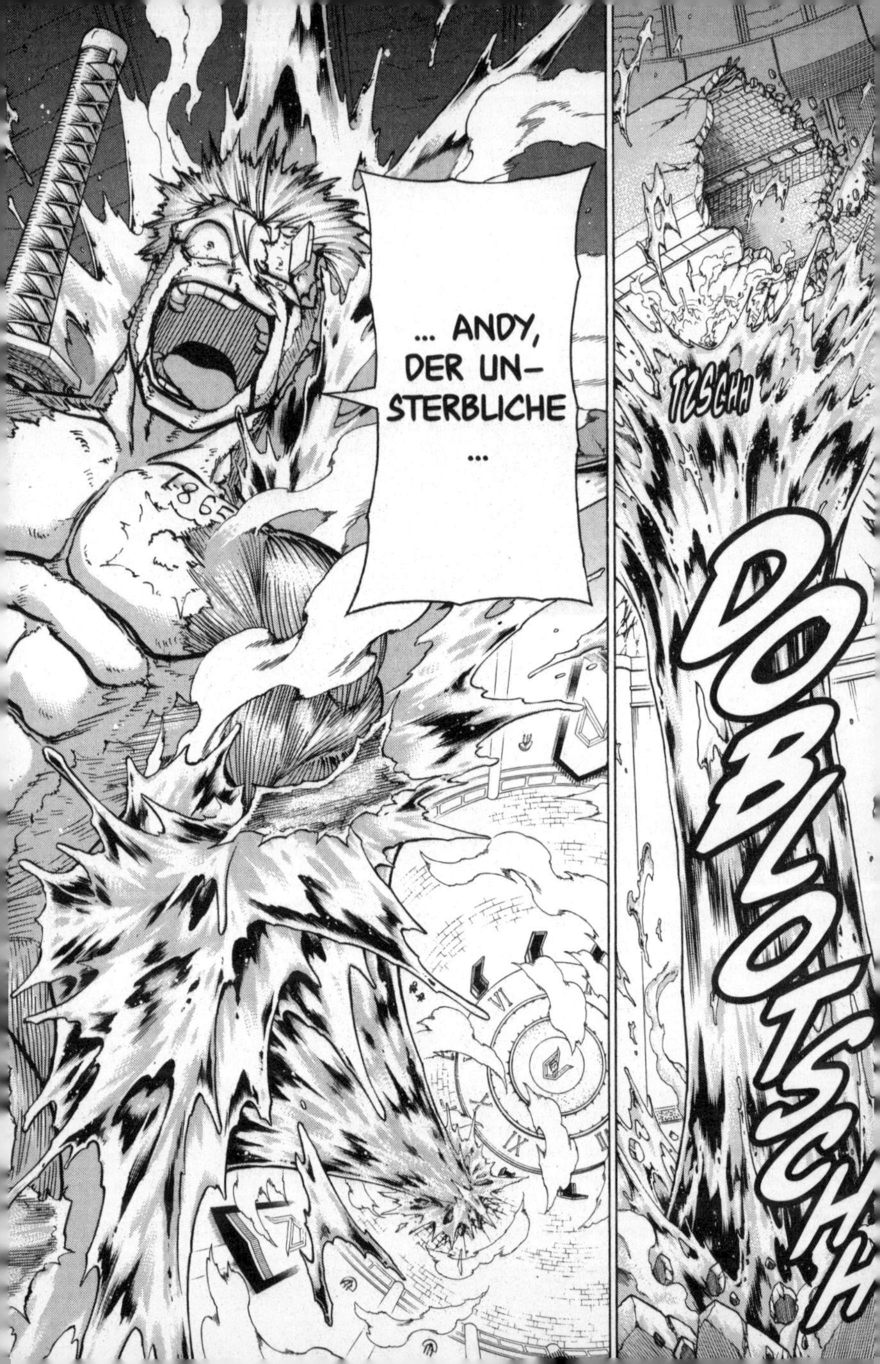
... ANDY, DER UN-
STERBLICHE
...
TZSCHH
DOBUOTSCHH

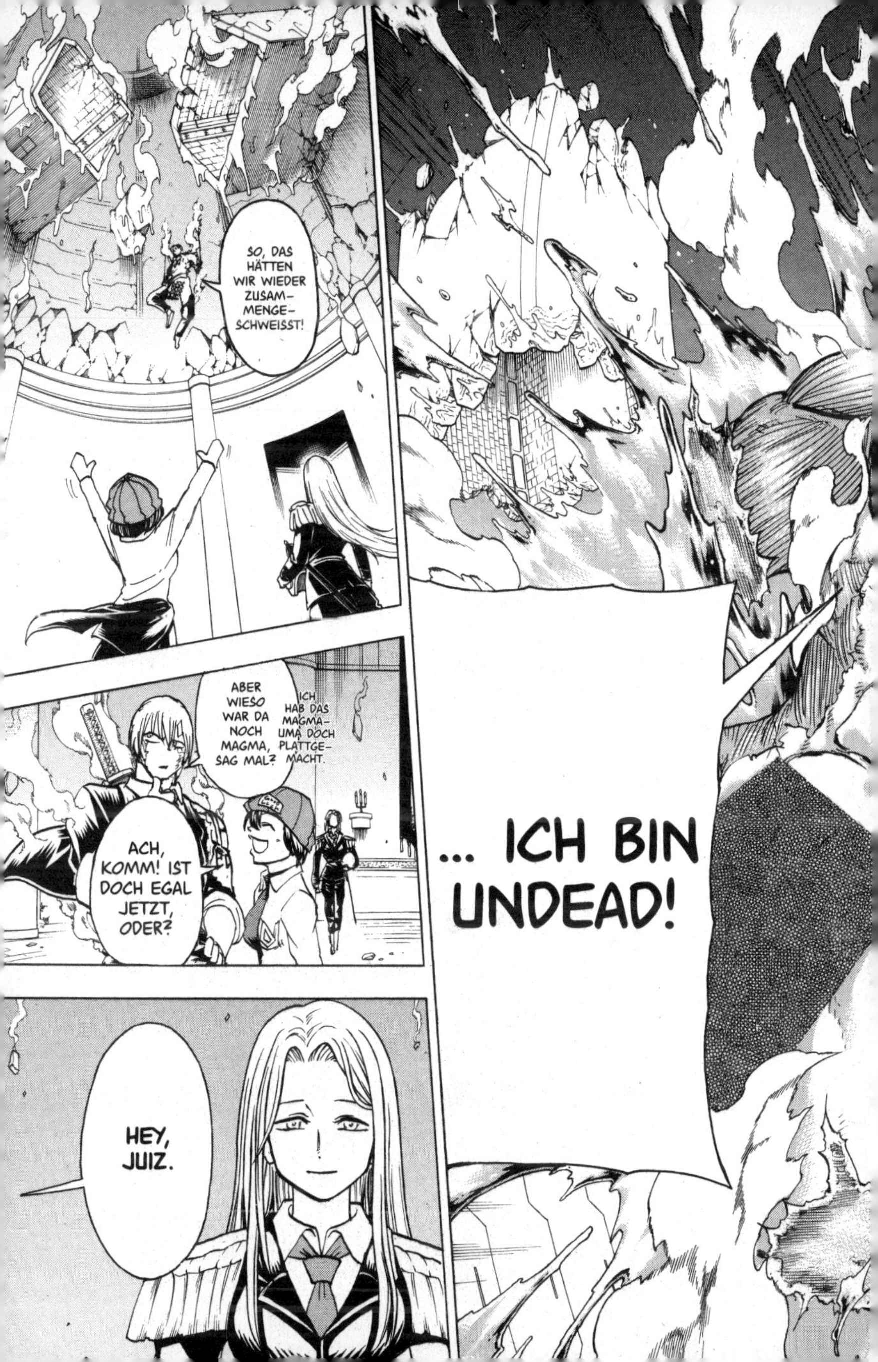
... ICH BIN UNDEAD!
SO, DAS HÄTTEN WIR WIEDER ZUSAM-MENGE-SCHWEISST!
ICH HAB DAS MAGMA-UMA DOCH PLATTGE-MACHT.
ABER WIESO WAR DA NOCH MAGMA, SAG MAL?
ACH, KOMM! IST DOCH EGAL JETZT, ODER?
HEY, JUIZ.

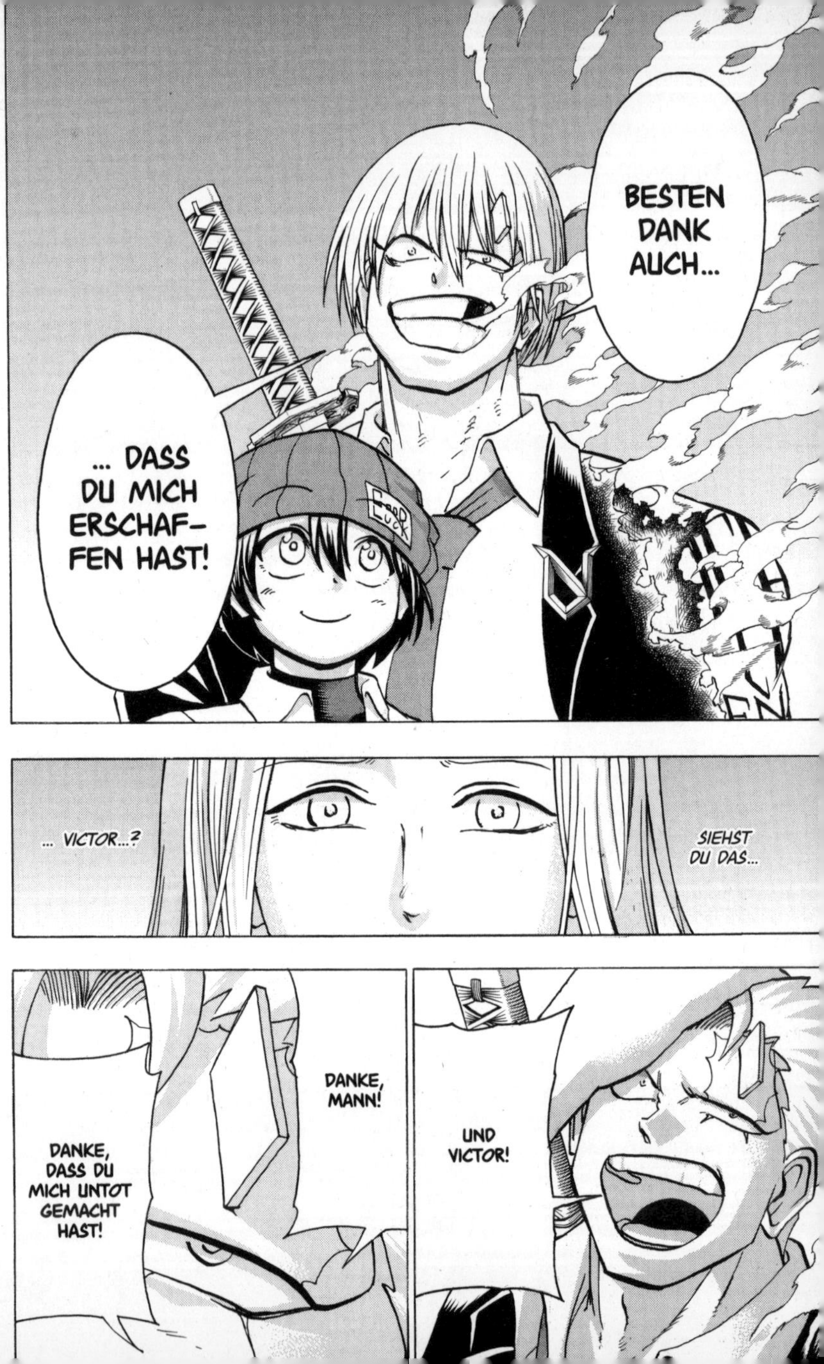
BESTEN DANK AUCH...
... DASS DU MICH ERSCHAF-FEN HAST!
SIEHST DU DAS...
... VICTOR...?
UND VICTOR!
DANKE, MANN!
DANKE, DASS DU MICH UNTOT GEMACHT HAST!

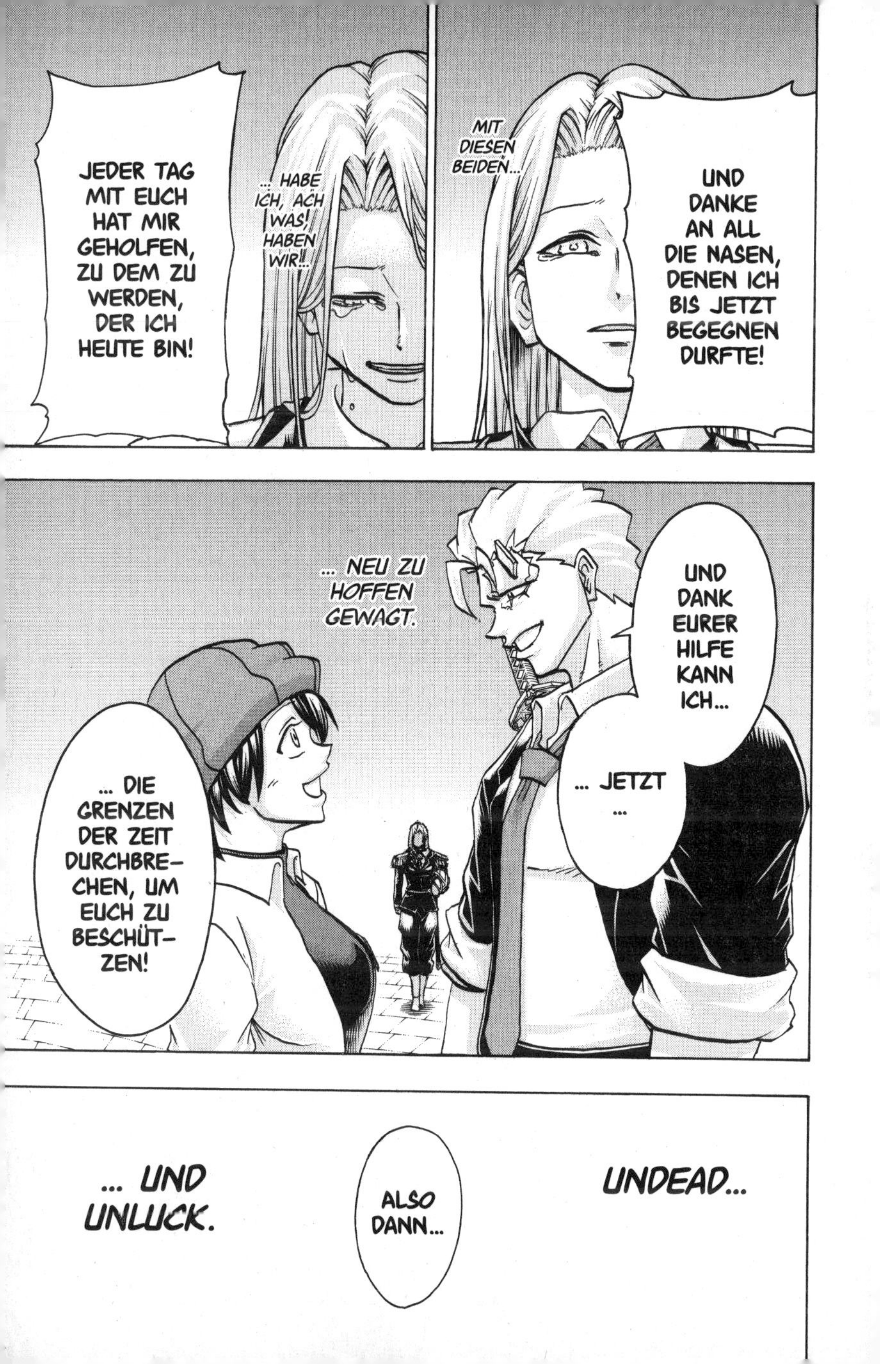

UND DANKE AN ALL DIE NASEN, DENEN ICH BIS JETZT BEGEGNEN DURFTE!
MIT DIESEN BEIDEN...
... HABE ICH, ACH WAS! HABEN WIR!...
JEDER TAG MIT EUCH HAT MIR GEHOLFEN, ZU DEM ZU WERDEN, DER ICH HEUTE BIN!
UND DANK EURER HILFE KANN ICH...
... JETZT ...
... NEU ZU HOFFEN GEWAGT.
... DIE GRENZEN DER ZEIT DURCHBRECHEN, UM EUCH ZU BESCHÜTZEN!
UNDEAD...
ALSO DANN...
... UND UNLUCK.

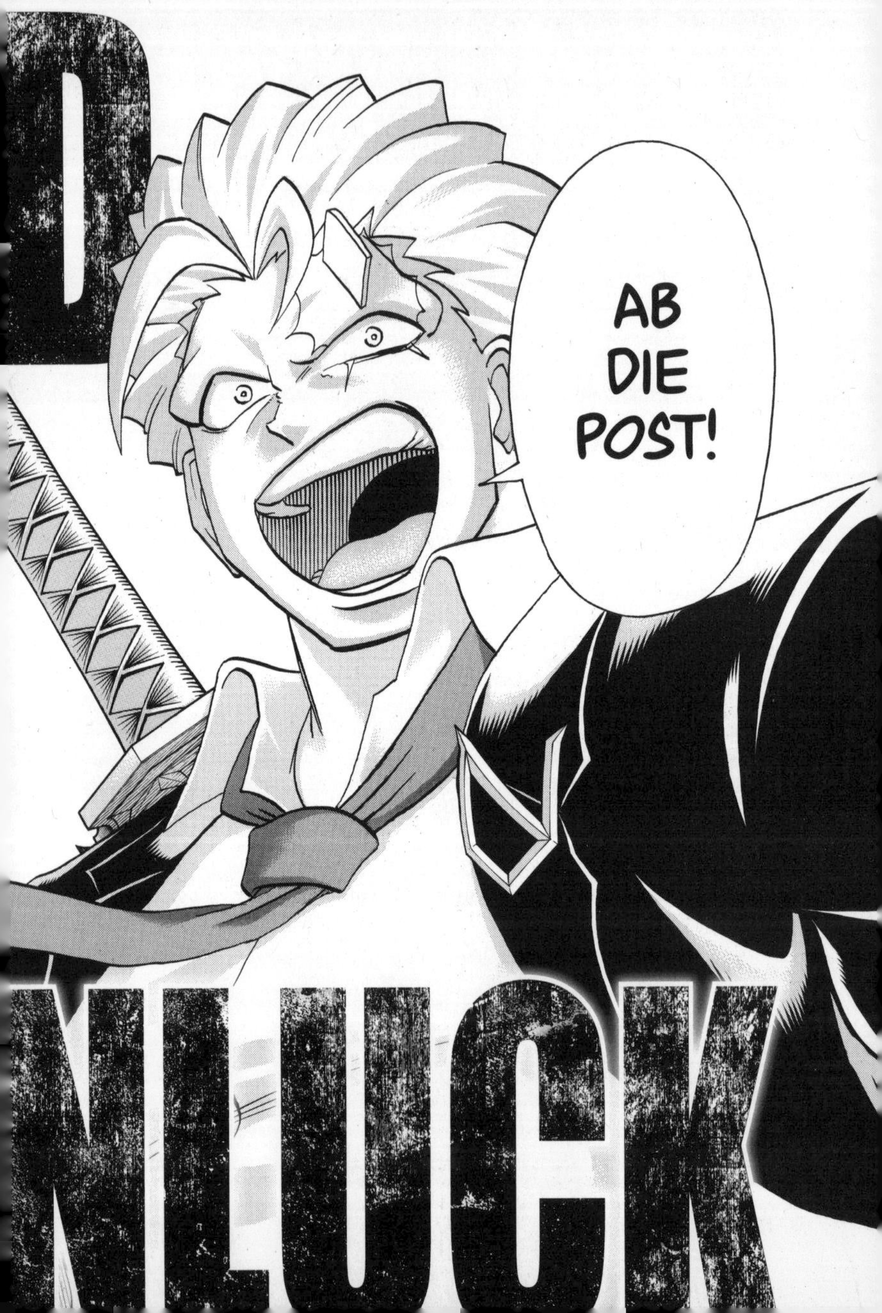
D
AB DIE POST!
NLUCK

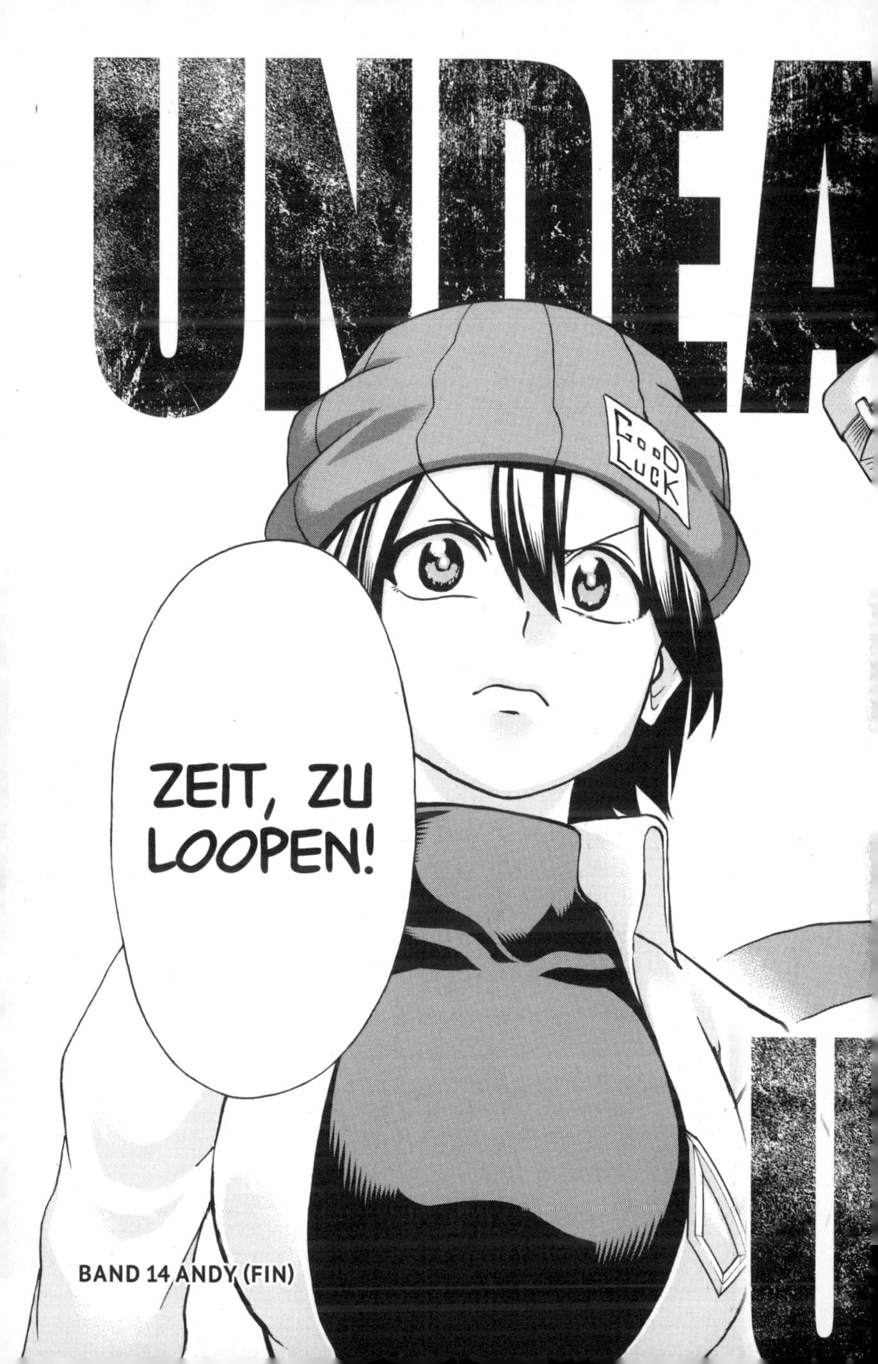

BAND 14 ANDY (FIN)

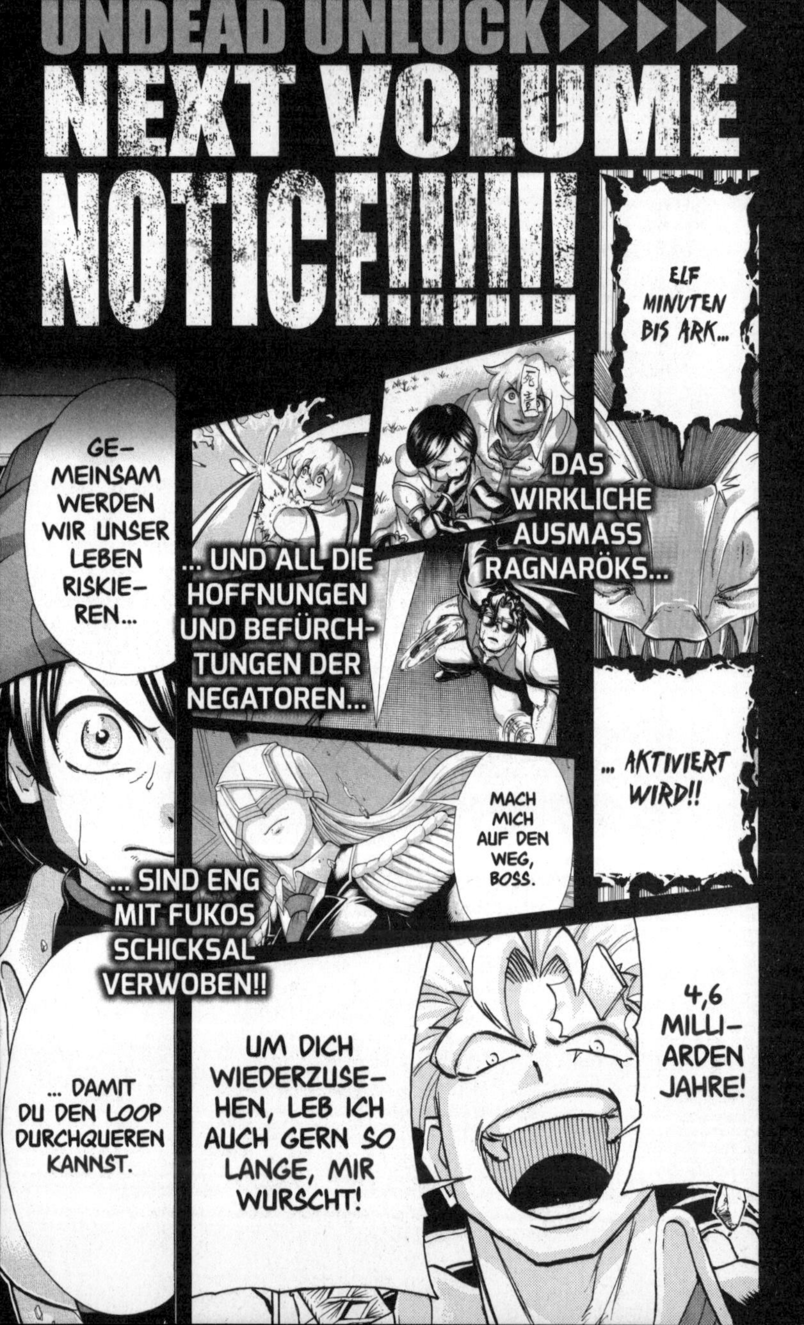
UNDEAD UNLOCK
NEXT VOLUME NOTICE!!!!!!
ELF MINUTEN BIS ARK...
... AKTIVIERT WIRD!!
DAS WIRKLICHE AUSMASS RAGNARÖKS...
... UND ALL DIE HOFFNUNGEN UND BEFÜRCHTUNGEN DER NEGATOREN...
MACH MICH AUF DEN WEG, BOSS.
... SIND ENG MIT FUKOS SCHICKSAL VERWOBEN!!
GEMEINSAM WERDEN WIR UNSER LEBEN RISKIEREN...
4,6 MILLIARDEN JAHRE!
UM DICH WIEDERZUSEHEN, LEB ICH AUCH GERN SO LANGE, MIR WURSCHT!
... DAMIT DU DEN LOOP DURCHQUEREN KANNST.

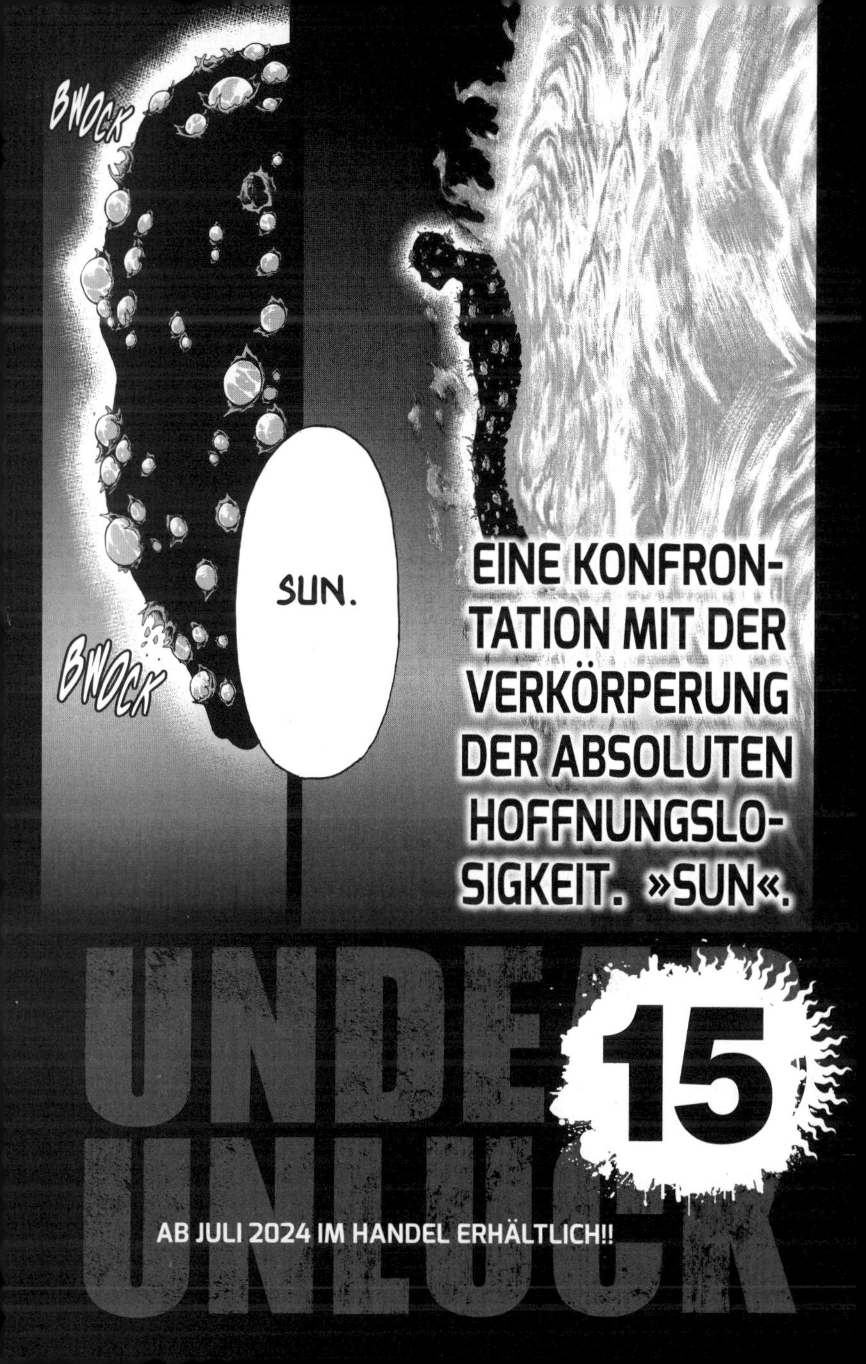
BWOCK
BWOCK
SUN.
EINE KONFRONTATION MIT DER VERKÖRPERUNG DER ABSOLUTEN HOFFNUNGSLOSIGKEIT. »SUN«.
UNDE
UNLUCK
15
AB JULI 2024 IM HANDEL ERHÄLTLICH!!

UNDEAD
UNLUCK

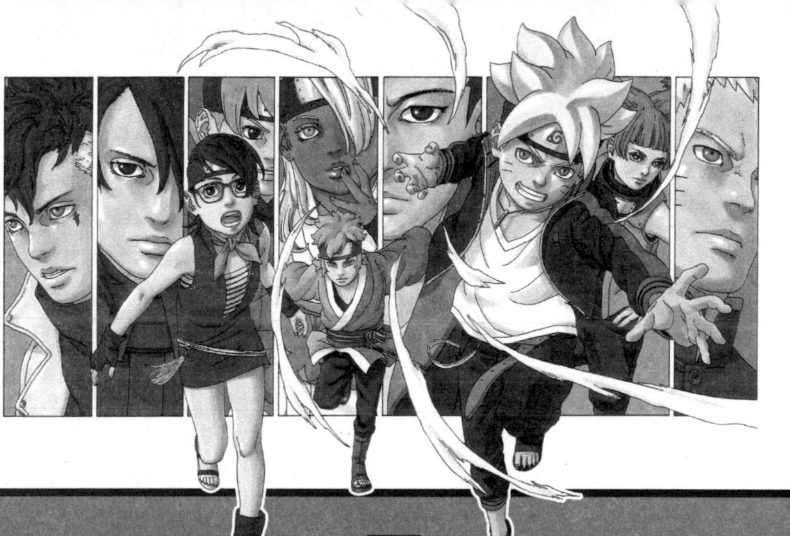

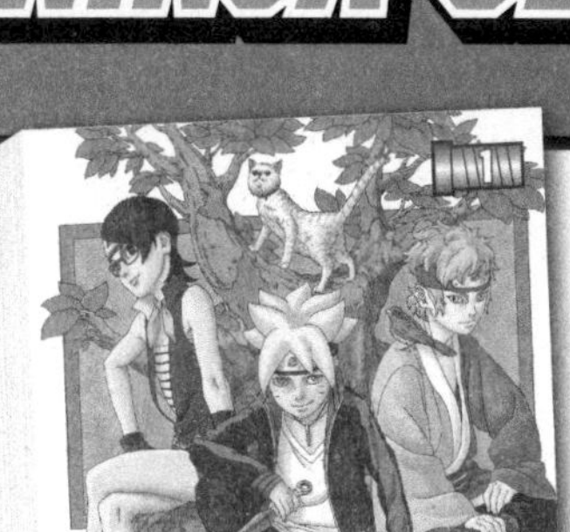

BORUTO
-NARUTO NEXT GENERATION-
CARLSEN MANGA!
MASASHI KISHIMOTO
MIKIO IKEMOTO
UKYO KODACHI

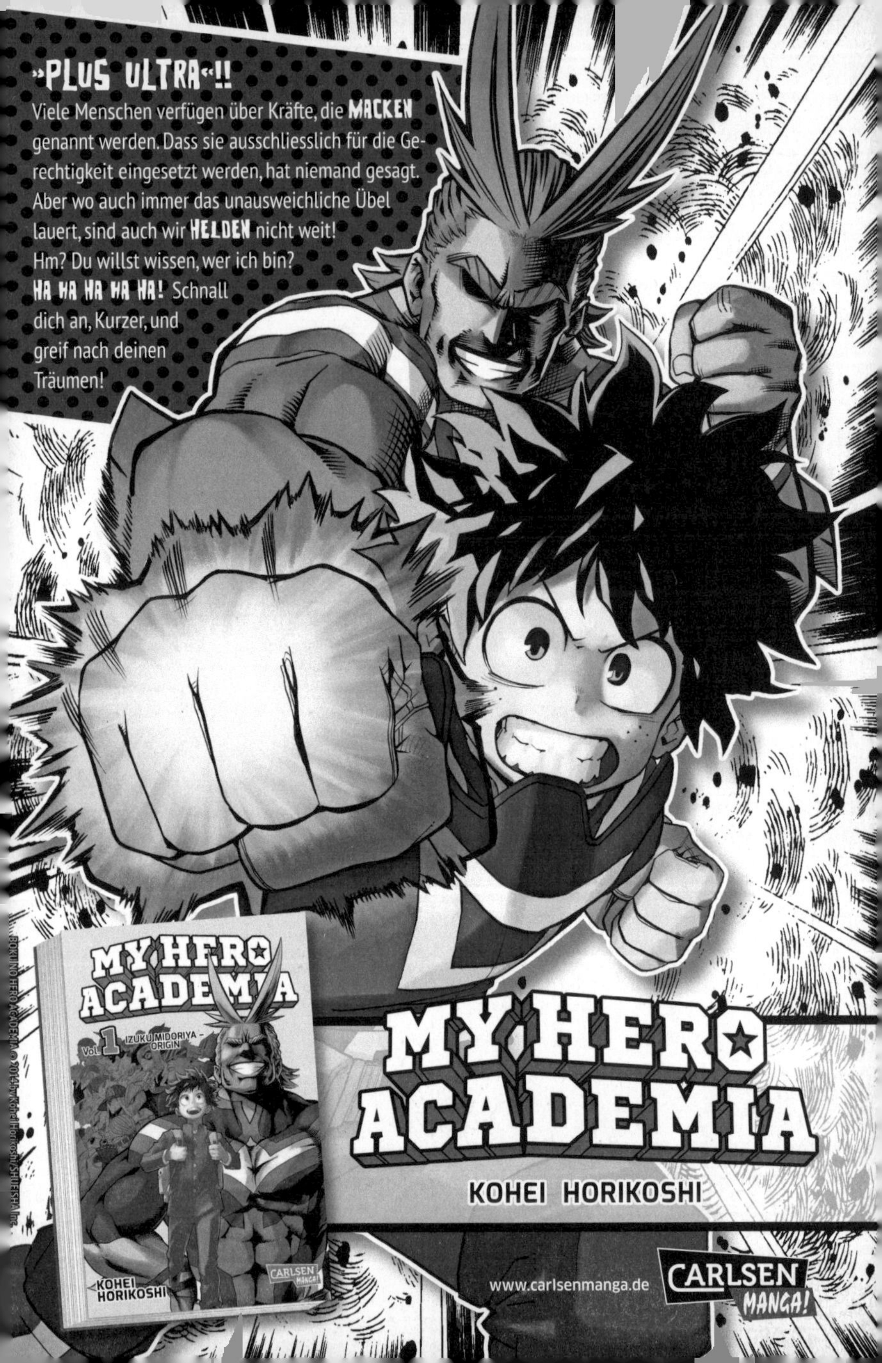

»PLUS ULTRA«!!
Viele Menschen verfügen über Kräfte, die MACKEN genannt werden. Dass sie ausschliesslich für die Gerechtigkeit eingesetzt werden, hat niemand gesagt. Aber wo auch immer das unausweichliche Übel lauert, sind auch wir HELDEN nicht weit!
Hm? Du willst wissen, wer ich bin?
HA HA HA HA HA! Schnall dich an, Kurzer, und greif nach deinen Träumen!
MY HERO ACADEMIA
Vol. 1 IZUKU MIDORIYA – ORIGIN
KOHEI HORIKOSHI
CARLSEN MANGA!
MY HERO ACADEMIA
KOHEI HORIKOSHI
www.carlsenmanga.de
CARLSEN MANGA!
BOKU NO HERO ACADEMIA © 2014 by Kohei Horikoshi/SHUEISHA Inc.

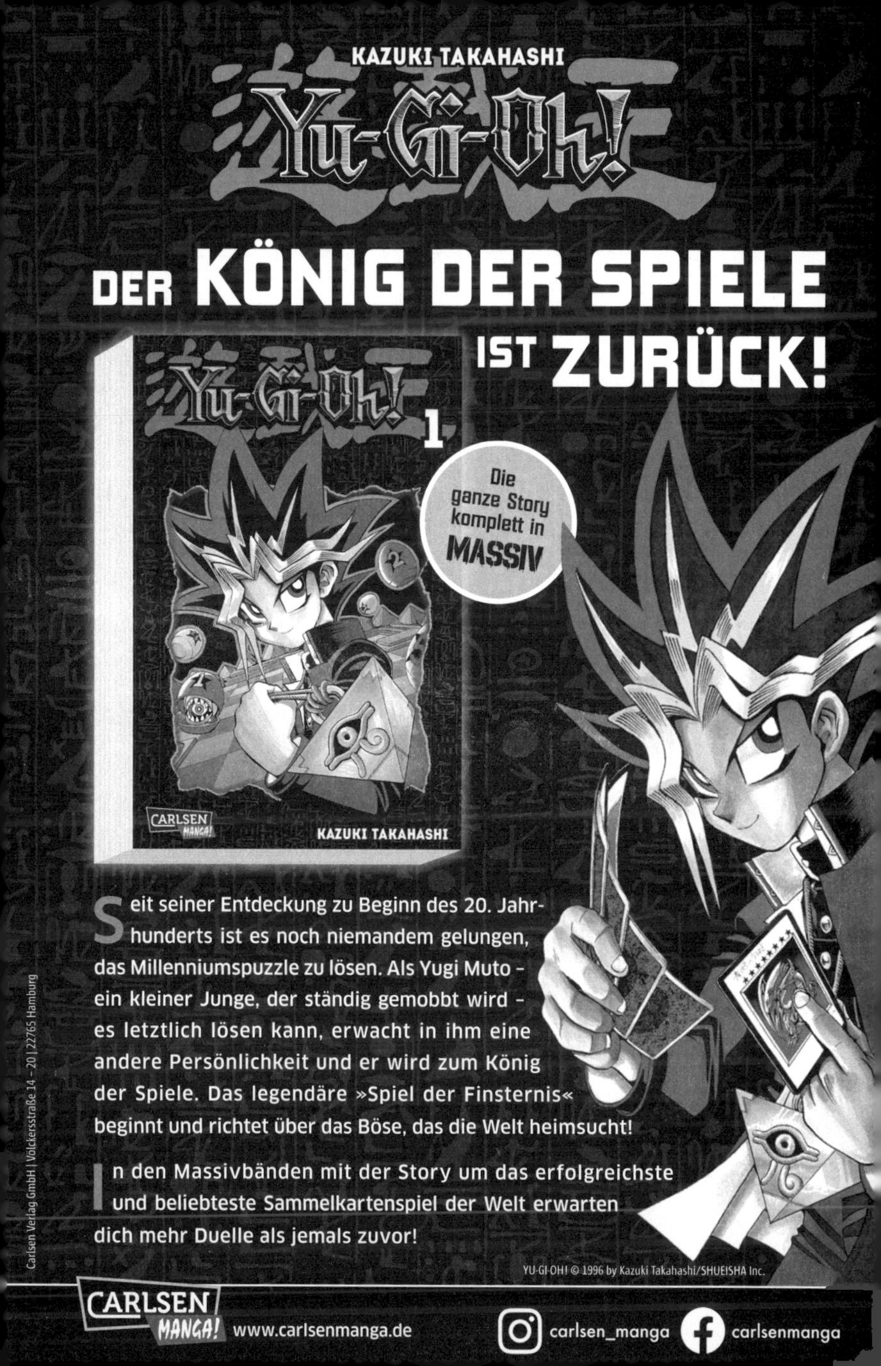
KAZUKI TAKAHASHI
YU-GI-OH!
DER KÖNIG DER SPIELE
IST ZURÜCK!
YU-GI-OH! 1
CARLSEN MANGA!
KAZUKI TAKAHASHI
Die ganze Story komplett in MASSIV
Seit seiner Entdeckung zu Beginn des 20. Jahrhunderts ist es noch niemandem gelungen, das Millenniumspuzzle zu lösen. Als Yugi Muto – ein kleiner Junge, der ständig gemobbt wird – es letztlich lösen kann, erwacht in ihm eine andere Persönlichkeit und er wird zum König der Spiele. Das legendäre »Spiel der Finsternis« beginnt und richtet über das Böse, das die Welt heimsucht!
In den Massivbänden mit der Story um das erfolgreichste und beliebteste Sammelkartenspiel der Welt erwarten dich mehr Duelle als jemals zuvor!
YU-GI-OH! © 1996 by Kazuki Takahashi/SHUEISHA Inc.
Carlsen Verlag GmbH | Völckersstraße 14 – 20 | 22765 Hamburg
CARLSEN MANGA!
www.carlsenmanga.de
carlsen_manga
carlsenmanga

UNDEAD UNLUCK

HALT!

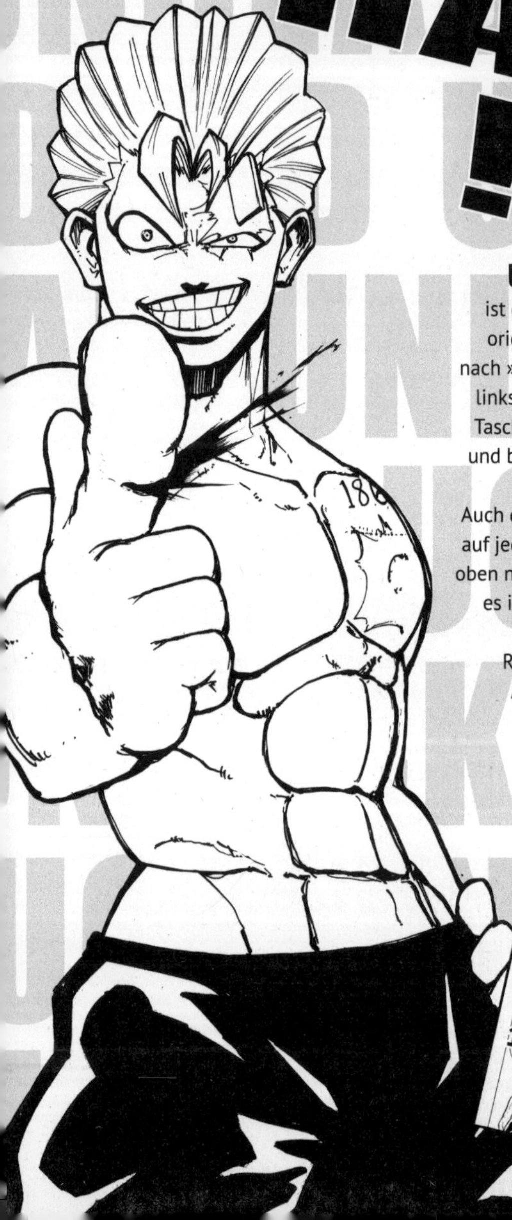

UNDEAD UNLUCK
ist eine japanische Serie, die originalgetreu von »hinten« nach »vorne« und von rechts nach links gelesen wird! Schlagt das Taschenbuch also »hinten« auf und blättert Seite für Seite nach »vorne« weiter!
Auch die Bilder und Sprechblasen auf jeder Seite werden von rechts oben nach links unten gelesen, wie es in der Grafik gezeigt wird!

Rotes Mützchen auf und Action auf Full Power!

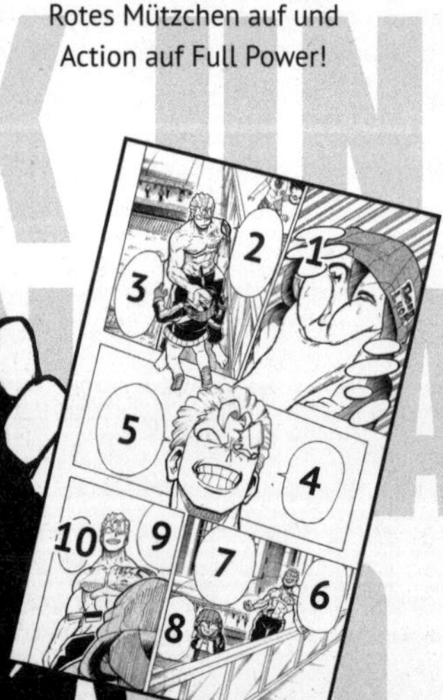